AF392243

Le double langage de Rabelais

Du même auteur au Éditions Édite

Histoire secrète de l'Europe (I) & (II)
L'Archéologie mystérieuse (I) & (II)
La Croix de Verre, Le Siège de Lyon
Chroniques et récits d'Auvergne
Œuvres décryptées (I) & (II)
Souvenirs
Le Cheval dans l'histoire de l'humanité

© 2015 LES ÉDITIONS DE L'ŒIL DU SPHINX
36-42 rue de la Villette - 75019 Paris
ISBN : 979-10-91506-19-9
EAN : 9791091506199
Collection Édite n° 5
ISSN de la collection : en cours
Dépôt Légal : mai 2015

Claude-Sosthène Grasset d'Orcet
Joséphin Péladan

LE DOUBLE LANGAGE DE RABELAIS

Préface de Michel AULONNE

Éditions Édite/ODS

… À GRAND RENFORT DE BEZICLES, PRACTICANT L'ART DONT ON PEUT LIRE LETTRES NON APPARENTES, COMME ENSEIGNE ARISTOTELES[1]

«Encore un nouveau livre sur Rabelais, qui viendra s'ajouter aux quelques milliers déjà publiés», penseront sans doute nombre de curieux en découvrant ce titre. Et de se demander vaguement en quoi il pourra apporter un éclairage original sur l'œuvre du curé de Meudon: la biographie de Mireille Huchon[2], voire le titre homonyme de Michael Screech[3], et surtout le monumental opus du regretté Claude Gaignebet, disparu bien trop tôt peu avant la rédaction de ces lignes[4] ne nous donnent-ils pas la quintessence des recherches modernes?

De fait, l'exégèse rabelaisienne est apparue dès la parution de *Pantagruel* (1532 d'après les classiques, 1531 selon M. Screech), motivée par l'abondance des énigmes, des passages obscurs, des termes patoisants, de l'usage des langues étrangères et du lanternois, sur lequel nous allons revenir en détail ci-après. En outre, comme l'observe C. Gaignebet (*op. cit.*), l'auteur «se plaisait à promettre des explications sans jamais les fournir, à poser des énigmes sans les résoudre». De tout temps, les critiques littéraires se sont focalisés sur deux positions inconciliables, les uns persuadés qu'il se complaisait dans un délire verbal burlesque, les autres penchant pour le roman à clefs. Cette dernière tendance a prévalu d'abord et Veyssière de Lacroze la résume ainsi en 1711: «Je ne doute nullement que l'auteur avoit par-devers soi un sens historique». L'essentiel des débats portait alors sur les évènements et l'identité supposée des personnages mis en scène. À la fin du XIXe siècle commence à s'imposer la thèse de l'«Homère bouffon». Abel Lefranc, fondateur de la Société des Études rabelaisiennes, convaincu de son athéisme, croit qu'il manie le cocasse afin de masquer ses opinions hétérodoxes, et un groupe d'experts lui emboîte le pas, dont Henri Clouzot, Jean Plattard, Lucien Febvre, tandis que Lazare Sainéan[5] se concentre sur sa terminologie.

Aucun chapitre n'a suscité plus de ratiocinations que les *Fanfreluches antidotées*, sises au début de *Gargantua*, immédiatement après la généalogie du héros éponyme. À l'instar des autres, il contiendrait suivant certains un message caché pour qui le vocable «antidotées» s'appliquerait à des mots équivoques destinés à tromper le profane. L'école de la S.E.R., bien plus catégorique, plaide pour l'absurde. Jacques Boulenger, présentateur de la première édition de la Pléiade (1934) déclare sans ambages: «Il nous a paru tout à fait inutile de commenter ce qui est écrit pour être inintelligible». Quelle piètre estime envers son écrivain favori! Ce n'est guère lui faire honneur que de lui attribuer des propos sans signification, surtout au tout début de son livre. Peut-on concevoir sérieusement qu'il ait composé des vers pour ne rien dire? Ce serait de plus négliger l'avertissement qu'il envoie un peu plus haut dans le prologue: «Les matières icy traictées ne sont tant folastres comme le titre au-dessus prétendoit».

Au contraire, C. Gaignebet montre (*op. cit.*) que cette énigme[6] révèle, entre autres choses, la date de naissance de Pantagruel, le 25 juillet, fête des saints Jacques et Christophe, cependant que Gargantua est issu par «l'aureille senestre» de Gargamelle un 3 février, le jour Saint Blaise. Et il extrait la substantifique moelle de l'os ainsi rompu: les cinq livres sont constellés de références au symbolisme mythologique, astronomique, calendaire, héortologique et folklorique gravitant autour de ces deux dates, formant une ossature qui n'exclut pas l'exposition d'un récit suivi, ni d'une philosophie élaborée.

Peu d'autres universitaires se sont attaqués aux passages en langage crypté, de peur peut-être d'encourir les foudres de leurs collègues.

Léon Herrmann a tout de même émis l'hypothèse astucieuse que ce jargon était inspiré de celui de Thomas More dans *L'Utopie* (1516)[7]. Toutefois à partir de 1875, un chercheur isolé, Grasset d'Orcet, a apporté une contribution capitale, quoique bien méconnue, à ces spéculations en reconstituant les règles de ce codage mystérieux, au fil de la série d'articles que nous publions ici. Sa biographie et la genèse de sa découverte permettront d'appréhender plus nettement l'étendue et l'intérêt de cette matière, qui dépassent largement le cadre des études rabelaisiennes.

Claude-Sosthène Grasset d'Orcet est né le 6 juin 1828 à Aurillac, dans une famille de très bonne bourgeoisie, où l'on trouve aussi bien un trésorier secrétaire de Louis XV, amant de la Du Barry, qu'un président de la Constituante[8]. Après de solides humanités, il étudia les beaux-arts puis, disposant d'un confortable héritage, il voyagea longuement en Europe et au Moyen-Orient avant de s'installer une dizaine d'années à Chypre. Cette île, dominée par les Turcs depuis près de trois cents ans, était quasiment *terra incognita*[9] et regorgeait de monuments inexplorés. Il occupa donc les loisirs laissés par son exploitation cotonnière à des recherches archéologiques, et fit des trouvailles majeures, tel le fameux vase d'Amathonte, considéré encore comme une des pièces maîtresses du Louvre[10].

En 1867, il rentra en France et vécut de sa plume jusqu'à son décès le 2 décembre 1900. Parmi les divers journaux auxquels il a collaboré, sous de si multiples pseudonymes que l'on n'a pas fini de cataloguer ses écrits[11], il faut citer surtout la *Revue britannique*, un mensuel renommé qui comptait la clientèle respectable pour l'époque de 2 000 abonnés, où il assura depuis 1873 d'innombrables reportages, essais et chroniques. Bien que fort connu en son temps, comme n'importe quel grand reporteur d'un magazine majeur de nos jours, il eut le même oublieux destin, faute sûrement d'avoir été publié en librairie : au point qu'une thèse de 970 pages de Véronique Perrot sur *Le Cercle de la Revue britannique*

(Amiens, 2002)[12] lui accorde en tout trois lignes, alors qu'il a rédigé à lui seul pendant un quart de siècle un bon tiers de ce vénérable magazine, qu'il dirigeait officieusement et qui disparut sans recours sitôt après son décès![13]

Outre des nouvelles, des contes, des romans en feuilleton, ses analyses concernent l'économie, la diplomatie, la géopolitique pour lesquelles son expérience si rare en ce temps-là de globe-trotter l'a préparé : il prévoit avec lucidité la montée du syndicalisme et du marxisme, la mondialisation (due principalement d'après lui aux chemins de fer), la formation du bloc soviétique, l'écroulement des empires turc et austro-hongrois, le renouveau de l'islam, etc.

Néanmoins, l'archéologie dont il a contracté le virus à Chypre est son véritable violon d'Ingres, de même que le déchiffrement des écritures, quelles qu'elles soient. Les travaux de Champollion l'ont vivement impressionné et les découvertes de Layard, de Rawlinson ou Schliemann le passionnent. Il connaît très bien le vieux français, le latin, le grec ancien et moderne, l'anglais, l'italien, l'occitan. Il a une réelle teinture d'espagnol, de portugais, d'allemand, de turc, d'arabe, et de bonnes notions d'hébreu, même si on perçoit qu'il achoppe sur les subtilités des langues sémitiques. Cela l'incite à scruter un large éventail de problèmes historiques en ne se donnant «*pour guides que deux sciences toutes neuves aussi, l'archéologie et la philologie comparées. Je suis donc exposé à m'égarer souvent; ceux qui me suivront pourront me rectifier*».

Cette méthodologie ne doit pas surprendre, elle est certes assez novatrice en son temps, mais va dans le courant de l'école de Max Müller[14], pour qui la mythologie naît spontanément de la métaphore, ce qui doit permettre au prix de déductions judicieuses de recomposer une histoire oubliée. Une telle doctrine sera rapidement battue en brèche, mais gardera ses tenants pendant près d'un siècle, car elle offre des solutions faciles, bien que généralement illusoires, pour traduire le matériel mythologique. En ce sens, Grasset d'Orcet ne se distingue guère d'une foule de ses contemporains.

Son originalité réside ailleurs : il a appris à interpréter la symbolique des arts plastiques classiques ainsi que les rudiments des argots corporatifs disparus après 1789, cela sans doute grâce aux leçons de son professeur de sculpture Élias Robert[15] et de son père, descendant d'une famille de maîtres de forges. Ce dernier, dont le propre père était né vers 1730, a pu effectivement lui enseigner sans peine des usages et artifices de sa profession pratiqués au milieu du XVIIIᵉ siècle. L'addition de tous ces éléments, joints à son goût et son talent pour les jeux de l'esprit, le prédispose à être l'un des ultimes témoins de traditions révolues.

Sa prouesse majeure est le déchiffrement de l'écriture secrète et de ses variantes appelées blason, art royal, grimoire, lanternois, gai savoir, langue diplomatique, cabale phonétique, langue des oiseaux, etc.[16], qui ont permis jusqu'au XIXᵉ siècle à certains corps constitués d'échanger des informations à l'insu du public. Grâce à elle, il a pu apporter des éclaircissements très particuliers sur de nombreux évènements restés insuffisamment expliqués.

Plusieurs commandes d'articles sur la Grèce et son iconographie l'induisent vers 1874 à fréquenter assidûment le musée Campana (collection de vases antiques du Louvre), et à conclure que « tout l'art grec est en rébus, et tout l'art égyptien l'est également ». Il entend par rébus, ou pareillement par « hiéroglyphe », ce qu'expriment en termes sémantiques les mycénologues Enriqueta et Tina Martinotti : « Dans le cunéiforme *(et autres langues logographiques, NDLE)*, le signe n'est pas un outil mnémotechnique pour créer une représentation mentale, il est utilisé pour dénoter un morphème ou un lexème. En outre, chaque signe est polysémique et polyphonique, puisqu'il se réfère en même temps à plusieurs mots »[17].

L'examen des rébus de Picardie, réunis par Tabourot des Accords dans ses *Bigarrures* (1583)[18], l'aide à mûrir sa théorie. C'est l'observation d'un chapiteau « à double entendre » dans la cathédrale de Saint-Dié en 1877, pendant qu'il participait à une campagne électorale dans les Vosges, qui détermine son eurêka. Cette bizarre sculpture mérite qu'on lui accorde un peu d'attention l'espace d'un paragraphe.

Ce chapiteau roman, sculpté vers 1175, est visible au milieu de la nef, face au sud, dans un état de conservation très satisfaisant, sachant que la cathédrale a subi des dégâts extrêmement lourds en 1944. Par chance, cette partie de l'édifice a été préservée, et il subsiste de nos jours fort probablement tel que Grasset l'a vu, tant dans son aspect que dans la manière dont il est éclairé (voir la photo p. 134). Il s'agit d'un trompe-l'œil, ce qui appelle quelques remarques :

• Ce procédé existe depuis l'antiquité, puisqu'on le rencontre déjà à Délos ou à Pompéi. Vitruve le théorise dans son *De architectura* (Ier siècle av. J.-C.), notamment à propos des décors de théâtre. Il est rare au Moyen Âge, qui ignore la perspective, mais on le perçoit dans certaines miniatures.

• C'est un trompe-l'œil tridimensionnel, une création très insolite. En effet, la technique consiste presque toujours à suggérer une profondeur de l'espace par une image en deux dimensions[19]. Le musée Jacquemart-André de Paris expose une fresque de Tiepolo où les jambes d'un jeune homme sortent du cadre pour s'insérer dans un trou de la moulure du mur porteur. Mais on peut la classer comme un cas-limite, car le panneau n'est plus dans son emplacement originel[20].

• L'auteur décrit précisément le bas-relief (voir *Les Gouliards*, p. 133), avec « ses yeux sourcilleux ». La photo témoigne que la lumière solaire et les ombres portées lui donnent une expressivité supplémentaire. Comme il regarde le sud, cette impression reste permanente, avec quelques nuances, tant que le jour persiste. Des exemples analogues d'un tel effet visuel sont rarissimes, quand même l'utilisation des rayons lumineux a inspiré certains constructeurs[21]. Toutes ces singularités devraient valoir un peu moins d'indifférence à cette curiosité méconnue (le guide local « *Itinéraires du patrimoine* » mentionne seulement « un tout petit personnage »).

• S'il ne discerne pas l'identité de l'évêque, à vrai dire sans grande importance pour notre sujet, Grasset présume que le personnage figuré dans les rinceaux est Charles le Chauve, qui régna de 843 à 877, et fut empereur d'Occident à la fin de sa vie, par suite un temps suzerain de

Saint-Dié. Il l'identifie grâce aux longues moustaches à la gauloise que la tradition lui attribue, ainsi qu'à une certaine ressemblance de ce visage avec celui de la belle statuette équestre en bronze qu'il a pu voir au musée Carnavalet[22].

• La peste avait terrifié les populations depuis 536, puis avait à peu près disparu vers 750. Cependant, ce terme dont se servaient les chroniqueurs faute de connaissances médicales, recouvrait des maladies épidémiques de toutes sortes : le choléra, le typhus et surtout la variole ont ravagé l'Europe au IXe siècle. Par ailleurs, les larmes du souverain pourraient avoir une autre origine, car son long règne ne fut guère heureux. Quoi qu'il en soit, c'est l'interprétation que d'Orcet en donne, peut-être à l'aide d'une lecture blasonnée des détails du chapiteau, mais de cela il ne nous dit rien.

• On ne saisit pas distinctement le processus intellectuel qui l'a conduit à extrapoler un code lexicologique de la contemplation d'une statue, il faut croire que sa formation de sculpteur lui a certainement facilité la tâche. En tout cas, il a compris qu'il fallait combiner deux systèmes, l'un consonantique, l'autre idéographique. Cela nous confirme également l'homogénéité d'expression entre les arts plastiques et la langue écrite avant les temps modernes.

S'étant bien imprégné de sa méthode, il va de l'avant avec un long papier de janvier 1878 sur l'héraldique[23]. Il l'a compris depuis longtemps, le jargon qu'il commence à décoder s'apparente étroitement à celui du blason. L'année suivante, il se sent assez exercé pour publier sa première étude, encore un peu hésitante, *Rabelais et les quatre premiers livres de Pantagruel* ; suivra la série proposée dans le présent ouvrage. Comme l'indique Philippe Sérénac, dans son édition de 2002[24], il en ressort que « les cinq livres sont une chronique – à la fois gazette, satire et caricature – des grands évènements de son temps, accessible seulement à ceux qui la comprenaient, c'est-à-dire essentiellement les maîtres et compagnons des métiers et corporations, un public restreint mais constituant les principaux groupes de pression du royaume. Nous découvrons ainsi sous un jour complètement neuf les mécanismes politiques secrets de l'époque et la montée des pressions socio-économiques qui devaient finalement provoquer la Révolution française».

Une douzaine de longs articles sur des thèmes collatéraux se succéderont jusqu'en 1886. Malheureusement, accaparé ensuite par d'autres tâches, Grasset d'Orcet interrompra ses travaux et n'y fera plus désormais allusion qu'occasionnellement. La précarité de sa situation matérielle et les aléas professionnels l'ont empêché de les approfondir et de produire sur ses investigations un mémoire didactique exhaustif, qui aurait ouvert un immense champ de recherches. On peut regretter que le monde universitaire ait toujours ignoré ses conclusions qui pourraient pourtant apporter beaucoup d'enseignements. Il faudrait certainement plusieurs générations de savants pour décrypter tous ces «hiéroglyphes», à condition que des chercheurs courageux consentent à s'y intéresser.

En quoi consiste cette étrange langue des oiseaux ? D'une manière générale, son écriture appuie un document de forme idéographique comparable au rébus sur la structure consonantique des mots (comme dans les langues sémitiques) et s'énonce classiquement en vers de 8 pieds terminés par un L. Pour sa gouverne, le lecteur trouvera ci-après quelques rudiments puisés dans ces articles, lui permettant de s'y initier :

1. L'idiome de base utilisé est le dialecte picard, très proche de l'ancien français, mais où le «ch» aspiré se confond avec le «c» dur («chat» se prononce «cat»), et où, inversement, le «s» est souvent chuinté («sire» se dit «chire»). Cela se répand à partir du XIIe siècle, l'auteur ne s'attaque à aucun matériau antérieur. Mais ce français reste toujours le véhicule du grimoire dans les pays catholiques avant la Réforme (du Saint Empire à l'est jusqu'au Portugal et à l'Angleterre).

2. Ce codage est classé comme «substitution monoalphabétique partielle» dans la terminologie cryptographique. Il se réalise en reconstruisant des phrases à partir de la structure consonantique (en négligeant

les muettes) du texte en laquelle on insère d'autres voyelles. Certaines ont une signification, ce qui les assimile à des calembours, d'autres ne sont qu'une suite de pseudo-mots découpés suivant la fantaisie du locuteur, c'est le lanternois, fréquent dans la bouche de Panurge, qui « l'entend comme le maternel »[25] : *prug grest frins sorgdmand strochdt...* (Pantagruel, chapitre IX).

3. Les messages originaux, dont il faut restituer les voyelles et le découpage des mots, se composent normalement de vers de six à huit syllabes, terminées par une syllabe assonante en L, que le nom de l'« écusson cartel » ou « cartel » pour escrit-el fournit aux devises les plus courtes. Les annonces brèves paraissent se dispenser de cette contrainte.

4. Les compositions historiées ou illustrées, tel le blason, doivent se lire comme un rébus, en commençant par le bas et de gauche à droite, en français le plus souvent.

5. Des règles annexes complètent, et compliquent, le système : les lettres H, X, Y, Z se lisent comme dans le blason, c'est-à-dire « ach », « iks », « i grégeois » ou « i grec », « zed ». Exemples : AZ se lira « aisde », BLH « blèche » DY « dit guère que ». « R », « ré » ou « or » signifient droite, « tor », gauche ; un signe redoublé doit se lire « pair » ou « deux » précédant son énoncé, etc.

6. Le grimoire, terme qui dérive très vraisemblablement de « grammaire », désigne aussi bien la méthode que le message lui-même. Il se décline de plusieurs façons :

• Le lanternois, déjà vu. Il néglige les rimes en L, en revanche il est généralement inclus dans un texte ordinaire, où il faut de ce fait repérer les mots-clés.

• Le grimoire blanc, toujours en français, est le plus habituel et le plus abordable, c'est la langue du blason.

• Le grimoire gris incorpore des termes étrangers. Le morceau se lit en commençant par le nom de la langue suivie de la traduction des mots en français.

• Le grimoire noir utilise des langues étrangères, fondamentalement grec, latin ou hébreu. Il est de ce fait réservé à une minorité très cultivée.

• Le patelinage est du grimoire blanc exprimé par gestes, ou au moyen de pièces d'habillement, d'éléments de décoration, etc.[26]

On constate une gradation notable de difficulté entre les subdivisions. Il faut imaginer que, pour chaque envoi, le choix en était déterminé par trois facteurs : le niveau de confidentialité du courrier à transmettre, les capacités de l'expéditeur à le formuler et les aptitudes des destinataires à le traduire. Rabelais comptait parmi les rares personnes de son temps capables de toutes les maîtriser. Pic de la Mirandole, Thomas More, Guillaume Budé, Érasme, Cornelius Agrippa, Scaliger, Robert et Henri Estienne, Guillaume Postel, Ronsard eux-mêmes ne pouvaient concurrencer son érudition. Nul n'était donc plus qualifié que lui, quel que soit son rang dans le monde corporatif, pour être son grand émissaire[27].

Quant à leur genèse, d'Orcet ne leur consacre qu'une fugitive digression : il émet la supposition que ces codes découleraient à longue échéance des écritures hiéroglyphiques antiques, dont ils perpétueraient le système, adapté à l'alphabet latin[28]. Ils seraient selon lui passés du grec en Gaule par l'intermédiaire des druides, et auraient été affinés au sein des guildes pendant le haut Moyen Âge. Mais il n'a jamais poursuivi son enquête sur ce point, sans doute par manque de temps et de matériaux probants[29].

Voici des exemples, avec en majuscules les consonnes qui forment l'ossature du texte :
Description de la figure : Une fourchette et une cuiller d'ivoire en sautoir.
Éléments du rébus :   SauToir, iVoiRe, FouRCHe, CuiLLer.
Interprétation :   SauTer hyVeR FoRCHe esCoLier.
Lecture moderne :   L'hiver force les écoliers à sauter.

Celui-ci est un peu plus complexe :
Description de la figure : Sautoir de fémurs surmontés d'un crâne blanchi (couleur de lune), (emblème de la piraterie, après avoir été un symbole religieux).

Éléments du rébus: SauToiR FéMuRs MoRt Lisse CRâNe CHef LuNé.
Interprétation: eSTRe Foi MoRt aMouR, LiCRaNe C'est L'uN.
Lecture moderne: Pour le licrane, il est de foi que l'amour et la mort ne font qu'un (un licrane est un maître, en langage corporatif).

Grasset lit comme suit, en grimoire gris, le titre original du Songe de Poliphile, *Hypnerotomachia Poliphili* (littéralement, le combat du songe amoureux de Poliphile):
Éléments du rébus: GRec (*gré*) aMouR SoNGe iL PoiNg (*pugnare*, combattre) LaTiN PoLiPHiLe.
Interprétation: GRiMoiRe SaiNt GiLPiN L'est TeMPLe aFFiLié.
Lecture moderne: Le saint gilpin est affilié au temple du grimoire (saint gilpin désigne un artisan des métiers en rapport avec l'écriture et la gravure).

Un exemple simple en latin:
Description de la figure: Un oiseau et un enfant avec du raisin dans les mains.
Éléments du rébus: *Avis* (oiseau), *puer* (enfant), *manibus* (dans les mains) *uva* (raisin).
Interprétation: *Ave* (salut), *puer* (enfant), *mānibus* (chez les mânes) *juva* (sois heureux).
Lecture moderne: Salut enfant, sois heureux chez les mânes.

On trouvera dans *Les quatre premiers livres de Rabelais* un sens supposé de la devise de Louis XIV « *Nec pluribus impar* ». En dehors de son étonnante interprétation, sa caractéristique est d'être composite, car elle décrypte en français une locution latine.[30]

Le grec ancien autorise aussi ce genre d'exercice, mais demande un peu plus de sagacité:
Description de la figure: Un homme, tenant un livre, a des oreilles et un pied d'âne, qui dépasse de sa toge (caricature antique contre les chrétiens).

Éléments du rébus :   *Pous oNou* (pied d'âne) *SToLiô* (en robe) *KhëïRi BiBLion* (livre en main) *KaRa oNou* (tête d'âne)

Interprétation :   *PoNô* (à la peine) *STeLLe* (envoie) *KRyBi* (action de cacher) *BLèKhRoN* (lâche)[31].

Lecture moderne :   Envoie au supplice l'infâme qui se cache.

On notera dans ce cas particulier que les consonnes aspirées sont confondues avec les occlusives correspondantes, et surtout que la lecture des parties de bas en haut est strictement respectée.

Le grimoire oppose aux contemporains des obstacles de plusieurs ordres, qui rendent sa lecture difficilement accessible :

• Quelle que soit la date de sa rédaction, le langage employé est constamment archaïque, or le vieux français est fort riche et le vocabulaire de certains parlers encore incomplètement inventorié.

• Le déchiffrement d'une image, si simple soit-elle et même si on connaît le sens de lecture à adopter, est toujours matière à interprétations multiples.

• La structure consonantique, même et surtout élémentaire, laisse place à des doutes considérables. Tous les spécialistes des langues sémitiques connaissent bien ce problème. Par exemple, le thème MRCR peut donner indifféremment MeRCuRe, MaRQueuR, aMouR CheR, MaRC-AuRèle, MiReCouRt, AMéRiQue Roi, HoMèRe CRie, MeRCRe (di), MoRt CRoix, etc. Il faut donc s'aider du contexte général de la citation.

• De nombreuses modalités, comme dans tous les argots, existent et se chevauchent sans que le destinataire en soit prévenu.

Bien que ce décodage soit à la portée d'un chartiste, tout cela concourt à décourager l'amateur d'énigmes, et Grasset ajoute judicieusement que « l'interprétation (des documents) pourra toujours être contestée, puisque tel était leur but ».

En effet, cette correspondance secrète était réservée à une minorité désireuse d'échapper aux juridictions civiles et religieuses. Il faut se représenter la société d'Ancien Régime, où une majorité muette, groupant plus des quatre cinquièmes de la population, était vouée à la production agricole. Les corporations assuraient la distribution de la nourriture, créaient et écoulaient le vêtement, le logement, les biens mobiliers et ceux des loisirs: c'était une fraction non négligeable de la population, détentrice d'une puissance économique primordiale. Soumises à des taxations compliquées et des contrôles tyranniques, elles ont ressenti le besoin d'un mode de communication privé. De leur côté les étudiants, chargés à terme d'infuser la culture, mais souvent au bord de l'hérésie, ont dû faire de même. Tous leurs intérêts convergeaient vers la création d'une langue cryptique, compréhensible à divers niveaux selon le degré d'initiation des adhérents, au moyen de laquelle ils pouvaient se défendre contre les puissances en place.

Limousin Espalier l'explique dans son ouvrage malheureusement trop confidentiel *L'Art royal, Trahison et Clercs. Les Brisées de Grasset d'Orcet* (Limoges, 1997): «La nécessité de devoir arguer, face à des autorités très sourcilleuses, que le texte ou le dessin n'avait pas de signification cachée imposait de rendre le rébus quasiment indéchiffrable (ou mieux, interprétable dans deux sens totalement opposés) si son message était très sulfureux. S'il était seulement insolent, sa lecture en était beaucoup plus facile. Il y avait donc des gradations dans la complexité des formes et des termes, en fonction de la quantité de lecteurs recherchés et des dangers inhérents au contenu du billet».

L'intérêt de cette pratique était par conséquent double, en mettant les correspondants à l'abri des foudres judiciaires, et en leur permettant de multiplier les dépêches sans limitation, ce qui n'était pas un mince avantage à une époque où toute communication était compliquée et coûteuse. D'aucuns dénient son existence sous le prétexte captieux que l'on n'en a pas de preuve formelle. Ils seraient toutefois avisés de se souvenir que les codes chiffrés sont aussi anciens que l'écriture et que diplomates et militaires s'en sont servis de tout temps[32] sans livrer la moindre archive secrète aux historiens, qui ont dû se contenter de ce que les cabinets noirs[33] leur ont laissé consulter. Au XVIe siècle, les chancelleries utilisaient couramment la cryptographie, les Vénitiens passant pour des maîtres dans ce domaine, tandis que leurs homologues espagnols avaient une piètre réputation. Et c'est en 1586 que Blaise de Vigenère, après maints autres, a publié son excellent *Traicté des chiffres ou secrètes manières d'escrire*, qui perfectionnait et en même temps popularisait la discipline[34].

On voit par là que cet usage était déjà très répandu dans les «milieux officiels»: en fait, de l'antiquité tardive à la Révolution, la dissimulation de l'information s'est imposée comme un principe de bonne politique[35]. Il apparaît dès lors très logique que d'autres collectivités aient usé de procédés comparables dans les mêmes desseins; c'était même indispensable dans une société où la liberté d'expression n'existait pas; la prenait qui pouvait, à ses risques et périls. Si l'absence de matériel incontestable interdit pour l'instant de tirer de conclusions définitives sur ce point, cela ne saurait impliquer que la conjecture soit chimérique; a contrario, l'accumulation des pièces répertoriées par Grasset ne laisse pas d'être troublante. Que l'historien ait besoin de faits précis pour assurer son propos est légitime, mais il doit s'accommoder aussi de ce que l'activité humaine ne révèle pas facilement sa face obscure. Nier purement et simplement l'existence d'une langue corporative secrète ne siérait donc pas à une démarche rationnelle qui, sur ces questions indécises, doit s'efforcer au mieux d'envisager toutes les hypothèses, plutôt que de rejeter sans débat celles qui dérangent.

Or il se trouve que l'histoire de l'art pourrait bégayer, car elle nous propose un scénario étonnamment proche de celui décrit ci-dessus, dans lequel interviennent à la fois un langage confidentiel et une tradition oubliée. Il faut le rapporter ici. En 1593, parut à Rome l'*Iconologia* de Cesare Ripa, recueil d'allégories sans illustrations qui connut aussitôt un grand succès. Au fil des rééditions, ornées désormais de figures de qualité croissante, ce véritable dictionnaire finit par compter près de deux mille entrées. Si bien que toute la peinture baroque et classique occidentale[36] s'est servie avec une fidélité presque aveugle de ce manuel pendant deux siècles. Comme tous les autres, ce type de discours a fini par s'user, au point de tomber dans un oubli total jusqu'en 1920, quand le médiéviste Émile Mâle a dégagé de sa poussière le traité de Ripa dans l'ancienne bibliothèque romaine des jésuites, devenue la nationale italienne. Les articles qu'il a publiés alors[37] ont révolutionné la critique et désappointé bien des historiens de l'art, bousculés dans leurs convictions et leur quiétude intellectuelle car, en donnant une lecture précise et indiscutable de toute cette iconographie, il remettait en cause un grand nombre de leurs interprétations, parfois fort aventurées[38]. Heureusement, sa thèse a fini par s'imposer, mais ce qui nous importe, c'est qu'il s'agit d'un cas de figure identique à celui qui nous occupe, et que l'exhumation d'un seul document innovant a pu faire s'effondrer les théories les mieux établies. Si par extraordinaire une découverte fortuite mettait à notre disposition une vulgate des anciens jargons, nul doute que cela perturberait bien des spécialistes de ces périodes[39].

Il reste enfin une autre interrogation : est-il plausible que le lanternois et ses versions annexes aient pu disparaître si vite sans pratiquement laisser de traces ? La loi d'inspiration physiocratique du 14 juin 1791, dite Le Chapelier, a aboli sans recours les corporations. Dans le contexte tumultueux de la Révolution, la décision n'a pas obtenu une publicité en rapport avec sa portée, car elle a entraîné une refonte totale des organisations professionnelles, concernant au moins 10 % de la population active. Un tel bouleversement explique que l'essentiel de leurs argots ait été perdu cinquante ans plus tard : les outils ont changé en même temps que les industries, et les victimes de la suppression n'ont laissé que des bribes de leurs traditions à leurs descendants, réduites à quelques mots après deux générations, surtout dans une époque où l'accélération technologique a fait disparaître de nombreux tours et termes de métier. Maintenant, est-il raisonnable de penser que tout souvenir s'en soit évanoui moins d'un siècle plus tard ? À défaut de travail sérieux sur ce domaine, on est contraint à une réponse prudente, mais il semble d'une part que quelques minorités ont quand même conservé jusque vers 1900 des connaissances fragmentaires de ces cryptographies[40], d'autre part que cette amnésie brutale soit un processus ethnologiquement normal[41].

Pour en revenir à la pratique du grimoire, il était fort logiquement, sans être ignoré des autres corporations, la spécialité des *gilpins*, ou gens de *jolie penne*, c'est-à-dire les calligraphes, graveurs ou émailleurs, qui ont déposé leur signature sur un grand nombre d'œuvres connues [42]. Mais chaque profession avait son argot et sa hiérarchie propre, et apportait ses talents particuliers au tronc commun : les tailleurs y contribuèrent beaucoup, puisqu'ils étaient chargés de représenter les devises sur leurs créations [43] ; les métiers du bâtiment et du vêtement, sculpteurs, orfèvres, tapissiers, gantiers, savetiers, coiffeurs, réalisaient des compositions imagées, les poissonniers parlaient le poissard ; les maraîchers nous ont légué le langage des fleurs, le dernier vestige, aujourd'hui bien déformé, qui nous en reste. De celui des sonneries, le glas et le tocsin sont parvenus jusqu'à nous. Basochiens et ménétriers avaient leur vocabulaire, et il semble que de nombreux alchimistes aient eux-mêmes employé ce jargon [44]. Des critiques d'art ont également cru déceler sa présence dans les peintures « à énigmes » inspirées par les jésuites [45]. Les chapiteaux historiés, les décorations de monuments, les tableaux et gravures, les estampes et la vaisselle décorée, les monnaies, les médailles et même les mascarades estudiantines ont servi de support autant que les œuvres littéraires à ce mode d'expression, qui est tombé en désuétude après la Révolution, consécutivement à la disparition des corporations et de leurs derniers survivants.

La méthode de Grasset d'Orcet est-elle fiable ? D'un point de vue strictement scientifique, elle laisse certainement à désirer. Ses démonstrations sont incomplètes et il ne livre aucune synthèse de ses recherches. Ses sources sont insuffisamment étayées, ses références mythographiques parfois mystifiantes, son travail est en gestation au fur et à mesure de ses parutions et il n'y apporte que peu de correctifs. Les exigences de la production journalistique lui limitent l'espace disponible et les délais nécessaires pour parfaire ses décodages, lui interdisent l'emploi d'annotations et de références systématiques, lui imposent un style mal adapté et l'obligation de fournir un minimum de sensationnel, tout cela nuit à la qualité de son exposé. Il a commis des bévues qu'il reconnaît volontiers : « Il m'est souvent arrivé de perdre la piste, admet-il, et de m'égarer dans de faux sentiers ».

Mais Champollion, Hrozný ou Ventris, qui cherchaient dans de meilleures conditions, n'ont-ils pas eux-mêmes laissé des erreurs et des lacunes dans leurs premières traductions ? Faut-il pour autant le taxer d'outrecuidance ? Non, assurément. Pour parachever ses études, il lui aurait fallu du temps, des collaborateurs, des échanges culturels et une publication appropriée, toutes choses dont il n'a jamais pu disposer. Malgré tout, ses écrits ont survécu et affichent une brillante érudition[46]. Plutôt que d'en faire une critique formaliste, il paraît plus utile d'en collecter les informations innovantes, car son but était bien de faire la lumière sur le double langage de Rabelais - et d'autres auteurs, Dante, Cervantes, Shakespeare, Swift, pour ne citer que les plus illustres. Telle est l'option suggérée par Limousin Espalier (*op. cit.*) : « Grasset d'Orcet n'est pas infaillible, et sa documentation est celle de son temps, mais l'important, c'est la méthode proposée, une heuristique véritable et féconde… Des erreurs certaines ne justifient pas le rejet de la méthode ».

Quant au contenu, les cinq articles composant ce volume confirment que Rabelais, en plus de ses talents reconnus, offre une chronique très caustique de son temps en tant que représentant des forces économiques vives du royaume. Le lecteur en apprendra les péripéties et les mécanismes sous-jacents et appréciera les données historiographiques qui permettent de mieux appréhender l'Europe du XVIe siècle.

Puisqu'on lui attribue très officieusement le titre de grand maître, ou plutôt de porte-parole, des corporations, la question se pose immédiatement : Alcofribas était-il franc-maçon[47] ? Au début de la IIIe République, période fortement influencée par la puissance des loges, ce n'était pas innocent. Soulignons tout de suite que Grasset d'Orcet n'était pas initié, ou s'il l'a été – fait invérifiable – c'est dans une loge orientale et pour une brève durée, ce qui n'a rien à voir avec une affiliation activiste en France. Il était catholique avec une teinte de platonisme, anticlérical, philosophiquement monarchiste, et surtout sceptique.

Mais son auditoire l'obligeait à s'intéresser aux origines de la maçonnerie, encore enveloppée de légendes plus ou moins ridicules. Il a par conséquent exploré ce que *Pantagruel* pouvait en dévoiler. On saisit bien ses incertitudes au long de ses analyses, mais il en arrive à la conclusion pleine de bon sens que « la franc-maçonnerie du Moyen Âge n'était à proprement parler qu'une formule de signature artistique ». En somme, les maçons formaient une corporation un peu à part, en raison de leur itinérance, des connaissances techniques très élaborées qu'ils véhiculaient, de la pérennité de leurs travaux, et peut-être aussi de la besogne lucrative qu'ils procuraient à de nombreux sous-traitants. Le prestige qu'ils en retiraient aurait justifié des obligations sévères de secret, corroborées par les difficultés de communication [48]. Et en passant du mode opératif aux loges spéculatives pendant le XVIIᵉ siècle, les mêmes règles strictes se seraient conservées, donnant ce fumet mystérieux à la F∴ M∴ deux cents ans plus tard. Si l'on en revient à Pantagruel, les allusions au *Songe de Poliphile*, traité d'architecture et de sculpture en grimoire [49], prouvent que l'auteur savait parfaitement le déchiffrer et qu'il n'ignorait rien de la coterie du bâtiment [50], mais absolument pas qu'il ait fait partie de sa hiérarchie. Ce que C. Gaignebet (*op. cit.*) résume lumineusement : « Rabelais et son œuvre sont liés à la franc-maçonnerie par les vies d'un symbolisme commun que le temps seul permettra de reconstituer dans sa logique et son histoire » [51].

Celui-ci ne peut pas être plus explicite dans le prologue de *Gargantua* en précisant qu'« en icelle (lecture) bien aultre goust trouverez et doctrine plus absconce, laquelle vous révèlera de très haultz sacremens et mysteres horrificques, tant en ce qui concerne nostre religion qu'aussi l'estat politicq et vie oeconomique ». N'en déplaise aux épigones d'Abel Lefranc, rien n'est plus sérieux que son propos et on ne peut considérer aucun de ces passages comme une simple pochade. On sait qu'il a penché un temps vers le luthérianisme, avant d'opter définitivement pour les Valois. Il a en ce moment sûrement incarné les aspirations des classes productives, qui ne bénéficiaient pas d'un organe officiel d'arbitrage face au roi, à la noblesse et au clergé. Elles se bornaient à se faire justice en sous-main, comme on le voit dans ce volume, par un système proche de la vendetta, bien éloigné des négociations paritaires. Vaille que vaille, ainsi s'équilibraient les forces par la violence[52]. Que le choix de Rabelais ait été motivé par conviction personnelle ou en fonction de sa position dans le monde politique reste un débat entre historiens spécialisés.

De son vivant, les États généraux ne se sont jamais réunis, mais tout le monde se souvenait du fameux discours démocratique de Philippe Pot, sénéchal de Bourgogne, prononcé pendant ceux de 1484 à Tours. L'idée que les princes ne détiennent pas leur pouvoir de Dieu avait déjà fait son chemin. Parallèlement, le développement de la Réforme mettait à mal l'omnipotence religieuse du pape. Il était le témoin d'une agitation sociale considérable après six siècles de féodalisme. S'il a eu, comme c'est grandement probable, de hautes responsabilités au sein du monde professionnel, il a tenu un rôle de modérateur. Et s'il n'a pu éviter certaines potions florentines de faire leur œuvre mortifère, il a certainement empêché qu'on en consomme davantage.

Grasset nous décrit tout cela dans la mesure où il transcrit le lanternois du bon caloyer, à la lumière de sa propre philosophie de l'histoire. Il récuse les idéologies et professe une théorie qu'on pourrait définir comme mythologique : selon lui, l'évolution de l'humanité se résumerait très sommairement à l'opposition binaire de deux coteries très anciennes, l'une aristocratique qu'il qualifie de lunaire, l'autre d'essence populaire, le parti solaire. Cela se manifeste par l'affrontement de l'empereur et du pape, des Gibelins et des Guelfes, des Bourguignons et des Armagnacs, de Charles Quint et François Ier, de la Quinte et du Quart, de Morvan et de Murcie, des Engastrimythes et des Gastrolâtres, etc. Cette tension conflictuelle millénaire, issue des religions antiques et transposée ensuite dans le domaine social et politique, aboutira à la Révolution, les premiers voulant séculariser les biens de l'Église à leur profit, les autres à celui du peuple, mais ils en arriveront à renverser le trône en même temps que l'autel. D'Orcet s'émerveille à bon droit que Rabelais ait pu prévoir ces évènements deux siècles à l'avance[53], avec cette réserve que son chapitre est trop hermétique pour être élucidé à coup sûr.

D'autre part, l'enfant de Chinon parle souvent avec nostalgie de sa petite province natale et Grasset en déduit un étrange symbolisme. Dans *Le premier livre de Rabelais*, il évoque la géographie sacrée des Turons, peuple gaulois qui occupait la Touraine et lui a légué son nom. Il relève la forme en croix de la région, matérialisée par les tracés Châtellerault-Tours et Chinon-Loches, qui évoque le mode d'implantation des centuriations romaines. Ce schéma se rapproche de celui découvert par les archéologues modernes, tels Pierre Audin[54], qui ont restitué à peu près rigoureusement les limites de cette *civitas*, comme celles des autres peuples de la Gaule chevelue. En fait, le territoire turon, dans ses limites extrêmes, qui n'ont guère changé depuis plus de deux millénaires, s'étendait d'est en ouest de Candes Saint-Martin, au confluent de la Vienne et de la Loire, à Écueillé, et du sud au nord de Tournon Saint-Pierre à Chemillé-sur-Dême. Ce dernier axe a la particularité de traverser la ville de Tours et de recouvrir précisément son *cardo*[55], prolongé au nord par les vestiges du pont antique sur la Loire mis à jour lors des sécheresses des étés 2000 et 2003[56]. Il semble étonnant qu'une volonté délibérée ait présidé au dessin de ces frontières, afin de circonscrire un patrimoine à la fois terrestre et mythique ; encore plus étonnant que Rabelais ait choisi pour situer son abbaye de Thélème le cœur exact de cette province.

En complément à la recherche de Grasset d'Orcet, est adjoint un petit essai du Sâr[57] Joséphin Péladan (1858-1918), extrait de *La clé de Rabelais* (Paris, 1905). Cet esthète est surtout connu du public pour avoir organisé de 1892 à 1897 les fameux *Salons Rose-Croix* dans la réputée galerie Durand-Ruel, puis en d'autres lieux prestigieux. Un décor apprêté et des accompagnements musicaux d'Erik Satie y mettaient en valeur les symbolistes exposés, comme Khnopff, Toorop, Schwabe, ou d'autres artistes, tels Vallotton, Rouault, Bourdelle, etc. Péladan, apôtre d'une beauté sacralisée et d'un idéalisme éthéré prétendant à une portée universelle, a produit un grand nombre d'études sur l'art, parmi lesquelles *De l'Androgyne* (1891), où il fait déjà des emprunts copieux à Grasset sans le citer. Outre les deux chapitres édités ici, *La clé de Rabelais* en consacre deux autres aux secrets corporatifs et au *Songe de Poliphile* « qui fut le manifeste esthétique de la Renaissance »[58]. Péladan justifie ainsi son entreprise : « L'art antérieur à la Révolution présente toujours une moyenne de beauté qui rend intéressant et valable le moindre objet. À défaut de génie et de talent, il y a maîtrise, c'est-à-dire méthode ».

Dans ce travail, il paraît évident qu'il a copié servilement Grasset (décédé cinq ans auparavant) et oublié de le mentionner, encore que son style quelque peu bombastique lui donne l'apparence de l'originalité. De son côté, E. Dufour-Kowalski, préfaçant la réédition intégrale de *La Clé de Rabelais* (Lausanne, 2011), soutient « que Péladan, informé par son aîné, était aussi en droit de reprendre simplement la tradition transmise par Grasset d'Orcet… Notre auteur doit en effet à son coup d'œil synoptique d'entrevoir l'essentiel et de tirer de ces étranges figures… une synthèse admirable ». Entamer une controverse sur ces nuances serait superflu, tant le plagiat était une pratique courante à l'époque (et, hélas, encore de nos jours !) ; démarquer des pages publiées dans la presse quatre ou cinq lustres plus tôt n'embarrassait personne. Laissons le public en juger par lui-même.

Ce qui peut captiver le plus dans le texte de Péladan, et qui le distingue de son inspirateur, c'est son approche esthétisante. Alors que ce dernier examine l'Ancien Régime à travers sa passion pour le déchiffrement des écritures, il privilégie le talent artistique déployé par l'abstracteur de quintessence dans sa chronique et son programme politique. Ce qui l'autorise à conclure que « l'histoire des arts sera, un jour prochain, la grande histoire ».

Illusions d'optique, discours ambivalents, perspectives dépravées[59], poèmes énigmatiques, tel est l'univers ambigu dans lequel Grasset d'Orcet nous introduit. Cependant, loin de se complaire dans le mystère et la fantasmagorie, il nous invite à partager son enquête, à nous familiariser avec le double langage de Rabelais et à nous exercer à son décryptage. Il ne reste plus maintenant au lecteur qu'à vérifier ce qu'affirme le prologue de Pantagruel: «Bien vray est il que l'on trouve en aulcuns livres de haulte fustaye certaines propriétés occultes… mais ilz ne sont comparables à celluy duquel parlons».

Michel Aulonne

Notes

1. *Gargantua*, chapitre Ier.
2. *Rabelais*, Paris, 2011.
3. *Rabelais*, Londres, 1979, traduction française Paris, 1992.
4. *À plus hault Sens* (Paris, 1986), indispensable pour aller au-delà de la critique traditionnelle.
5. *Le langage de Rabelais* (Paris, 1922/23).
6. L'énigme est un «Mistère ingénieux qui affecte de couvrir sous des voiles un autre sens que celui que présentent naturellement ces paroles ou ces figures», comme la définit le père Ménestrier dans *La Philosophie des images énigmatiques* (Paris, 1694). Ce genre a été très prisé dès le XVe siècle; il pouvait être oral, visuel ou littéraire. Marsile Ficin et les néo-platoniciens tenaient que les idées théologiques et la poésie devaient s'afficher sous un voile fabuleux; leur influence a engendré pendant la Renaissance une multitude de livres d'allégories ou d'emblèmes, associant généralement une devise avec une image symbolique. C'était un terrain éminemment propice à l'emploi d'un langage cryptographique, comme en témoignent ceux d'André Alciat (qui en fut le véritable promoteur) ou de Claude Paradin, mentionnés dans le présent ouvrage, et aussi ceux de G. Corrozet, Paolo Giovio, G. Simeoni, J. Sambucus, Hadrien Junius, Georgette de Montenay, Théodore de Bèze, Camerarius le Jeune, Jeremias Drexel, pour ne citer que les plus diffusés.
7. *L'Utopien et le Lanternois*, Paris, 1981. Ce spécialiste reconnu de la littérature gréco-latine a attendu les dernières années de sa très longue existence pour s'exprimer sur cette question épineuse. On notera que c'est probablement Thomas More qui est caricaturé dans le personnage de Thaumaste, le docteur anglais que Panurge fait quinaud (*Pantagruel*, ch. XVIII à XX). Auparavant, Émile Pons avait tenté de traduire le lanternois (*Revue de Littérature comparée*, n° 11, 1931), en se fondant sur le postulat que «Rabelais

se plaît à juxtaposer et à combiner des vocables d'origine et de nationalité différente». Malgré son ingéniosité, sa démonstration comporte trop d'approximations et d'altérations des termes pour être convaincante.

Ces conjectures trop savantes ont en commun une faiblesse : celle de présumer que les acrobaties verbales étourdissantes de l'auteur aient été à la portée de son auditoire. Cela équivaut à amalgamer son œuvre avec les romans à clés modernes, destinés à un public cultivé et assez nombreux, considéré a priori capable d'en décoder les clins d'œil sans aide extérieure. Or celui de Rabelais ne se composait pas seulement d'intellectuels distingués, mais d'une population presque illettrée (*cf.* notes 34 et 42 *infra*), pour qui de telles jongleries n'auraient rien signifié, même si quelques leaders pouvaient lui en retransmettre l'essentiel.

Pour mémoire, L. Herrmann interprète la phrase «*prug grest frins sorgdmand strochdt…*» (Pantagruel, chapitre IX) par : «Iras, puissant sire François, sur Genève relâchée…», et É. Pons par : «J'ai tout d'abord le besoin le plus pressant que vous écoutiez…»; on pourra voir comment Grasset la déchiffre dans *Rabelais et les quatre premiers livres de Pantagruel*.

On peut aussi consulter sur le même thème l'article de Jean Richer, «Swift au pays de Kabbale» (*Cahiers du Sud*, n° 344, 1957), qui s'attaque au langage des Houyhnhnms, le peuple équin des *Voyages de Gulliver*, apparenté d'après lui au haut allemand.

8. Pour des informations détaillées sur la famille et la généalogie de Grasset d'Orcet, se reporter à la préface des *Chroniques et Récits d'Auvergne*; sur sa propre biographie, voir la préface et le contenu de ses *Souvenirs*, chez le même éditeur.

9. Douze voyageurs français seulement y avaient séjourné depuis le début du siècle, parmi lesquels Chateaubriand (en 1806) et Lamartine. Ce dernier s'y arrêta d'abord en 1832 avec sa fille Julia, qui mourut avant son retour de Terre Sainte, puis en 1833. Lors de son passage, il emprunta 9 000 francs-or (près de cent mille euros actuels) à un commerçant français installé à Larnaka.

10. Les péripéties tragi-comiques de la découverte puis de l'envoi vers Paris de ce cratère colossal (pesant environ quinze tonnes), qui durèrent près de dix ans, feraient les délices d'un satiriste. Sur ce feuilleton ubuesque, voir Lucie Bonato, *Sosthène Grasset et la découverte de l'archéologie chypriote* (Le Mesnil Saint-Denis, 2002) et la préface des *Souvenirs* de Grasset, par André Beauval (Édite, 2004).

11. Ce procédé pourrait passer pour légèrement névrotique. En réalité, il s'agissait tout simplement de faire croire au public que ces revues, animées en fait par très peu de rédacteurs, utilisaient la plume d'un grand nombre de collaborateurs. De plus, il était préférable pour lui de ne pas signer du même nom dans des publications différentes.

12. Il semble qu'Amiens soit une ville maléfique pour Grasset d'Orcet, car c'est d'un Amiénois, Edmond Duthoit, qu'il dut subir l'arrogance ignorante, quand il lui fit connaître les richesses archéologiques de Chypre en 1862, d'où découlèrent tous ses désagréments dans le milieu archéologique (voir « Paphos, ses monastères et la fête de Vénus», dans l'*Archéologie mystérieuse*, et la préface des *Souvenirs*, chez le même éditeur).

13. On compte environ 170 articles signés de son nom dans plusieurs journaux. Nous en avons relevé plus de 700 autres, que l'on peut lui attribuer sans hésitation (l'équivalent d'une cinquantaine de volumes de librairie). Pour la plupart, ce sont

des chroniques, où les sujets concernant le présent ouvrage sont rarement ou incidemment abordés (voir les *Œuvres décryptées*, chez le même éditeur). Il faudrait encore un long dépouillement pour récapituler l'intégralité de ses autres écrits, disséminés dans divers périodiques, sous des pseudonymes improbables. Intéressante aussi, son abondante correspondance, un temps disponible à la librairie Dorbon-aîné, a disparu mystérieusement dans les années 1940, ce qui a provoqué les élucubrations de certains occultistes. Ses papiers personnels ont été détruits après la mort de son fils Olivier en 1946, et ses légataires n'ont conservé que de rares documents (voir la préface et le contenu de ses *Souvenirs*, chez le même éditeur).

14. Orientaliste allemand (1823-1900) spécialiste de l'Inde. Sa théorie avance que les phénomènes naturels sont rationalisés dans les mythes, qui sont, de ce fait, une préfiguration de la science.

15. Sculpteur de style néo-classique (1819-1874) très en vogue sous le second Empire ; on lui doit une statue de Rabelais, visible dans l'aile Turgot du Louvre. Curieusement, il lui a donné une allure austère, voire ténébreuse.

16. Certaines de ces dénominations véhiculent des connotations mythologiques ou mystiques. Homère et d'autres auteurs grecs, comme Platon (dans le *Cratyle*, 385 *sqq.* et ailleurs), mentionnent déjà la langue des dieux. Melampous, le devin mythique, comme Démocrite et Apollonios de Tyane, tous deux des chamanes, étaient censés la parler. On la retrouve presque partout dans l'aire indo-européenne, depuis les *Vedas* jusqu'aux *kenningar* scandinaves. Elle se transmet par le truchement des poètes inspirés. Ses codifications reposent principalement sur des allitérations, des rimes internes, divers jeux phoniques complexes, etc. Techniquement, elles ne sont pas très éloignées du lanternois décrit plus bas, mais évidemment leurs objectifs sont très différents. Françoise Bader en donne une analyse très détaillée dans *La langue des dieux ou l'hermétisme des poètes indo-européens* (Pise, 1989).

Le Coran (XXVII, 15 *sqq.*) évoque la langue des oiseaux, omniprésente dans le poème philosophique *Mantiq-al-tayr* (« La conférence des oiseaux »), du Persan Farid Ad-Din Attar, etc. Tous ces idiomes n'ont à voir avec celui dont nous traitons que leur appellation, confondue par catachrèse : pas plus qu'une rose de Noël n'est une rose, la cabale phonétique ne saurait s'assimiler aux kabbales judaïque et occultiste. Il faut nettement dissocier des concepts philosophiques ou religieux d'une technique purement utilitaire.

17. *Le préjugé comptable du linéaire B* (site Internet www.mycenien.info, 2008)

18. Réédition moderne à Genève, 1986.

19. Les études sur le trompe l'œil et les effets optiques sont assez nombreuses. Aucune à notre connaissance ne décrit de composition similaire à celle évoquée ici. Sur l'histoire, les fondements et une typologie de ce genre artistique, voir Miriam Milman, *Architectures peintes en trompe l'œil* (Paris, 1986).

20. Le décor offrant géométriquement le plus de similitude avec celui de Saint-Dié est dû à Bramante, dans une chapelle absidiale de l'église Santa Maria presso San Satiro à Milan (1482). Ne disposant que d'un mètre de profondeur pour l'édifier, parce que le mur du fond ne pouvait déborder davantage dans une rue passante, l'architecte résolut de prolonger les pilastres et les corniches de la nef par leurs copies en trompe l'œil. Grâce à ce subterfuge, il donne l'impression que l'abside mesure une dizaine de

mètres. L'épaisseur des reliefs à l'entrée de la chapelle, ainsi que les ombres portées, participent donc à l'illusion globale, et lui sont même nécessaires. Jurgis Baltrušaitis consacre un paragraphe à ce monument dans *Anamorphoses ou Thaumaturgus opticus* (Paris, 1984), où il traite des altérations de la perspective.

21. On pense évidemment aux méridiennes visibles dans de nombreuses églises gothiques et postérieures (on en répertorie plus de 400 en Europe), mais il existe des agencements plus subtils. On peut se reporter par exemple à *Il disegno della luce nell' architectura cistercerse* de Manuela Incerti (en italien, Florence, 1999), qui décrit les jeux de lumière dans des abbayes cisterciennes d'Émilie et des Marches, mettant en valeur tour à tour sculptures ou peintures suivant la saison ou l'heure du jour. Iakôvos Potamianos, dans *Τό φῶς στη βυζαντινή εκκλησία* («La lumière dans l'église byzantine», en grec, Salonique, 2000) suit la même démarche pour l'art orthodoxe.

22. Cette œuvre, longtemps conservée à la cathédrale de Metz et achetée un peu plus tôt par la Ville de Paris, avait suscité une grande curiosité quand elle fut présentée au public quelques mois avant la rédaction de l'article. Elle est maintenant au Louvre. Quant à l'identité du personnage représenté, les spécialistes hésitent aujourd'hui entre Charles le Chauve et son grand-père Charlemagne, porteurs tous deux d'une moustache abondante.

23. «Le noble Savoir» (dans les *Œuvres décryptées*) chez le même éditeur.

24. «Les Empires de la Lune et du Soleil», dans les *Œuvres décryptées*, chez le même éditeur.

25. Bizarrement, il est le seul personnage de Rabelais à s'exprimer dans cette langue, excepté les Lanternes elles-mêmes (*Cinquième Livre*, ch. XXXIII *sqq.*). D'Orcet n'a hélas pas eu le temps de s'attaquer à la traduction de ces derniers chapitres.

26. Les langues et notations artificielles, cryptographiques, sténographiques, gestuelles, allégoriques, etc., ont toujours excité la créativité. Aristophane invente celle des grenouilles, Tiron la tachygraphie, Hildegarde de Bingen la langue «inconnue», Dante l'adamique, Teofilo Folengo la macaronique, etc. Et on a recensé plus de vingt variantes des oghams irlandais (cf. *The Secret Languages of Ireland*, de R.A.S. Macalister, Cambridge, 1937). En fait, le blason et le grimoire ne sont que des constructions qui ont «réussi» parmi d'autres. Sur ce vaste sujet, voir le *Dictionnaire des langues imaginaires* de P. Albani & B. Buonarroti (Paris, 2001).

De la même façon, on sait qu'il a existé un argot des gueux très vivace, contemporain du grimoire, mais on n'en connaît pratiquement rien, en l'absence de documents écrits. Villon nous a laissé quelques fragments du vocabulaire de son siècle, mais la plus grande partie de ces parlers très mouvants est perdue à jamais.

27. Parmi les littérateurs adeptes du grimoire, on croit dénombrer la plupart des troubadours, Jean de Meung, Dante, Pétrarque, Joanot Martorell, l'Arioste, Marot, Maurice Scève, Ronsard, Le Tasse, Béroalde de Verville, Cervantes, Cyrano de Bergerac, Molière, La Fontaine, Milton, Bunyan, Charles Perrault, Swift, etc. Il faudrait de longues recherches lexicales pour vérifier ces assomptions. Par ailleurs, si l'on faisait la même investigation parmi les artistes plastiques, la liste en serait quasiment inépuisable.

28. Voir «Le Songe de Poliphile» (*Œuvres décryptées*, chez le même éditeur), à propos du commentaire de Rabelais sur le terme «hiéroglyphicques», dans la *Briefve Déclaration* qui clôture le *Quart Livre*.

29. Un indice pourrait plaider en faveur de cette hypothèse : Énée le Tacticien, auteur grec du IVe siècle av. J.-C., décrit dans sa *Poliorcétique* (ch. XXXI, 30 *sqq.*) le mode de chiffrement le plus proche de celui du grimoire. Il consiste en effet à garder telles quelles les consonnes du texte à crypter et à remplacer les voyelles par des points diacritiques ou des signes quelconques (ainsi *tacticien* devient-il $t \cdot ct \cdots c \cdots : n$). Les tablettes de cire, faciles à piqueter, se prêtaient commodément à ce manège. Il était évidemment trop rudimentaire pour fonctionner de façon durable, car dès l'antiquité la technique cryptographique a rapidement progressé. Mais il n'est pas interdit de conjecturer qu'il ait préfiguré le lanternois, qui l'aurait remodelé pour l'adapter au langage parlé et le rendre moins facilement intelligible. Grasset paraît ne pas avoir étudié la *Poliorcétique* ; en tout cas, il ne la cite nulle part. Est-ce de ce traité qu'il a tiré sa découverte, ou de ses propres ressources déductives ? La langue blasonnée dérive-t-elle du grec ou bien la ressemblance des procédés est-elle pure coïncidence ? Quoi qu'il en soit, ce petit mystère historique n'est sans doute pas près d'être résolu.

30. Remarquer que cette devise avait déjà été adoptée un siècle plus tôt par Philippe II d'Espagne. La férocité que lui assigne Grasset pose une interrogation double : le souverain en comprenait-il la signification, et si oui pourquoi la tolérait-il ? Les princes, ès qualité, subissaient habituellement une initiation dans une corporation (Charles IX était gantier, etc.), un honneur pour celle-ci, un moyen d'être en contact avec le peuple pour ceux-là. Était-ce pur artifice ou un réel apprentissage ? Peu importe, ils devaient connaître en tout cas un minimum du jargon professionnel, soit qu'ils l'aient appris eux-mêmes, soit que leurs conseillers leur en aient traduit des morceaux. Ils savaient donc clairement de quelle manière on les éreintait dans la frange supérieure du tiers état. Cet exutoire des pressions sociales était un faible prix à payer pour préserver un fragile équilibre et, bon gré mal gré, l'absolutisme lui-même a dû l'admettre.

31. On peut constater qu'en partant de la méthode d'Énée le Tacticien (*cf.* ci-dessus la note 29), il ne faut qu'un peu d'imagination pour composer cet arrangement.

32. Le premier exemple attesté se repère dans Hérodote (*Polymnie*, 239) : vers 484 av. J.-C., le Grec Démarate, qui résidait à la cour de Xerxès, roi de Perse, a fait parvenir à Léonidas une missive secrète avertissant que celui-ci préparait l'envahissement de la Grèce. Le stratagème, qui a consisté à graver le bois de la tablette au lieu de la cire et de le recouvrir de cire vierge, relève plutôt de la stéganographie, c'est-à-dire de la communication clandestine. Mais dès le VIIe siècle av. J.-C., les Spartiates se servaient d'un vrai système cryptographique, la scytale, bâton cylindrique sur lequel on enroule un ruban de parchemin où on inscrit le message dans le sens de la longueur. Une fois le ruban déroulé, le texte en est brouillé et le porteur peut s'en servir comme d'une banale ceinture. Il faut une baguette de même diamètre au destinataire pour restituer le sens original. Plutarque (*Vie de Lysandre*, ch. XIX, etc.) montre que cet artifice a été largement utilisé dans l'antiquité. Voir entre autres C. Lazos, Τηλεπικοινωνίες των αρχαίων Ελλήνων («Les télécommunications chez les anciens Grecs», en grec, Athènes, 1997, disponible sur Internet), et S. Singh, *Histoire des codes secrets*, malgré quelques erreurs (Paris, 1999).

33. Le cabinet noir ou «secret du roi» était un secrétariat chargé d'intercepter les courriers officiels ou privés. La pratique est immémoriale, mais s'est amplement développée au XVIIe siècle, époque où est apparue la locution (voir *Le cabinet noir* d'Eugène Vaillé, Paris, 1950)

34. Durant la Renaissance, Léon Alberti, Agrippa de Nettesheim (le Herr Trippa du *Tiers Livre*), Jean Trithème, Jérôme Cardan, G. B. Bellaso, G. B. della Porta, etc., ont disserté avec plus ou moins de talent et d'inventivité sur la cryptographie (sans oublier Léonard de Vinci et son écriture spéculaire). Cela indique clairement que le chiffrage des informations était plus qu'un simple divertissement d'érudits. Tous leurs codes opéraient par substitution de lettres, à divers niveaux de complexité. Aucun d'entre eux ne présente de similarités avec ceux proposés par d'Orcet, mais cela ne doit pas surprendre.

En effet, d'une part, ces derniers s'adressaient à un public majoritairement illettré, ce qui a justifié l'emploi d'un mode oral, or la métathèse des voyelles n'est pas une gymnastique trop compliquée ; de plus, les rébus de thèmes iconographiques (totalement absents chez les théoriciens susdits, même si plusieurs d'entre eux étaient aussi architectes et peintres) étaient compréhensibles par n'importe quelle personne avertie, tout cela du moins pour des messages simples.

D'autre part, les sanctions proférées contre les gens qui trahissaient les secrets de métier étaient si féroces qu'on en a oublié de nos jours un certain nombre : c'est ainsi que l'on a perdu celui du fameux «bleu de Chartres» et bien d'autres. Il est certain qu'aucun de ces auteurs, qui devaient avoir le titre de maître dans leur corporation, n'aurait divulgué les arcanes de son argot professionnel (on pourra objecter que cette règle du silence n'est pas formellement démontrée. Mais le principe du secret professionnel est si communément attesté - «Le secret est l'âme de toute entreprise», affirme Napoléon – et si évidemment défendable que des preuves écrites sont inutiles). Seule une élite lettrée a donc pu transmettre *oralement* les principes de ces codages, jusqu'à ce que la modernisation des techniques et la suppression des corporations aient entraîné leur extinction. Sur l'histoire de la cryptographie, on peut se référer à F. Pratt, *Histoire de la cryptographie* (Paris, 1940) et à D. Kahn, *La guerre des codes secrets* (Paris, 1980).

35. Il est curieux qu'aucun spécialiste de l'histoire des mentalités n'ait exploré cette question, alors que, dans un registre voisin, la censure a fait l'objet de multiples études. Les stratégies de l'information ont joué un rôle appréciable dans l'évolution des sociétés et mériteraient d'être analysées plus en profondeur.

36. On peut citer en France Simon Vouet, Vignon, J. Stella, La Hyre, Poussin, Champaigne, Mignard, Le Sueur, Bourdon, Le Brun, Coypel, Jouvenet, les sculpteurs Coysevox, Legros, Bouchardon, Falconet, etc. Émile Mâle cite aussi de nombreux Italiens, Annibal Carrache, l'Albane, le Dominiquin, le Guerchin, le Bernin, etc. dans son article, cité *infra*.

37. Initialement dans la *Revue des deux Mondes* (tome 39, 1927, accessible sur Internet), puis dans *L'Art religieux après le Concile de Trente* (Paris, 1932).

38. L'œuvre de Ripa n'est que l'aboutissement d'une série de compilations : elle emprunte beaucoup aux *Hieroglyphica* de Pierio Valeriano (Bâle, 1556), somme encyclopédique qui collationne l'essentiel des symboles iconographiques depuis l'antiquité, mais c'est elle qui a été la plus diffusée. Voir *Les allégories et les symboles de Cesare Ripa et Jean*

Baudouin, de V. Bar et D. Brême, accompagnés d'une réédition de l'*Iconologie* de J. Baudouin (Dijon, 1999) qui donnent un catalogue détaillé des allégories et de leurs attributs.

Les peintures inspirées par le corpus de Ripa montrent un état dégradé du codage, qui se résume sous son influence à un répertoire de thèmes immuables, agencés sans imagination selon les besoins du message à transmettre. Ainsi un crapaud tenu dans la main d'une femme signifie l'injustice, tandis qu'une grenouille aux pieds d'une figure féminine symbolise le secret, etc.; on comprend aisément que cette rhétorique pesante ne pouvait satisfaire éternellement le public ni les créateurs. Elle s'est pourtant maintenue pendant deux siècles (et elle sévit encore de nos jours, bien qu'elle ait oublié ses origines, dans les édifices officiels, mairies, palais de justice, monuments aux morts, etc.), parce qu'elle simplifiait le travail des artistes : avec cette bible, ils étaient dispensés d'imaginer des symboles pour chaque allégorie, et en outre assurés d'éviter des choix malencontreux. Le langage blasonné est bien plus sibyllin, mais aussi infiniment plus subtil. Quant à savoir s'il y a eu interpénétration entre eux, il faudrait de longues recherches pluridisciplinaires.

39. Et cela même si les thèses de Grasset se révélaient inexactes.

40. À ce propos, d'Orcet a soutenu que certains journaux satiriques parisiens de la fin du XIXe siècle, comme le *Courrier français* et le célèbre *Chat noir* de Rodolphe Salis, émettaient des messages d'intérêt diplomatique en grimoire. Il ne nous a rien laissé de précis sur leur contenu, mais on sait que son information, apparemment saugrenue, est parvenue jusqu'au gouvernement turc. Et, coïncidence ou non, il a reçu quelque temps plus tard une haute décoration ottomane (*cf.* ses *Souvenirs*, chez le même éditeur).

41. Une tradition remontant à plus de trois millénaires n'a pas sauvé les hiéroglyphes égyptiens d'un abandon total au Ve siècle, tant pour la lecture que pour l'écriture, même chez les Coptes, dont ils transcrivaient pourtant la langue. Horapollon, écrivain copte descendant d'une lignée de grammairiens, n'a déjà plus à la fin de ce siècle qu'une très vague connaissance de leur signification. La découverte de ses *Hieroglyphica* en 1419 a beaucoup influencé l'imagerie symbolique de la Renaissance mais, en dirigeant les chercheurs vers de fausses pistes, a longuement différé le déchiffrement de l'écriture égyptienne.

Le même phénomène d'oubli s'est produit pour les écritures cunéiforme, hittite, crétoise, maya, et bien d'autres. C'est dire qu'en une ou deux générations l'idiome et/ou l'écriture d'une puissante nation peuvent s'éteindre, a fortiori quand il s'agit d'une communauté restreinte. Grasset, beaucoup moins bien renseigné que les historiens contemporains sur ces mécanismes, commente cela très lucidement : « Malgré le nombre considérable des initiés, (le secret) a été emporté avec eux dans la tombe… ce qui pourrait surprendre, si le même fait ne devait être constaté à propos des hiéroglyphes égyptiens, de ceux de l'art grec et généralement à propos de tous les secrets de maîtrise. »

42. Il va de soi que les artisans sachant écrire ont toujours formé une élite dans leur milieu.

43. Devise signifie littéralement répartition, et par extension tout ce qui divise ou est divisible : un testament, une borne, etc., puis une conversation, un vêtement de diverses couleurs, d'où dès le XIVe siècle une livrée armoriée. Sur ce point, voir *Les anciennes corporations de Paris*, dans l'Histoire secrète de l'Europe, chez le même éditeur.

44. C'est ce qu'affirme Fulcanelli dans *Le Mystère des Cathédrales* (Paris, 1926). Comme la langue des oiseaux était connue d'une assez nombreuse communauté, il faut en déduire que les hermétistes ont dû en compliquer les clefs pour l'usage des seuls adeptes. Vaste enquête, mais qui nous éloignerait de notre sujet.

45. Voir l'article très complet de Jennifer Montagu, "The Painted Enigma and French Seventeenth-Century Art", dans le *Journal of the Warburg and Courtauld Institute*, n° 31 (1968), et l'ouvrage fondamental du père Ménestrier (*op. cit.* note 6 *supra*). Cette tradition s'est maintenue pendant les XVIIe et XVIIIe siècles. Ses principes se distinguent assez nettement de ceux du grimoire, même si là encore il a pu exister des influences réciproques. L'exercice était destiné au départ à stimuler les qualités discursives des étudiants, puis au divertissement du public en général. À la différence des emblèmes composés d'une image assez simple pour exprimer un message complexe, majoritairement d'ordre moral, ces énigmes picturales dépeignaient un concept unique, voire une réalité triviale, par une imagerie sophistiquée : l'article mentionne même un tableau qui aurait représenté la moutarde de Dijon ! Certains détails symboliques disséminés dans la peinture devaient guider le chercheur vers la solution, ce qui distingue ce type de devinettes du blason, où toutes les pièces participent de la lecture. Le genre n'est pas si aisé, car un tableau de Jouvenet, intitulé *La Famille de Darius aux pieds d'Alexandre*, offert en 1674 par Louis XIV au collège de Clermont (toujours visible en place au lycée Louis le Grand, qui lui a succédé) attend toujours après plus de trois siècles l'œdipe qui trouvera sa solution.

Après les emblèmes (*cf.* note 6), le symbolisme allégorique de Ripa (*cf.* note 38), nous voilà ainsi confrontés, dans la même période historique, à un troisième mode d'expression authentifié destiné à des *happy few* (sans tenir compte des correspondances diplomatiques et militaires). À vrai dire, cette distinction est toute moderne, car les auteurs exploitaient au mieux les progrès de l'imprimerie et, loin de se soucier de classifications sémiologiques, ne se préoccupaient alors que d'offrir une agréable sélection iconographique à leur clientèle fortunée ; et s'ils cryptaient leurs allégories, peu leur importait le genre employé, du moment qu'ils les publiaient. Il existe peut-être encore d'autres genres chiffrés à ressusciter, que des chercheurs perspicaces révéleront un jour ou l'autre. Ceux énumérés ci-dessus partagent avec le grimoire d'être codés, destinés à un public sélectionné et d'avoir un but éducatif ou informatif. Quel que soit leur degré de difficulté et leur destination, satirique, moralisatrice ou simplement utilitaire, ils prouvent que les langages à clés étaient une notion familière et avaient une importance essentielle dans la diffusion de l'information avant la Révolution. Tout cela renforce sérieusement la crédibilité de l'existence du grimoire.

46. On peut avoir la curiosité de connaître son arsenal de chercheur, à la vérité assez simple : les leçons de son père, ceux de ses professeurs d'art, et, qui sait, d'autres beaux esprits nés avant la Révolution, une bibliothèque classique bien fournie, où il consulte principalement le *Thesaurus graecae linguae* d'Henri Estienne (1572), le *Glossarium mediae et infimae latinitatis* de Du Cange (1688), le *Dictionnaire hébraïque* d'Edward Leigh (1712), le *Thesaurus linguae latinae* de Robert Estienne (édition de 1743), le *Dictionnaire hébreu-français* de Sander et Trenel (1859) et bien sûr le *Rabelais* de Pierre Jannet (1874), édition la plus courante de son temps.

47. Nous entendons clairement par là membre d'une loge corporative. La franc-maçonnerie spéculative n'a vu réellement le jour qu'à la fin du XVIIe siècle.

48. Observons que la réunion de ces facteurs a pu motiver l'adoption par les maçons d'un jargon corporatif ardu et de rites initiatiques compliqués. Ce qui expliquerait, au moins en partie, la longue continuité de leurs traditions.

49. Première édition chez Alde Manuce, Venise, 1499. Voir les trois intéressants articles de Grasset sur cette œuvre dans les *Œuvres décryptées*, chez le même éditeur.

50. Il n'est pas exclu que Rabelais ait été affilié à la *Compagnia della Cazzuola* («Compagnie de la Truelle»), société artistique et festive fondée en 1512 à Florence. On n'en a cependant aucune preuve.

51. Rappelons que sa qualité de prêtre était de toute façon inconciliable avec l'obtention d'une maîtrise (même s'il y eut certainement quelques cas de cumuls obtenus par imposture). N'affirme-t-il pas dans le prologue du *Cinquième Livre* (phrase reprise presque à l'identique dans celui du *Tiers Livre*): «Je suis délibéré… servir les massons, mettre bouillir pour les massons, et m'auront, puis que compaignon ne puis estre, pour auditeur…»? Il eut d'ailleurs, pour les mêmes raisons, beaucoup de difficultés à faire officialiser son diplôme de médecin, obtenu en 1530, bien qu'il eût exercé dès ce moment.

52. *Cf. supra* note 30. Dès avant le XIVe siècle, le déclin de la féodalité et l'émergence d'une bourgeoisie commerçante ont créé de vives tensions, manifestées par la prévôté d'Étienne Marcel, les révoltes des Maillotins, des Cabochiens, etc. L'État de droit et le régime fiscal rationnel institués par Charles V (1364-1380) ont amené une accalmie, mais les revendications des acteurs économiques se sont ravivées dès sa disparition. Dans ce contexte, les liquidations de personnages encombrants, au demeurant relativement peu nombreuses, ne sont qu'un épiphénomène de luttes sociales mal régulées.

53. Voir *Le premier livre de Rabelais*, à propos des *Fanfreluches antidotées*.

54. On peut consulter son article «La civitas Turonum et ses limites au nord de la Loire» dans *Caesarodunum*, n° 16 (1981).

55. Le *cardo* est l'axe voisin du méridien (à Tours, il est orienté d'environ 15° vers le nord-ouest) qui détermine avec sa perpendiculaire, le *decumanus*, le plan de fondation d'une ville. Si les termes sont latins, parce que les Romains en ont largement vulgarisé les principes, l'usage en est à peu près universel.

56. Voir les articles de J. Seigne, *Un pont (?) antique (?) à Tours*, et surtout de P. Neury et J. Seigne, *Deux ponts antiques (?) à Tours* dans la «Revue archéologique du Centre de la France», n° 40 (2001) et n° 42 (2003).

57. Titre autoproclamé dont la signification est assez confuse. Il semble désigner un potentat babylonien.

58. Sur les secrets corporatifs, voir entre autres «Les anciennes corporations de Paris», dans l'*Histoire secrète de l'Europe*; pour «Le Songe de Poliphile», voir les *Œuvres décryptées*, les deux ouvrages chez le même éditeur.

59. Cette expression est empruntée au titre d'une trilogie écrite par Jurgis Baltrušaitis, dont *Anamorphoses* est le deuxième volume (voir *supra* note 20).

Note liminaire

Les articles sont présentés dans l'ordre chronologique de parution, qui permet de suivre l'évolution des recherches de l'auteur.
Celui-ci utilise sans doute l'édition de Rabelais de Pierre Jannet. L'éditeur a retranscrit l'orthographe qu'il a adoptée pour les citations.
Les notes entre crochets sont des insertions de l'éditeur dans celles de Grasset d'Orcet. Toutes les références sur les travaux de l'auteur sont à consulter, sauf exception signalée, dans ses œuvres publiées aux éditions Édite.
En dehors des coquilles flagrantes, le texte original des articles a été respecté au maximum. On y remarquera donc quelques archaïsmes orthographiques. De même, des mots de vieux français peuvent se trouver écrits différemment d'une citation à l'autre. Certains termes aussi ont une initiale, majuscule ou minuscule, différente de ce que l'on pourrait attendre dans une typographie moderne.

Claude-Sosthène Grasset d'Orcet

RABELAIS
et
LES QUATRE PREMIERS LIVRES
DE PANTAGRUEL[1]

I

Un public d'élite a bien voulu me suivre dans cette série déjà longue d'études qui ont pour point de départ l'Androgyne de Platon[2]. J'ai même la satisfaction de constater aujourd'hui que deux savants hors ligne, MM. Lenormant et Clermont-Ganneau, marchent actuellement sur mes traces, et que le caractère hiéroglyphique de l'art antique ne rencontre plus guère de contradicteurs de parti pris, même à l'Institut. Il est vrai que, quand j'ai dit que MM. Lenormant et Clermont-Ganneau marchaient sur mes traces, j'ai enfreint les préceptes de la saine modestie ; la science française est quelque peu comme les mules de Provence, elle ne marche que si un Allemand va devant. C'est donc un Allemand, M. Helbig, qui marche devant MM. Lenormant et Clermont-Ganneau, et c'est moi qui précède M. Helbig[3].

C'est, je crois, le moment de remercier ceux qui m'ont bien voulu suivre dans ces explorations aventureuses, alors que je n'avais d'autre autorité à invoquer que la mienne, et particulièrement tous ceux qui m'ont envoyé des lettres d'encouragement auxquelles je n'ai pas eu le loisir de répondre. Je n'oublierai pas non plus dans mes remerciements ceux qui m'ont critiqué à la légère, car d'abord, la seule chose qu'un auteur ne pardonne point, c'est de ne pas être lu, et, en second lieu, une critique qui ne porte pas mérite un double remerciement, car elle fournit l'occasion d'un triomphe aussi éclatant que facile.

Je remercie donc particulièrement M. Vitu d'avoir traité de « folies solennelles » les explications que j'avais données jadis sur l'antiquité du personnage de Carabas, « non que je me veuille impudentement exempter du territoire de folie, comme disait Panurge ; j'en tiens et en suis, je le confesse. Tout le monde est fol. En Lorraine, "fou" est près "tou" par « bonne discrétion » ; mais la qualification de « folie solennelle » ne peut pas entrer dans mon blason, aussi ne réfuterai-je M. Vitu qu'en l'obligeant à avaler la fin de l'histoire de Carabas, car, si j'ai bonne mémoire, nous n'en étions encore qu'au déluge, et ce personnage s'enfonce bien plus avant dans la nuit des temps[4].

Au vingt-cinquième siècle avant notre ère, on le voit arriver en Égypte avec les conquérants connus sous le nom de « Chétas » ou « Pasteurs »[5], dont il est le dieu principal. Il se présente alors sous la forme d'un singe ou d'un nain difforme à masque rabelaisien et riant à gorge déployée. On a prétendu que ce poussah était le fétiche de certaines tribus africaines, mais son nom nous est parvenu : il s'est constamment appelé « Bais », ce qui s'écrit hiéroglyphiquement par les trois palmes qu'il porte sur la tête ; or, en grec, la palme se dit « baïs » ; et, d'ailleurs, on le retrouve chez tous les Grecs asiatiques ou européens, sans en excepter ceux de l'Italie. J'ajouterai même que c'est la seule divinité que les Grecs aient jamais adorée, et la seule qui figure jusqu'à la fin du paganisme hellénique dans leurs doctrines secrètes des Cabiries et des mystères de Bacchus.

Ce personnage prouve donc que les hautes classes de ce ramas d'aventuriers de toute provenance qui envahirent l'Égypte quelque peu à la façon de Guillaume le Normand étaient helléniques de langue et de religion ; mais quelle que soit l'importance historique de cette constatation, elle n'aurait pas valu au dieu Bais une place dans cette étude, s'il ne constatait en même temps l'introduction d'un élément nouveau dans le développement des facultés humaines, celui du rire et de la satire.

En effet, ni l'art égyptien ni l'art assyrien ne se sont jamais déridés ;

si extravagantes que soient parfois leurs conceptions, elles sont toujours raides et glacées, tandis que les penseurs les plus profonds du monde hellénique, Socrate et Aristophane, sont deux grotesques, et que la caricature joue le rôle le plus large dans l'art intime par excellence de la Grèce, c'est-à-dire l'art funéraire, dont l'Exposition rétrospective du Champ de Mars nous a donné un tableau si curieux et si imprévu[6].

Là, le dieu Bais se retrouve sous les formes les plus variées et les plus excentriques ; il est le représentant des misères de la vie, et il répète continuellement le fameux vers moderne :

Vaut mieux faquin debout qu'empereur enterré.[7]

Car « bais », en grec, équivaut complètement au français « faquin » ; il veut dire à la fois « pauvre » et « imbécile » ; mais il est vivant, et il répond en son rébus, à tous ceux qui l'interrogent : « Kharabais[8] » « Réjouis-toi de n'être qu'un imbécile dans ce monde, plutôt qu'un empereur dans l'autre. » Tel est l'unique secret de l'art grec, l'unique formule qu'il répète sous les formes les plus variées et les plus élégantes, car il servait d'interprète aux classes heureuses qui prêchaient aux esclaves et aux alliés les avantages de la vie future, pour leur faire supporter leur domination dans celle-ci, mais n'avaient rien de moins pressé que d'aller vérifier, dans un monde qu'ils disaient meilleur sans beaucoup y croire, le bien fondé de cette indispensable hypothèse sociale. Aussi le grotesque grec, bien que parfois assez téméraire, garde toujours une certaine mesure et une certaine discrétion, et ne s'écarte jamais du ton des classes dominantes, dont les artistes faisaient tous partie.

II

Au Moyen Âge, l'art change complètement de caractère ; les classes dominantes sont d'origine barbare et le méprisent souverainement comme un métier de manant. Les chevaliers un peu dégrossis du onzième siècle lui demandent bien des armoiries et des devises, mais ils ne cherchent pas à les comprendre en dehors de ce qui concerne leurs souvenirs de famille.

L'art reste donc le patrimoine exclusif des classes « dominées », qui lui confient leurs peines, leurs douleurs et leurs rancunes contre Dieu et les hommes, car il est bien reconnu aujourd'hui que la plupart des édifices religieux du Moyen Âge mériteraient plutôt le nom d'édifices irréligieux.

En effet, tous les artistes de cette époque sont organisés en guildes ou en corporations nécessairement reliées par des liens très étroits à ces compagnies errantes d'ouvriers connus sous le nom de « francs-maçons », qui courent à travers le pays en quête d'églises, de ponts ou de châteaux à construire. Ceux qui en ont besoin font marché avec le chef électif de la bande et signent un contrat qui assure aux ouvriers ou compagnons le salaire, les vivres et les vêtements. Puis, si c'est une église, la première pierre est posée en grande cérémonie par l'évêque, entouré de tout son clergé.

« Joyeux d'abandonner leur vie errante et d'avoir trouvé du travail pour de longs jours, les pauvres maçons s'improvisent des baraques de bois autour du chantier. C'est là qu'ils passeront toute leur vie avec leur famille, collés à leur œuvre comme le serf à sa glèbe. Fils, femme, filles les aideront aussi bien à transporter les matériaux qu'à sculpter les porches, et ils feront des apprentis qui leur succéderont, à leur mort dans cette espèce de fief du travail. »

Parmi ces dynasties d'artistes, qui furent généralement très remarquables, on cite à Strasbourg Erwin de Steinbach, sa femme, sa fille et ses deux fils, et à Paris les trois Jacquin, père, fils et frère, qui y furent successivement « maîtres des œuvres ».

« Dès lors, la cité où doit s'élever la cathédrale devient la patrie du tailleur de pierres. Il épousera les idées et les querelles de ses bourgeois et il modifiera ses compositions et son style au gré des passions de la foule. Ne vous étonnez pas s'il sort de son ciseau tant de monstrueuses caricatures et d'images obscènes ; l'Église ne s'en occupe pas et lui laisse fouiller la pierre à sa fantaisie ; à peine si, de temps à autre, se montre un chanoine pour faire la paye[9]. »

On a attribué cette singulière tolérance de l'Église romaine à son ignorance ; mais il est certain, au contraire, qu'elle avait la clef de la langue imagée des francs-maçons, et que, tandis que les empereurs byzantins proscrivaient les images, parce qu'on s'en servait pour conspirer contre eux, les papes, malgré l'avis de nombreux évêques, persistèrent à tenir ouvert cet exutoire des mauvaises humeurs populaires et accordèrent constamment aux artistes la liberté pleine et entière du chapiteau et du portail ; il est vrai qu'ils ne voulurent pas l'admettre dans la ville pontificale, mais il leur suffisait ailleurs que ce genre d'écriture fût impénétrable au vulgaire ; et on n'a pas gardé le souvenir d'un artiste qui ait été inquiété par les ordres de la cour de Rome pour les impiétés qu'il ciselait en tout lieu, et que les gens d'Église lisaient parfaitement, mais ils étaient liés comme les autres par un serment de maîtrise qui n'a jamais été violé. D'ailleurs, pour quelques couplets contre l'enfer, il y en avait des centaines contre les nobles, que le clergé ne détestait pas moins que la bourgeoisie ; et quant à ces hommes maillés de fer, ils étaient trop orgueilleux et trop béotiens à la fois pour accorder la moindre attention aux sculptures des églises. Celles-ci suivirent donc exactement le mouvement de la littérature et transcrivirent successivement en pierre une réplique populaire à la chanson de Roland, et surtout les romans de la *Rose* et du *Renart*, qui s'adaptaient admirablement au genre d'ornementation du style gothique, ou plutôt qui l'ont créé.

Si l'on avait besoin d'un artiste de mérite, on le faisait venir de Paris. Dès le sixième siècle, la suprématie artistique de cette ville se trouvait établie sur toute l'Europe, et les francs-maçons de l'Île-de-France portaient en Angleterre l'art, la langue et les mœurs de la France mérovingienne, qui avaient soumis les conquérants anglo-saxons à l'influence française bien avant qu'ils tombassent sous le joug du bâtard de Normandie. On ne doit donc pas s'étonner si la langue française a été l'idiome adopté par toutes les tribus de francs-maçons de l'Europe assez longtemps avant la date où elle a fait son entrée officielle dans le monde par le fameux serment de Lothaire et de Charles le Chauve, car tout ce que l'on a pu recueillir de l'ancien gaulois prouve que c'était un dialecte assez rapproché du latin pour qu'au siège de Gergovie César n'osât pas écrire une lettre dans cette dernière langue, parce qu'elle pouvait tomber entre les mains des Gaulois et que tous comprenaient le langage de César [10]. Il faut donc en conclure, d'après la ressemblance qui existe entre les dialectes italiens du nord du Pô et le français proprement dit, que l'idiome romain n'était qu'un des nombreux dialectes de la grande famille gauloise, avec une grammaire façonnée probablement après-coup à la grecque, car le peu que nous possédons d'épigraphes gauloises indique des formes grammaticales aussi simplifiées que celles du onzième siècle, et la plupart du temps dépourvues des désinences latines.

Tel était le dialecte que les compagnies errantes de francs-maçons transportaient partout avec eux, bien des siècles avant qu'il fût devenu celui de la diplomatie, et ils le transmettaient religieusement à leurs descendants, tout en adoptant celui du pays pour leurs relations avec les indigènes.

C'était dans le dialecte de l'Île-de-France qu'étaient rédigés tous leurs plans et leurs annotations hiéroglyphiques ; car ils ne confiaient pas à l'écriture vulgaire les secrets de leur corporation, et il existe une foule de preuves qui attestent que l'écriture hiéroglyphique, dont on constate l'apparition au onzième siècle, sous le nom de « blason », était déjà d'un usage général à l'époque gauloise. De ces preuves je ne citerai que la plus connue. Pendant toute la domination romaine, la ville de Lyon (Lugdunum) a conservé son blason gaulois : un corbeau sur une montagne (en gaulois « lug », corbeau ; « dun », montagne).

Cette écriture a-t-elle été, dans l'origine, le patrimoine de tous les francs-maçons sans distinction ? C'est possible et même probable, car on en retrouve une toute semblable dans les catacombes de Rome, dont le but était évidemment de graver certaines formules dans la mémoire des illettrés. Telles sont ces lampes chrétiennes entourées de disques et de feuilles de peuplier, au milieu desquelles courent deux chiens, ce qui donne les vers suivants :

Lucerna disce populos
Lucem canes, Deo current.

Instruis les peuples par cette lampe,
Tu chanteras la lumière, et ils accourront à Dieu[11].

C'est précisément pour maintenir cet enseignement par les images[12] que les papes résistèrent énergiquement aux empereurs iconoclastes, et ils comprenaient si bien la langue des francs-maçons que, au dixième et au onzième siècle, toutes les églises romanes sont de véritables catéchismes en action, dont la porte orientale figure le Décalogue. Elle est toujours creusée dans une tour carrée s'élevant sur un « dé cannelé », avec six degrés, ce qui se lit : « Créteur (carré, tour), 6 grés décanelé » (vous suivrez le Décalogue du Créateur). L'hiéroglyphe d'une tour carrée pour rendre le mot « créateur » s'est conservé dans ce genre d'écriture jusqu'à la Révolution française[13].

Mais, lorsqu'elle descendit des chapiteaux historiés de l'architecture romane pour orner de devises les écus des gentilshommes partant pour les croisades, elle était déjà le monopole exclusif de l'aristocratie des arts et métiers, qui comprenait tous les dessinateurs de chaque catégorie. On sait quel splendide usage les artisans du Moyen Âge faisaient de l'art du dessin, je n'en citerai d'autre exemple que les étonnantes ferrures de Notre-Dame.

Le pivot de cette aristocratie professionnelle semble avoir été la corporation des peintres en émail, celle qui du reste a fourni la langue et les règles du blason aux hérauts d'armes. On sait que l'art de l'émailleur est d'origine essentiellement gauloise ; il comprenait au onzième siècle la fabrication des vitraux et celle des terres émaillées, dans lesquels la France n'a jamais connu de rivaux ; il n'est donc pas surprenant que sa langue et son écriture spéciale soient devenues celles de tout l'art moderne jusqu'à ce que le centre de cette mystérieuse et aristocratique fédération ait été détruit on ne sait comment par la suppression des maîtrises et jurandes[14]. Mais elle nous a laissé d'innombrables monuments, dont les plus modernes sont les assiettes révolutionnaires de la fabrique de Nevers, qui contiennent en hiéro-glyphes blasonnés la plus curieuse et la plus véridique des histoires de la Révolution, avec les espérances et les désenchantements des pauvres peintres en émail. Au début, ils étaient tout feu et tout flammes contre la noblesse et le clergé, mais ils chantèrent une tout autre antienne lorsqu'ils virent leur petit « temple » balayé par la tourmente révolu-tionnaire. Comment et pourquoi n'essayèrent-ils pas de le relever ? C'est un mystère que je n'ai pu éclaircir, mais qui s'explique cependant par la difficulté toujours croissante de se servir d'une langue qui avait trop vieilli. Ce qui est certain, c'est que les survivants ne firent plus d'adeptes. La dernière trace que l'on trouve des émailleurs est sur les monnaies de Louis XVIII, qui portent sur l'effigie du souverain un cou de cheval, ce qui donne avec le cercle de la rouelle mi-œuvée ce vers, qui caractérise si énergiquement le grand tort des Bourbons à leur retour de l'émigration :

> Mauvais roi l'est point tel chevaulche[15].

C'est d'après ce système que sont composés les types de Dupré[16], que la république actuelle a repris sans se douter qu'ils contiennent tout autre chose que l'éloge de cette forme de gouvernement.

Cette franc-maçonnerie artistique était répandue dans toute l'Europe occidentale et groupait tous les artistes de quelque valeur, dans une confrérie mystérieuse qui, autant qu'il est permis d'en juger, n'avait le droit de correspondre qu'en hiéroglyphes. Mais il était évident que pour les artistes ce n'était pas le côté sérieux de la question. Le comte de Caylus l'a défini tout au long dans une des vignettes hiéroglyphiques de son recueil d'antiquités représentant le Nil sur un « dé » couvert de hiéroglyphes et commençant ainsi :

> Car tel point découvre hiéroglyphes
> En déchiffre autre que sait nul,
> Se font rébus tant « pairs peintres anglent[17] ».

Anne-Claude-Philippe de Caylus (1692-1765): frontispice du tome V du *Recueil d'Antiquités égyptiennes, étrusques, grecques, romaines et gauloises* (NDLE).

Ce genre de poésie étant fait pour l'œil et non pour l'oreille, je me contenterai de résumer brièvement la suite de cet important document; l'auteur ajoute que ce n'est pas pour le plaisir de faire des mystères que les artistes assujettissent leurs compositions à la règle de l'« angle », mais pour trouver des combinaisons nouvelles et originales dans l'ornementation, et que ceux qui ne s'y assujettissent pas sont considérés par leurs confrères comme des « canailles »; mais il n'est permis d'« angler » ses compositions qu'autant qu'on a été reçu « pair » parmi les peintres et qu'on a donné des « garanties » qu'on n'en révélerait pas le secret.

Dans une autre vignette, le même auteur se plaint que ce secret soit trop prodigué, et cependant, malgré le nombre considérable des initiés, il a été emporté avec eux dans la tombe, alors qu'il n'existait plus aucune sanction pénale qui pût les atteindre, ce qui pourrait surprendre, si le même fait ne devait être constaté à propos des hiéroglyphes égyptiens, de ceux de l'art grec et généralement à propos de tous les secrets de maîtrise.

Nous venons de voir le nom que se donnaient les francs-maçons de l'art. Celui de «pairs peintres angles» est le plus générique. Le mot «angler[18]», en vieux français, signifie à la fois «cacher» et faire du «galon». Ce secret était donc de composer des «bordures» ou des ornements, sur des canevas rythmés. C'est pour cela qu'il est question dans Rabelais d'un fameux docteur «Anglais» qui vient arguer par «signes». La discussion qui s'élève entre lui et Panurge est en effet un dialogue blasonné, qui débute par les règles de ce genre d'écriture, dite «œuvre anglé»[19]. Dans l'espèce elle consiste à traduire le dialogue des deux personnages en dialecte héraldique, ou en vieux français du onzième siècle. Les voici:

> Par dessin se parles œuvre anglé,
> Te doives te rime t'aies qu'L
> Ne mets tel signe en quel dépouille
> Huit fois fert de l'une l'autre ongle.
> Œuvre faire paraître s'en plaît,
> Droit se nie pair faire querelle
> Voir; rime est enjoint l'un jouxte l'autre
> Comme doive, au prix de pareille.

Ce qui en français moderne signifie: «Si tu "œuvres anglé", tu parles par dessin; tu n'y dois mettre d'autre rime qu'L, tu la mets de façon (en tel signe) que celui qui dépouille (déchiffre) frappe huit fois d'un ongle sur l'autre (fasse des vers de huit syllabes); s'il te plaît de faire paraître cette œuvre, on refuse aux pairs le droit de se quereller ouvertement. Il leur est enjoint de ne jouter qu'à coups de rimes, en se soumettant à la pareille.»

Nous verrons dans le cours de cette étude que celui qui manquait à cette règle, ou à celle de la discrétion, était puni de la façon la plus terrible, et que c'est ainsi que s'explique le supplice infligé à Abailard par son beau-père. Cette discrétion était l'unique garantie de la libre-pensée au Moyen Âge. L'Église de Rome elle-même n'a jamais songé à l'enfreindre, et Dieu sait cependant si cette liberté allait loin contre Dieu, les papes et les rois. L'œuvre entière de Rabelais en est restée la preuve vivante.

Nous venons de voir que l'«œuvre anglé» se composait de vers de huit syllabes, terminés par une assonance en L. Telle paraît être l'étymologie du mot «blasonner» (bé (bien) L assonner).

Cette lettre était le signe de reconnaissance des «pairs peintres anglés» entre eux. L'un demandait: «Lanterne si el?» (lanterne-t-il?). L'autre répondait: «Bouteille». En vieux français, cela pouvait se traduire aussi: «loin terre n'est ciel?» (la terre est-elle loin du ciel?). Et l'autre répliquait: «Boute œil.» (Mets-y l'œil.). En jargon actuel: «Vas-y voir.» On sait que c'est la conclusion du livre de Rabelais et qu'elle se retrouve dans toutes les franc-maçonneries occidentales et orientales, à l'exception du Grand Orient français, qui tout récemment a remplacé cette formule de la liberté de pensée la plus absolue par la négation obligatoire de Dieu et de l'âme.[20]

Les pairs peintres anglés entendaient mieux la liberté de penser; mais pourquoi avaient-ils adopté une «lanterne» pour signe de ralliement? Était-ce un souvenir des lanternes des catacombes chrétiennes, dont j'ai parlé plus haut?

Quoi qu'il en soit, les pairs peintres anglés parisiens affectionnaient la qualification de «pairs lanternés», et c'est celle que prend constamment Rabelais. Ils se nommaient aussi «grinches habiles» ou «abeilles», et partout ils désignaient par l'épithète de «frelons» les non-initiés, que les artistes modernes qualifient de «pékins» ou «épiciers».

Les «grinches habiles» écrivaient leur nom par une «grosse boule de verre», comme on peut le voir dans le portrait de la maîtresse du Titien qui est au Louvre et dans celui de la duchesse de Southampton, par van Dyck[21]; les «lanternés», par une lanterne qu'on rencontre fréquemment dans les peintures du quinzième siècle. Les Lombards avaient conservé, paraît-il, le nom de «francs-maçons» et l'écrivaient par un «fer hameçon», c'est-à-dire par une hallebarde. Philibert Delorme était franc-maçon; mais toutes ces fractions de la grande famille artistique se servaient de la même langue et s'entendaient entre elles, ce qui prouve qu'en Allemagne et en Hollande le haut enseignement artistique ne pouvait se donner qu'en français; mais le latin était si répandu à cette époque, que la difficulté était moins grande qu'elle ne le serait aujourd'hui[22]. Quant aux Lombards et aux Toscans, leurs dialectes sont si rapprochés du vieux français, que la grammaire de la langue internationale des grinches habiles est beaucoup plus voisine de l'italien actuel que de la langue que nous parlons; ils n'éprouvaient donc aucune difficulté à s'en servir et je me suis demandé si elle ne provenait pas directement du latin des catacombes; mais un examen attentif prouve que la langue du blason, adoptée par toutes les corporations artistiques dès la fin du onzième siècle, est bien du français de l'Île-de-France. Le fait est attesté historiquement et n'a jamais été contesté.

Il n'y a aucune parenté entre ces francs-maçons du Moyen Âge et la société exclusivement politique instituée par Cromwell. La fameuse légende d'Hiram leur est parfaitement étrangère, ainsi que toute espèce de souvenir biblique[23]. L'orientation de leurs églises indique des traditions païennes auxquelles il n'est fait aucune allusion dans les innombrables hiéroglyphes qu'ils nous ont laissés. Quelquefois, mais rarement, ce sont des prières d'une parfaite orthodoxie; plus souvent, on rencontre d'amères protestations contre le dogme politique de l'enfer et de la damnation éternelle. Le clergé est beaucoup moins maltraité qu'on ne le croit, dans ces compositions où domine le genre satirique, car beaucoup de ces grinches habiles étaient eux-mêmes des moines et n'ignoraient pas d'ailleurs que leur secret était entre les mains de la cour de Rome. Mais le clergé, étant d'origine populaire, ne trouvait nullement mauvais que l'on éreintât les nobles brigands qui ravageaient églises et monastères. On sait que sous ce rapport Pépin et Charlemagne se distinguèrent à un point que le clergé n'a pas craint d'exprimer dans beaucoup d'églises ses préférences pour les Sarrasins, formulées dans ce couplet de la contre-chanson de Roland, qu'on peut voir à Saint-Germain des Prés, à Sens, et dans plusieurs églises d'Auvergne ayant particulièrement souffert de la brutalité carlovingienne. Il est écrit par des perdrix (perdriel) dans des blés sarrasins (Sarrasins emmi blés):

Littéralement : Mi pile (colonne) annelée – Sarrasins – emmi (entre) blés – perdriels – tailloir demi capitel (chapiteau).

Lecture : Mi plaigne els Sarrasins amiables.

Perdre el, tel oir daim capitel.

Traduction : Ne plaignez pas les Sarrasins aimables. Si on entendait un tel péché capital, vous seriez perdus.

Donc, si la cathédrale n'est pas l'expression d'une pensée religieuse, comme l'a démontré M. Raoul Rosières dans ses *Cathédrales gothiques*, ce n'est pas non plus, comme on le dit, le génie populaire qui a imaginé ces édifices et fait sortir des murs ces images à la fois grandioses et triviales, pures et immondes, railleuses et tristes comme lui, mais bien la verve frondeuse du moine et de l'artiste, qui, la plupart du temps, ne faisait qu'un[24]. « La cathédrale était le seul livre qu'il lui fût possible de composer, il y a exprimé toutes ses émotions et tous ses rêves. Il s'y est pétrifié dans toute sa beauté et sa laideur. Lorsqu'il sera las de ciseler de telles montagnes de pierres, il se servira de la prose pour créer encore des monuments faits à sa propre image. Sa dernière cathédrale, la plus majestueuse et la plus grotesque, la plus cynique et la plus énigmatique, se nomme *Pantagruel* et fut l'œuvre du "clerc" François Rabelais » (R. Rosières).

Dans son ensemble, cette appréciation de l'œuvre de Rabelais est la plus neuve, la plus hardie et la plus exacte qu'on en ait jamais donnée ; car il est de toute évidence, pour ceux qui ont étudié l'art du Moyen Âge, que le *Pantagruel* a été composé d'après la même méthode que les cathédrales gothiques, et que son auteur avait la clef de tous leurs mystères ; bref, qu'il était lui-même un des plus hauts dignitaires du pays de « Lanternois », dont il est si souvent question dans son livre. Mais de ce que le *Pantagruel* a été édifié par les mêmes procédés que les cathédrales, ce n'est pas une raison pour que ce soit une cathédrale et encore moins le produit de l'imagination populaire. Les grinches habiles sortaient bien des rangs du peuple ; mais, de même que les moines, avec lesquels ils avaient tant de points de contact, ils formaient une caste à part, dont les intérêts étaient complètement différents de ceux du peuple et reliés étroitement à ceux des autres « clercs », expression qui, dans l'origine, désignait toutes les classes lettrées.

On ne doit pas oublier en effet que la plupart des couvents possédaient des écoles d'architecture initiées à tous les secrets des grinches habiles et que c'est vraisemblablement dans une de ces écoles que Rabelais avait appris les secrets de cet art dans lequel on sait qu'il était passé maître. Ceci est tellement vrai qu'à l'époque où il vivait, les architectes, bien qu'ils construisissent infiniment plus de palais que d'églises, étaient encore presque tous des abbés, tels que Pierre Lescot et Philibert Delorme, qui fut, comme on sait, abbé de Saint-Éloi[25], et bien qu'on fût très peu exigeant à leur égard en matière de cléricature, encore étaient-ils tenus d'avoir reçu les ordres mineurs et de s'astreindre au célibat. Mais déjà en Italie l'architecture était absolument profane, et je crois que Philibert Delorme a été le dernier des abbés architectes.

III

Si l'on jette un coup d'œil d'ensemble sur la longue carrière fournie par les grinches habiles, on peut la diviser en trois grandes périodes : celles des cathédrales, qui va du sixième au seizième siècle ; celle des châteaux, presque exclusivement limitée à la Renaissance ; et celle de l'ameublement, qui n'est ni la moins intéressante ni la moins brillante des trois et comprend tout l'art décoratif si exclusivement français du dix-huitième siècle. Les Boulle, les Germain, les Gouthière, étaient des grinches habiles[26] ; c'est-à-dire de véritables poètes échafaudant leurs compositions sur des canevas rythmés. Tel est, comme le dit le comte de Caylus, le secret de leur inimitable originalité. En dehors de « l'angle », il n'existe pas de moyen de varier ses compositions, on en est réduit, comme les artistes contemporains, aux pastiches inintelligents des autres époques et il en résulte une infériorité tellement choquante, que, sans se rendre compte du motif qui détermine leurs préférences, les collectionneurs s'arrachent à prix d'or les compositions « anglées » des siècles passés, parce qu'ils leur trouvent un piquant dont les compositions modernes sont absolument dépourvues. Il est donc impossible que, du jour où la règle de l'ornementation ancienne aura été divulguée, les artistes n'y reviennent pas avec frénésie, car ils en seront récompensés par les succès les plus éclatants. Quant à l'application que Rabelais en a faite à la littérature, c'est une tentative unique[27] qui n'aura aucune occasion de se renouveler dans un temps où l'on a brisé toutes les entraves de la liberté de pensée, mais elle donne à son livre une saveur toute particulière qui certainement ne nuira jamais au reste. Un des rares mérites du curé de Meudon, c'est d'avoir été de son temps, et c'est pour cela qu'il est encore du nôtre ; il ne faudrait donc pas chercher dans son œuvre ce qui caractérisait les époques précédentes. Né au temps où les grinches habiles construisaient des châteaux, c'est un château qu'il a construit, ni plus ni moins, car on ne saurait comparer équitablement son abbaye de Thélème à une cathédrale. Les gens qu'il veut y réunir ne sont pas des manants ni des « meurt-de-faim ». Il en exclut les hypocrites et les bigots :

> Cy n'entrez pas maschefaims praticiens,
> Clercs, bazauchiens, mangeurs de populaire…
> Cy n'entrez pas, vous, usuriers et chicars,
> Briffaulx, leschars qui toujours amassez…
> Ni vous aussi, séditieux, mutins…
> Grecs ou Latins, plus à craindre que loups.

Voici maintenant la liste des invitations :

> Cy entrez, vous, et bien soyez venus
> Et parvenus, tous nobles chevaliers…
> Mes familiers serez et péculiers,
> Frisques, gualliers, joyeux, plaisans, mignons,

> En général tous gentils compagnons.
> Cy entrez, vous, dames de hault parage
> En franc courage, entrez y en bon heur,
> Fleurs de beauté à céleste visage.[28]

Certes voilà un public qui n'est guère démocratique, à l'exception des prêcheurs d'Évangile, dans lesquels on peut reconnaître les réformés, bien que ce livre ait précédé l'apparition de Calvin. Mais à cette époque les doctrines luthériennes ne s'étaient encore répandues que dans la noblesse provinciale. La bourgeoisie des villes, celle qu'il repousse, resta obstinément catholique, tout en penchant fortement du côté des idées républicaines, comme la Ligue le prouva quelques années plus tard. Rabelais prévoyait ce mouvement, auquel il ne s'associait pas, comme l'attestent les cinq vers si prophétiques de l'énigme trouvée dans les fondations de l'abbaye de Thélème :

> Alors auront non moindre authorité,
> Hommes sans foi que gens de vérité.
> Car tous suivront la créance et estude
> De l'ignorante et sotte multitude,
> Dont le plus lourd sera reçeu pour juge.[29]

Ne dirait-on point que ces vers fatidiques désignent le temps où nous vivons ? Aujourd'hui Rabelais n'eût pas été plus partisan que Balzac du triomphant suffrage universel, et cependant c'était le fils d'un aubergiste et il avait cruellement souffert de la tyrannie monacale[30]. Mais, sauf le mariage des prêtres, dont il était partisan, Rabelais était trop libre-penseur et trop platonicien pour verser dans les erreurs du calvinisme, et il mourut catholique de raison, sinon de foi. Quant à ses opinions politiques, à une époque où le pédantisme de la Renaissance remettait à la mode l'idéal républicain de Rome et d'Athènes, elles furent invariablement et correctement monarchiques, parce que Rabelais fut un ardent patriote, Français avant tout, et que dans son temps l'unité française n'existait et ne pouvait exister que dans la monarchie. Aussi Charles Quint et plus tard Philippe II y favorisèrent-ils de tout leur pouvoir l'expansion des idées républicaines. La seconde branche des Valois eut le tort de s'associer inconsciemment à ce mouvement, en faisant venir d'Italie une foule d'artistes et de pédants, dont aucun, sauf Léonard de Vinci, n'avait rien à apprendre à ceux qu'avait toujours possédés la France. Tous étaient affiliés à la franc-maçonnerie lombarde, qui, bien qu'elle n'eût rien de commun avec celle de Cromwell, lui servait cependant de précurseur en faisant tous ses efforts pour déconsidérer de toutes les façons l'ancienne suprématie artistique et politique de la France au profit d'un idéal pseudo-romain qui travaillait sans vergogne à substituer aux franchises locales du Moyen Âge le joug byzantin du roi soleil; c'était déjà l'idéal des bourgeois de cette époque. Aussi peut-on remarquer que Rabelais ne laisse jamais échapper l'occasion de tomber à bras raccourcis sur ce que l'on nomme aujourd'hui les nouvelles « couches sociales », c'est-à-dire les avocats, les usuriers et les séditieux mutins grecs ou latins, « plus dangereux que loups ». Cet homme, qui était peut-être le plus savant de son siècle, abhorrait les pédants. D'un bout à l'autre son livre, uniquement écrit pour les artistes et les grandes dames, les mystifie de la façon la plus cruelle, témoin l'écolier limousin. Il est émaillé à chaque pas d'horribles vocables grecs que tous les commentateurs n'ont pas manqué de chercher dans leurs plus lourds lexiques ; mais ce prétendu grec n'est que du « lanternois », c'est-à-dire du français écrit avec une orthographe particulière, qu'Anne de Pisseleu et Diane de Poitiers lisaient à livre ouvert sans savoir le grec, aussi bien que le Rosso[31], Jean Goujon, et Philibert Delorme, car le *Pantagruel* a cela de commun avec les cathédrales gothiques, qu'il est blasonné sur toutes ses faces et que le seul moyen de le comprendre dans ses parties mystérieuses est de dessiner à l'aide du crayon les scènes ou les objets décrits par l'auteur. Quant à la clef de toutes ces énigmes, on sait qu'il l'a laissée dans un recueil de cent vingt dessins dépourvus de toute espèce de légendes, qui devaient d'abord être publiés avec le texte du *Gargantua*, mais n'ont paru qu'à part et douze ans après la mort de Rabelais. Encore, dans un cul-de-lampe qui sert de préface, l'éditeur anonyme assure-t-il qu'il ne les livre au public qu'en exécution d'une promesse formelle faite à son regretté maître, et l'un de ces dessins a été lacéré dans toutes les éditions.

De toutes ces précautions on est autorisé à conclure que cette écriture mystérieuse était lue d'un grand nombre d'initiés du vivant de Rabelais et que, malgré les immunités que s'accordaient entre eux les grinches habiles, quel que fût leur rang, il y avait de graves dangers à publier *les Songes drolatiques*.

Il est vrai que des bibliophiles distingués qui se sont spécialement occupés de Rabelais, tels que MM. G. Brunet et Tross, prétendent qu'il est étranger à ce travail ; mais sur quelles preuves ? M. Paul Lacroix, qui a écrit la préface d'une édition moderne, est moins affirmatif et convient que ces compositions très ingénieuses et très plaisantes ne seraient pas indignes de Rabelais – si l'on pouvait démontrer qu'il savait se servir du crayon aussi bien que de la plume – et il avoue plus loin que Rabelais, étant excellent architecte, devait être excellent dessinateur[32].

À cette preuve déjà concluante, j'en joindrai une autre tirée des œuvres mêmes de Rabelais : elles prouvent à chaque ligne qu'il était initié à tous les mystères du blason, comme tous les artistes et la plupart des grandes dames de son temps, qui, sans aller jusqu'au tableau de chevalet, composaient et exécutaient des œuvres de broderie attestant une connaissance approfondie des arts du dessin. Les rois eux-mêmes s'en mêlaient, et Charles VII a composé et dessiné de sa propre main les armes de la Pucelle. Quant au roi René, son habileté en ce genre est restée légendaire. Or, il est impossible de faire du blason sans être un habile dessinateur, et c'est uniquement parce qu'il était un habile dessinateur que Champollion a déchiffré les hiéroglyphes égyptiens, qu'on ne peut reproduire qu'à cette condition.

De plus, Rabelais fait dans son livre d'innombrables allusions à des œuvres d'art de tous les temps, mais particulièrement à certains portraits du Titien qu'il avait eu le loisir d'étudier en Italie, et il est rare qu'on s'intéresse aux œuvres d'art sans avoir mis soi-même la main à la pâte. Il est donc démontré à mes yeux que Rabelais, qui d'ailleurs possédait à fond l'anatomie, et avait dû faire de nombreux dessins de cette espèce, était au moins un dessinateur héraldique d'une habileté au-dessus de l'ordinaire, et c'est ce que prouve la fine caricature de Diane de Poitiers qui porte le numéro XXII des *Songes drolatiques*. Mais ce qui surprend le plus celui qui essaie de deviner ces rébus, c'est qu'ils sont évidemment de plusieurs mains, ce qu'avoue du reste le titre, qui ne dit pas que l'œuvre entière soit de l'auteur du *Pantagruel*, mais qu'il y est «contenu plusieurs figures de l'invention du maître François Rabelais, et dernière œuvre d'iceluy pour la récréation des bons esprits.»

Cette dernière œuvre est la planche II du livre, et contient un avis à Henri II, pour l'avertir de se tenir en garde contre une dame qui a des palmes en croix sur son tombeau, laquelle n'est autre que Diane de Poitiers. Aucune allusion à cette intrigue ne figure dans le

Songes drolatiques, planche II (NDLE).

Pantagruel, qui tient une grande place dans les *Songes drolatiques,* et cet avis mystérieux a précédé de très peu la mort de Rabelais. Il est signé par des épis de blé fichés à droite[33] dans les talons du personnage, ce qui donne, dans ce genre d'écriture : « Talonné Ré-blé », « Tel n'est Rabelais », et certes c'était à la fois un acte de courage et de probité de contrecarrer ainsi les desseins d'une femme vindicative et toute-puissante.

Le premier dessin est de l'éditeur inconnu du recueil, et donne les motifs de la mort d'Henri, à laquelle Diane fut parfaitement étrangère. Il périt pour avoir laissé emprisonner et spolier des membres de l'ordre des Lanternois, auquel il était lui-même affilié, et il reconnut lui-même qu'il avait mérité son sort, car il s'opposa à ce que son meurtrier fût arrêté.

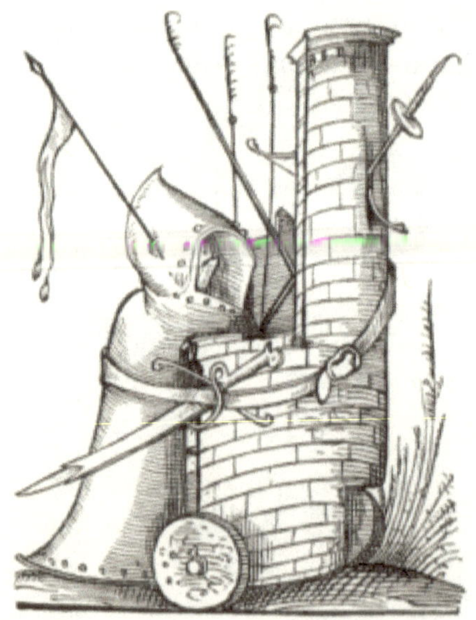

Songes drolatiques, planche (NDLE).

IV

Mais, quel que soit l'intérêt de ces mystérieux évènements, ils n'ont rien à voir avec l'ouvrage dont je m'occupe spécialement en ce moment, c'est-à-dire les quatre livres du *Pantagruel*, qui ont paru du vivant de l'auteur. Le dernier, celui de « l'Île sonnante », est considéré comme ayant dû subir d'importantes retouches de la part de l'éditeur, et dans ce genre d'œuvres blasonnées, la moindre altération du texte suffit pour en fausser complètement le sens ou le rendre inintelligible.

Les quatre premiers furent constamment remaniés par l'auteur, ce qui épaissit encore le voile d'obscurité dont il a systématiquement enveloppé sa pensée. Cependant, comme il est certain qu'il écrivait pour un certain nombre d'initiés qui avaient la clef de ces énigmes, il n'est pas moins certain que cette clef peut être retrouvée en s'appuyant sur les règles bien connues aujourd'hui du déchiffrement des cryptographies. Mais bien qu'aucune n'y résiste, on n'enfonce cependant pas du premier coup des portes aussi solidement verrouillées que celles du *Pantagruel*. C'est donc aujourd'hui bien moins une solution du problème qu'une méthode pour y arriver que je propose, et ceux qui s'intéressent à ce genre de recherche voudront bien me pardonner de revenir encore sur les règles qui doivent conduire lentement, mais sûrement, au déchiffrement de toute écriture blasonnée ou simplement cryptographique.

Après avoir été longtemps oublié, le recueil des *Songes drolatiques* est aujourd'hui très recherché, surtout des artistes, et l'on tend à le considérer comme contenant la clef des mystères de Pantagruel, ce qui concorde avec le dialogue mimé entre le docteur anglais et Panurge ; car, après s'être avoué battu, Thaumaste annonce qu'il « rédigera par écrit ce qui a été dit et résolu, afin que l'on ne pense point que ç'aient été moqueries, » et il finit : « Le feray imprimer, à ce que chacun y appreigne comme je ay faict »[34].

Ce livre, j'ai toujours supposé que c'étaient les gravures des *Cent vingt Songes drolatiques*, mais j'avoue que j'y ai vainement cherché la traduction littérale de la mimique échangée entre Thaumaste et Panurge.

Du vivant de Rabelais, c'eût été compris de trop de monde.

D'ailleurs, dans cette publication, tout est combiné pour dérouter le « frelon » qui veut s'introduire parmi les « abeilles », et ce n'est qu'après un travail très pénible qu'on s'aperçoit qu'il faut commencer par la fin. Il en est de même du déchiffrement isolé de chaque rébus : pour le « frelon », le héraut d'armes blasonne en commençant par le « chef » ou le « haut » de l'écusson, et terminant par la « pointe » ou le bas. Dans des blasons très simples, qui contiennent rarement plus de deux vers, ceci n'empêche pas de les deviner ; mais, quand un dessin contient plus de vingt vers, dans une écriture déjà très peu intelligible par elle-même et que le poète s'étudie à rendre aussi indéchiffrable que possible, qu'on juge des bévues que doit commettre l'indiscret qui se risque dans un semblable guêpier. Il faut d'abord constater que tout dessin blasonné, qu'il soit grec, latin ou français, doit se déchiffrer en commen-çant par les pieds, car tous procèdent des règles de cet antique blason dont on retrouve déjà les principes dans les Védas, et qui a servi de règle à tous les architectes de l'antiquité et du Moyen Âge pour les proportions de leurs temples. Tous suivaient celles du corps humain, qui, les doigts joints sur la poitrine et les coudes étendus, donne une proportion de 2 sur 4. De là sans doute la règle commune à tous les blasons, de procéder par vers ïambiques de quatre pieds ou de huit syllabes. Quant aux assonances uniformes en L, qui établissent la seule différence qu'on puisse noter entre le blason moderne et celui des anciens, elles n'existaient pas chez les Gaulois, mais on les constate dans le plus ancien monument blasonné de l'art français que j'aie pu déchiffrer, le pilier de la cathédrale de Saint-Dié, qui porte une caricature de Charles le Chauve[35]. L'emploi d'une assonance uniforme a eu une influence très considérable sur l'architecture du Moyen Âge ; il lui a permis de substituer de longs poèmes de pierre aux légendes très sommaires de l'art grec, qui use plutôt des procédés de la charade que de ceux du rébus[36]. Cela provient de ce que les monosyllabes sont très peu nombreux dans le grec, et par conséquent ne lui permettaient guère de formuler un syllabaire de cinquante ou soixante syllabes, ce qui est le minimum pour transcrire intelligiblement la parole. Le déchiffrement des épigraphes chypriotes a donné les règles de l'écriture héraldique des Grecs. Elle remontait certainement à une très haute antiquité, mais avait conservé toutes les imperfections primitives résultant de la pauvreté ou de la confusion de son système de consonnes, qui, même aujourd'hui, ne distingue pas nettement le K du G, le B du P, et le D du T. Cette pauvreté, toujours irrémédiable dans une langue héraldique, qui meurt tout d'une pièce, mais ne se transforme jamais, explique la simplicité quelque peu indigente des compositions grecques. Le vieux français, et probablement le gaulois, son père direct, fournissaient au contraire une multitude de monosyllabes, très riches en consonnes, avec une seule voyelle E, nuancée de quatorze façons différentes. Telle est encore la prononciation du dialecte des barrières et du patois picard. Le blason français néglige donc complètement les voyelles, que celui qui le déchiffre doit rétablir d'après le sens général du texte; mais il écrit très distinctement les consonnes, et donne ainsi une écriture sylla-bique tout à fait analogue à l'hébreu. Au point de vue héraldique, c'est infiniment supérieur au grec. Aussi quelle différence entre la pauvreté des combinaisons du style grec et la richesse exubérante du style fran-çais! Mais, me dira-t-on, ne peut-on pas obtenir l'incroyable variété du gothique sans avoir recours aux canevas rythmés du blason? À ceux-là, je répondrai: je vous en défie, même en vous accordant les ressources du pastiche et du «bric-à-brac» modernes. La Révolution française, ayant balayé sans le savoir le cénacle des grinches habiles, en a été réduite, en fait d'architecture, au style dit «de prison», le plus pauvre et le plus misérable dont l'histoire fasse mention. On a essayé depuis de remédier à cette pauvreté par le pastiche des styles précédents, et un artiste contemporain croit avoir répondu à toute espèce d'objections quand il a dit: «C'est de l'époque.» On n'a qu'à voir l'effet que produit la copie exacte des hiéroglyphes égyptiens et des cunéiformes assyriens par des artistes qui ne les lisent pas, pour juger de celui que feraient ces pastiches sur un des grinches habiles qui les a inventés. Personne n'a fait plus d'efforts que l'auteur du nouvel Opéra pour refaire «parler l'architecture»; mais cette montagne en mal d'enfant est accouchée d'une lyre; et cependant il n'est pas un seul traité d'architecture du

Giacomo Barozzio da Vignola, *Traité des cinq ordres d'architecture* (1563).
Planche blasonnée, redessinée au XVIIIe siècle par François Boucher (NDLE).

siècle passé qui ne donne en hiéroglyphes le secret de faire parler la pierre[37]. Il existe même des vocabulaires très étendus de cette langue. Un architecte, du nom de Delafosse, a réuni, dans des planches très recherchées des collectionneurs, la plupart des combinaisons qu'on peut emprunter à tous les règnes de la nature et à tous les arts et métiers[38].

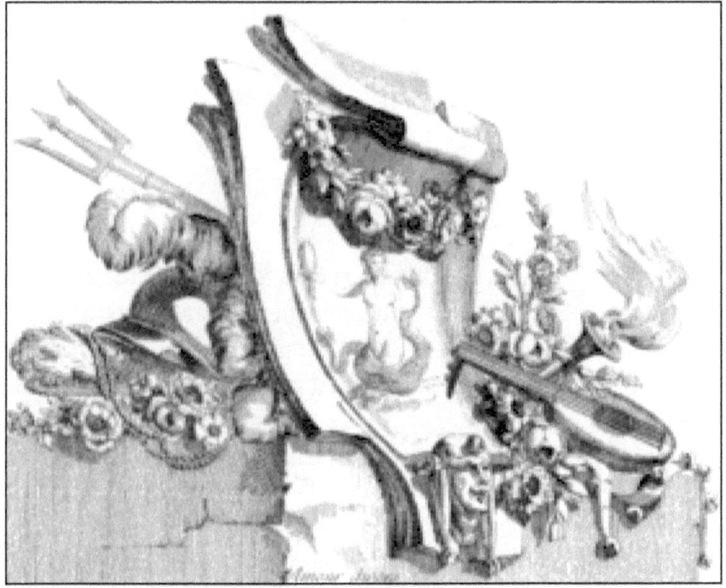

Delafosse : planche blasonnée (NDLE).

Au point de vue de l'art, les combinaisons dont Rabelais et ses collaborateurs ont tiré un parti si original dans les grotesques des *Cent vingt Songes drolatiques* ne laissent rien à désirer ; il n'y a qu'à les reprendre en tâchant de substituer un idiome moins vieilli à celui du onzième siècle, ce qui est possible si l'on se sert du jargon désossé usité aujourd'hui par la télégraphie, qui lui ressemble beaucoup. Au point de vue de la cryptographie, tous ces procédés sont très imparfaits et très arriérés, et si quelqu'un de ceux qui me feront l'honneur de lire cette étude s'étonnait de me voir déchiffrer avec une certaine assurance ces énigmes un peu enfantines, s'il ne croyait pas possible que du vivant de l'auteur elles aient pu être lues d'un public assez nombreux, je m'engage à convaincre les plus incrédules en leur faisant lire tout ce qu'il me plaira d'écrire cryptographiquement dans un article comme celui-ci, sans que rien ne l'indique à ceux qui n'en auront pas la clef[39]. Le tout est d'en adopter une qui aille à la serrure. Dans le blason c'était la lettre L, mais toute autre convention peut la remplacer.

V

Aussi n'y a-t-il pas que du blason dans le *Pantagruel*. On y trouve une autre espèce d'écriture cryptographique qui est assujettie à la règle des vers de huit syllabes, mais non à l'assonance en L. Rabelais, chaque fois qu'il s'en sert, a expressément soin d'indiquer que c'est du « lanternois ».

« Et n'oublie « debitoribus » ce sont lanternes », s'écrie Carpalim au moment de s'embarquer pour le pays de Lanternois.

— Mon pronostic est (dist Pantagruel) que par le chemin nous ne engendrerons mélancolie, jà clairement je l'aperçois : seulement me desplaît que ne parle pas bon lanternoys.

— Je (respondit Panurge) le parleray pour vous tous ; je l'entends comme le maternel ; il m'est usité comme le vulgaire : par le chemin je t'en ferai un beau petit dictionnaire, lequel ne durera guères plus qu'une paire de souliers neufs. Tu l'auras plus tost appris que le jour levant sentir. »[40]

En effet le précepte est clair et court ; « debitoribus », ce sont lanternes, et quand on sait que ce langage ne tient pas compte des voyelles, on traduit immédiatement « debitoribus » par « débiter des rébus », ce qui est le caractère commun de toutes les écritures figurées.

Mais ni le prologue véritable de *Pantagruel*, ni celui du *Voyage à la recherche de la dive bouteille* ne sont écrits en rébus. Les bazochiens ou chiquanous se servent, dans leurs grotesques démêlés avec le sire de Basché[41], d'une langue à l'aspect rébarbatif dans laquelle on ne découvre au premier abord qu'un bizarre cliquetis de consonnes, tel que ce vers:

Prug frest strins, etc. [42]

C'est tout simplement du français écrit à la mode sémitique, c'est-à-dire sans voyelles, celles qui y sont intercalées n'ont généralement d'autre but que de dépister le «frelon». On ne doit pas plus en tenir compte que de la séparation des mots, qui ne répond à rien. Il faut faire une masse de tout le vers et déchiffrer comme l'on peut. Malgré cela, ce déchiffrement ne souffrirait pas plus de difficultés que celui des langues sémitiques, si les I ne se confondaient avec les J et les U avec les V[43]. Ainsi on reconnaît très aisément «Panurge» dans Panrge et «Pantagruel» dans PNTGRL. Rabelais n'a donc confié à ce genre de cryptographie que des secrets relativement peu dangereux et peu importants, et surtout il a pris soin de travestir les noms réels de ses personnages. Sous ce rapport on ne trouve de renseignements concluants que dans les *Cent vingt Songes drolatiques*, qui donnent presque tous leurs portraits chargés, mais très ressemblants. Bien que ce livre n'ait été publié qu'après le mort de la plupart d'entre eux, il devait encore piquer prodigieusement la curiosité de la génération suivante.

J'y reviendrai après avoir dit un mot de la dernière espèce d'énigme employée par Rabelais, je veux parler du fameux plaidoyer du sire de Hume V. contre le sire de B. C[44]. Au premier abord on n'y voit qu'un récit baroque à la façon de celui des *Deux aveugles* d'Offenbach; mais quand on a suffisamment sondé les autres mystères de cet étrange livre, on constate avec étonnement que c'est une narration «grillée» à la façon des dépêches diplomatiques, c'est-à-dire laissant des intervalles entre les phrases d'une narration régulière et les comblant par des insanités sans rime ni raison. Était-il nécessaire de posséder une grille «ad hoc» pour les lire, c'est-à-dire un papier découpé dont les pleins couvrent les parties inutiles et les vides ne laissent lire que la partie qui a un sens ? Je ne le crois pas, et en tout cas il est certain qu'on peut s'en passer.

Ce plaidoyer se rapporte à l'action en divorce que François Ier intenta contre sa seconde femme, Léonore d'Autriche, sœur de Charles Quint, personnage qui n'a laissé presque aucune trace dans nos souvenirs nationaux et qui joue cependant le principal rôle dans la première partie du *Pantagruel*. L'histoire de cette pauvre femme est assez triste et l'on ne comprendrait pas qu'elle ait été si cruellement bafouée par le plus mordant des satiriques modernes, s'il n'avait cédé à des influences dans lesquelles la politique et le patriotisme dominaient tout autre considération. Née en 1499, elle était par conséquent du même âge que Diane de Poitiers ; Charles Quint, son frère, plus jeune qu'elle de quelques années, paraît lui avoir porté une affection tellement jalouse, qu'elle a été interprétée d'une façon tout à fait infamante par les contemporains. En effet, il l'empêcha d'épouser un prince palatin qui avait recherché sa main, pour l'unir ensuite à un roi de Portugal absolument impotent, qui la laissa veuve et immaculée, au moins de son fait[45]. Elle retourna alors auprès de son frère, qui ne consentit à s'en séparer que pour l'offrir en 1530 à François Ier, en compensation de la Bourgogne, de l'Artois et autres provinces.

Le pauvre roi chevalier n'avait pas le droit de se refuser à cet échange, qui du reste ne s'accomplit jamais. Résolu à ne pas tenir sa parole, il voulut renvoyer Léonore d'Autriche à son frère et réclama le divorce en cours de Rome. Mais il fallait invoquer un motif d'ordre privé et bien que Rabelais prétende qu'elle « dressait des pages qu'on aurait dû brûler ou décapiter en grève », le seul fait que le roi de France pût prouver n'était pas d'un poids suffisant aux yeux du Saint-Père pour rompre une union régulièrement conclue.

Léonore était flamande, lippue, rousse « comme crouste de pasté » et vorace comme « six baleines ». Il paraît qu'elle avait rapporté des bords de l'Escaut une passion immodérée pour le « homard », ce qui rendait ses digestions particulièrement laborieuses. Un jour que Rabelais ne désigne pas, mais qui doit avoir été celui de son arrivée à la cour, le homard se comporta si mal à son égard, que pendant un tête-à-tête avec le roi, le premier probablement, elle accompagna en «baryton» un compliment qui ne comportait pas de «duo».

Le roi s'en tint là de ses conversations intimes avec sa nouvelle épouse. À son retour de Madrid, il avait remplacé l'altière comtesse de Châteaubriant par Anne de Pisseleu, dont il bombarda le mari duc d'Étampes. Effrayé de la pétulance autrichienne, François revint immédiatement à la Pisseleu. C'est ce que Rabelais traduit dans son jargon par l'étrange conte: «petite pluie abat grand vent»[46].

Depuis cette époque elle consacra ses loisirs non interrompus à la gastronomie et c'est elle que désigne le pourceau Mardigras[47]. Elle vécut à la cour de François Ier jusqu'à la mort de ce prince, occupant le court intervalle de ses longs repas à apaiser les différends qui s'élevaient à chaque instant entre Anne de Pisseleu, Diane de Poitiers et Catherine de Médicis et entre son frère et son mari «in partibus». Ce fut elle qui finit par mettre dans ses intérêts la duchesse d'Étampes.

Son procès en divorce fut soutenu en cour de Rome par Gaspard de Tavannes[48], l'un des prototypes du Panurge de la première partie de *Pantagruel*, celui qui fait une si singulière et si cavalière cour à une haute dame de Paris, laquelle n'est autre que Léonore d'Autriche. Elle lui résista et il s'en vengea peu chevaleresquement en poursuivant le divorce d'une femme dont personnellement il ne pouvait révoquer en doute la chasteté. En définitive, on ne put prouver contre elle qu'une indiscrétion musicale, «et, dit le seigneur de B. C., voyant donc que la pragmatique sanction n'en faisait nulle mention et que le pape donnait à chacun la liberté de... à son aise», le roi chevalier garda sa Quélot, mais en même temps le duché de Bourgogne. Quant à Panurge, il se vengea de la reine en la faisant «chevaucher aux chiens», c'est-à-dire en aidant Diane de Maulévrier et Anne de Pisseleu à reprendre leur ascendant sur le roi[49]. Un dessin du Louvre qui est probablement de la main de Diane, brillante élève de Léonard, représente deux chiens chevauchant des tortues. C'est sans doute à cette épigramme en action que fait allusion le fameux chapitre de Rabelais où il est traité de l'origine des teintureries des Gobelins, «comme jadis, dit-il, le prêcha publiquement nostre maistre «Doribus»[50]. Quel était le maître de « rébus » de Rabelais ? Le Vinci, selon toute apparence. Ce qui est plus certain, c'est que pendant tout le règne de François Ier Anne de Pisseleu, qui inclinait vers la Réforme et s'y convertit plus tard publiquement, fut la patronne reconnue des « pairs lanternois » et que ce fut probablement sur son initiative que Rabelais composa son sanglant pamphlet contre la sœur de Charles Quint. Dès lors son impunité s'explique tout naturellement, la maîtresse était plus influente que l'épouse dédaignée.

Mais Rabelais y apporta une animosité toute personnelle qui ne se retrouve pas dans la suite de sa terrible et grotesque épopée. En effet, lorsque la pauvre Autrichienne se présenta à la cour de France dans des circonstances qui auraient exigé plus de retenue vis-à-vis du homard, elle représentait ni plus ni moins que la défaite, et une défaite non moins désastreuse que celle de Sedan. Si Napoléon III était rentré veuf de Wilhelmshoehe[51] et que l'empereur Guillaume lui eût imposé la main d'une de ses filles en échange de sept ou huit de nos départements d'aujourd'hui et si de plus cette princesse avait commis à son arrivée la maladresse qui perdit à tout jamais la reine Léonore, une explosion générale eût été inévitable et la pauvre créature n'eût pas pu séjourner vingt-quatre heures de plus dans le pays. À cette époque, le pays était la cour de Paris ou le pays de Lanternois. La cour fut discrète, mais le pays de Lanternois s'en donna à cœur joie et Rabelais abandonna son idylle phalanstérienne de Thélème, qui aurait dû paraître avant le *Pantagruel*, pour donner libre carrière aux rancunes nationales. Il fallait cependant garder le décorum vis-à-vis de la reine de France car le roi n'entendait pas raillerie là-dessus et se conduisit toujours vis-à-vis de l'Autrichienne avec tous les égards que l'on doit à une étrangère de naissance illustre. C'était là l'occasion d'employer toutes les formes du langage lanternoys. Il était d'usage courant, mais personne n'en avait fait l'application sur une aussi vaste échelle.

L'un des plus importants de ces passages en lanternoys est précisément l'argument même du livre et se trouve intercalé dans les réponses polyglottes de Panurge aux interrogations de Pantagruel, lorsqu'il le rencontre au retour du pays des « paillards turcs », qui semble tout simplement désigner Florence et les Médicis, à cause des « *palles* » ou *tourtels* de leur blason. Toutefois, en cette occasion ce n'est plus lui, mais l'auteur, qui prend la parole. Voici l'original :

« Prug frest strinst sorgdmand strocht dr h ds pag brland Gravot chavygny pomardière rusth p kalh drac g deviniere près Nays, Bouille Kalmuch monach drupp delmeu pplist rincq drlnd dodelb up drent loch minc stz rinquald de vins drs cordelis bur jocst stzampenards. »

« À quoi dit Epistémon, parlez vous christian, mon amy, ou langage patelinoys ? Non, c'est langage lanternois. »[52]

Il résulte de cette importante remarque qu'il y avait aussi un langage « patelinois » ; j'ignore jusqu'ici en quoi il pouvait consister[53], mais le « lanternois » étant le moins incertain de ceux employés par Rabelais, voici la traduction du passage ci-dessus :

> Preuve j'offre, atteste reine, cette
> Sœur âgée, domn (seigneur) n'est d'Austriche
> A cédée, te dresse des pages
> Brûler l'on dût que p... elle Grève,
> Eût te sache, vie guère que jeûne,
> Guère occupe, homards digère,
> Viste hâchis, pâtés, caille lèche.
> Drù à ce jeu, doive, j'en jure,
> Paresse qu'occupe, tel n'ait gré,
> Qu'ouvre gueule que pot telle est,
> Ce vis-je l'a loup que a « lime » (affamé).
> Vessa se moyne assez se dire
> Veut peu p... d'el émeuve peuple.
> Juste reine, ce que dire l'on doit ;
> Duc d'Albe eût, padron tel sache aime,
> Inceste, osa dire : n'est jeu que vale
> Du duc vais-je en ce, dire secret
> D'elle je sais, sœur jouissait, ceste
> Se taise, dame poignarda, ce.

Il y a dans ces vers une équivoque perpétuelle sur la « paix » désastreuse dont la sœur de Charles Quint était le gage, et l'accident que Rabelais explique tout au long dans le conte de : *Petite pluie abat grand vent*. Le sujet est trop scabreux pour essayer ici d'arracher complètement le voile ; je me contente de le soulever discrètement, mais suffisamment pour démontrer que dans cette colossale bouffonnerie le grotesque et le terrible se coudoient perpétuellement. C'est le résumé du procès que Tavannes ou Panurge intenta à la reine Léonore au nom de François Ier et qu'il perdit, mais la pauvre femme ne le gagna pas devant le tribunal du pays de Lanternois et l'on continua à l'appeler « patenostre en cestrin » (chapelet de citronnier) ; tout le monde lui agitait au nez cet instrument de dévotion qui lui rappelait à la fois un crime peut-être imaginaire et une faute qui fut plus qu'un crime. Le voyou héritier de la langue picaresque prononce encore comme la cour de François Ier : « paitenotre inceste reine », pour « patenostre en cestrin ». C'est sur cette cruelle plaisanterie qu'est basée toute la scène dans laquelle Panurge dérobe à la haute dame de Paris ses patenostres.

Ce rébus n'était pas de Rabelais, il l'avait lui-même emprunté au Titien, qui, ayant à représenter la célèbre sœur de Lucrèce Borgia dans un état de grossesse très avancé, lui a mis entre les mains d'énormes « patenostres d'or émaillé »[54]. Sur les pierres sépulcrales gothiques on rencontre à chaque instant des « patenostres » dans les mains du trépassé, ce qui équivaut à la formule écrite en toutes lettres sur les tombeaux modernes : « Pater noster », mais tout le monde connaissait le père de l'enfant de la fille d'Alexandre II. En lanternoys, « patenostre d'or émaillé » se traduit : « pater noster dormi l'est aussi ». C'est devenu l'hiéroglyphe de l'inceste.

Aussi lorsque Panurge-Tavannes dit à la sœur de Charles Quint : « En aimeriez-vous mieux d'or bien émaillé en forme de grosses sphères, ou de beaux lacs d'amours ? », etc.[55], les allusions sont si claires et si outrageantes, qu'en juxtaposant les noms des pierres précieuses qu'il énumère on se trouve avoir composé des vers lanternoys qui complètent le passage en langage bazochien ou chiquanous que j'ai cité plus haut. Voici l'énumération de ces pierres :

> Patenostre, sphère, or, émail,
> En lacs d'amour, lingot tel.
> Ébène, hyacinthe, grenat taillé,
> Turquois, topaze, safir, balays,
> Diamant, aimeraude, chapelet,
> Ambre gris, union, boucle
> Persicque, pomme orange telle.

Le commencement est trop rabelaisien pour être traduit ; les derniers vers sont exclusivement politiques. Les voici, il s'agit de Charles Quint :

> Et bien je sentis, gré n'ait telle
> Tour que te pèse s'offre bayle.
> De amante aimerait duché paie el
> En brigue réunion. Bé qu'ait le
> Perche, que paix m'arrange telle.

Léonore était très grosse et on la représente avec la tour de Castille sur sa tête. Aussi, dans le rondeau que lui débite Panurge au chapitre suivant, le mot « tour » revient-il dix fois :

> Tort ne vous fais, si mon cueur vous décelle
> En remontrant comme l'ard l'estincelle
> De la beauté que couvre votre « atour »,
> Car rien n'y quiers, sinon qu'en vostre « tour »
> Me faciez de hait la combrecelle
> « Pour ceste fois ». [56]

Dans ce rondeau Panurge-Tavannes trouve le moyen de la nommer par ses armoiries, la « tour » et de l'appeler « pourceau ». Mais ce vers fait évidemment allusion au procès qu'il lui avait fait : « pourcès te fais ».

Il y a encore bien des mystères dans ce rondeau, mais on n'en finirait jamais avec Rabelais, si l'on voulait tout comprendre ; jamais aucun auteur n'a accumulé autant d'idées dans un nombre donné de mots.

C'est comme ces champs de pierres sous chacune desquelles s'abrite un scorpion. Aussi n'ai-je cité la fin du rondeau que pour achever d'éclairer l'épigramme en pierres précieuses. Il s'adresse à François Ier et, après avoir fait allusion à l'affection singulière de l'empereur flamand pour sa robuste sœur, il lui dit:

« Bien je sens qu'il trouve son avantage à t'offrir une « tour » qui te pèse et à payer de son amante le duché (de Bourgogne). C'est pour avoir le Perche qu'il m'arrange « paix » telle[57]. »

Cette équivoque poursuit continuellement la pauvre Flamande que les *Cent vingt Songes drolatiques* représentent avec un « patin » en « gueule ». Le patin était, comme on sait, une pantoufle: « de là, dit le seigneur de B.C., ces petites finesses qu'on fait à étymologiser les « pattins ». Les chiens qui représentaient les deux favorites royales inondaient les « patins » et afin qu'il ne manquât aucun des traits qui pouvaient la faire reconnaître de tout bon Lanternoys, Rabelais donne les couleurs qu'elle portait le jour de cette fête. « La dicte dame s'était

Songes drolatiques, planche LXXI (NDLE).

vestue d'une très belle robe de satin « cramoisi » et d'une cotte de veloux « blanc » bien précieux. »

Par une singulière coïncidence, ce sont les couleurs autrichiennes « gueule » et « argent » et en même temps son nom en écriture blasonnée « luné-roux » ou Lénore.

Nous avons déjà vu que François Ier ou Pantagruel ne comprenant pas le lanternoys, tout cela se passait par-dessus sa tête, mais il n'en était pas de même de Léonore, qui a répondu dans les *Cent vingt Songes drolatiques* et ailleurs par l'intermédiaire d'un artiste italien de beaucoup de talent, le Rosso, qui représente la face poltronne de Panurge. Rabelais l'appelle « Tremolo ». Tavannes était au contraire d'une bravoure infernale ; à Fontainebleau, il fit franchir à son cheval une fissure entre deux roches de près de dix mètres. Toutes les farces que Rabelais raconte sont de lui. Mais comme celui qui traitait si cavalièrement la sœur de Charles Quint et offrit plus tard à Catherine de Médicis de couper le nez à Diane toute-puissante, n'aurait reculé devant aucune des protectrices de Rabelais, celui-ci, bien qu'il fût essentiellement brave, jugea à propos de doubler son personnage d'un poltron qui pût donner le change au féroce Tavannes, l'âme damnée du frère cadet de Henri II, Charles, duc d'Orléans et de Bourbon, aussi coureur d'aventures de toutes sortes que le futur maréchal.

Dans le dialogue mimé entre Panurge et Thaumaste[58], c'est un peintre qui répond aux accusations d'avoir « anglé » des satires pour Léonore, Diane et Anne, et il s'excuse en disant qu'il n'a fait que mettre au net les ébauches fournies par ces dames, qui toutes trois étaient des artistes en broderie et faisaient elles-mêmes leurs croquis. Il ajoute qu'il n'y a rien ajouté de son fait et qu'il n'était pas libre de refuser. En grec, πανοῦργος [panourgos] signifierait « factotum » ; et au troisième livre il est traité d'« architriclin » ou majordome ; mais Rabelais ne donnait une tournure grecque aux noms de ses personnages que pour dérouter les pédants. L'architriclin en question n'était plus Rosso, qui s'était empoisonné en 1541 pour avoir manqué à ses devoirs de grinche habile[59] : il avait été remplacé par Philibert Delorme, revenu d'Italie en 1536, qui n'était ni moins habile ni plus belliqueux que le pauvre

«Tremolo». En lanternois, «Panurge» signifie tout simplement «peint rouge», par allusion au nom de Rosso et aux cheveux de Philibert.

«Pantagruel» est un sobriquet donné à François Ier à la suite de la paix des Asturies[60], qui lui valut la main de Léonore. Son nom se traduit : «Paix ne te guère vale». «Gargantua», le surnom de Louis XII, se traduit par : «Guère gain tu as» ou «gagne-petit»[61]. Les commentateurs allemands, qui veulent voir partout du celtique, donnent je ne sais quelle étymologie à ces noms, qui sont parfaitement français et empruntés à un poème lanternois ayant probablement pour but de graver oralement dans la mémoire des adeptes le secret de maistrance du «Rémouleur» ou «Rimailleur», qui figure si souvent dans l'école hollandaise. En langage lanternois, c'était le secret de rimer en L.

Dans les *Cent vingt Songes*, Rabelais[62] donne impartialement la plupart des attaques et des ripostes. La reine Léonore s'y montre une femme supérieure, très capable de tenir tête à des adversaires de la force de Rabelais et de Diane de Poitiers, et l'on ne s'expliquerait pas l'acharnement du premier, qui était d'une nature essentiellement généreuse, si, après une action en divorce qui la laissait nécessairement dans la situation la plus fausse, elle avait pu avoir un autre but en restant à la cour d'un roi qui avait voulu la répudier, que d'intriguer et d'espionner pour le compte de son frère Charles Quint. Excellente Flamande, elle a été très certainement une exécrable reine de France. Ses intrigues pour faire accepter par François Ier les décisions du concile de Trente, et la protection qu'elle accorda à Catherine de Médicis, alors Dauphine, qui n'était pas plus populaire qu'elle en pays de Lanternois, sont le sujet des troisième et quatrième livres de l'épopée politique de Rabelais.

Son portrait, à peine chargé et dessiné par Rosso, se voit à la planche XXXV des *Cent vingt Songes* ; on la reconnaît aisément à sa ressemblance avec Charles Quint jeune, et à sa lourde lèvre autrichienne ; elle est presque toujours enfermée dans une cloche ou une écaille de tortue ; on l'appelait l'«austricaille» ou «huistre écaille», parce qu'on prétendait qu'en la donnant à François Ier Charles avait gardé l'huître et ne lui avait laissé que l'écaille. Dans les troisième et quatrième livres, elle

Songes drolatiques, planche XXXV (NDLE).

joue encore un rôle important; c'est elle qui représente la sibylle de Panzoust et le pacificateur Mardigras[63]; mais elle laisse arriver au premier plan deux créatures autrement hardies et venimeuses qu'elle: la Dauphine Catherine de Médicis et la terrible Diane, qui, malgré tout son esprit et son énergie, se voit enlever successivement, par l'Italienne, François Ier et le Dauphin Henri, dont elle avait été successivement la favorite, plus Philibert Delorme, son favori. C'est, paraît-il, l'Autrichienne Léonore qui décida la victoire en faveur de l'Italienne en lui fournissant les fonds dont elle avait besoin, car elle était aussi pauvre que sa rivale était riche.

Je ne terminerai point cette première partie de ma tâche, qui est nécessairement la plus aride, sans aller au-devant d'une question qui me sera certainement adressée:

«Du vivant de Rabelais y avait-il beaucoup de lecteurs en état de le comprendre?»

Il paraît qu'il en comptait en grand nombre dans la classe « blasonnante », car il dit dans le prologue de *Pantagruel* de 1542 : « Très illustres et très chevaleureux champions, gentilshommes et « autres », qui volontiers vous adonnez à toutes les gentillesses et honnestetés, vous avez n'a guères « veu », « leu » et « sceu » les grandes et inestimables chroniques, » etc., et plus bas : « Aultres ne sont par le monde, ce ne sont fariboles, qui estant grandement affligés du mal des dents, après avoir tous leurs biens dépendu en médicins, sans en rien profiter, ne ont trouvé remède plus expédient que de mettre les dictes Chroniques entre deux beaux linges bien chaulx et les appliquer au lieu de la douleur, les sinapisant avecques un peu de pouldre d'« oribus ».

Il y avait donc du temps de Rabelais deux classes de la nation : les artistes et les grands seigneurs, en état de « voir », de « lire » et de « savoir » ce qu'il sinapisait si largement de sa poudre de « rébus ».

VI

Rabelais n'a publié que successivement les diverses parties de son livre, et elles n'ont toujours pas paru dans l'ordre de leur composition ni surtout à la date de cette composition. Malgré l'impunité que s'accordaient les membres de la confrérie lanternoise, il n'était pas prudent de s'attaquer de front à un Lanternois et surtout à une Lanternoise jouissant de la faveur royale, et il est impossible d'attribuer à une autre cause qu'une rancune de Lanternois couronné le coup d'arquebuse qui vint frapper mortellement Jean Goujon sur ses échafauds du Louvre[64]. Quand on lit ce que Diane de Poitiers y avait fait graver d'infamant pour la mère de Charles IX, on ne s'étonne pas que ce malheureux prince ait tué dans un moment de colère le secrétaire et le confident de cette impitoyable ennemie de sa race[65].

Si Rabelais avait survécu à la faveur de cette puissante protectrice, il est également douteux qu'il eût échappé au ressentiment de la Florentine ; car la date à laquelle il publia le troisième et quatrième livre du *Pantagruel* (1546 et 1548) indique qu'il avait, en ce moment, Diane pour alliée, pour complice et probablement pour collaboratrice. Elle est la seule qui n'y soit pas bafouée, et certaines épigrammes lanternoises dirigées contre Catherine sont si venimeuses, qu'elles ne peuvent pas être du bon curé de Meudon [66].

En tout cas, il est certain qu'elle possédait la clef de toutes ces énigmes, car elle les a fait reproduire par Jean Goujon sur les parois du Louvre et sur son fameux groupe du château d'Anet, où elle s'est fait un piédestal de ses trois rivales. Au bas sont les quatre chiens qui écrivent si singulièrement le nom de Pisseleu. Avec la favorite de François Ier mourant, elle ne se donnait pas la peine de se gêner, et elle méprisait sans doute plus qu'elle ne haïssait cette insignifiante créature, instrument docile de la reine Éléonore ; car il est impossible de découvrir dans les troisième et quatrième livres de *Pantagruel* une allusion tant soit peu blessante pour elle. Il est vrai que Rabelais, qui inclinait vers le luthéranisme, était en bons termes avec cette avide, mais inoffensive favorite, qui le protégeait secrètement et finit par s'y convertir publiquement. Mais elle ne faisait que suivre l'impulsion de la reine Éléonore, qui s'appuyait aussi sur le luthéranisme, sans que le curé de Meudon lui en ait su aucune espèce de gré. On connaît ses infortunes avec le homard. Huit crustacés de cette espèce les rappellent sur le soubassement en forme de tombeau qui supporte le groupe de Jean Goujon, et ils semblent destinés à écrire le mot « commère » (queue homard), qui paraît avoir été une de ses désignations familières les mieux méritées [67].

Quant à Catherine de Médicis, elle est représentée par quatre « cancres » ou « tourteaux » faisant la culbute se rapportant à une des épigrammes lanternoises les plus salées du troisième livre, et l'on remarquera combien de fois Panurge y prononce le mot « cancre ». Mais pourquoi ce crustacé personnifie-t-il la femme de Henri II ? Par la raison toute simple que Rabelais désigne le plus souvent ses personnages par leur blason. Nous avons déjà vu que « tour », dans le rondeau adressé

La Diane au cerf d'Anet, avec ses quatre chiens,
dessin d'Androuet du Cerceau (Louvre, cabinet des dessins, NDLE).

par Panurge à la grande dame de Paris, rappelle les « tours » de Castille figurant sur le blason de la reine Éléonore. Diane de Poitiers, qui portait six besans dans le sien, devient Buzançay (besans 6)[68]. Quant aux armes de Médicis, qu'on peut voir encore sur la belle fontaine du Luxembourg où figure le groupe d'Acis et Galatée, elles se lisent héraldiquement :

« D'or à 6 tourteaux, 5 de gueules et 1 en chef, d'azur aux armes de France. »

On sait que le crustacé qui porte le nom de « cancre » est beaucoup plus connu des Parisiens sous celui de « tourteau » ; il était impossible de désigner plus clairement Catherine de Médicis. L'histoire des tourteaux de sa famille est des plus connues et des plus intéressantes. Au commencement du quinzième siècle, les Médicis n'étaient que de simples médecins-apothicaires, comme le sont encore, en Italie, la plupart des disciples d'Esculape. Ils s'enrichirent en vendant des « tourtels » ou pilules purgatives, que les Italiens nomment « *palle* ». À cette époque, ils n'étaient que de simples plébéiens, et leur enseigne, dont ils firent plus tard leur blason, n'était qu'une vulgaire annonce en langue grinche habile, que les initiés déchiffraient ainsi :

> Seulse s'en crois, ches bels tourtels
> Te repens ne, chest délices els. [69]

Ce blason, outre son originalité, a un intérêt historique que je dois passer sous silence, comme bien d'autres faits du même siècle, qu'il n'est pas possible d'exposer dans une revue, en ce pudique siècle de *l'Assommoir*. Qu'il me suffise de dire que les « tourtels » ou « cancres » du groupe de Jean Goujon sont l'équivalent héraldique et injurieux des « tourteaux » du blason des Médicis, et en même temps une caricature de Catherine, dont la taille était passablement épaisse.

Quant à Jean Goujon, il est évident que ce n'est pas lui, simple artiste, qui se serait permis des allusions aussi outrageantes et aussi transparentes surtout, aux trois plus grandes dames de la cour de François Ier : la reine, la Dauphine et la favorite. Tout ce monument, depuis la base jusqu'au sommet, y compris la statue de Diane, a été composé et réglé, dans ses moindres détails, par la duchesse de Valentinois elle-même, et ne pouvait pas l'être par une autre. Le Louvre possède, du reste, le projet primitif de sa propre main ; car élève de Léonard de Vinci, du Primatice et surtout de Philibert, elle possédait, comme la plupart des hautes dames de son temps, un véritable talent de dessinateur, renforcé par la connaissance à fond de la langue du blason, qu'elle n'employait pas à faire des tableaux de chevalet, mais des compositions de broderies ou des caricatures, dans lesquelles elle donnait libre carrière à sa verve mordante et satirique.

Éléonore d'Autriche et Catherine de Médicis lui répondaient dans le même style hiéroglyphique, et c'est la sœur de Charles Quint qui eut la première l'idée de représenter « la dame en deuil » sous les traits d'un « daim andouillé ». Diane se brouilla avec Henri, à la suite de son rapprochement avec sa femme et avec Philibert, qui en avait été l'intermédiaire, après avoir été mis à la porte par la favorite pour le péché auquel il était trop sujet, celui d'être un bourreau d'argent. D'abord, elle adopta sa devise de la flèche, qui voulait dire « ne fléchit » ; mais elle ne tarda pas à la démentir en écrivant à Henri une lettre, dans laquelle elle lui demandait un raccommodement qui aurait été scellé par l'exil de Philibert. Le blason était un excellent moyen d'engager une négociation de ce genre sans se compromettre. Tel est le sujet du dessin du Louvre, faussement attribué à Jean Goujon. Il est étincelant d'esprit et d'originalité, mais fort peu magistral au point de vue de l'étude du nu, que Diane ne traitait qu'en amateur. D'ailleurs, Goujon n'eût pas manqué de faire ressemblant, et la figure chiffonnée et toute de fantaisie de Diane ne peut être que d'une main de femme.

Philibert et Catherine eurent connaissance de ce dessin, qui était un projet de tombeau, et y répondirent par un bas-relief de marbre représentant toujours Diane accolant un daim ; mais la déesse, fort ressemblante cette fois, est le portrait de Catherine de Médicis, jeune et potelée, entre ses deux chiens (mi 2 chiens). Elle répond mot pour mot à la lettre de Diane et, comme elle est courte, je la cite tout entière ; il paraît qu'après s'être vainement adressée au Dauphin, Diane avait eu recours à Philibert, qui, dans des temps plus heureux, avait souvent joué le rôle de pacificateur entre le Dauphin et l'altière et impérieuse duchesse. Mais la réplique de l'artiste, qu'elle avait accusé d'être « de peu de deniers » et dont elle avait demandé l'expulsion, est sanglante.

Car telle aima Le barbillon[70]
Medicin chasser écolier
Lanternois, n'aime croire telle
Née de peu tant peu l'honore elle
De race chasser chienne l'ait
S'en croit droit l'ait de bannir elle.
Ne cuyde, maîtresse est car telle.
Bien qu'elle est reine, Diane est celle
Que roi faible daigne accoler.
Ment d'être tant peu ne fléchît,
Qu'offrir point dédaigne brouillée
Lanternois s'aimât s'en débrouille.
Changés n'estre temps qu'écolier
(Se croit mie, fasse renaître elle).
Chère l'eut de cœur. Dame Andouille
Brouillée, Boudin être aussi elle[71].

On voit que si Diane était mordante, elle recevait aussi de rudes horions dans ce tournoi héraldique à fer émoulu. Les trois groupes de Diane accolant des « daims andouillés » qui représentent Éléonore, Diane et Catherine ont servi de thème au fameux chapitre de la guerre des Andouilles de Rabelais, qui l'a résumée dans ce vers héraldique composé des deux noms des deux capitaines :

Taille boudin, Rifle andouille
(Telle boude Henri folle en deuil).[72]

La victoire resta à la favorite et elle l'a constatée dans le fameux groupe de Jean Goujon, mais elle fut chèrement achetée et Philibert resta à la Dauphine. Dès lors Jean Goujon devint le secrétaire de ciseau de Diane et paya probablement ce dangereux honneur du coup d'arquebuse qu'il reçut à la Saint-Barthélemy. Quant à Henri, il résuma le débat dans le spirituel monogramme qu'il avait adopté et qui prouve qu'il ne manquait ni d'esprit ne de grâce. On sait que ce monogramme se compose de 2 D en forme de demi-fibules couplées formant une hache, le tout doré :

« Dé en mi fibule hache or couplés. »

Ce qui doit se prononcer « Diane me fait blessure qui plaît ». C'est une des plus mystérieuses et des plus délicates applications de cet art charmant du blason qui a servi de base à toutes les compositions ornementales jusqu'à la Révolution française.

Le monogramme d'Henri II et de Diane de Poitiers,
omniprésent dans les décors de l'époque (NDLE).

VII

Les œuvres de Rabelais, de Jean Goujon et de Philibert Delorme sont les seuls documents qui nous restent sur la jeunesse si agitée de Catherine. De son vivant, lorsque les troubles de la Ligue avaient profondément déconsidéré la majesté royale, on publia sur son compte un pamphlet qui la faisait sourire ne plus ni moins qu'une vulgaire Lisette et elle avouait ingénument qu'il y avait du vrai. Sans qu'il y en ait de preuves historiques bien certaines, la légitimité de ses enfants a toujours été mise en doute, et le connétable de

Montmorency faisait observer un jour à Henri II qu'il n'y avait que Diane de France qui lui ressemblât. Sur cette Diane, la critique moderne a bâti un roman invraisemblable, en acceptant comme vraie une légende répandue par sa véritable mère, Diane de Poitiers, en vertu de laquelle elle aurait dû le jour à une Savoyarde nommée Philippe Duc; la vérité est que la fière duchesse de Valentinois n'avait pas voulu reconnaître un enfant adultérin. Mais s'il eût été d'une autre, elle n'eût certainement pas souffert que son amant couronné lui donnât non seulement son nom, mais encore un rang qui l'élevait au-dessus de ses enfants légitimes à elle. Henri II aimait Diane de France autant qu'il se souciait peu des enfants de Catherine et en lui faisant, en présence de la reine et de la favorite, un compliment qui blessait autant la première qu'il flattait la seconde, le connétable de Montmorency savait d'autant mieux ce qu'il faisait qu'ayant été le confident, et assure-t-on, l'amant de la reine Éléonore, il était au fait des mystères de la cour.

Diane de France naquit en 1537, quatre ans après le mariage de Catherine de Médicis, qui était née en 1519 et avait épousé Henri, second fils de François Ier, en 1533. Ce prince n'avait lui-même qu'un an de plus que sa femme et il n'était pas destiné à régner, sans quoi on ne lui eût point fait contracter une alliance aussi mesquine. Son frère le Dauphin François avait été marié à une princesse de la maison d'Autriche. Catherine n'était que la fille d'un prince de création papale dont la famille n'avait pas encore régné. C'était un neveu de Léon X que celui-ci avait fait duc d'Urbin en montant sur le trône pontifical. À peine Catherine était-elle mariée, que le Dauphin fut empoisonné par son échanson italien Montecuculli[73]. François Ier, d'après la maxime « *fecit cui prodest* », soupçonna très certainement la famille de Catherine de lui avoir ouvert par un crime le chemin du trône, et Rabelais fut chargé à cette occasion d'une mission en Italie, moitié diplomatique, moitié médicale, qui donna lieu à son retour à la célèbre facétie des sacs remplis de cendre (1536)[74].

Catherine se trouvait désormais Dauphine, mais Dauphine fort mal vue à la cour, car la petite fille des apothicaires faisait très piètre figure non seulement auprès de la sœur de Charles Quint, mais encore de la sénéchale (c'était le titre que l'on donnait à la veuve de Louis de Maulévrier), dont la richesse était passée en proverbe et qui de son chef était duchesse souveraine de Valentinois, tandis que la Florentine n'apportait que 500 000 livres de dot, quelques terres en Auvergne qui lui venaient des Dauphins de ce pays auxquels sa famille était alliée et le château d'Auteuil sur l'emplacement duquel a été bâti la palais du Trocadéro[75].

Elle était âgée de quatorze ans et son mari n'en avait que quinze. Mais il paraît qu'en outre il était très peu avancé pour son âge. C'est certainement à lui que fait allusion Rabelais dans le chapitre des alliances de cour, lorsqu'il dit: «Nous présens, feut faict un joyeulx mariage d'une poyre, femme bien gaillarde, comme nous sembloit, etc. (liv. IV, ch. IX)[76]. »

Tel était bien ce pauvre Henri qui avait hérité de la nature quelque peu rachitique et débonnaire de sa mère Claude de France et mérita toute sa vie le nom de Panurge (pas n'urge) dont il se trouve affublé dans les troisième et quatrième livres de Pantagruel[77]. En effet, Catherine s'était mariée en 1533; ce ne fut qu'en 1544, c'est-à-dire onze ans plus tard, que naquit son premier enfant, qui régna sous le nom de François II. Henri avait alors vingt-cinq ans, sa femme vingt-quatre et tout le monde savait que si elle ne donnait pas d'héritiers à la couronne, ce n'était pas de sa faute. Tant que vécut son fils aîné François, le beau-père de Catherine s'inquiéta fort peu d'elle; mais lorsque tout l'espoir de sa race se concentra sur la nièce de Léon X, son fils avait dix-huit ans et menait l'existence d'un farouche Hippolyte, sans paraître se douter qu'il était marié depuis trois ans. Le roi pria la duchesse de Valentinois d'apprivoiser cette espèce de sauvage.

Du vivant de son mari, qui n'était pas commode, Diane avait été retenue dans son gouvernement de Normandie par la cour princière qu'elle y tenait elle-même. Mariée à l'âge de quatorze ans, elle était mère de famille depuis longtemps, lorsque son père, compromis dans la conspiration du connétable de Bourbon, fut arrêté sur les terres mêmes de son gendre, où il avait cherché un refuge, par deux gentils-hommes de sa maison. Ce fut donc le mari même de Diane qui le livra à François Ier, mais sous la condition qu'il aurait la vie sauve ; ce qui résulte des lettres de grâce qui commuèrent sa peine en prison perpétuelle ; il n'y est pas question de Diane, qui ne vint pas à la cour, et n'eut aucun prétexte d'intercéder pour son père. Quant au roi, tant que vécut sa première femme Claude, qui cependant n'était pas belle, ce fut le plus fidèle des maris, trop fidèle même, puisque, en dix ans, la pauvre femme, qui n'était pas forte, lui donna sept enfants, dont le septième la tua net[78].

> Elle en mourut, la noble Badebec,
> Qui cependant par trop me semblait nice,
> Car elle avait visage de rebec,
> Corps d'Espagnole et ventre de Souyce.[79]

Rien n'est donc plus invraisemblable que toute la donnée du *Roi s'amuse*. François Ier ne se démoralisa qu'à l'époque de sa captivité de Madrid.

À l'âge de trente et un ans, Diane, princesse souveraine de Valentinois et de plus immensément riche, vint se fixer à la cour, avec le rang et les prétentions de la veuve d'un prince du sang royal. Remarié à Éléonore d'Autriche, François Ier n'en avait pas moins conservé sa maîtresse en titre, Anne de Pisseleu, sur les brisées de laquelle Diane était trop fière pour marcher. Quant à Henri, ce n'était encore qu'un enfant de douze ans et de plus un cadet auquel personne ne songeait. Riche, belle, spirituelle, de grande naissance, Diane conquit une grande influence sur l'esprit du roi, sans chercher à partager son intimité avec la duchesse d'Étampes[80], et protégea beaucoup les arts et les lettres, si bien qu'on a prétendu que le poète Clément Marot aurait été le prédécesseur de Henri II dans ses bonnes grâces ; mais la laideur repoussante de ce poète rend l'hypothèse peu vraisemblable.

Elle avait trente-six ans sonnés lorsque le roi la désigna pour le rôle qui l'a rendu si célèbre ; et, bien que la duchesse d'Étampes affectât de dire qu'elle avait l'âge de son père, elle était dans tout l'éclat d'une beauté que, grâce à une hygiène sévère et l'exercice du cheval et de la chasse, elle conserva jusqu'à l'âge de soixante-cinq ans. Brantôme, qui la vit à cette époque, dit qu'elle était encore admirablement belle et séduisante, et elle mourut comme elle avait vécu, écrasée par sa monture, qui se renversa sur elle et lui brisa la cuisse. Il est vrai que les auteurs protestants, qui ne l'aimaient pas, ont nié sa beauté, ainsi que les charmes de l'esprit qui la relevaient ; il est certain cependant qu'elle était amie aussi dévouée qu'ennemie impitoyable et qu'elle réalisait on ne peut mieux ce type de femme androgyne, chevaleresque et guerrière sur lequel l'Arioste a modelé ses Marphise et ses Bradamante. En religion, elle était païenne dans toute la force du terme. Artiste et poète autant qu'on pouvait l'être, sa conversation devait être des plus attrayantes, et c'est surtout par les qualités de son esprit qu'elle retint dans ses chaînes ce grand ennuyé couronné qui eut nom Henri II. Je dis « chaînes », car il est impossible de rêver un asservissement plus complet que celui de ce pauvre monarque. Cette affection fut la première et la dernière de sa vie, et rien n'égale l'humilité des lettres ou des vers qu'il lui adressait :

> Plus ferme foi ne fut oncques jurée
> À nouveau prince, ô ma seule princesse,
> Que mon amour qui vous suivra sans cesse
> Contre le temps et la mort asseurée.
> De fosse creuse, ou de tour bien meurée
> Dont je vous fis dame, royne et maistresse
> Pour ce qu'elle est d'éternelle durée.
> Hélas ! Mon Dieu ! combien j'ay regretté
> Le temps perdu en ma folle jeunesse,
> Combien de foys je me suys souëté
> Avoir Diane pour ma seule maîtresse ;
> Mais je craignois qu'elle qui est déesse
> Ne se voulust abaisser jusque-là
> De faire cas de moy qui sans cela

> N'avois joye ni contentement,
> Jusqu'à l'heure que se delybéra
> Que j'obéysse à son commandement.

Voici pour les vers. Voyons maintenant la prose :

Je vous supplye d'avoir souvenance de celuy qui n'a jamais conneu qu'un Dieu et qu'une amye et assure que n'aurez point de honte de m'avoir donné le nom de serviteur, lequel vous supplye de l'accepter pour jamais.

HENRY

VIII

Une fois maîtresse absolue du cœur de l'héritier de la couronne, Diane trouva sans doute que ce qui est bon à prendre est bon à garder, et trompa complètement les espérances de François Ier ; car, loin de faire aucun effort pour opérer un rapprochement entre les deux jeunes époux, elle affecta pour la nouvelle Dauphine un mépris et une aversion que le Dauphin ne demandait pas mieux que de partager. Après s'être bravement comporté dans la campagne d'Italie qui eut lieu en 1536 et fournit à Diane l'occasion de lui offrir cette magnifique armure dessinée par le Primatice, qu'on admire au Louvre [81], le mari de Catherine la délaissait publiquement et passait la plus grande partie de son temps à Anet, où il s'occupait avec le Primatice, et surtout avec Philibert Delorme, des embellissements qu'il projetait pour cette demeure[82]. Catherine vivait seule à Auteuil, où elle avait formé cet escadron de filles d'honneur qui la suivit partout et parmi lesquelles brilla plus tard la belle Sauve. Délaissée comme elle, Éléonore venait lui tenir compagnie. Ces deux femmes eussent été fort à plaindre, si l'une n'eût pas été une hypocrite et si l'autre n'avait pas apporté d'Italie tout ce qu'il fallait pour devenir un personnage, non seulement des plus criminels, mais

Le dos de l'armure d'Henri II, avec les deux *potets* (NDLE).

des plus repoussants de notre histoire, et la vie qu'elle menait à Auteuil était rien moins qu'édifiante.

Henri restait absolument indifférent en face de tous ces scandales. Il laissait flotter complètement les rênes conjugales sur le cou de la Dauphine et avait complètement l'air d'ignorer son existence ; mais on s'étonnerait davantage de l'indifférence de François Ier, si l'on ne savait qu'après la vengeance de l'avocat Féron, il ne fut plus physiquement et moralement que l'ombre de lui-même. Cette mésaventure, autrement terrible que la fable imaginée par Victor Hugo, lui advint en 1538[83]. C'est de cette époque que date la toute-puissance de Diane ; Anne de Pisseleu n'était plus que la favorite d'un astre qui se couchait avant l'heure, et le lever de celui qui favorisait Diane paraissait si imminent, que personne à la cour ne voulait plus jouer sur d'autres cartes que sur les siennes.

Il est beaucoup plus difficile de démêler les motifs qui pouvaient la pousser à tenir éternellement les deux époux à distance, au grand détriment de la race des Valois. Détestait-elle assez Catherine pour sacrifier à sa haine les intérêts les plus chers du malheureux qu'elle dominait ? Ce n'est pas impossible ; et cependant Diane était française, « chauvine », dirait-on aujourd'hui ; et si les intérêts de son pays lui eussent semblé dépendre de la dynastie des Valois, elle leur eût peut-être immolé sa haine. Mais, bien que cette singulière femme ait paru toute sa vie hostile à la Réforme, il est à remarquer que le confident de sa pensée la plus intime n'a jamais cessé d'être Jean Goujon, et que son père avait été martyr de son dévouement à la branche des Bourbons qui devait monter sur le trône de France, si celle des Valois venait à s'éteindre.

Ce qui semblerait prouver que telle fut la raison qui la détermina à condamner Catherine à la stérilité, c'est que le troisième fils de François Ier, Charles[84], duc d'Orléans et de Bourbon, mourut à l'âge de vingt-trois ans, sans avoir été marié, tandis que ses deux frères l'avaient été dès l'âge de quatorze ans. Comme l'un était mort, et l'autre n'avait pas d'enfants, on ne s'expliquerait pas que François Ier n'ait pas cherché à assurer l'avenir de sa race en mariant son troisième fils, si une influence aussi pernicieuse que toute-puissante n'y avait mis d'obstacles insurmontables.

IX

Quoi qu'il en soit, la Dauphine était devenue une solide virago de vingt-trois ans, éclatante de fraîcheur et de santé, et portant tous les signes extérieurs de cette exubérante fécondité dont elle devait fournir la preuve en accouchant de dix enfants dans l'espace de treize années, sans en trépasser, comme la pauvre Claude de France, qui ne put arriver qu'au septième. On menait joyeuse vie à Auteuil; Charles d'Orléans, troisième fils de François Ier, y avait introduit son ami Gaspard de Saulx, lequel s'était réconcilié avec la grande dame de Paris, au point de donner beaucoup d'ombrage au connétable de Montmorency, son ami en titre, qui lui en garda toujours la plus mauvaise de ses dents. Enfin, en 1542, la reine présenta à la cour un de ses protégés qui devait y jouer plus tard un rôle considérable, Charles de Guise, frère cadet du duc de Guise, depuis cardinal de Lorraine et déjà évêque de Reims. C'est donc à la sœur de Charles Quint que nous devons cette funeste famille de Guise, qui invoqua toujours l'assistance de l'Espagne. Décidément, si cette princesse ne suivait pas un plan bien arrêté, elle avait la main malheureuse, car elle nous faisait de bien vilains cadeaux.

L'évêque de Reims pouvait se dire tout frais pondu, ayant à peine dix-sept ans; et si son âge était celui d'un page, ses mœurs et ses goûts allaient de pair. Gaspard de Saulx, Charles d'Orléans et Charles de Guise vinrent égayer de leurs espiègleries endiablées les soirées de la délaissée, à laquelle le jeune prélat fit surtout une cour assidue[85].

Diane laissait faire et, selon toute probabilité, n'eût pas été fâchée de voir cette rivale, qui jouait si imprudemment avec le feu, s'y brûler une fois pour toutes. Mais l'astucieuse Italienne savait que, si elle se laissait surprendre en faute, elle se trouverait sous le coup d'un divorce déshonorant. L'une voulait faire périr le sang des Valois, l'autre était intéressée à le perpétuer. Poussée dans ses derniers retranchements, la Florentine commit de sang-froid le premier de ses crimes dictés par la raison d'État comme tous les autres, car elle était froide, indifférente et peu sensible au plaisir de la vengeance.

X

Ici nous arrivons à la partie la plus remarquable, sous tous les rapports, du poème blasonné de Rabelais, le troisième livre. Il est consacré tout entier à l'élucidation d'un des points les plus importants de l'histoire moderne, car c'étaient les destinées de la monarchie et du catholicisme qui se jouaient entre ces deux femmes. Diane était un esprit politique de premier ordre et le prouva par l'habileté consommée avec laquelle elle dirigea le chapitre des relations extérieures sous le règne de Henri II, qui répara presque toutes les fautes de François Ier. Mais, confidente et vengeresse de son père et du connétable de Bourbon, elle voulait sacrifier à la fois le catholicisme et la dynastie des Valois aux intérêts du principe monarchique et féodal, tel que Henri VIII venait de le reconstituer en Angleterre par la sécularisation de l'Église anglicane, et elle rêvait l'union des deux royaumes, que Jeanne d'Arc avait fait échouer. Catherine ne visait pas si haut ; *«per fas et nefas»*, elle voulait éviter une répudiation imminente.

Comment s'y prit-elle ? Rabelais le raconte dans tous les langages : en blason, dans le dialogue entre Nazdecabre et Panurge [86] ; en lanternois, un peu partout, et enfin dans le plus clair et le plus intelligible de tous les français, par l'oracle de la sibylle de Panzoust, et surtout par le commentaire de la réponse du fou Triboulet, qui ne laisse subsister aucun doute sur les mystères de la naissance et de la mort du roi François II [87].

Ce fut réellement dans la personne de ce prince que s'éteignit la branche des Valois-Angoulême ; et par conséquent la nièce de Léon X ne réussit point à la perpétuer, mais elle se trouva avoir sauvé le catholicisme, dont, au fond, elle ne s'inquiétait guère ; car si un schisme avait séparé la France de l'Église romaine, le moins qu'il pût advenir au catholicisme, c'eût été de passer à l'état de minorité.

Songes drolatiques, planche VIII (NDLE).

Quoi qu'il en soit, François II une fois mort, Catherine ne s'intéressa jamais à ses autres fils, qu'elle savait ne pas être de sang royal; et son affection se reporta tout entière sur ses filles: Élisabeth, reine d'Espagne, et Claude, femme de Charles II, duc de Lorraine, nées du vivant de François Ier.

En attendant, sa situation exigeait un rapprochement avec son mari, et c'est ici que l'action retombe du drame dans la comédie; car il fallait faire la chasse au Dauphin, qui ne bougeait pas d'Anet, où il vivait dans l'intimité de Diane et de Philibert Delorme.

L'occupation de ces trois personnages était de dresser un tombeau à ce brave Maulévrier le Boiteux, que Diane n'avait guère aimé de son vivant, mais dont elle affecta de porter le deuil toute sa vie, parce que le noir faisait ressortir la fraîcheur de son teint. La façade de ce tombeau se voit aujourd'hui à l'École des Beaux-arts, avec la dédicace de Henri II, et c'est le chef-d'œuvre de l'architecture moderne, car on sent bien que c'est l'œuvre d'un amoureux. On y voit une des nombreuses devises que Diane avait adoptées. Un tombeau avec deux palmes en croix, dont la cime est taillée. Ce qui se blasonne:

Tombe, cimé taillée croix palmes.

et se traduit:

Tombe s'y met tel crois peu l'aime.

«Celui qu'on met dans cette tombe, je crois que je ne l'aime guère.» De là le nom de «Carpalim» que Rabelais donne généralement à Diane de Poitiers en déguisant son sexe, mais en la dépeignant comme prenant des cerfs à la course. Ce nom est antérieur à sa liaison avec Philibert Delorme, sans quoi on pourrait l'interpréter «Carpal aime» (qui aime un carpaulx ou apprenti maçon); il est probable qu'il fait allusion à sa manie pour le «crêpe», ce qui n'empêchait pas cette veuve très consolée de mener joyeuse vie entre un fils de roi et un artiste de génie.

XI

Tous deux étaient à peu près du même âge, car, bien que la date de la naissance de Philibert ne soit pas exactement connue, il devait être né à Lyon vers 1515, d'une famille d'architectes distingués et ayant de hautes protections, puisque, étant parti en Italie à l'âge de quatorze ans, il y fut accueilli avec beaucoup de distinction par le pape, et qu'à son retour en France il fut, malgré son extrême jeunesse, immédiatement employé à de grands travaux. Ce fut le cardinal Du Bellay qui le présenta lui-même à Diane vers 1537, c'est-à-dire l'année même qu'elle était devenue la favorite du nouveau Dauphin, et presque immédiatement il entreprit les réparations du château d'Anet avec le Primatice, mais les continua bientôt seul, car Diane n'aimait pas les Italiens.

Le Louvre possède un médaillon de bronze de Philibert qui en donne au physique l'idée la plus flatteuse, et il avait tout ce qu'il fallait pour plaire à une femme assez enthousiaste des beaux-arts, pour qu'on l'ait accusée d'avoir eu une faiblesse pour Clément Marot, poète on ne peut plus gracieux, mais on ne peut plus disgracieux comme galant. Cette passion de Diane s'est manifestée par celle du laurier, qui foisonne dans l'ornementation du château d'Anet et celle du Louvre. Cette débauche de laurier pourrait s'expliquer par ses relations avec le cardinal de Lorraine, qu'elle s'amusa à enlever à Catherine de Médicis ; mais cette liaison est postérieure à la construction du château d'Anet et à l'ornementation du Louvre qui porte la date de 1548[88].

Ce n'était donc pas à Charles de Lorraine que s'adressaient ces jolis vers de la seneschale :

> Voici vraiment qu'Amour un beau matin
> S'en vint m'offrir fleurette très gentille.
> Là se prit-il à orner vostre teint,
> Et vistement violiers et jonquille
> Me rejetoit à temps, que ma mantille
> En estoit pleine et mon cœur se pasmoit.

Philibert Delorme (NDLE).

(Car voyez-vous fleurette si gentille
Estoit garçon frais, dispos et jeunet).
Ains tremblottante et destournant les yeux.
Nenni ! disais-je. – Ah ! ne serez déceue,
Reprist Amour et soubdain à ma veue

Me présentant un « laurier » merveilleux,
Mieux vaut, luy dis-je, estre sage que royne.
Alors me sens et frémir et trembler.
Diane faillit et comprendrez sans peine,
Du quel matin, je prétends reparler. [89]

Philibert avait alors vingt-deux ans. C'était le temps où Diane parsemait les parois de son palais d'Anet de branches de lauriers en croix que Delorme a plus tard reproduites sur celles du palais des Tuileries en guise de signature. L'artiste n'était guère moins chéri du seigneur du logis et cette amitié il la conserva toute sa vie [80]. Malheureusement pour Diane, Philibert était un véritable panier percé toujours à court d'argent, car il avait autant de manières d'en trouver et d'en dépenser que Panurge, dont Rabelais lui a donné la succession après la mort de Jean-Baptiste Rosso, auquel il ressemblait sous tant de rapports. De même que lui, il était bigot et poltron et toute la face pusillanime du personnage a été copiée d'après lui, tandis que tout ce qui se rapporte aux transes matrimoniales de Panurge désigne son royal patron. Rabelais a ainsi trouvé le moyen de fondre en un seul type les deux amoureux de la sénéchale, ce qui déroutait les profanes, qui n'eussent pas manqué de découvrir son secret, s'il n'eût pas introduit dans la caricature du Dauphin des disparates qui lui permettaient de repousser toute interprétation un peu trop précise.

Philibert étant toujours à court d'argent prêtait prise à la corruption ; malheureusement Henri, qui avait à satisfaire les courtoises fantaisies de sa favorite, n'en donnait guère à sa femme et celle-ci en était réduite aux revenus de sa maigre dot, avec laquelle elle vivait à Auteuil plutôt en simple particulière qu'en héritière de la couronne de France. Ce fut la reine Éléonore qui vint à son secours. Cette princesse recevait de son frère de forts subsides en argent pour les dépenser à le bien renseigner [91]. Il ne lui convenait nullement de laisser la place libre à la sénéchale, laquelle, étant de naissance beaucoup plus princière que celle des Médicis, pouvait arguer de ce précédent pour se faire épouser elle-même, ce qui eût été fort gênant pour Charles Quint, dont elle était l'ennemie jurée. Mais ce qui l'eût gêné bien davantage, c'eût été l'extermination de la race des Valois.

XII

Éléonore délia donc les cordons de l'énorme bourse (pource) sous la figure de laquelle elle est si souvent représentée par Rabelais, et Philibert consentit à user de son intimité avec le Dauphin pour faire naître dans son esprit des doutes, qui ont été si éloquemment exprimés par Rabelais dans son inimitable dialogue sur les avantages et les inconvénients du mariage (liv. III, ch. IX).

« Voire mais, dist Panurge, je n'aurois jamais aultrement fils ni filles légitimes esquels jeusse espoir mon nom et armes perpétuer ; esquels je puisse laisser mes héritages et acquets. »

Ici, Panurge n'est plus le bohème affamé du deuxième livre : c'est bien le plus grand héritier du royaume parlant à Pantagruel sur le ton d'un égal.

Il paraît qu'à la suite de ces ouvertures, qui eurent un plein succès, Philibert, redoutant le courroux de la terrible sénéchale, s'enfuit d'Anet et vint se réfugier auprès de Catherine, qu'il ne quitta plus depuis cette époque et celle-ci lui fit une place à côté de Gaspard de Saulx, Charles d'Orléans et Charles de Lorraine, en attendant que trois d'entre eux fussent ses ministres : le cardinal de Lorraine à l'intérieur, le maréchal de Tavannes à la guerre, et Philibert aux beaux-arts[92].

Diane fut avertie de cette trahison par une caricature des *Cent vingt Songes drolatiques*, qui, si elle est de la main de Rabelais, dénote en lui un dessinateur aussi spirituel et presque aussi habile que l'écrivain (pl. XXII).

Ce qu'on ne saurait contester dans la planche que je cite, c'est l'esprit avec lequel est croqué le portrait à peine chargé de Diane en forme de pot de terre à deux anses, coiffé d'une « bare » ou bonnet aplati relié à

Songes drolatiques, planche XXII (NDLE).

terre par un fil, qui écrit le nom de Philibert (fil lie bare).

La fuite de Philibert, dont il est parlé dans le chapitre de la sibylle de Panzoust, donna lieu à une longue brouille entre Diane et son royal amant, qui fait le sujet de la célèbre guerre des Andouilles[93]. Diane y est désignée par le nom de Niphleseth (ne fléchit), qui fait allusion à la flèche enroulée du château d'Anet.

On l'y voit combattre contre Gymnaste, qui est le sobriquet que reçut Catherine à son arrivée en France (j'ai guère âge aime ne as te) : je n'ai guère l'âge d'aimer, ni toi non plus. La reine des Andouilles est sur le point de succomber par suite de l'intervention des Luthériens ou des cuisiniers renfermés dans « la truie » et commandés par frère Jean des Entommeures ou Rabelais (disent en toi aime me voir). Le blason de ces cuisiniers est un des plus intéressants de tous ceux que le curé de Meudon a semés à profusion dans un livre qu'on a si bien comparé à une cathédrale gothique. Ils portaient « de gueule à lardoire de sinople, fessée (fascée) d'un chevron argenté, penché à gauche ».

La flèche : porte du château d'Anet
(actuellement dans la cour de l'École des Beaux-arts
de Paris, NDLE).

Car tel église si ne peut elle
L'ardoir, sévère n'est parole
Fasse ce nostre chef incline.

(Car tel que l'Église ne peut pas brûler, ce n'est
pas une parole sévère qui lui fera courber la tête.)

Une intervention du pourceau Mardigras,
protecteur des gens de la Truie ou des Luthériens
qui n'observaient pas le carême, met fin à cette
effroyable lutte de deux femmes sans foi ni loi,
qui, pour être racontée en style grotesque, n'en est
pas moins une des pages les plus lugubres de l'histoire de France.

C'est Pantagruel ou François Ier qui conclut lui-même la paix avec
Diane sur les conseils de la reine « Procès », et l'action du drame finit
là, car les autres chapitres ne sont que des hors-d'œuvre qui n'y tiennent que par leurs titres, dont ils fournissent des explications et des
étymologies tantôt fantastiques, tantôt réelles, mais toujours pleines
de cette verve et de cette érudition sans pédantisme qui réalise cet
étrange tour de force de faire lire avec plaisir même ce que l'on
comprend le moins.

À la requête des dames de la cour, la jeune Niphleseth, qui semble
personnifier Catherine, fut sauvée et honorablement traitée : « depuis
feut mariée en bon et riche lieu et feit plusieurs beaux enfants, dont
loué soit Dieu. »

XIII

C'était en 1548, un an après la mort de François Ier, que Rabelais écrivait ce dénouement, et depuis, Diane, Catherine et Philibert vécurent sous le même toit. Ce dernier remplissait auprès du roi les fonctions que Rabelais désigne sous le nom d'«architriclin», ce qui correspond à «majordome» et avait été doté d'un revenu de 60 000 écus, ce qui était princier pour l'époque.

Était-il rentré en grâce auprès de Diane? Non certes, car il ne fut pas employé à la décoration du Louvre, dont elle avait fait sa chose à elle et qu'elle a couvert de ses élucubrations exécutées par son fidèle Jean Goujon. Il y eut même un moment où Philibert n'évita une disgrâce complète qu'en cédant une de ses abbayes à un neveu de Diane, et elle le cribla ainsi que Catherine d'épigrammes sanglantes sculptées dans la pierre, qui non seulement sont parvenues jusqu'à nous, mais ont été multipliées avec la plus candide innocence par les architectes modernes chargés de l'achèvement de la cour de François Ier.

L'œil le plus inexpérimenté peut y remarquer la profusion de feuillages de lauriers et de chênes glantés qui caractérise cette ornementation, aussi bien que celle du château d'Anet, et disparaît avec Diane de Poitiers elle-même. Le laurier, c'est toujours Delorme. Au-dessus de la porte de l'horloge, la frise est ornée de masses à nœuds qui désignent sa profession de maçon et sont croisés par une verge entourée de serpents dont la traduction héraldique est «canne». De chaque côté sont deux «rains» ou rameaux de laurier et à l'extrémité un rameau de chêne.

> Ferai maçon cancre accouplée
> Se repente, médicine égalant
> Delorme butor son galant[94].

Un «butor», à cette époque, n'était ni plus ni moins qu'un «apprenti». C'était un terme emprunté à la langue de la fauconnerie.

Dans l'ornementation du château d'Anet, Philibert avait glissé ses déclarations d'amour entre les lignes de celles qu'il rédigeait pour le Dauphin. Diane lui rendait la pareille à travers les mordantes épigrammes qu'elle et son royal amant composaient contre la reine ; car lui la lisait sans doute d'une autre façon qui faisait disparaître le nom du butor sans être plus aimable pour Catherine. Pour cela, il suffisait de déplacer le mot « nœud », qui, s'il suit « masse », fait « maçon », et, s'il le précède, donne « n'aimasse » ou « n'aime ce ».

Le roi lisait alors :

> Affreux n'aime ce cancre accouple
> Serpent médecine égalant
> Douleur me bouter son égal.

Tout près, sur la même frise, se trouve une autre devise encore plus insolente, si c'est possible.

Entre deux trousses (carquois) accrochées à des clous, on distingue un arc et sa flèche, dans un semis de chêne.

> Fléchirai Médicis n'égalant
> Diane, maîtresse bannir laquelle
> Se peut ne ferait Angoulême.

« Angoulême », en lanternois « Anguille aime », c'est le roi, qui était de la branche des Valois-Angoulême. Le triolet précédent parodiait le blason des Médicis. Celui-ci fait allusion à l'une des devises de Diane, une flèche issant d'une « bannerole » (banderole), qu'elle adopta pendant sa brouille avec le Dauphin, lorsque celui-ci la délaissa, pendant quelque temps, pour sa femme légitime.

Elle se lit :

> Car tel l'honore bannir elle,
> Peut ne faire se fléchisse elle.

La flèche de Diane; la devise se lit:
«*Consequitur quodcunque petit*», «elle atteint tout ce qu'elle vise» (NDLE).

De là le nom de «Niphleseth» (ne fléchit) que lui donne Rabelais, dans la guerre des Andouilles. Pendant tout le règne de son mari, Catherine vécut donc sous la menace perpétuelle d'une expulsion et fut criblée d'insultes, qui sans doute égayaient beaucoup le bon Henri; il avait le caractère bien fait et riait de tout, même lorsque Diane poussait l'audace jusqu'à le représenter sous les traits d'un cerf dix cors.

Tout semble faire présumer que Catherine, écrasée par cette épouvantable tyrannie domestique, ne fit rien pour empêcher le meurtre de son mari, bien qu'elle eût été instruite de la conspiration ourdie contre lui. Un signal d'elle devait faire relever la lance de Montgomery, qui, ne recevant pas de contre-ordre, alla donner, du tronçon qui lui restait en main, dans l'œil du roi, et l'assassina froidement. Ce malheureux prince avait probablement appris qu'il était un nouvel Œdipe; car il avait arboré ce jour-là les couleurs «blanc et noir», en l'honneur de Diane, disait-on; mais en lanternois elles signifient «diamanté, perlé». Or, Rabelais assure que, si Pantagruel ne savait pas le lanternois, Panurge le parlait comme sa langue maternelle. Il est vrai que, ce masque couvrant deux visages, l'un pouvait le savoir, et l'autre l'ignorer. Mais le blason était alors une langue si répandue que, bien que d'intelligence paresseuse, Henri devait en comprendre quelque chose, sans aller toute fois jusqu'à

déchiffrer les énigmes des écrits de Rabelais, qui exigent des connaissances philologiques et une attention dont tout le monde n'est pas
également doué, témoin les rébus des journaux illustrés modernes,
qui ne sont, pour les trois quarts du public, qu'un galimatias indéchiffrable [95].

XIV

Quoi qu'il en soit, il fallait que la reine n'eût pas la conscience nette ;
car Diane la traita ce jour-là comme la dernière des femmes, et quitta
le Louvre la tête haute, sans être inquiétée. Mais Catherine avait à son
tour la liberté de la muraille, et immédiatement elle chargea Philibert
de lui bâtir un palais qui fût une réponse à ceux d'Anet et du Louvre.
C'est à ce besoin de faire parler la pierre à son tour que nous devons
les Tuileries.

On peut remarquer que le malencontreux semis de chêne en est
rigoureusement proscrit et qu'il y remplacé par le soleil rayonnant,
adopté depuis par Louis XIV. C'est un hiéroglyphe qui signifie « insolence » (un sol en chef). D'Hozier [96], qui composa cette devise, s'y
moquait outrageusement du Roi-soleil, car « Nec pluribus impar »,
encadrant un « sol en chef », se lit en lanternois :

Ne que plus ribaud, sans pair insolence.

« Il n'y en a pas de plus ribaud et de plus insolent. » Un grand
nombre des vilains savonnés par d'Hozier ne sont pas mieux traités.

Ce soleil était emprunté à Delorme répondant aux insolences de
Diane. La grande porte du côté du jardin est surmontée de deux cornes
à fruits (d'abondance) en sautoir ; en chef, deux rameaux de laurier,
deux lyres, et en cime un sol en chef surmonté de deux rameaux de
laurier, dans un rond (couronné) du même ; ce qui se traduit :

> Chère de cœur n'eut friquenelle
> Crut reine et Delorme salir
> Lui rend insolence Delorme[97].

C'était une réponse au groupe d'Anet qui représente Henri par un cerf dix cors. À gauche, en faisant face à l'obélisque, se trouve celle du pavillon de l'Horloge du Louvre. Les serpents accouplés de celle-ci y sont remplacés par des serpents « escartelés » rampant sur des rameaux de laurier et encadrant un « sol en chef ». Le cartel est rogné en pointe.

> Car telle reine escarté l'ait
> Serpent, rend Delorme insolence.

Si Delorme s'en était tenu là, il n'y aurait rien à dire ; mais sa vanité ne put tenir contre le désir d'afficher son intimité avec la reine, et, sur l'un des cartels de gauche, on voit un sautoir de flûte et de lyre, dont le dé (pied) est orné de ses deux rameaux de laurier ; brochant sur le tout, un chef solé. Cette fatuité héraldique signifie :

> Car telle reine flatte délire
> Embrasser Delorme se laisse.

Le délire dura peu. Philibert avait un ennemi irréconciliable, c'était Ronsard, passé maître comme lui en lanternois, qui avait écrit contre lui le poème de *la Truelle crossée* ; car, bien que simple tonsuré, sa royale maîtresse l'avait pourvu des deux abbayes de Saint-Serge et de Saint-Martin[98], qui lui donnaient le droit de porter mitre et crosse sur ses armes.

Un jour, le facétieux Ronsard, ne l'ayant pas trouvé dans son logement des Tuileries, écrivit sur sa porte : FORT. REVERENT. HABE. Celui-ci se fâcha de cette plaisanterie, fort inoffensive en apparence, et alla se plaindre à la reine, qui fit mander Ronsard. Le poète s'excusa en alléguant que ces trois mots appartenaient à un vers de Stace, et l'on se moqua du pauvre Philibert, qui avait pris du latin pour du français[99]. Mais c'était bien du bon lanternois, ni Philibert ni Catherine ne s'y étaient mépris, et, traduit selon les règles de l'art, ce « Mané thécel pharès » signifiait :

> Faire t'aime point, rêves reine t'aime.
> Point tâche, abbé, foi ne l'ai point.

(Je n'aime point te voir faire le rêve que la reine t'aime, point tâche, abbé (ne prends point cette peine), je ne te crois pas.)

Cette épigramme lanternoise était imitée de celles que le curé de Meudon a semées à profusion dans son chapitre des sorts virgilianes[100], et outre qu'elle est des plus spirituelles elle prouve que Rabelais n'écrivait pas des énigmes pour lui seul, et qu'il était parfaitement compris de l'élite des contemporains, non seulement en France, mais à l'étranger.

Pour en revenir à Catherine, elle s'efforça de faire prendre le change à Ronsard, en lui disant que son palais des Tuileries était consacré aux « Muses », et, en effet, on peut s'arranger de façon à substituer les Muses au nom de Delorme. Mais Ronsard garda certainement son opinion, et Catherine tança vertement Philibert, qui depuis ne rentra jamais complètement en faveur, car elle quitta le palais des Tuileries et l'y laissa seul.

XV

Le lanternois et le paletinage[101] survécurent à Rabelais, mais ne donnèrent rien de bien digne de remarque pendant la première moitié du dix-septième siècle. Pour le retrouver en pleine floraison, il faut se reporter à l'époque des charges blasonnées ou patelinées faites sur Mme de Maintenon et son royal époux, après la révocation de l'édit de Nantes. Ces caricatures, faites en Hollande par les réfugiés protestants, sont d'un dessin lourd et grossier, bien éloigné de l'élégante bizarrerie des Songes drolatiques ; mais elles n'en sont pas moins méchantes pour cela, et l'on peut remarquer que la plupart des portraits officiels de Louis XIV sont inscrits dans un « ovale » dont la « pointe » et le « chef » sont « rognés », ce que tous les initiés lisaient sans hésiter :

> Pointre nie charogne vale.
> Littéralement : (Pointe rogne, chef rogne ovale.)

Rabelais n'a donc fait qu'appliquer à un ouvrage littéraire de longue haleine, mais publié livre par livre en fragments peu considérables et formant chacun un tout complet, un procédé dont il n'était pas l'inventeur, puisque lui-même, dans son livre, en cite des exemples tirés de l'histoire grecque, et notamment de celle d'Alexandre ; mais ce genre d'hiéroglyphie exige une si prodigieuse dépense d'esprit, que ce tour de force surhumain n'a pas été renouvelé et ne le sera probablement jamais. Il faudra, certainement, plusieurs générations de savants pour déchiffrer tous ces hiéroglyphes autrement intéressants que ceux qui couvrent les murailles des temples égyptiens ; mais il est probable que la pensée humaine, libre désormais de toutes ses entraves, n'aura plus besoin de recourir à de semblables moyens. L'art des grinches habiles ne peut plus servir désormais qu'à délivrer les artistes de cette affreuse manie du pastiche qui déshonore l'art contemporain et à leur permettre de trouver des combinaisons d'ornementation dans leur propre imagination, sans entasser le grec sur l'égyptien et l'étrusque sur le Moyen Âge. Considéré à ce point de vue, il peut rendre la vie à nos monuments et transformer en pages d'histoire ou de poésie familière ces froids étalages de pédantisme stérile qui encombrent nos villes modernes.

Quant à Rabelais, son livre titanesque est, certainement, le meilleur commentaire de l'art de son temps, et ils ne peuvent se comprendre que l'un par l'autre. Malheureusement, il vivait à une époque prodigieusement gangrenée, qui était déjà grosse de la Révolution française, et, si séduisantes que soient les productions de la Renaissance, on peut leur appliquer la devise de cette famille de droguistes florentins qui y joua un rôle si éclatant et si pernicieux :

> Suce s'en crois ces bels tourtels
> Te repens ne c'est délices els.

Les tourteaux pouvaient avoir bonne mine, mais ils étaient fièrement drogués. Jamais période historique n'a produit de personnages plus profondément vicieux qu'Alexandre, César et Lucrèce Borgia, Cosme et Catherine de Médicis et Pierre-Louis Farnèse. À côté d'eux, Diane de Poitiers apparaît presque vertueuse. Altière, capricieuse et vindicative, elle donne parfaitement la mesure de la moralité française d'alors, qui brillait par comparaison et était du moins spirituelle et élégante jusqu'au bout des ongles. Non seulement tout ce qui nous reste de beau et de bon de cette époque en matière d'art a été inspiré par elle, mais encore on reconnaît sa main dans l'œuvre de Rabelais, aussi bien que dans celle de Jean Goujon et de Philibert Delorme. Sous son règne, l'art français a atteint son apogée, et son originalité a disparu en même temps qu'elle, pour ne renaître qu'avec les Boulle et les Watteau. Le règne de Catherine de Médicis inaugure cet affreux style italien du dix-septième siècle, qui se fait déjà sentir dans le palais des Tuileries.

Rabelais égaya de son intarissable bonne humeur cette époque si sombre et si tourmentée, et l'on ne peut dire que jamais génie plus sain ne vécut dans un milieu plus empesté. Il ne raconte point ces immondes horreurs d'un ton indifférent, pour ne pas dire approbatif, comme celui de Machiavel. Une patriotique et robuste indignation se fait jour à travers ses aristophanesques bouffonneries, sans altérer en quoi que ce soit l'équilibre de ses opinions conservatrices et aristocratiques ; car il prévoyait que, lorsque le roi Démos serait sur le trône, ses mœurs, pour être plus grossières, n'en seraient pas plus pures. Bouge pour bouge, il préférait le Louvre à l'*Assommoir*.

Un médecin italien, qui lui a été comparé, Galateo[102], craignant que le fils de Ferdinand d'Aragon, roi de Naples, ne reçût une éducation qui ne fût pas italienne, écrivait à son précepteur qu'il ne devait pas oublier que son élève était né en Italie, et qu'il devait régner sur des Italiens : il voulait donc que son éducation fût en harmonie avec leur nature et leur esprit, inspirée par les grands exemples de la Grèce et de Rome, et non par ceux des Français et des Espagnols, « *ultimi hominum et pessimi.* »

Rabelais avait des raisons plus plausibles d'appliquer les mêmes épithètes aux Catherine de Médicis et aux Éléonore d'Autriche. On a remarqué avec raison que toute la partie claire et si admirablement claire de son livre est un traité d'éducation royale, dans lequel il cherche à défendre le vieux système français, où la gymnastique chevaleresque jouait un rôle si salutaire, contre le système exclusivement pédantesque et idolâtre de l'antiquité classique que les jésuites commençaient à lui substituer.

Mais la partie « anglée », pour me servir de cette belle expression gothique, est tellement indispensable à l'intelligence de l'autre, que, faute de la comprendre, La Bruyère et Voltaire ont porté sur son livre les jugements les plus injustes.

Le premier a dit : « Son livre, quoi qu'on puisse dire, est une énigme inexplicable. C'est une chimère, c'est l'image d'une belle femme ; avec les pieds et la queue d'un serpent ou de quelque autre animal plus difforme, c'est le monstrueux accouplement d'une fine morale avec une ignoble corruption. »

Voltaire ajoute : « Son livre est un ramassis des plus impertinentes et grossières « cochonneries » qui puissent être vomies par un moine ivre ; mais il faut convenir que c'est une sanglante satire du pape, de l'Église et des évènements de son temps. Ce livre ne fut jamais prohibé en France, parce que tout y est caché sous un amas d'extravagances qui ne laissent pas le temps de découvrir le véritable but de l'auteur. »

L'auteur de *la Pucelle* est bien sévère pour un homme qui n'a jamais manqué de respect envers les choses vraiment respectables et ne s'est occupé du pape et de l'Église, qui ne l'intéressaient guère, que pour masquer le but tout politique de ses ouvrages. Ce but, c'était de flageller les intrigants et les intrigantes que l'étranger nous envoyait pour démolir l'édifice social de notre vieille France, qui assurait depuis le règne de Charlemagne sa domination intellectuelle sur l'Europe. L'intelligence de la partie « anglée » de son livre est donc indispensable pour bien juger l'auteur, même au point de vue exclusivement littéraire, et je ne crois pas qu'elle fût très difficile à déchiffrer pour le petit nombre d'initiés d'élite auxquels elle était destinée. Les difficultés que l'on rencontre aujourd'hui ne proviennent pas de celles de « lanternois » ou du « patelinage », mais d'une connaissance insuffisante de l'histoire intime des personnages mis en scène.

Tous leurs noms sont écrits en lanternois. J'ai traduit ceux de Panurge, Pantagruel, Frère Jean, Gymnaste et Carpalim. Ponocrate (peine sera te) est Éléonore, Eusthène (éviste chaine) la reine de Navarre ; Xénomane (qui se nomme Anne), Anne de Pisseleu.

Si au premier abord on est étonné qu'un roman écrit surtout pour les dames pèche par pauvreté de personnages féminins, on voit que toute la fleur de la cour de François Ier s'y trouve, seulement elle est travestie en page.

Epistémon (épée juste aimons) est le connétable, mais j'ignore quel est le personnage que cache Rabelais sous le masque de Rizotome (raisde est homme). Lautrec, le seul auquel ce nom pourrait convenir, car le sien se lirait en lanternois « l'est rèche », était mort en 1528.[103]

XVI

Après avoir démontré jusqu'à quel point l'œuvre de Rabelais se lie intimement à toutes les œuvres d'art de son temps, il ne me reste plus qu'à donner le résumé du quatrième volume, qui, suivant son habitude, est contenu dans les noms fantastiques des îles visitées par Panurge. Ces noms, ajoutés les uns aux autres, forment les vers lanternois suivants :

> Medamothi ile, Ennasin ile,
> Cheli ile, Procuration ile,
> Tohu bohu ile, Macræons ile,
> Tapinois ile, Farouche ile,
> Ruach ile, Papefigues ile,
> Papimanes ile,
> Chaneph ile, Ganabin ile[104].

Ils commencent par « Madame Auteuil », mais je dois laisser aux amateurs de lanternois, s'il s'en trouve encore, le soin de lever le reste du voile. D'ailleurs, ce n'est pas là que se trouve le secret du livre, c'est Catherine elle-même qui l'a fait graver sur le tombeau de Philibert Delorme qu'on voit au Louvre à côté du groupe de Diane. Je ne citerai de ce précieux monument que la partie historique dans laquelle Delorme dit que sur l'ordre de la reine il

> Démasque qu'estre jeune Henri plut
> Reine de France douaire l'est double,
> Demeurât fille se voulût.
> De Pater Noster n'eut deux fils
> Naz de cabre trépas fut mal.
> Dieu lui pardoint, croire l'est tel,
> Se plût, car craignit qu'Angoulême
> Race, n'estre Diane mort veuille
> Grands boutent couronne, leur plut
> L'Anglais n'espérant mieux veillance.

Bien que jamais document de ce genre n'ait été rédigé avec autant de clarté, on ne peut le consulter qu'à titre de conjecture ; mais il est évident que les anguilles, les patenostres et les naz de cabre qui font une si singulière figure sur un monument de ce genre se rapportent au livre de Rabelais où il en est si souvent question ; en effet, cette confession héraldique si étrange n'est que la transcription presque textuelle d'un passage que Rabelais lui-même déclare écrit en lanternois. Au moment de partir pour l'oracle de la dive bouteille. Carpalim (Diane), ramenant Triboulet, s'écrie : « Panurge, ho ! Monsieur le quitte, prend Millort Debitis à Calais, car il est goud fallot, et n'oublie debitoribus : ce sont lanternes. Ainsi auras et fallot et lanternes »[105]. En langage clair, ce passage laisse déjà pressentir la conception politique que j'ai exposée précédemment, et qui consistait à amener l'extinction de la race des Valois, pour faire passer la couronne à Henri VIII et doter notre pays d'une constitution basée sur la sécularisation du clergé et le double jeu d'une chambre des pairs et des communes. On aurait ainsi évité l'ornière de la monarchie absolue, dans laquelle les Valois avaient déjà versé, et, par suite, la Révolution française. Mais Rabelais, ordinairement très porté vers l'aristocratie, démêla ce plan, qui dut échouer par l'opposition des luthériens dont il est parlé dans la guerre des Andouilles. Les luthériens, c'étaient Anne de Pisseleu et la reine Léonore, ennemis jurés de la favorite. Catherine dut recevoir quelque caricature où se trouvait un « fallot », ce qui veut dire en anglais « fall loathe » (viens à bout du récalcitrant), et[106] fut fait dans un festin où Henri, séparé habilement de Diane, fut grisé par Delorme et l'évêque de Reims. Tel fut le voyage de la dive bouteille qui changea les destinées de la France. Rabelais donne dans le chapitre de la sibylle tous les détails de cette lutte conjugale qui fut des plus scabreuses. Voici le passage en lanternois qui jette un certain jour sur les projets politiques de Diane :

> Angoulême Panurge ait voir glisse
> Point esquelle aime tienne main.

(Que Panurge ait à voir si celle qu'il aime ne tient pas la main pour faire glisser l'anguille qu'il aime[107].)

Le reste est écrit en anglais, que probablement Diane ne savait point.

Sure come pairing mylord,
To do be this he call his, come.
Care, will haste, go do fall loath.

(Sûrement mylord (Henri VIII) vient d'accord avec elle, il vient pour faire sien ce qu'il appelle ainsi (la couronne de France). Prends garde, il faut que tu te hâtes de venir à bout du récalcitrant.)[108]

Puis il continue en français: «Et n'oublie debte aux rébus, ce sont lanternes» (n'oublie pas ce que tu dois aux rébus, qui ont été tes lanternes).

Pourquoi un moine plus qu'aux trois quarts défroqué et luthérien se mit-il en travers d'une combinaison politique qui semblait devoir réaliser deux des plus chers de ses vœux, la sécularisation du clergé et la consolidation de toutes les aristocraties déjà si ébranlées de la vieille France? On ne peut attribuer cette intervention qu'à son affection personnelle pour les Valois[109]. Rome, qu'il n'aimait guère, lui fut très

Songes drolatiques, planche III (NDLE).

reconnaissante d'un service rendu par amour de tout autre que l'Église catholique. Non seulement ses livres ne furent jamais proscrits, mais elle lui ouvrit les portes du clergé séculier, et il mourut en paix dans sa cure de Meudon.

Revue Britannique
Mars/avril 1879

Notes

1. En publiant cette étude curieuse de notre collaborateur M. G. d'Orcet, nous croyons devoir prévenir ceux de nos lecteurs qui voudraient le suivre dans ce voyage de découvertes cryptographiques un peu abstraites, qu'une parfaite connaissance du texte de Rabelais et de l'histoire intime de son temps est indispensable. Nous entendons d'ailleurs laisser à M. d'Orcet la responsabilité de ses interprétations ingénieuses. Il peut être utile de rappeler à cette occasion les travaux antérieurs que nous avons publiés sur des sujets analogues. Voir, dans la *Revue Britannique*, un Saint national en Auvergne (mars 1877), le Noble Savoir (janvier 1878). *(Note de la rédaction).* [Ces deux articles sont consultables respectivement dans *Chroniques et Récits d'Auvergne* et *Œuvres décryptées*, chez le même éditeur, NDLE]
2. Grasset d'Orcet fait allusion à «De l'Androgyne dans l'art ancien et moderne», dans les *Œuvres décryptées* et à plusieurs articles sur l'hiéroglyphie grecque parus dans *L'Archéologie mystérieuse* (NDLE).
3. François Lenormant (1839-1883) et Charles Clermont-Ganneau (1846-1923), hellénistes et orientalistes, Wolfgang Helbig (1839-1915), archéologue, auteur d'un ouvrage de référence sur Troie (NDLE).
4. Auguste Vitu avait fait une critique acerbe des articles précédents de Grasset. Sur Carabas, voir «Paphos, ses monastères et la fête de Vénus» dans *L'Archéologie mystérieuse*. La citation est tirée du *Tiers Livre*, chapitre XLVI (NDLE).
5. Thème récurrent chez notre auteur. Sur ce sujet, voir entre autres «France et Turquie, alliance & relations séculaires», dans les *Œuvres décryptées* (NDLE).
6. En 1878. Voir «Le Musée rétrospectif du Trocadéro», dans les *Œuvres décryptées* (NDLE).
7. Vers tiré de La Fontaine, concluant «La Matrone d'Éphèse» (*Fables*, XII, 26). Sa rédaction exacte est: «Mieux vaut goujat debout, qu'Empereur enterré».
8. Littéralement: «khara» (tête), «bais» (palmée), ce qui fournit l'équivoque «karabais»

(réjouis-toi d'être petit). [Jeu de mots grecs avec «*khaire*», réjouis-toi, et «*baios*», humble. Ce type d'amphibologie, que ce soit en hébreu, en grec, latin ou français, est à la base des théories de Grasset sur les langages cryptiques. On les retrouvera tout au long de ses textes. Pour plus de détails, se référer à la préface. Quant au dieu Bès, très populaire en Égypte, il fut connu assez tôt des Grecs, qui l'apparentaient à Silène, NDLE].

9. Raoul Rosières, *Cathédrales gothiques* (dans *Recherches critiques sur l'Histoire religieuse de la France*, Paris, 1879). [Erwin de Steinbach a réalisé la façade, notamment la rosace, de la cathédrale de Strasbourg, au début du XIVe siècle; sculpteurs d'origine lorraine, Pierre Jacquin et ses deux fils, ou neveux, Nicolas et Christophe, œuvrèrent dans la seconde moitié du XVIIe siècle (NDLE)].

10. *De Bello gallico*, V, 48. «Alors (César) décide, à force de récompenses, un cavalier gaulois à lui porter une lettre: elle était écrite en caractères grecs, afin que les ennemis, s'ils l'interceptaient, ne pussent connaître nos projets». Mais les Gaulois connaissaient l'alphabet grec, comme César l'indique lui-même ailleurs, son système devait donc utiliser une clé complémentaire. Le serment évoqué plus haut est celui de Strasbourg (en 842, NDLE).

11. Sur les tombes chrétiennes de la même époque se voit un enfant avec un oiseau et un raisin dans les mains: «*Puer, ave manibus juva*», ce qui se traduit: «Enfant, salut, sois heureux chez les mânes». Cette formule, essentiellement païenne, prouve que les hiéroglyphes des catacombes étaient antérieurs au christianisme.
[Selon Grasset, ces rébus latins doivent s'ordonner ainsi:
    Puer (enfant), *avis* (oiseau), *manibus* (dans les mains) *uva* (raisin).
Soit: *Puer* (enfant), *ave* (salut), *mānibus* (chez les mânes) *juva* (sois heureux).
Quant à l'autre:
    lucerna, disci, pōpuli/lucem, canes duo currunt,
Soit: lampe, disques, peupliers/lumière, chiens deux courent.
La lampe ou lumière est «mise en facteur». On voit aussi qu'on ne tient pas compte des accents, ni généralement des désinences, trop complexes dans une langue à déclinaisons, NDLE].

12. On vient de signaler tout récemment une lampe chrétienne égyptienne portant une grenouille entourée d'une légende grecque signifiant «Je suis la résurrection»; en égyptien, la grenouille se dit «*higgit*», ce qui signifie aussi «résurrection». Cette grenouille était donc là pour traduire la légende grecque, à l'usage des Égyptiens qui ne savaient que leur langue. [Il y a en effet en Égypte une déesse-grenouille *Heket* ou *Hegit*, l'éternité se lit *hekhett*, NDLE].

13. Le déchiffrement de l'écriture secrète et de ses variantes appelées blason, art royal, grimoire, lanternois, langue des oiseaux, etc., qui ont permis jusqu'au XIXe siècle à leurs initiés de communiquer à l'insu du vulgum pecus, est la prouesse majeure de Grasset d'Orcet. Il a pu ainsi apporter des éclaircissements tout à fait singuliers sur de nombreux évènements historiques. Il est bien regrettable que la précarité de sa situation matérielle l'ait empêché d'approfondir ses recherches et de réaliser un ouvrage systématique sur ses découvertes, qui aurait ouvert un immense champ de recherches; regrettable aussi que le monde universitaire ignore farouchement ces travaux qui pourraient pourtant lui apporter beaucoup d'enseignements.

Rappelons que cette écriture appuie un système idéographique comparable au rébus sur la structure consonantique des mots (comme dans les langues sémitiques) et s'exprime classiquement en vers de 8 pieds terminés par un L. Pour plus de détails sur ce sujet, se reporter à la préface et à l'œuvre de Grasset, *passim* (NDLE).

14. Par les édits de Turgot en 1776 (NDLE).

15. Littéralement: Mi œuvé rouellé point (en pointe) taillé cheval chef.
[Déchiffrer ainsi: Mi oeuVé RoueLlé Point TaiLlé CHeVal CHef.
                       MauVais Roi L'est Point TeL CHeVaulCHe, NDLE].

16. Augustin Dupré (1748-1833), graveur général des monnaies de 1791 à 1803 (NDLE).

17. Littéralement: Cartel point dé couvert hiéroglyphes en dé 6 fieux (fils, enfant) ras (tondus) au tort (à gauche) cuisse Nil (fleuve). Ré (à droite), buste en paire pieds (2 pieds) en 3 ongles. (Caylus, *Recueil d'Antiquités*, t. V, frontispice) – [ouvrage paru en 1762; noter que la tête du dieu est enveloppée de brume, comme Caylus le signale avec insistance, pour «indiquer le mystère qui entoure ses sources», point que Grasset d'Orcet explique par ailleurs, notamment dans «John Gilpin, héros solaire», *Œuvres décryptées*, NDLE].

18.   Un enfant ot encor n'agaires,
       Dedens sa chambre s'en «angla»,
       Se le «mourdri» et «estrangla».
(Voir Du Cange, aux mots *Anglare* et *Opus anglicum*.)

19. *Pantagruel*, chapitre XIX (NDLE).

20. L'épisode de la Dive Bouteille au *Cinquième Livre*, chapitres XLIII à XLVII. En 1877, le Grand Orient, au nom de la liberté de conscience, supprima de sa constitution la croyance en Dieu et en l'immortalité de l'âme (NDLE).

21. Le frontispice de l'ouvrage du jésuite Villalpandus, sur les mystères de l'architecture du temple de Jérusalem, dans lequel j'ai trouvé le plus de renseignements sur ceux de l'architecture gothique, représente le Christ avec les insignes de grinche habile; c'est-à-dire les cinq doigts de la main gauche posés en chef sur une grande boule de verre (vrai grand che boule), au-dessus de quatre anges ayant des pieds fourchus (pairs ongles), le tout avec la formule «*cum permissu superiorum*», preuve indiscutable que Rome avait la clef de cette écriture secrète et ne la proscrivait pas [traité inachevé de Juan Bautista Villalpando (1552-1608), publié à partir de 1596, intitulé *In Ezechielem explanationes et apparatus urbis ac templi hierosolymitani*.
Le portrait du Titien est intitulé aujourd'hui «Femme à sa toilette», dont la main repose sur un flacon globulaire; du même, «l'Allégorie d'Alphonse d'Avalos» exhibe une énorme boule de verre, tous deux au Louvre. Sphère de verre démesurée aussi sur les deux versions du tableau de van Dyck, «Rachel de Ruvigny, comtesse de Southampton, incarnant la Fortune» (1638 et 1640), l'une au Fitzwilliam Museum de Cambridge (Royaume-Uni), l'autre à la National Gallery du Victoria, à Melbourne. La présence d'un gros globe est fréquente dans l'iconographie du temps: citons entre autres deux allégories de Bellini, dites Fortuna et Némésis (Gallerie dell'Accademia de Venise, vers 1490), la *Melencolia*, célèbre gravure de Dürer (1514), et la *Melancholia* de Lucas Cranach, dont quatre versions au moins sont recensées (de 1528 à 1532, conservées à Colmar, Copenhague, Édimbourg, et Columbus, Ohio). L'apparition de cet élément incongru en avant-plan ou au centre des toiles y paraît singulièrement déconcertant, NDLE].

Villalpando,
In Ezechielem…: frontispice (NDLE).

22. Voici un spécimen de grivoiserie flamande tiré de l'église de Tervuren. Une jeune fille est assise tendant les deux mains et cimée (coiffée) d'un « roy vieil » entre deux roys vieils tendant la main, dont celui de droite a le poing voilé. Traduire :

> Si fille demand s'aimer veuille,
> De dire point veult, c'est merveille

23. Cependant Philibert Delorme a eu le projet d'écrire un livre où il aurait démontré que toutes les règles de l'architecture provenaient de celles du temple de Salomon, et ce livre a été composé plus tard par le jésuite Villalpandus.

24. Ce qui le prouve, c'est ce couplet choisi entre tant d'autres parmi ceux qui décorent les abbayes du onzième siècle et particulièrement celle de Mozac, en Auvergne. En voici le mot à mot : pile annelée, 2 mi-griffons calice, pieds 4, queue en ventre, 2 paires d'ailes, chef (tête) 2 yeux pairs, papegal (perroquet) tailloir carré, demi capitel. Ce qui se lit :

> Plaigne li dom (moines) griffonne ecclise
> Picards (rébus) qu'inventer doit perde el (lui)
> Si Dieu le Père pape égale,
> Tel oir car est dam capital.

25. À Noyon, Oise (NDLE).

26. Boulle, famille d'ébénistes des XVIIᵉ et XVIIIᵉ siècle, les Germain, dynastie d'orfèvres, Pierre Gouthière, ciseleur réputé (1732-1813, NDLE).

27. Il avait cependant été précédé dans cette voie par le dominicain F. Colonna, dont l'*Hypnerotomachia Poliphili* attend encore un commentateur moderne ; mais, outre que Rabelais le cite, il devait avoir la clef de ses hiéroglyphes, puisque ses *Songes drolatiques* ne sont que la traduction parodiée du titre même de l'*Hypnerotomachia* (combat des songes d'amour). [Voir à ce sujet les deux longs articles de l'auteur, « Le Songe de Poliphile » et « La Préface de Poliphile », publiés dans les *Œuvres décryptées* (NDLE)].

28. *Gargantua*, chapitre LIV (NDLE).

29. *Gargantua*, chapitre LVIII (NDLE).

30. C'est ce que pensaient ses biographes du XIXᵉ siècle, comme Paul Lacroix (1838). En fait, son père était avocat, et même si les franciscains lui ont un temps confisqué ses livres grecs à Fontenay-le-Comte, Rabelais n'a pas gravement souffert de la vie monastique. Mais il en a conservé une aversion définitive pour la scolastique et la moinerie (NDLE).

31. Gianbatista Rosso, peintre florentin venu en France en 1530, commença la décoration du château de Fontainebleau (NDLE).

32. Le chartiste Jean Porcher soutient dans les *Mélanges offerts à Abel Lefranc* (1936) que les *Songes drolatiques* ont été dessinés par François Desprez, auteur en 1562 d'un *Recueil de la Diversité des Habits*. C'est certainement exact pour une partie d'entre eux, inspirés notamment de Breughel. Il semble néanmoins que l'opuscule réunisse des oeuvres de plusieurs mains, jusqu'à quatre selon certains auteurs, hypothèse raisonnable mais non encore approfondie (NDLE).

33. Dans le syllabaire des peintres émailleurs, la droite = R et la gauche = se nestre, mais le plus souvent T R (tort).

34. *Pantagruel*, chapitre XX (NDLE).

35. Voir l'article suivant, note 17 et la préface (NDLE).

36. L'art moderne, qui est un art purement d'illustration, se borne à exprimer la pantomime ou la charade d'une explication écrite dont il ne peut pas se passer. De là la nécessité des catalogues. Dans l'art des grinches habiles, cette explication est donnée hiéroglyphiquement par le dessin lui-même, avec lequel elle fait corps.

37. J'ai sous les yeux un *Vignole* du siècle dernier, anonyme, publié chez Daumont, rue Saint-Jacques, où ces règles sont écrites hiéroglyphiquement, suivant l'usage des grinches habiles, dans des vignettes placées au-dessous des cinq ordres, et je ne connais pas un traité d'architecture de cette époque qui ne les reproduise pas, tant ce secret était inséparable de celui de maîtrise.

38. Jean-Charles Delafosse, *Nouvelle Iconologie historique*, 1768 (NDLE).

39. Grasset d'Orcet était parfaitement capable de se livrer à ce jeu et l'a sans doute fait, notamment dans la *Revue britannique*, où il écrivait beaucoup et à peu près ce qu'il voulait. Le signalait-il par une énormité facétieuse, des mots mis en italiques, ou seulement par une clef qu'il n'a pas laissée au public? Dans ce dernier cas, il sera bien difficile de découvrir ses messages et leur contenu (NDLE).

40. *Tiers Livre*, chapitre XLVII (NDLE).

41. *Quart Livre*, chapitre XV (NDLE).

42. Déchiffrer: «Preuve je ferai s'atteste Reine», etc.

43. Et si les lettres X, Y, Z, H ne devaient être prises avec la valeur qu'elles ont dans le blason, c'est-à-dire «ixe», X, Y «grégeois» ou Y «grec», Z «zède», H «haïche». Exemple: AZ se lira «aisde», BLH «blèche» DY «dit guère que», etc. Le blason a fait au seizième siècle un grand usage de ces combinaisons.

44. *Pantagruel*, chapitres XI à XIII. L'emploi des initiales et des pointillés est dû uniquement à la pruderie du XIXe siècle (NDLE).

45. Elle donna, en effet, au vieux roi de Portugal deux héritiers en si peu de temps, que cette extraordinaire fécondité a sans doute fourni le prétexte des méchants propos dont Rabelais s'est fait l'écho.

46. *Quart Livre*, chap. XLIV:

> Genin tastant un soir ses vins nouveaux
> Troubles encore et bouillans dans leur lie
> Pria Quélot apprêter les naveaux
> À leur soupper, pour faire chère lie, etc.

47. *Quart Livre*, chapitres XLI et XLII (NDLE).

48. Gaspard de Saulx de Tavannes, alors écuyer royal, compagnon de frasques du prince Charles d'Orléans (NDLE).

49. *Pantagruel*, chapitre XXI et XXII. Diane de Poitiers, par son mariage, était comtesse de Maulévrier (NDLE).

50. *Pantagruel*, chapitre XXII (NDLE).

51. Où il resta captif pendant six mois après la défaite de Sedan (NDLE).

52. *Pantagruel*, chapitre IX. Le texte présente de légères variantes par rapport à l'édition princeps (Nourry, Lyon, 1531, selon les conclusions de S. Rawles et M. Screech, dans la *New Rabelais Bibliography*, 1987) et celle généralement adoptée (Juste, Lyon, 1542); de plus, des coquilles ont pu se glisser et la similitude entre les S et les F peut créer quelques confusions. Néanmoins, cela ne remet pas en cause la lecture de Grasset (NDLE).

53. Notation essentielle : elle prouve que Grasset ne détenait pas seulement son savoir de sources antérieures, mais l'améliorait par des recherches continuelles. On verra plus loin qu'il est parvenu à éclairer sa lanterne au sujet du patelinois (NDLE).

54. Il s'agit sans doute du portrait, aujourd'hui à Kreuzlingen en Suisse, dit de Laura Dianti, qui succéda dans le cœur d'Alphonse d'Este à Lucrèce Borgia, après sa mort. Mais on a cru longtemps qu'il représentait cette dernière, ou sa demi-sœur putative Isabelle. Si la jeune femme n'est peut-être pas enceinte, elle porte en tout cas une robe d'une ampleur anormale ; les « patenostres » sont dans la main d'un jeune Maure à ses côtés (NDLE).

55. *Pantagruel*, chapitre XXI (NDLE).

56. *Pantagruel*, chapitre XXII. Les guillemets sont rajoutés par Grasset. En vieux français, combrecelle signifie culbute, avec ici un sens grivois (NDLE).

57. Littéralement « en brigue réunion » (ambre gris union). Il y a équivoque sur « brigue réunion » et « bourguignon ».

58. *Pantagruel*, chapitre XX (NDLE).

59. Victime d'un vol, il en accusa un peintre nommé Francesco Pellegrino, qui fut mis à la question, puis reconnu innocent. Officiellement, il s'empoisonna pour ne pas survivre à sa honte (NDLE).

60. Il s'agit du traité de Cambrai, dit la paix des Dames, en août 1529. On ignore pourquoi l'auteur lui donne ce qualificatif (NDLE).

61. C'est-à-dire un rémouleur (NDLE).

62. Ou, pour parler plus exactement, leur éditeur anonyme.

63. La sibylle apparaît au *Tiers Livre*, chapitre XVII, le pourceau Mardigras au *Quart Livre*, chapitres XLI / XLII (NDLE).

64. C'est ce qu'on croyait au XIXe siècle. En réalité, Goujon, huguenot, avait sans doute quitté la France dès 1562. Il serait mort à Bologne en 1567 (NDLE).

65. Lorsque j'ai entrepris cette étude cryptographique sur le *Pantagruel*, je n'avais déchiffré qu'un très petit nombre des planches connues sous le nom de *Songes drolatiques*. Depuis, j'ai presque complété ce travail, qui ne m'a pas révélé le mot de l'énigme, car je l'avais trouvé sans son aide. Le sujet du poème de Rabelais est le triomphe du catholicisme et de la monarchie absolue, représentés par la dynastie des Valois, sur la monarchie limitée par l'aristocratie et la sécularisation de l'Église, que Diane de Poitiers voulait faire prévaloir en faisant entrer le second fils du roi François Iᵉʳ dans les ordres et en le reléguant lui-même dans un cloître, ainsi que le dauphin Henri, pour faire revivre les droits de Henri VIII à la couronne de France. *Les Songes drolatiques*, j'en ai aujourd'hui la certitude, sont des révélations scandaleuses adressées à Rabelais par la reine Léonore d'Autriche, chef du parti espagnol, et Diane de Poitiers, qui dirigeait le parti anglais, pour lui fournir les matériaux de des poèmes satiriques. Mais, à mesure que le débat s'envenime, le rôle du poète s'agrandit. À la fin, ce n'est plus à l'écrivain qu'on s'adresse, c'est au grand maître de la franc-maçonnerie des arts et métiers, que chacune des deux rivales veut mettre dans ses intérêts. On verra, dans le cours de cette étude, qu'après avoir tenu la balance longtemps égale, Rabelais, ou plutôt les corporations ouvrières qu'il représentait, finirent par la faire pencher du côté des Valois et du catholicisme.

66. On verra plus loin que, bien que n'épargnant personne, Rabelais s'arrangea de

façon à avoir des amis dans tous les camps, sans en excepter l'Église romaine.

67. L'espionnage auquel elle se livrait à la cour est caractérisé ainsi par Rabelais dans le prologue des *Songes* :

> Cherche lettre où Charles qu'embrouille
>
> Montre Lénore l'est sœur qui louche.

68. C'est la fameuse « cornemuse de Buzançay » (*Tiers Livre*, chapitres XLV et XLVI, NDLE).

69. J'interprète ce blason d'après la lecture des héraldistes modernes ; Diane de Poitiers, qui possédait des règles plus certaines pour déchiffrer ce genre de hiéroglyphes, l'a parodié de façon à faire supposer qu'il devait se lire :

> Car tel sulcer baille tourtel
>
> S'en croit médecin ne se leurre
>
> Te repens ne, ce que plaît baille.

(Car tel à qui l'on donne à sucer ces pilules doit croire que le médecin ne le trompe pas, il n'a pas à se repentir de les payer ce qu'il lui plaît.)

Diane fit un terrible usage de cette enseigne de droguiste, qu'on peut comparer à celle que rapporte Rabelais des sergents qui portaient un anneau d'argent au pouce gauche :

> Se nestre pouce argent anel
>
> (Les sergents, c'est un troupeau d'agneaux)

ou la rouelle de feutre jaune que les juifs devaient porter sur leurs habits devant et derrière.

Le bon Médicis qui inventa cette devise ne prévoyait point l'usage qu'on en ferait contre une de ses descendantes. Tantôt la fière duchesse de Valentinois l'appelait « Mes deux chiennes » et tantôt « Médecine en douleur ». De là, les cancres, les semis de chênes, les lauriers et les chiens qui figurent dans l'ornementation du château d'Anet et du palais du Louvre. Ces cruelles plaisanteries ne faisaient qu'augmenter la répulsion naturelle que ressentait le fils de François Ier pour la fille des droguistes florentins.

70. Philibert possédait une superbe barbe ; de là le nom de « barbillon », « barbutel », « barbiche », qui lui est donné dans ces épigrammes. Jean Goujon l'a ciselé très ressemblant dans le triton enlevant une nymphe qui figure sur la façade du château d'Anet.

71. Philibert se décomposait aussi en phili-bar, qui aime le bar, ou Bramant, qui est le nom d'un célèbre architecte italien : la comparaison était sans doute flatteuse pour l'artiste français. Dans *les Songes*, Rabelais nomme Diane :

> Bramant cerf dessine accole.

72. *Quart Livre*, chapitre XXXVII (NDLE).

73. On pense que Diane de France est née en 1538. Femme énergique et sportive comme sa mère putative, elle épousa le fils du connétable de Montmorency. Montecuculli fut exécuté en 1536 pour avoir empoisonné le Dauphin François avec un rafraîchissement qu'il lui servit après une partie de paume (NDLE).

74. Ce fut de ce voyage qu'il rapporta la laitue dire « romaine ».

75. Édifié pour l'exposition universelle de 1878 (NDLE).

76. Ce chapitre, l'un des plus obscurs et des plus importants de *Pantagruel*, au point de vue historique, est blasonné tout entier et contient la clef de ce genre d'énigmes reproduites d'après Marot.

77. Diane le désigne, dans *les Songes drolatiques*, sous le nom de «Piètre mollet».

78. Jean de Poitiers, seigneur de Saint-Vallier, père de Diane, accusé en 1524 de conspiration avec le connétable de Bourbon, fut condamné à mort, puis vit sa peine commuée en détention à Loches, où il mourut en 1539. Claude de France eut en fait huit enfants, son dernier accouchement lui fut fatal (NDLE).

79. *Pantagruel*, chapitre III (NDLE).

80. Telle est l'opinion qui tend à prévaloir dans la critique moderne; mais elle est formellement contredite par les caricatures que le Rosso fit pour la reine Éléonore.

81. Elle porte dans le dos deux «potets», que Diane avait adoptés pour écrire hiéroglyphiquement son nom «de Poitiers».

82. Le château d'Anet (Eure-et-Loir) appartenait à la famille de Brézé. Diane de Poitiers en entreprit la rénovation vers 1545 (NDLE).

83. La contamination de François Ier par la Belle Ferronnière est considérée par les historiens modernes comme une légende; ils doutent même de l'existence de cette femme. Mais il est sûr que la principale cause de la mort du roi fut une infection au bas-ventre contractée cette année-là (NDLE).

84. Son projet était de le faire entrer dans les ordres. [Mais voyant la mort de son aîné François et l'union infertile d'Henri, le roi décida de lui donner pour épouse Anne d'Autriche, fille de l'empereur Ferdinand. Charles mourut de la «peste» neuf jours avant le mariage, en 1545, NDLE]

85. On sait que ce prêtre mondain fut un des plus beaux cavaliers de son temps.

86. *Tiers Livre*, chapitre XX (NDLE).

87. Voir *Rabelais*, édition Jannet, Liv. III, chap. XLVI, lig. 2, et la Genèse, chap. XIX, à partir du verset 30 [épisode des filles de Lot, NDLE]. Voir surtout la planche VIII des *Songes drolatiques* qui ne peut être que de la main même de Diane de Poitiers, tant les révélations qu'elle contient sont imprévues et audacieuses. François Ier admirablement ressemblant, y est représenté en éléphant avec des oreilles de mulot, allusion aussi claire qu'originale au chapitre XIX, que les protestants lisaient dans leurs prêches.

88. La ville de Guise, qui a conservé les armes de la célèbre famille de ce nom, porte encore une branche de laurier (laur-rains), qui désignait leur origine lorraine.

89. Ces vers font allusion à une déclaration d'amour en langage des fleurs. Un laurier entouré de violiers et de jonquilles signifie: «Lorme veuille, jeune qu'il est.» Diane avait répondu précédemment qu'elle ne voulait pas de l'amour d'un enfant. Malgré sa fière devise de la flèche, elle fléchit.

90. Aussi Rabelais flétrit son ingratitude envers son protecteur par la définition suivante, dans la préface des *Songes*:

      Agrément n'eut, joue Henri drôle.

91. Son douaire portugais devait également être considérable (NDLE).

92. Charles d'Orléans était mort, en 1545, d'une fluxion de poitrine. [C'est une version admise à l'époque. L'empoisonnement a aussi bien sûr été suggéré, mais la fièvre infectieuse reste l'hypothèse la plus sérieuse, NDLE].

93. *Quart Livre*, chapitre XXXVIII à XLII (NDLE).

94. Textuellement, frise, masse, nœuds, canne, croise, accouplés serpents, mi 2 chênes glantés, 2 laurs mi, bout tort, (à gauche) chêne glanté.

95. D'ailleurs les pièces blasonnées réunies sous le nom de *Songes drolatiques*, et dont

deux lui sont personnellement adressées, n'ont été publiées que six ans après sa mort.

96. Charles d'Hozier, juge d'armes auteur du *Grand Armorial de France*. Cependant, Voltaire affirme qu'un certain Louis Douvrier est l'auteur de la devise qui, au demeurant, avait déjà été adoptée par Philippe II d'Espagne (NDLE).

97. Textuellement : chef arc, 2 cornes à fruit cannelées, en croix ; rains 2 laurés ; mi en chef lyres, lauré rond ; 1 sol en chef ; 2 laurés mi. [Friquenelle qualifie une femme de mœurs légères, NDLE].

98. Le poème de Ronsard est la *Complainte contre Fortune*, élégie adressée au cardinal de Châtillon en 1559 ou 1560 :

> Maintenant je ne suis ny veneur, ny maçon
> Pour acquérir du bien par si basse façon ;
> Et si ay fait service autant à ma contrée
> Qu'une vile truelle à trois crosses tymbrées.
>   (vers 331 à 334)

Les abbayes, outre saint Éloi de Noyon, étaient à Angers et Ivri (aujourd'hui Ivry-la-Bataille), à côté d'Anet (NDLE).

99. En fait, la citation est d'Ausone (*Épigrammes*, VIII) :

> *Fortunam reverenter habe, quicunque repente*
> > *Dives ab exili progrediere loco.*

(Use modérément de la fortune, toi qui d'un humble lieu t'élèveras soudain à la richesse, NDLE).

100. *Tiers livre*, chapitre X (NDLE).

101. Cette expression, dont je n'avais pu rendre compte dans la première partie de cette étude, paraît désigner un personnage attifé de façon que l'ensemble de son accoutrement et de ses gestes donne une épigramme rimée en L ou rimaillée. *Les Songes drolatiques* et les caricatures faites plus tard contre Mme de Maintenon, sont des « patelinages ».

102. Surnom de l'érudit Antonio Ferrari (1444-1517, NDLE).

103. Odet de Lautrec, vaillant capitaine mais piètre politique, mort devant Naples (NDLE).

104. Pour déchiffrer ce passage, il faut le transcrire en supprimant les voyelles autres que J et V. On remarquera que les lettres X, Y, Z n'y figurent pas.

105. *Tiers Livre*, chapitre XLVII (NDLE).

106. Ellipse audacieuse ou altération du texte ? Il faudrait ajouter « ce qui » à cet endroit (NDLE).

107. Jeu de mots sur Angoulême. [On perçoit mal de quel passage Grasset extrait cette phrase : de l'épisode de la sibylle (ch. XVII *sqq.*) ou du chapitre XLVII ? Il y a peut-être une lacune dans son texte original (NDLE)].

108. Ces mots traduisent la réplique de Carpalim citée plus haut. Quant au quatrain en lanternois octosyllabique (« Briszmarg d'algotbric… ») qui suit, Grasset n'en donne malheureusement aucune explication. Il contient un nombre anormalement élevé de consonnes rares, qu'il faut probablement prent éliminer, mais l'ossature consonantique restante garde son mystère (NDLE).

109. Diane, qui était à la tête d'une conspiration de grands seigneurs, s'adressa à lui comme à l'un des chefs de la grande maçonnerie des corporations ouvrières, qui

jouèrent depuis un si grand rôle dans les troubles de la Ligue et furent sur le point de substituer, dès le seizième siècle, une république ultra-catholique à la monarchie représentée par un protestant.

Voici ce que lui répondit Rabelais (*Songes drolatiques*, pl. III).

> Foi doit lui manquer que roi faible
> Me juge ne veuille l'estrangle.
> Riront d'elle que réforme veuille.

Rabelais ne fait donc pas cette réponse en son nom, il laisse pressentir que les corporations ouvrières, dont il était probablement le grand maître, ne voulaient pas de la Réforme.

LES GOULIARDS

Nul dans l'histoire des temps modernes n'a joué un rôle plus considérable que l'association secrète connue du onzième au treizième siècle sous le nom des *Gouliards* ou *fils de Goulia*. Cette association ne s'est dissoute qu'au commencement de ce siècle, après avoir pleinement atteint le but qu'elle s'était proposée depuis plus de mille ans, et qui était de substituer la souveraineté du peuple à celle de l'Église et de la noblesse. La destruction de la royauté n'entrait point d'abord dans ce programme ; on peut même dire que, pendant plusieurs siècles, les *fils de Goulia* furent les plus fermes soutiens du pouvoir royal ; mais la restauration des études classiques, au seizième siècle, fit refleurir l'idolâtrie républicaine, qui vint s'enter d'une façon assez biscornue sur le radicalisme égalitaire et démocratique des Gouliards, et ils se trouvèrent avoir renversé le trône en même temps que l'autel. Ce ne fut pas toutefois sans une violente résistance d'un bon nombre d'entre eux, et, autant qu'on peut en juger par le peu de renseignements qu'il a été possible de recueillir jusqu'ici sur ces débats intimes d'une association dont les annales sont uniquement écrites en hiéroglyphes, ce fut cette divergence d'opinions qui décida les Gouliards à ne plus faire d'adeptes et à se dissoudre par l'extinction successive des membres survivants, qui emportèrent avec eux dans la tombe le secret de leurs prédécesseurs.

Tout, jusqu'à leur nom, se serait enseveli avec eux dans les ténèbres de l'oubli, s'ils n'avaient laissé quelques recueils de poésies latines, aussi étranges par la forme que par le fond, qui ont attiré sur eux l'attention du monde savant. On s'est demandé ce que c'était que les Gouliards, d'où ils venaient, quel avait été le but de leur secte ou de leur ordre, et quand ils avaient disparu de la scène, et un savant italien, M. Alfred Straccali, a résumé dernièrement, dans une série d'articles publiés par la *Rivista Europea*, tout ce que l'on savait des Gouliards du Moyen Âge[1].

Nul doute qu'ils fissent partie de ces *clerici vagantes*, dont la tradition s'est continuée jusqu'à nos jours en Allemagne et en Espagne, et dont un spécimen très enjolivé, mais considérablement corrigé, *l'estudiantina madrilegne*, a excité pendant quelques jours la curiosité boulevardière. Si raffinée qu'elle fût, cette confortable estudiantine avait conservé sur son chapeau le blason très peu patricien de ses prédécesseurs pour de bon : *une fourchette et une cuiller d'ivoire en sautoir*, ce qui donne le vers picaresque suivant :

> Sauter hyver forche escolier.
> (L'hiver force les écoliers à sauter.)[2]

En effet, dans ces temps où l'art du fumiste était dans l'enfance et où la haute noblesse réussissait à peine à rendre ses appartements habitables à l'aide de ces immenses cheminées qui semblaient faites pour chauffer le ciel et non les malheureux humains, les salles dépourvues de toute espèce de calorifère des vieilles universités étaient parfaitement intenables dans la rigoureuse saison, tant pour les professeurs que pour les élèves, et ceux-ci mettaient à profit ce chômage forcé, les riches pour visiter les curiosités des pays environnants, et les pauvres, c'est-à-dire les plus nombreux, pour aller mendier de porte en porte les ressources nécessaires à la continuation de leurs études. Mais le bourgeois et le grand seigneur d'alors ne différaient pas sensiblement de ceux d'aujourd'hui sous le rapport de l'indifférence aux misères du prochain. À d'honnêtes étudiants mendiant pour continuer leurs études, ils n'auraient pas donné un rouge liard, tandis qu'ils se résignaient à ouvrir leurs aumônières pour récompenser d'effrontés bohèmes qui étaient venus interrompre le cours de leur monotone existence et dérider leurs faces renfrognées par des bouffonneries obscènes, et surtout impies.

Ces clercs errants, dont la plupart se destinaient à l'état ecclésiastique, ne rougissaient donc pas de s'organiser pour la circonstance en compagnie de jongleurs, de bateleurs et d'histrions, qui ne reculaient devant aucune loi divine et humaine ; et comme ils menaient joyeuse vie pendant ces caravanes drolatiques, il n'y avait pas parmi eux que de pauvres hères. Bon nombre de jeunes gens des plus nobles familles s'associaient à ces saturnales échevelées qui revenaient tous les ans à chaque carnaval ; mais ils n'étaient reçus qu'après avoir pris vis-à-vis de leurs associés des engagements qui les liaient à eux pour le reste de leur vie, ils ne pouvaient y forfaire sans encourir les peines les plus cruelles, toujours impitoyablement appliquées, et le premier de ces engagements était d'aider de tout son pouvoir, en toute occasion, tout membre de la secte ou de l'ordre des Gouliards.

Ceux-ci s'étaient donc constitués sur le modèle des *fratries* ou *thiases* antiques[3], qui étaient également des sociétés où les banquets et la danse jouaient le premier rôle, et où l'on n'était admis que sur la présentation d'une *tessère* ou d'un jeton blasonné dont le porteur devait être en état de donner la traduction. Les premiers chrétiens eux-mêmes n'étaient pas organisés autrement, ainsi que le prouvent les *abraxas* ou *tessères basilidiennes*, qu'on retrouve encore en si grand nombre, et le passage de l'*Apocalypse* de saint Jean qui y fait allusion[4]. Telle est l'origine du blason moderne, et tous les fils de Goulia attribuaient formellement à l'auteur de ce livre mystérieux l'invention de l'écriture hiéroglyphique dont ils se sont servis jusqu'à nos jours. Aussi saint Jean est-il resté en honneur parmi les francs-maçons, qui ont hérité d'une bonne partie des traditions des Gouliards, mais sans être initiés au secret de leur écriture ni de leur philosophie intime.

Nous verrons par la suite de cette étude que, bien que l'Église romaine possédât tous les secrets des Gouliards, sans exception aucune, elle les a toujours tolérés, avec une patience d'autant plus inexplicable qu'ils s'étaient institués pour battre en brèche tous ses dogmes politiques et religieux et qu'ils niaient obstinément le Décalogue et la divinité du Christ. Je ne crois même pas qu'ils aient été jamais inquiétés par l'inquisition espagnole, et Rome leur accorda constamment la liberté complète de tout penser, de tout écrire et de tout dire, pourvu qu'ils se renfermassent dans l'écriture hiéroglyphique que nous nommons le *blason* et le langage, fondé sur les mêmes principes, que Rabelais désigne sous le nom de *lanternois*, mais dont la basoche s'était servie bien longtemps avant lui et continua à se servir bien longtemps après lui.

Les princes temporels furent beaucoup moins tolérants, et indépendamment du supplice des Templiers, qui étaient Gouliards jusqu'à la moelle, on cite pas mal de persécutions dirigées contre les sociétés secrètes d'écoliers ; mais celles-ci se vengèrent toujours cruellement, si bien qu'unies aux initiés de chaque corporation ouvrière, elles constituèrent, à une époque encore inconnue, mais certainement très ancienne, une *mère-loge*, à laquelle tenaient à être affiliés les plus grands seigneurs et les plus grandes dames, notamment Diane de Poitiers et Mme de Pompadour, qui furent toutes deux *maîtresses-pourples*, de la mère loge des *Fils de Goulia*. Cette mère loge, qui réunissait les chefs de toutes les corporations, y compris le clergé, formait une espèce de parlement occulte, qui, presque toujours, était sous le patronage même du roi, et que celui-ci tenait essentiellement à consulter dans toutes les grandes circonstances. Les demandes et les réponses se faisaient également par planches hiéroglyphiques. À défaut d'interrogation, la mère loge ne se gênait pas pour émettre des avis dans la même forme, dont il était presque toujours tenu compte, et Louis XIV, qu'on prétend avoir été si absolu, consultait la mère loge ni plus ni moins que ses prédécesseurs. Elle avait voté la Saint-Barthélemy ; il est probable qu'en cherchant bien on retrouverait son vote sur la révocation de l'édit de Nantes, comme plus tard elle dut voter la mort de Louis XVI. Ces votes peuvent sembler disparates et cependant elle ne s'écarta jamais de son but, qui était, dès l'origine, d'abattre la noblesse. Or, en France, le protestantisme fut le dernier refuge des tendances et des traditions aristocratiques.

Tels sont les caractères généraux de l'ordre des Gouliards. Il a toujours été affilié à la franc-maçonnerie moderne, et, au premier abord, on serait tenté de le confondre avec elle ; mais, pour être Gouliard, il fallait nécessairement avoir le degré de maîtrise dans une corporation, et Mme de Pompadour n'y entra qu'en qualité de *maître graveur*. Il est probable que Diane de Poitiers faisait partie de la corporation des architectes ; on sait que Charles IX appartenait à celle des armuriers. L'initiation était donc toute différente et autrement difficile que celle des francs-maçons, qui n'exigent de leurs adeptes qu'une simple cotisation. N'était pas Gouliard qui voulait, et ils formaient une élite ou état-major de toutes les forces vives de la nation, dont la franc-maçonnerie composa plus tard la troupe.

Les Gouliards n'étaient pas exclusivement français ; ils n'étaient guère moins répandus en Allemagne, sous le nom de *rose-croix* et d'*illuminés*. Ils existaient en moins grand nombre en Angleterre, en Italie et en Espagne ; mais partout ils se servaient de la même langue et de la même écriture, le *blason*, auquel ils donnaient le nom de *rimaille*. Dans certaines professions, notamment toutes celles qui se rattachaient aux arts du *dessin*, on peut établir en principe que l'initiation à l'ordre des Gouliards était obligatoire ; elle faisait partie du secret de maîtrise ; mais nous verrons par de nombreux exemples que même les professions qui ne savaient pas dessiner étaient initiées au secret du blason, ou à l'art d'*écrire par les choses* (rébus), et savaient fort bien le prouver à l'occasion à l'aide de charades ou de mascarades satiriques, qui, pour être composées par des meuniers ou des coiffeurs, n'en étaient pas moins mordantes. Il est à remarquer que jamais aucune de ces bouffonneries ne fut punie, bien que les allusions auxquelles on s'y livrait fussent souvent aussi audacieuses que transparentes. La république d'aujourd'hui serait assurément moins patiente et moins indulgente que l'ancienne royauté et la papauté.

Il est vrai qu'on trouve, dans un certain nombre de canons de conciles ou d'ordonnances royales, des tentatives de répression contre les *Goliardi* ou *clerici vagantes*; mais ni les uns ni les autres ne s'appliquent en quoi que ce soit aux *loges corporatives* dont j'ai parlé plus haut[5]. Celles-là, papauté et royauté étaient censées en ignorer l'existence; ou bien elles rentraient dans les privilèges accordés, mais le plus souvent vendus, dès le dixième siècle, aux syndicats de chaque corporation.

II

D'où venait la *famille de Golia*, et que doit-on penser de ce personnage? Les incarnations ne lui ont pas fait défaut, et l'on a voulu voir en lui l'Anglais Map[6], ami du roi d'Angleterre Henri II, qui ne vécut pas toujours dans les meilleurs termes avec la papauté; mais ce personnage vivait au douzième siècle, et la famille de Goulia existait certainement au onzième, car si le concile du dixième siècle, qui condamna les Gouliards, est considéré par M. Straccali comme apocryphe, il n'en est pas de même des innombrables têtes de perroquets qui ornent les chapiteaux des églises romanes du onzième siècle. Or on sait qu'en vieux français le perroquet se dit *pape guay* et *pape gault*, autrement dit *pape Gouliard*. Les Gouliards possédaient, en effet, une hiérarchie qui parodiait celle de l'Église romaine, et dont l'énumération complète nous est fournie par le fameux chapitre de Rabelais sur l'*Île sonnante*. Ils avaient donné au perroquet le nom de leur plus haut dignitaire, et ils sont aussi anciens que le nom du pape gault[7].

La philologie allemande ne pouvait manquer de faire intervenir le géant Goliath à titre d'ancêtre de l'ordre des Gouliards; telle est l'opinion de Giesebrecht[8], acceptée par M. Straccali, qui suppose que ce personnage aurait pu être adopté pour patron à la suite de quelques-uns de ces mystères que les Gouliards jouaient dans les églises. Je crois inutile de m'arrêter à l'examen de cette opinion. Grimm fait intervenir le provençal, dans lequel *galiar*, *gualiar* veut dire *tromper*, et qui a donné le mot *gualardier*, d'où *Gouliard*; mais il serait plus simple de recourir tout droit au parisien *gouailleur*, synonyme bien connu de *blagueur*, et à l'argot *goualeur*, qui veut dire chanteur, si ce n'était mettre la charrue avant les bœufs. En effet, les Gouliards étaient des gouailleurs et des goualeurs ; mais c'est leur nom même qui est l'étymologie de ces deux expressions populaires, et non leur dérivé.

Une autre expression nom moins populaire, *porté sur sa gueule*, rend parfaitement le caractère des Gouliards. Ce défaut a toujours été celui des clercs et des moines de tous les temps et de tous les pays ; aussi, dès le neuvième siècle, le concile d'Aquisgrana[9], tenu sous le règne de Louis le Pieux, ordonnait-il aux hauts dignitaires de l'Église de ne pas admettre dans leur société et surtout aux offices ces clercs qui, abandonnant leurs cloîtres, deviennent « *vagi et lascivi, gulae et ebrietati et caeteris suis voluptatibus dediti, quidquid sibi libitum est licitum faciunt* »[10].

Il existait donc, dès le neuvième siècle, c'est-à-dire immédiatement après la réorganisation des écoles par Charlemagne, des bandes de clercs errants, qui furent plus tard connus sous le nom de *Gouliards* ; mais tous ces vagabonds ne faisaient pas nécessairement partie de la famille ou de l'ordre des Goulia, et tous ceux qui en faisaient partie n'étaient pas nécessairement des vagabonds, tant s'en fallait même de beaucoup[11]. Nous allons voir, en étudiant les dogmes des Gouliards, qu'ils provenaient des anciennes *fratries* païennes, et qu'ils étaient pour ainsi dire le confluent d'un double courant, l'un *clerc* et l'autre *ouvrier* ou *artisan*, pour me servir de l'ancienne expression française, qui est beaucoup plus juste que la moderne.

Charlemagne, en concentrant dans les cloîtres tout ce qui restait de traditions scientifiques, littéraires et artistiques, se trouvait en avoir fait en même temps des foyers de paganisme, car à partir de son règne et jusqu'à la fondation des grandes universités, ce fut exclusivement dans les couvents que s'enseignèrent l'architecture et tous les arts qui s'y rapportent, c'est-à-dire la sculpture et la peinture.

Or le christianisme n'avait nullement fait tomber en désuétude la langue mystique dont se servaient tous les artistes de l'antiquité ; les catacombes sont pleines de rébus chrétiens, et même si naïfs, que ce sont eux qui les premiers ont attiré l'attention du savant Rossi sur l'hiéroglyphisme de l'art antique[12]: tel est, par exemple, le nom de saint Pierre écrit par un homme fendant une pierre. La pierre n'a pas besoin d'explication, mais il est à remarquer que *sanctus* en, latin, *aghios* en grec, *kadesh* en hébreu, sont des mots qui impliquent tous l'idée de *fendre* ou de *séparer*, de sorte qu'une pierre fendue écrit le nom de saint Pierre dans ces trois langues. Les artistes chrétiens, saint Jean en tête, avaient donc conservé l'écriture mystique du paganisme, et l'on retrouve dans l'Apocalypse une foule de personnages de la gnose. Ce cortège, qu'on pourrait appeler *classique*, n'est pas passé cependant dans l'art chrétien, et l'on n'y découvre aucune trace de la formule de vie éternelle qui sert de thème invariable à l'art grec. Aussi loin qu'on peut le saisir, l'art moderne se montre dépourvu de tout mysticisme religieux et uniquement préoccupé de faire triompher le riche sur le pauvre. Ce but, déjà très nettement indiqué dans l'Apocalypse, a été poursuivi par les Gouliards avec une infatigable persévérance jusqu'à ce qu'il ait été pleinement atteint par la révolution française, et il a été poursuivi avec la même ardeur par les deux grands courants qui s'étaient juxtaposés dans les cloîtres lorsque Charlemagne en fit le refuge de tout savoir et de toute liberté de pensée. De là les deux grandes subdivisions de l'ordre des Gouliards, les *maçons* et les *escribouilles*[13]. Les maçons étaient les architectes; quant aux escribouilles, ils ont dû dans l'origine se limiter aux *copistes* ou *écrivains de bulles*, qui étaient, comme l'on sait, enjolivées de miniatures; mais plus tard les escribouilles paraissent avoir englobé tous les arts du dessin dans toutes leurs variétés, telles que peintres, graveurs et encadreurs. C'est à cette profession que semble avoir été emprunté le titre de *pourple* ou *pourpre*, qui était le plus haut degré de la hiérarchie des escribouilles, et dont le privilège consistait à se servir d'encre pourpre et à encadrer ses compositions dans des bordures de cette couleur. Le même privilège existait chez les calligraphes byzantins; mais les persécutions iconoclastes semblent avoir anéanti chez eux les traditions de l'hiéroglyphie grecque, dont il m'a été impossible de retrouver les traces dans le byzantin moderne, bien, qu'elle subsiste tout entière dans la composition des anciens ornements religieux.

J'ignore si l'hiéroglyphie latine[14], dont on retrouve d'assez nombreux exemples dans les premières sépultures chrétiennes, a duré longtemps; mais ce qui est certain, c'est que, si la famille de Golia nous a laissé des poésies latines, elle ne s'est jamais servie que du français dans la composition de ses hiéroglyphes, et que j'ignore complètement à quelle date cette langue a été introduite dans le domaine de l'art, car tout ce que j'ai pu déchiffrer de numismatique gauloise et de monuments gallo-romains est manifestement rédigé en grec. Cependant, le musée d'Épinal contient un certain nombre d'antiquités gauloises qui prouvent que l'emploi d'hiéroglyphes dans cette langue est très antérieur au Moyen Âge, et de ce nombre sont les groupes de la divinité connue sous le nom de *Rosmert*, qui se composent d'une sirène mordant un cheval. *Ross* était un des noms gaulois du cheval, et désignait spécialement un cheval *rouge*; ce mot est resté dans notre langue en changeant de signification, *Rosmert* signifie « qui mord le cheval » (*rosse mord*)[15]. Un autre monument du même musée porte une légende étrusque traduite en hiéroglyphes gaulois, dont je ne signalerai que le nom de la déesse gréco-étrusque *Sybarin* ou *Sybaris*, qui signifie la mollesse, et qui est rendu par un dauphin, en gaulois *cé*, et un corbeau, en gaulois *brun*, ce qui fait *cébrun* pour *sybarin*.

On peut encore citer l'autel des nautes parisiens[16], qui porte sur une face un *taureau avec trois grues*, traduction évidente de TARVOS TRIGARANVS; sur l'autre personnage avec une *hache*, hiéroglyphe d'ESVS; sur la troisième un personnage avec une perche, LOVIS, en français moderne une *latte*; et sur le quatrième un dieu avec des tenailles, VOLCANVS. Les tenailles se disaient *volk*, qui se prononçait *fork*, en latin *furca*, d'où nous avons fait *forge* et *forgeron*. Les tenailles figurent sur nombre de médailles des anciens Belges pour écrire leur nom national. *Volcan* en gallo-belge signifiait le *tenailleur* ou le *forgeron*, et il est probable que ce dieu latin est d'origine gauloise.

Il est permis de conclure de ces exemples que, bien que refoulée par la langue grecque sous la domination romaine, la langue gauloise, en tant que langue artistique, ne se perdit pas complètement, et reparut

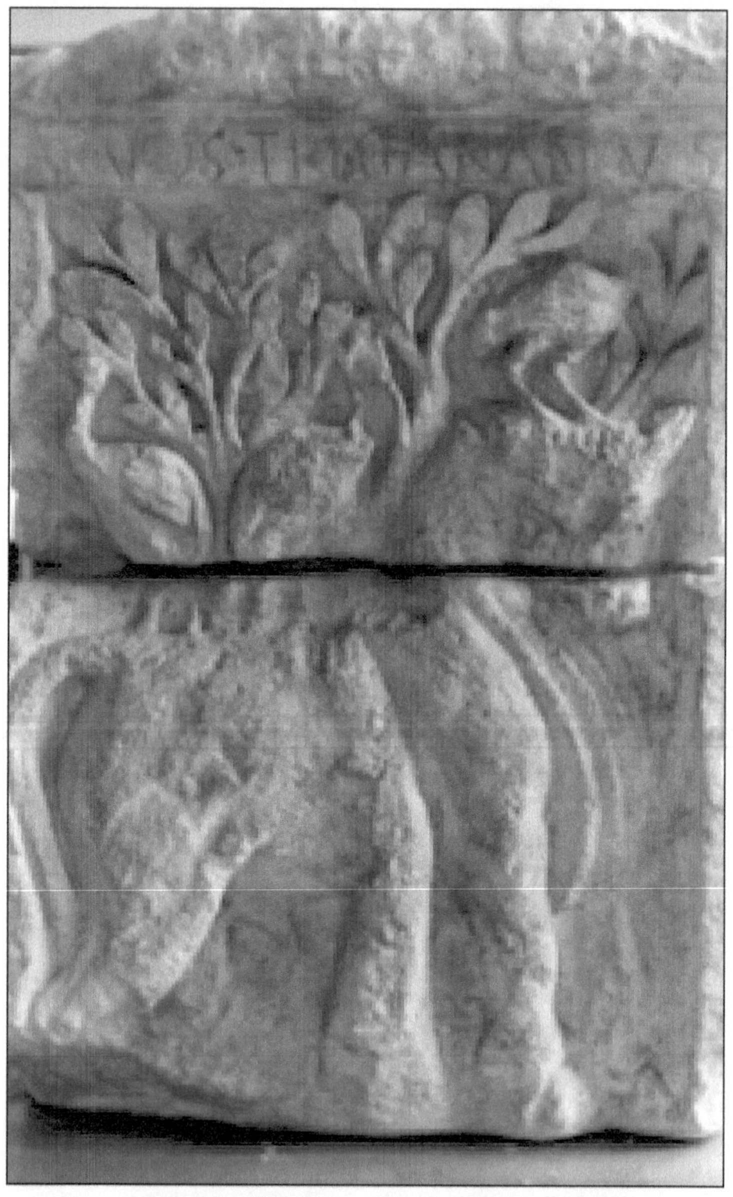

Le pilier des Nautes au musée de (Cluny).

tout naturellement lorsque le grec cessa d'être compris des artistes gallo-romains, par suite de la négligence des études classiques.

Le plus ancien exemple que je connaisse de l'emploi du véritable français comme langue hiéroglyphique, et en même temps le premier spécimen de la caricature moderne, est un chapiteau carlovingien de la cathédrale de Saint-Dié dans les Vosges, qui représente Charles le Chauve pleurant de peur d'attraper la peste. Cette charge fort spirituellement composée, qui, au premier abord, ressemble à une tête barbue, chevelue et larmoyante, se compose, quand on l'examine avec plus d'attention, d'un évêque entre deux lis. La barbe, les moustaches et le nez du personnage sont formés par l'aube, le manteau et la tête de l'évêque ; les lis se rabattent sur la mitre de façon à former des yeux sourcilleux, et les mains de l'évêque en sortent comme des larmes[17]. Les Italiens de nos jours cultivent encore avec ardeur ce genre de grotesque.

Mais bien que ce soit cette partie de la France qui, à ma connaissance, fournisse les spécimens les plus nombreux et les plus intéressants de l'ancien art gaulois et de l'art carolingien ou roman, qui, selon toute probabilité, n'en est que la continuation, ce n'est pas en Lorraine qu'il faut chercher le berceau de la famille de Goulia, ou, en d'autres termes, de la franc-maçonnerie du Moyen Âge, car nous allons voir que les Gouliards et les francs-maçons n'étaient qu'une seule et même société, dont le dogme fondamental était le culte de saint Gall, saint Gaul ou saint Gély, ce qui, dans les dialectes du Limousin, veut dire saint coq.

En effet, Rabelais, qui a entremêlé dans son *Pantagruel* les dogmes des Gouliards, dont il était l'un des grands dignitaires, et les *gauloiseries* de la cour de François Ier, dit dans la préface de son quatrième livre que, « selon le proverbe des Limousins, à faire la gueule d'un four sont trois pierres nécessaires », les deux piles et la clef ou le coignet[18]. Ces trois pierres sont la trinité franc-maçonnique ou le dolmen, et ce dogme était commun aux architectes grecs et gaulois, car sur la plupart des tombeaux d'ordonnance hellénique on peut observer, à l'arrière-plan de presque tous les bas-reliefs, une porte composée des trois susdites

Le chapiteau de la cathédrale de Saint-Dié,
vu de hauteur d'homme, tel qu'a pu l'observer Grasset d'Orcet (NDLE).

pierres, que nos archéologues nomment un portique ; mais chez les Grecs elle portait le nom de *pylé*, et chez les francs-maçons celui de *pile*, mot essentiellement français, qui désigne chez nous toute espèce d'entassement : une pile de *boulets, d'écus*, etc.

Cette porte ou pile, le dieu Janus des Romains, l'édifice réduit à sa plus simple expression, était orientée de manière à faire face à l'Orient ou à l'Occident, suivant que ses constructeurs adoraient le soleil levant ou le soleil couchant ; mais ses deux piles ou piliers répondaient toujours au nord et au midi. Celle du nord représentait le principe humide et féminin ou la chienne, *Kynéa* ; et celle du midi, le principe sec et masculin ou le renard, *Keletes*[19]. Or ce Keletes était précisément le dieu philistin Goliath, qui était, comme on sait, d'origine grecque ou crétoise ; son nom en grec veut dire trompeur[20], et nous allons voir qu'il était particulièrement en honneur chez les francs-maçons, tandis que l'Église romaine adore principalement la Vierge Marie, qui occupe toujours la porte nord des églises dites *gothiques* et particulièrement celle de Notre-Dame de Paris.

Faut-il en conclure que Giesebrecht aurait eu raison en faisant venir le nom des Gouliards de celui de Goliath? Non, certainement, les Gouliards repoussaient toute tradition hébraïque, et particulièrement le Décalogue. Leurs dogmes étaient le nec plus ultra du rationalisme populaire pratique. De la pile du Chien ou du principe humide des Grecs, ils avaient fait prosaïquement le *boire*, et de la pile du Renard ou du principe solide, ils avaient fait le *manger*, qui leur semblait encore plus indispensable que le boire. Tel est le sens exact des deux colonnes J et B de la franc-maçonnerie actuelle.

Le premier article de leur credo se résumait dans ce vers :

Pourple boire manger colonnes veult.

Le second était :

Proche qui t'aide l'ait pareille.

Et le troisième :

Secret qu'ont pas, point œuvre décèle.

Ne décèle pas le secret de l'œuvre à ceux qui ne l'ont pas : tel était le fond de toutes les francs-maçonneries grecques et notamment de la doctrine exposée par Platon dans son fameux *Banquet*, ou pour parler plus exactement tel est le fond de toutes les francs-maçonneries présentes, passés et futures.

III

Le *boire* et le *manger* ou le liquide et le solide allaient se réunir dans ce que le Gouliard nommait la *tripe*, qui était son *pantocrator* ; aussi l'un de ses principaux signes de reconnaissance était-il de montrer la paume de la main gauche ou paume du côté *tort*, ce qui se traduisait : *Tripe il aime*. La tripe était en effet le *bon architecte de toutes choses*, qui faisait tout sans avoir l'air de rien faire ; et les *pourples* ou initiés qui ne travaillaient pas de leurs mains, mais de leur cerveau, se considéraient comme la *tripe* des corps d'arts et métiers. Cette doctrine leur avait été du reste transmise par les maçonneries antiques, comme le prouve le fameux apologue des membres et de l'estomac, de Ménénius Agrippa [21]. On y reconnaît d'ailleurs, à première vue, l'ébauche grossière du dogme chrétien de l'eucharistie. La messe est le souvenir épuré de tous les banquets qui réunissaient les thiases de l'antiquité, aussi bien que les loges du Moyen Âge, si bien que Platon, en exposant, sous une forme hiéroglyphique, les doctrines de son temps, a cru devoir aussi prendre pour cadre un banquet. La fameuse *ananké* [22] des anciens, c'est la *tripe* ; aussi le livre de Platon, à la fois si obscur et si lumineux, n'a-t-il pas de meilleur interprète que le Gouliard Rabelais, dans son fameux chapitre sur messer Gaster [23], qui expose, à son point de vue le plus élevé, la doctrine philosophique de ses coreligionnaires.

En effet, personne, dans les temps modernes, n'a mieux compris Platon et n'était mieux préparé à le comprendre. Tous deux sont des révélateurs de mystères, jouant un rôle des plus dangereux, et tous deux emploient identiquement la même méthode. Ils commencent par promener le lecteur dans un labyrinthe qui le désoriente complètement ; mais tout le long de la route ils l'amusent, en lui contant des histoires à dormir debout, si elles n'étaient pas aussi merveilleusement contées ; puis, quand ils le supposent étourdi et ébloui comme quelqu'un auquel on ferait miroiter longtemps une foule de glaces dans les yeux, ils le mettent brusquement en face du fait brutal ; mais ses yeux sont alors tellement fatigués, qu'il ne peut plus rien discerner, et passe sans l'avoir vu.

J'ai exposé dans une autre étude la façon dont s'y était pris Rabelais pour révéler le plus crûment du monde le secret de la naissance de François II [24]. Ce secret n'en était pas un pour la plupart de ses contemporains, et il n'était pas le premier Gouliard qui en eût fait part au public. Un chroniqueur savoisien, François de Bonnivard[25], rapporte une mascarade de la basoche de Paris, qui était autrement hardie, autrement brutale et autrement obscène que tout ce qu'a osé Rabelais, et ne laissait aucun doute sur la culpabilité du roi, pas plus que sur celle de Catherine de Médicis et de Philibert Delorme, qui était accusé de leur avoir servi d'intermédiaire et en avait été récompensé par le titre d'architecte du roi. Le récit de cette mascarade est rapporté tout au long dans l'*Histoire de la caricature sous la Réforme*, de Champfleury[26] (p. 8), et il donne à la page 42 une caricature ayant pour titre : *Des actes et gestes merveilleux de la cité de Genève*, qui est due à Fromment, le secrétaire du même Bonnivard et qui traduit hiéroglyphiquement le récit de ce chroniqueur[27].

Il est à remarquer que la basoche ne fut pas inquiétée pour avoir bafoué aussi irrévérencieusement la majesté royale, ce qui explique l'impunité dont jouit lui-même Rabelais, qui était beaucoup moins clair et beaucoup moins téméraire. Quant à Catherine de Médicis, elle faisait collection de toutes les pièces de ce genre publiées contre elle, et cet intéressant recueil, qui semble être en grande partie de la main de Philibert Delorme, nous a été conservé sous le faux titre de : *Proverbes, Adages et Allégories du quinzième siècle*. M. Champfleury en a publié, dans son *Histoire de la caricature, La Chandelle* et *L'Habit ne fait pas le Moine*, qui sont, l'un et l'autre, de la main de Philibert Delorme ; mais il en cite un troisième qui est de la composition de Diane de Poitiers et n'est autre que la lettre mystérieuse par laquelle elle apprenait à Henri II ses infortunes conjugales, en hiéroglyphes tellement clairs, qu'il était difficile de ne pas les lire. Le fragment reproduit par Champfleury donne les trois vers suivants :

> Sire, dame ne craigne évêque Sens vole,
> Pas veuille ne bru père caresse la,
> Pas l'Orme veuille n'aide baille (p. 34).

L'évêque de Sens était le futur cardinal de Lorraine, et l'Orme pour Delorme est suffisamment transparent. Dans son oracle de la sibylle

Gravure extraite *D'une figure ou ymage que fust trouvée
dans Genève en l'Église des Jacopins de Pallaix,
et autres peintures trouvée ailleurs* de Fromment (vers 1548, NDLE).

de Panzoust[28], Rabelais dit, après lui avoir prédit un malheur déjà arrivé, que la chose serait écrite, mais non toute ; il est probable qu'il n'avait point connaissance de cet envoi, car on ne voit pas ce qui pouvait rester à apprendre à Henri II. Il en donna communication à Catherine de Médicis, qui, probablement, le fit copier pour y répondre. Quant à l'effet que pouvaient produire de semblables révélations, il devait être peu considérable. Tous les hauts personnages politiques ont été, de tout temps, exposés à ces coups d'épingle ; aussi finissent-ils par ne plus y faire attention, et d'ailleurs, si Henri II était Gouliard, c'eût été manquer aux règlements de l'ordre que de s'en fâcher. Quel que fût le rang d'un Gouliard, tout était permis contre lui, pourvu que tout se passât entre initiés.

Il était infiniment plus dangereux de dévoiler les secrets de l'ordre lui-même, et surtout ses doctrines secrètes, à moins que ce ne fût en hiéroglyphes. En ce cas, les artistes gouliards qui n'avaient pas d'autre sujet sous la main calligraphiaient les maximes de la Gouliarderie, et M. Champfleury en rapporte un curieux exemple d'après Théodore de Bry (p. 217)[29] ; mais généralement leurs compositions étaient de véritables gazettes secrètes, qui révélaient aux initiés les nouvelles de la cour et particulièrement les bruits de guerre comme intéressant davantage le commerce. Sous Louis XIV, on trouve une collection connue sous le titre des *Embarras de Paris*, qui semble avoir été une vraie gazette hiéroglyphique périodique, et, pour être plus facile à déchiffrer, elle est émaillée de légendes écrites donnant les noms des objets que le dessin n'est pas apte à rendre. Ainsi, Guillaume d'Orange est désigné par une légende qui le nomme le *maître d'hôtel achetant des harengs*, et celle de Mme de Maintenon apprend que l'objet qu'elle tient à la main est un *tignon*, ce qui fait *main-tignon*. Il en est de même des assiettes révolutionnaires et des caricatures hollandaises, où les légendes finissent par prendre presque complètement la place du dessin, ce qui en fait des pamphlets beaucoup moins intéressants que ceux de Rabelais, mais conçus, en définitive, sur le même plan, et ce plan consiste à noyer une phrase ou un mot dans un déluge de non-sens, tout en laissant à l'initié un fil d'Ariane invisible pour la mener là où l'auteur prétend le conduire.

Ainsi, avant d'arriver au chapitre LVII de son quatrième livre, qui est le plus important de toute son œuvre et l'un des plus importants

La chandelle. Les phylactères disent :

Maint hôme monte sans eschelle,
Jusques au feu pource qu'il luist,
Comme le papillon de nuit,
Qu'il chet quant il s'est bruslé lesle

On prant du riche la querelle,
On flate celuy qui a bruit,
On fait ainsi que se conduit
Le papillon à la chandelle. (NDLE).

L'Habit ne fait pas le Moine est accompagné d'un quatrain:
On voit et il advient souvent
Qu'au maleureux vient double peine.
Tel lui semble doulx quil le vent,
Mais l'abbit ne fait pas le moine. (NDLE).

qui aient été écrits depuis le *Banquet* de Platon, Rabelais commence, dès le chapitre LVI, à solliciter l'attention de l'initié, en lui racontant *comment entre les parolles gelées Pantagruel trouva des mots de gueule.*

« Lors, dit-il, nous jeta sur le tillac plenes mains de paroles gelées, et sembloient dragées, perlées de diverses couleurs. Nous y veismes des mots de *gueule*, des mots de *sinople*, des mots de *azur*, des mots de *sable*, des mots *doréz.* Lesquels, estre quelque peu échaufféz entre nos mains, fondoient comme neige, et les oyons réalement, mais ne les entendions, car c'estoit languaige barbare. »

Cependant, si l'on réunit les noms de couleurs énumérées ci-dessus: gueule, sinople, azur, sable, or, on se trouve en face d'un vers goulia-resque qui donne la raison sociale, au moins apparente, de la société de *Golia:*

Goule, ce n'est plaisir se bailler.
Golia, c'est s'adonner au plaisir ou se donner du bon temps[30].

La légende de ce dessin du manuscrit de Catherine de Médicis
comporte une cinquantaine de vers commençant par :
« Je suis ung asne que faveur fait voller. » (NDLE).

Mais ce masque épicurien dissimulait des visées plus hautes, sans quoi un pape, Grégoire XIII Buoncompagni, aurait sans doute reculé devant l'audace d'arborer au-dessous de sa tiare pontificale, les insignes de l'ordre de Goulia, qui étaient, au seizième siècle, un écu dit *cœur*, surmonté d'une tête d'ange ou *angelot*, ce qui se lisait: *croix signe, gueule*, d'où l'on a fait *rose-croix*. En effet, à l'époque où vivait Grégoire XIII[31], les Gouliards se divisaient en deux factions, dont l'une était très hostile au protestantisme, qu'elle considérait, non sans raison, comme un retour à l'aristocratie, et ce fut elle qui fit la Saint-Barthélemy.

Mais continuons l'examen des paroles de *gueule* jetées sur le tillac du vaisseau de Pantagruel par son pilote: «Et y veids, ajoute-t-il, des parolles bien picquantes, des parolles sanglantes, lesquelles le pillot nous disoit quelquesfoys retourner on lieu duquel estoient proférées, mais c'estoit la guorge couppée, des paroles horrificques, et aultres assez mal plaisantes à veoir.»

Il résulte de ce passage que tous les Gouliards n'observaient pas le règlement de leur ordre qui leur interdisait de répondre autrement qu'en hiéroglyphes. Le Gouliard Charles IX vengea d'un coup d'arquebuse les paroles de gueule dont Jean Goujon s'était rendu complice

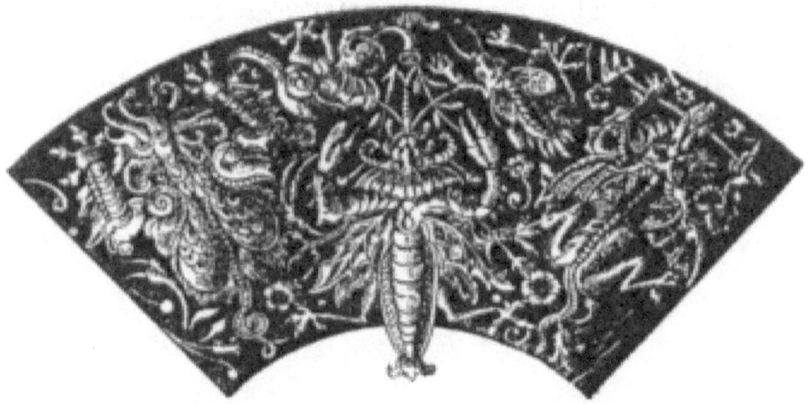

Eau-forte intitulée «Orgueil et folie» (NDLE).

envers sa mère[32], et Henri II dut expier par la main de Montgomery quelque infraction aux lois gouliaresques. Nous verrons, dans la suite de cette étude, quelques exemples de châtiments maçonniques, dont les Gouliards ont jugé à propos de publier les motifs.

Après ces curieux détails, Rabelais s'amuse à donner quelques-unes de ces paroles de gueule, «lesquelles ensemblement fondues, ouysmes, *hin, hin, hin, hin, his, ticque, torche, lorgne*», etc.

Il est inutile de dire que c'est du *lanternois* ou, pour parler plus clairement, de l'argot de la basoche, qui, généralement, se dispense des rimes en L du blason proprement dit; mais, ici, les rimes en L sont fournies par les virgules, et cette petite pièce de vers débute ainsi:

> 4 *hin, his, ticque, torche,*

Ce qui se déchiffre:

> Croix signe ouvre gueule, sache est vrai Gault, etc.

Le reste est trop gaulois pour être rapporté, mais le premier vers est intéressant, parce qu'il fait allusion au signe de croix des Gouliards, qui était leur véritable mot de passe. Rabelais le décrit minutieusement dans le troisième livre, chap. XX: *Comment Nazdecabre par signes répond à Panurge.*

«Il baisla assez longuement, et en baislant faisait hors la bouche, avecques le poulce de la main dextre, la figure de la lettre grecque dicte *tau* par fréquentes réitérations; puis leva les œilz au ciel et les tournoyoit en la teste comme chèvre qui avorte.»

Cette pantomime se traduisait:

> Croix signe ouvre gueule, mie ne repoulse
> Être ne se voir la vaille cel.

C'est-à-dire: Je fais le signe de la croix sur la bouche ouverte; ne repousse pas celui que tu peux voir être ton pair qui te vaille. C'est en effet des Gouliards que nous vient la formule : liberté, égalité, fraternité, laquelle n'est elle-même qu'une des variantes de la triade divine de Platon.

Le *Pantagruel*, qui peut être considéré comme l'Évangile des Gouliards, nous a conservé la réponse de celui qui était ainsi interpellé par signes, dans le dialogue du marchand de moutons et de Panurge[33]. «Mais, dist Panurge, vendez-m'en un et je vous le payeray en roy, foy de piéton. Combien ? — Nostre amy, respondit le marchant, mon voisin, ce sont moutons extraictz de la propre race de celluy qui porta Phrixus et Hellé par la mer dicte Hellesponte. — Cancre, dist Panurge, vous estez *clericus vel addiscens*. – *Ita*[34] sont choux, respondit le marchant ; *vere*[35] ce sont pourceaux. Mais rr. rrr. rrrr. rrrrr. Ho Robin. rr. rrrrrr. Vous n'entendez ce languaige.»

Ce langage est cependant relativement clair pour du lanternois ; c'est un des credo de la basoche, ou pour parler plus exactement, un symbole qui sert de réponse au signe de croix sur la bouche.

> Pair répond trahir point Christ, roi,
> Point qu'honore Rome, ne sire mie
> Ne robe, ne devoir point reçoit point[36].

C'est-à-dire : Le pair répond qu'il ne trahira point quiconque n'honore ni Christ, ni roi, ni Rome, ne dérobe pas son patron et ne reçoit point ce qui ne lui est pas dû.

Comme on peut le voir, ce credo était purement négatif, car la négation est la base de toute franc-maçonnerie : ceux de tous les corps des métiers étaient établis sur les mêmes principes et constituaient cette religion aujourd'hui dite *de l'honneur*.

Le christianisme ordonne de rendre le bien pour le mal. La doctrine gouliarde, moins généreuse, se contente d'ordonner la restitution de ce qui est dû. Aussi le triomphe des religions négatives est-il toujours passager, la victoire reste à celle qui prêche le dévouement et l'abnégation, parce que c'est celle qui fait les meilleurs soldats, et nous allons voir que, tout Gouliard qu'il fût, Rabelais ne s'abusait point sur les vices de ses coreligionnaires, qu'il flagellait sans pitié. Aussi eut-il grand'peine à faire publier le quatrième livre de son *Pantagruel*, qui avait déplu à tous les partis, et lui-même finit par se réfugier au sein de l'Église romaine. Il mourut protégé par le cardinal de Lorraine, et, s'il avait vécu plus longtemps, il se serait trouvé de fait, sinon de cœur, avec les auteurs de la Saint-Barthélemy.

Mais revenons à nos paroles de gueule. À la fin du chapitre LVI, Panurge, malmené par frère Jean, se désole d'avoir entrepris un aussi long et aussi périlleux voyage, et s'écrie : « Pleust à Dieu que icy, sans plus avant procéder, j'eusse le mot de la dive Bouteille ! »

Le lecteur va être servi à souhait, car il était bien dans l'intention de Rabelais de terminer par le livre IV son singulier poème. L'authenticité des livres V et VI n'a jamais été établie d'une manière irréfutable, et, bien que je sois de ceux qui les croient de la main de Rabelais[37], je n'en reconnais pas moins qu'ils sont inférieurs de tout point aux quatre premiers, et que bien loin de donner le mot de la dive bouteille, ils se terminent par la description de l'initiation d'un Gouliard et des turlupinades qui l'accompagnent[38], sans plus d'explications que les hiéroglyphes que l'on retrouve sur une foule de leurs planches.

Il n'en est pas de même du chapitre LVII. Celui-là, c'est réellement le mot de la dive bouteille, la quintessence de toutes les philosophies secrètes du monde d'avant 89 et le véritable commentaire du *Banquet* de Platon. Aussi ne puis-je faire autrement que de le citer tout entier.

IV

Comme Pantagruel descendit au manoir de messere Gaster, premier maistre ès ars du monde

« En icelluy jour Pantagruel descendit en une isle admirable entre toutes aultres, tant à cause de l'assiete que du gouverneur d'icelle. Elle de tous coustéz pour le commencement estoit scabreuse, pierreuse, montueuse, infertile, mal plaisante à l'œil, très difficile au pied et peu moins inaccessible que le mons du Dauphiné, ainsi dict pour ce qu'il est en forme d'un potiron, et de toute mémoire persone surmonter ne l'a peu, fors Doyac, conducteur de l'artillerie du roy Charles huyctième[39], lequel avecques engins mirificques y monta et au-dessus trouva un vieil bélier. C'estoit à diviner qui là transporté l'avoit. Aulcuns le dirent, estant jeune aignelet, par quelque aigle ou duc chaüant là ravy, s'estre entre les buissons saulvé. Surmontans les difficultés de l'entrée, à peine bien grande et non sans suer, trouvasmes le dessus du mons tant plaisant, tant fertile, tant salubre et délicieux, que je pensoys estre le vray jardin et paradis terrestre, de la situation duquel tant disputent et labourent les bons théologiens. Mais Pantagruel nous affirmoit là estre le manoir de Arété (c'est vertu), par Hésiode descript, sans toutesfoys préjudice de plus saine opinion.

Le gouverneur d'icelle estoit messere Gaster, premier maistre ès ars de ce monde. Si croyez que le feu soit grand maistre des ars, comme escript Cicéro, vous errez et vous faictez tort, car Cicéro ne le creut oncques. Si croyez que Mercure soit premier inventeur des ars, comme jadis croyoient nos antiques druides, vous fourvoyez grandement. La sentence du satyricque est vraye, qui dict messere Gaster estre de tous ars le maistre.

Avecques icelluy pacificquement résidoit la bonne dame Pénie, aultrement dite Souffreté, mère des neuf Muses, de laquelle jadis en compaignie de Porus, seigneur de Abondance, nous nasquit Amour, le noble enfant médiateur du ciel et de la terre, comme atteste Platon *in Symposio*[40].

À ce chevalereux roy force nous feut faire révérence, jurer obéissance et honneur porter, car il est impérieux, rigoureux, rond, difficile, inflectible. À luy on ne peult rien faire croyre, rien remonstrer, rien persuader. Il ne oyt poinct. Et comme les Ægyptiens disoient Harpocras, dieu de silence, en grec nommé Sigalion, estre *astomé*, c'est-à-dire sans bouche, ainsi Gaster sans oreilles fut créé, comme en Candie le simulachre de Juppiter estoit sans aureilles. Il ne parle que par signes, mais à ses

signes tout le monde obéist plus soubdain qu'aux édicts des préteurs
et mandemens des roys. En ses sommations délay aulcun et demeure
aulcune il ne admet. Vous dictes que au rugissement du lyon toutes
bestes loing à l'entour frémissent, tant (sçavoir est) que estre peult sa
voix ouye. Il est escript, il est vray, je l'ay veu. Je vous certifie que au
mandement de messere Gaster tout le ciel tremble, toute la terre bransle.
Son mandement est nommé : faire le fault sans délay ou mourir.

Le pilot nous racontoit comment un jour, à l'exemple des membres
conspirans contre le ventre, ainsi que descript Æsope, tout le royaulme
des Somates contre luy conspira et conjura soy soubstrayre de son
obéissance ; mais bientoust s'en sentit, s'en repentit et s'en retourna en
son service en toute humilité. Aultrement tous de male famine péris-
soient.

En quelques compaignies qu'il soit, discepter ne fault de supériorité
et préférence ; toujours va davant, y feussent roys, empereurs, voire
certes le pape. Et au concile de Basle le premier alla, quoyqu'on vous
die que ledict concile feut sédicieux, à cause des contentions et ambitions
des lieux premiers.

Pour le servir tout le monde est empesché, tout le monde labeure.
Aussi pour récompense il faict ce bien au monde qu'il luy invente
toutes ars, toutes machines, tous mestiers, tout engins et subtilitéz ;
mesmes ès animaux brutaulx il apprent ars desniées de nature. Les
corbeaulx, les gays, les papeguays, les estourneaux il rend poëtes ; les
pies il faict poëtrides et leur apprent languaige humain proférer, chanter,
parler. Et tout pour la trippe !

Les aigles, gerfaulx, faulcons, sacres, laniers, austours, esparviers,
émerillons, oizeaux aguars, pérégrins, essors, rapineux, saulvaiges, il
domesticque et apprivoise de telle façon que, les abandonnant en pleine
liberté du ciel quand bon luy semble, tant hault qu'il voudra, tant que
luy plaist, les tient suspens, errans, volans, planans, le muguetans, luy
faisans la court au-dessus des nues ; puys soubdain les faict du ciel en
terre fondre. Et tout pour la trippe !

Les éléphans, les lyons, les rhinocérotes, les ours, les chevaulx, les
chiens, il faict danser, baller, voltiger, combattre, nager, soy cacher,

aporter ce qu'il veult, prendre ce qu'il veult. Et tout pour la trippe!

Les poissons, tant de mer comme d'eaue doulce, balaines et monstres marins, sortir il faict du bas abisme, les loups jecte hors des boys, les ours hors des rochiers, les renards hors les tesnières, les serpents lance hors la terre. Et tout pour la trippe!

Brief, est tant énorme que en sa rage il mange tous, bestes et gens, comme feut veu chez les Vascons, lorsque Q. Metellus les assiégeoit par les guerres sertorianes, entre les Sagontins assiégéz par Hannibal, entre les Juifz assiégéz par les Romains, six cens aultres. Et tout pour la trippe!

Quand Pénie sa regente se mect en voye, la part qu'elle va, tous parlemens sont clous, tous édictz mutz, toutes ordonnances vaines. À loy aulcune n'est subjecte, de toutes est exempte. Chascun la refuyt en tous endroictz, plustoust se exposans ès naufrages de mer, plustoust eslisans par feu, par mons, par goulphres passer que d'icelle estre appréhendéz. »

Que de paraphrases terribles a reçues ce chapitre titanesque. Il y a une trentaine d'années, Darcier faisait venir la chair de poule en chantant le lugubre refrain de la *Marseillaise de la faim* :

> On n'apaise pas le murmure
> Du peuple quand il dit: «J'ai faim!»
> Car c'est le cri de la nature;
> Il faut du pain! Il faut du pain![41]

Ce cri, qui ne l'a entendu il y a dix ans, lorsqu'il força Paris à capituler?

Ainsi le secret de la dive bouteille, c'est les deux piles maçonniques, le B et le J[42], c'est-à-dire le boire et le manger. C'était déjà la clef de toute la partie philosophique du poème de Rabelais et celle de toutes les philosophies antiques; mais la science moderne est venue singulièrement en accroître l'importance, car elle démontre que la base de tout le monde vivant est la cellule, autrement dit un tube digestif, infime serviteur de messer Gaster, mais aussi sourd et aussi impérieux que lui, et dont l'unique loi est le *struggle for life* rendu célèbre par Darwin. Messer Gaster n'est plus seulement le maître des arts, il est maître de la création tout entière ; la lutte pour la vie de la cellule a produit toutes les combinaisons du monde qui nous entoure, et nous assistons encore à la formation de continents produits par un messer Gaster lilliputien qui n'en fait pas moins besogne de géant.

Le ventre, c'est l'architecte, le bon travailleur, que reproduisent si souvent les pierres gravées étrusques sous la forme d'un tronc humain toujours sans jambes et sans bras, et quelquefois sans tête ; du reste, nos musées sont encore remplis de ces divinités de Lampsaque, sans bras ni jambes, représentant exactement ce que Platon entendait par Eros, qui n'était pas l'amour moderne, mais le *désir* ou plus simplement la vie. Il y avait donc conformité complète entre la doctrine de Platon et celle des Gouliards, et cette conformité n'avait pas échappé à Rabelais, car il cite à ce propos un passage d'Euripide, qui, parlant du cyclope ou cabire Polyphème, le fait s'exprimer ainsi : « Je ne sacrifie que à moy (aux dieux poinct) et à cestuy mon ventre, le plus grand de tous les dieux. »[43]

En effet, Polyphème, le plus grand des cyclopes ou des cabires démiurges sans bras ni jambes, n'était autre que messer Gaster en personne. Son nom veut dire : *qui mange beaucoup*, et à chaque carnaval la basoche lyonnaise promenait son effigie sous le nom de *Maschecroûte*, équivalent français du grec *Polyphème*[44].

Le sixième livre du Pantagruel reproduit en hiéroglyphes le mot de la divine bouteille, et explique en même temps ce que c'était que cette bouteille et quel était le sens du mot *lanternois*. Mais comme on a pu s'apercevoir que la clarté n'était cependant pas la qualité dominante de cet illustre langage, je vais me contenter d'en extraire la quintessence et de la délayer en vile prose :

> La lanterne humaine, c'est le ventre ;
> Il est la raison qui ordonne que chacun travaille ;
> Il soumet les humains à des rois qui ne sont que vrais fols,

Mais il est des raillards qui assurent qu'ils n'ont d'égal
Que celui qu'un noble ventre a fait éclore.
Sans, peine ils y trouvent la raison
Que ce fut l'architecte bon travailleur,
Messire ventre, qui aima et fit crosse et trône.
Guère n'est fol qui nie le dieu *bouteille*,
Gouverne Rome, se garde France *boute elle*.
À qui reçoit le secret de lire le lanternois,
Montre que l'huile humaine est bouteille.
Qui la sert, s'il a soif, boive sec.
Guères sans vin se peut âge supporter :
Guères joies n'être, si l'ennui n'y laisses.
Modéré n'use n'y trouve que bonheur.

Tel est ce catéchisme bachique, qui n'est pas après tout bien subversif ; il s'est transmis, sans grande altération, jusqu'au bonhomme Béranger, qui a dû être un des derniers Gouliards [45]. Voici maintenant les conditions exigées du néophyte qui voulait être admis dans l'ordre, elles supposent nécessairement un dessinateur :

On doit d'abord faire une œuvre qui prouve
Que nul autre n'a fait la pareille.
On ne peut la composer qu'en français
Sur toutes choses qui se meuvent en l'heure (actualités).
Dans cette planche qu'il n'y ait pas d'autre rime que *poule.*
On use de cette rime afin que la retrouvant
Le *maçon puisse lire* ce qu'on a mis sur la planche.
Le *pourple* a pour fin d'abattre Rome,
À cette fin qu'il cherche à gagner des rois aux Gouliards.
Qui se dit *pourple* le certifie ;
Que les pairs apprécient le signe qu'il en donne.
Il doit faire une planche où l'on sente qu'il est habile.
Si son rébus le mérite, qu'on lui en signe l'acte et le plombe
(scelle).

> Cet acte doit être une image ornée à jeu de pinceau.
> Il écrit au *Febvre* s'il a sujet de plainte.
> Le pourple doit offrir de payer les frais du scel.
> Son but est de *développer* le goût du *fantastique*.

Tout cela annonce une étude si profonde des arts du dessin, que je me demande si c'est bien de Rabelais. Mais pourquoi, après tout, ce règlement n'aurait-il pas été rédigé par lui? Toute son œuvre atteste qu'il avait analysé à fond l'art de son temps et que c'était par ce procédé qu'il avait lui-même développé son goût pour le fantastique. Il cite les compositions fantastiques de la cathédrale de Strasbourg et surtout celles de l'auteur du *Songe de Poliphile*[46], en homme pour qui l'art gothique n'avait pas de secrets, et, à propos d'art gothique, ne faut-il pas chercher l'étymologie si contestée de ce terme dans les *Gaults* ou *Gouliards*, plutôt que dans les Goths d'Espagne, qui avaient disparu de l'histoire longtemps avant l'apparition du style qui porte son nom[47]? Du temps de Rabelais, *Gault* s'écrivait *gaut* et se prononçait *got*. Quoi qu'il en soit, il est certain que l'art gothique était bien celui des Gaults et qu'aucune comparaison n'est plus juste que celle de l'œuvre de Rabelais à une cathédrale. On ne peut pas dire qu'elle soit unique, ni isolée; de son temps, et après lui, on a publié un grand nombre de poèmes blasonnés où les figures étaient remplacées par la description. Tels sont notamment les *Dicts moraux pour mettre en tapisserie* de Maître Henry Baude, qui ont été réédités récemment.

Voici l'une de ses compositions:

> (*Un bonhomme regardant un boys auquel a, entre deux albres,*
> *une grant toile d'araigne.*)
> UN COURTISAN
> Bonhomme, dis-moi, si tu daignes,
> Que regardes-tu dans ce boys?
> LE BONHOMME
> Je pense aux toiles des araignes,
> Qui sont semblables à nos droits.

Grosses mousches en tous endroits
Passent, les petites sont prises.
UN FOL
Les petits sont subjects aux loys,
Et les grans en font à leur *guise*.[48]

In cauda venenum. Charles de Guise, cardinal de Lorraine[49], était alors le favori avoué de Catherine de Médicis, ce qui donnait lieu à des milliers de caricatures et de mascarades plus sanglantes les unes que les autres, dont M. Champfleury rapporte un certain nombre dans son *Histoire de la Caricature*. Aussi le dernier vers de ce dialogue satirique est le sujet même de la tapisserie, dont la traduction est :

Vile ne dût brûle n'aime reine tel[50].
(On devrait brûler la reine vile qui aime tel) (guise).

Telle était la menue monnaie de la satire gouliaresque, et nous verrons que le dix-huitième siècle en a fait un prodigieux abus. Ces petites compositions ne manquent ni de sel ni de malice ; mais de ces bluettes aux grandes compositions de Rabelais, dans lesquelles il n'est pas une virgule mise sans raison, quelle incommensurable distance ! Assurément, son œuvre paraît bien plus colossale et plus prodigieuse, lorsque l'on sait que des édifices titanesques comme le chapitre LVII du livre IV reposent sur des bases fouillées au microscope, comme un bloc de corail ; mais il a si peu besoin de ces arguties gouliaresques, que, depuis près de quatre siècles, on en dévore la partie lumineuse, sans s'inquiéter de ce qui grouille dans la partie ténébreuse.

Cependant cette partie ténébreuse est pleine de renseignements non seulement sur l'histoire secrète de son temps, mais encore sur celle des Gouliards, qui valent la peine qu'on se donne pour rompre cet *os médullaire*, et de ce nombre sont les deux chapitres où il est traité des engastrimythes et des gastrolâtres.

Au premier abord on pourrait voir, dans les engastrimythes, le clergé romain ; mais Rabelais était trop savant pour donner sérieusement dans le protestantisme et se mettre à la suite de Luther ou de Calvin. La Réforme ne prit jamais pied dans les pays où les Gouliards étaient en force : 1° parce qu'elle tendait à relever l'aristocratie, que les Gouliards avaient pour mission d'abattre ; 2° parce qu'il ne leur était pas plus difficile de se soumettre, au moins en apparence, à l'ensemble raisonné des dogmes catholiques qu'à l'éclectisme absurde des réformateurs[51]. C'est ce qui explique pourquoi Rome a toujours préféré les *libertins* aux hérétiques. D'un autre côté, les Gouliards, comme les platoniciens dont ils descendaient, tenaient essentiellement à garder la lumière sous le boisseau, car ils sentaient, comme l'évènement l'a prouvé du reste, que, s'ils étaient la négation persistante de l'Église romaine, ils faisaient cependant partie intégrante de cette Église et que le jour où ils la renverseraient, ils périraient, comme Samson, sous les ruines de l'édifice dont ils auraient sapé les deux piliers symboliques. Aussi, dans la partie secrète de son œuvre, Rabelais s'occupe-t-il exclusivement de politique ou des faits des Gouliards, ses contemporains, qu'il a beaucoup plus sévèrement critiqué que l'Église de Rome.

En effet, les Gouliards fournissaient toute une clique d'astrologues « divinateurs, ou chanteurs et amuseurs du simple peuple, semblans non de la bouche, mais du ventre, parler et respondre à ceulx qui les interrogeoient »[52]. Ce sont ces engastrimythes que déteste Pantagruel.

Mais il n'aime pas davantage les *gastrolâtres*, dans lesquels il n'est pas difficile de reconnaître les francs-maçons du parti aristocratique ou de la suite de Diane de Poitiers.

Comment cette grande dame était-elle devenue maîtresse pourpre ? C'est ce que j'ignore ; mais elle devait tenir beaucoup à ce titre, car, au lieu de son blason nobiliaire, c'est son blason de *rose-croix* qui décore à profusion son tombeau et sa chapelle si prodigieusement païenne du château d'Anet.

C'est un écusson dit *cuir* ou *cœur*, supporté par une paire de palmes en sautoir écourtées ou taillées, et surmonté d'une tête d'ange ou *angle*, suivant l'ancienne prononciation.

La lecture est[53] :

Le blason rose-croix au château d'Anet (NDLE).

Pourple maistresse telle croix signe gueule.

Le cœur contient un croissant avec l'HD enfibulés de Henri II qui en modifie ou *brise* le sens, et ce sens est :

Crime les rois, mie ne se pardonnent faibles.

«Les rois ne pardonnent pas les crimes aux faibles», ce qui semble faire allusion à la condamnation de son père.

Diane remplissait sérieusement ses devoirs de Gouliarde, car elle avait élevé un hôpital pour les pauvres au fond de son parc d'Anet et elle était très charitable. Mais il faut croire qu'elle imprimait à l'ordre une direction aristocratique qui ne convenait pas à Rabelais, puisqu'il finit par se mettre sous le patronage du cardinal de Lorraine, qui représentait le courant démocratique. Aussi se moque-t-il des gastrolâtres *coquillons*. Cette épithète désignait particulièrement les *maçons* qui semblent avoir toujours été gens d'action, tandis que les *escribouilles* ou engastrimythes étaient plus particulièrement *clercs* ou gens de plume et de conseil. L'hiéroglyphe spécial des *maçons* était un *limaçon* ce qui leur avait fait donner le nom de *coquillons* ou gens à coquille; sous Louis XIII, on les nommait *caquerolles*, nom bourguignon du limaçon.

Il paraît que Diane aimait à bien dîner et servait de son mieux messer Gaster; c'est à son intention que Rabelais transforme le classique Maschecroûte des Lyonnais en Manduce. Le Maschecroûte, monté sur un bâton doré et faisant *cliqueter* sa gueule [54] donnait la devise:

Qu'honore Maschecroûte nait qu'il écoute gueule.

C'est-à-dire: Qui honore Maschecroûte ne doit écouter que sa gueule. En changeant Maschecroûte en *Manduce*, Rabelais disait:

Que normande senescale coûte gueule.
(Que la gueule de la sénéchale normande nous coûte cher!)

Et, comme preuve à l'appui, il donne immédiatement les menus pantagruéliques de la sénéchale, que payait naturellement le pauvre peuple. Aussi se mit-il à dos les deux branches de la famille de Goulia et eut-il grand-peine à publier son quatrième livre. Mais il s'en consolait avec son *pantagruélion* [55], devise stoïque qu'on est tout étonné de trouver dans cette joyeuse apologie de la boustifaille ; car son sens était :

Peine te grève l'y ait ne.

(Qu'il n'y ait pas de peine qui puisse t'atteindre).

V

Telle était cette philosophie des fils de Goulia, qui se rattachait directement à celle de l'antiquité et n'a rien à voir avec le matérialisme moderne ; car, tout en faisant de messer Gaster le premier ministre de la Fatalité, ou l'*Anankè* grecque, ils ne le considéraient pas comme un dieu.

« Croyez, dit Rabelais, que par eulx ne tenoit que cestuy Gaster, leur dieu, ne feust aptement, précieusement et en abondance servy en ces sacrifices, plus certes que l'idole de Heliogaballus, voyre plus que l'idole Bel en Babylone soubs le roy Balthazar. Ce nonobstant, Gaster confessoit estre non dieu, mais paouvre, vile, chétifve créature. Et comme le roy Antigonus, premier de ce nom, respondit à un nommé Hermodotus (lequel en ses poësies l'appeloit dieu et filz du Soleil), disant : "Mon lasanophore le nie"… ainsi Gaster renvoyoit ces matagotz, etc. » [56].

Rabelais se moquait donc de ceux qui croyaient qu'il n'y avait rien au-delà de la philosophie des Gouliards et qui prétendaient faire de l'homme l'apogée de l'univers. C'était, du reste, se conformer rigoureusement à la doctrine de Platon, qui disait absolument la même chose d'Eros, dont Messer Gaster n'est que la traduction gothique. Platon c'est le Parthénon avec sa noblesse et sa correction ; Rabelais, c'est Notre-Dame avec sa profondeur et les saturnales de son portail. Mais quel est le plus beau des deux ? Je ne crains pas de dire que c'est Notre-Dame, car l'art moderne regagne largement du côté de la vie ce qu'il perd du côté de la sérénité.

À côté de cette philosophie qui leur était commune avec tous leurs prédécesseurs, les Gouliards possédaient une mythologie d'autant plus intéressante qu'elle était absolument autochtone, c'est-à-dire gauloise, et qu'elle se perd dans la nuit des temps.

Cette mythologie semble originaire du Limousin plutôt que de la Picardie, comme on serait porté à le croire par le nom de *picaresque*, donné à leur langage. Mais ce nom de *picard* ne désignait pas dans l'origine une race ni une province particulière et il était synonyme de *pouhier*, qui voulait dire *enfant du pays*[57]. Les *Gaults* se servaient de la langue gauloise, telle semble être l'étymologie la plus vraisemblable de leur nom. Ce nom était celui du coq, qui veut dire *rouge*; aussi le traduisaient-ils le plus fréquemment par *pourple*. Mais l'hiéroglyphe le plus ancien de ce mot était un *papillon*, qui se dit en limousin *parpaille*, d'où est venu le nom de *parpaillot*, appliqué aux protestants qui furent d'abord confondus à tort avec les Gouliards. Du reste, ce hiéroglyphe a beaucoup varié et sur les assiettes révolutionnaires il est remplacé par un parapluie rouge.

L'objet de leur vénération, du moins apparente, était un *sépulcre*.

Une caricature, dirigée contre le chancelier Letellier, père de Louvois, et reproduite par M. Champfleury, p. 181, représente ce personnage en Goguelu hôtelier[58]. Mais le fond de cette charge n'est rien moins que comique; car c'est une menace de mort, écrite en lanternois on ne peut plus clair: elle se compose de quatre vers:

> Écrit tel crime l'argue gault, Letellier
> Garde ait tourment, il boute ne pourple,
> Mie ne se touque foi ne l'est sépulcre,
> Ou t'assassinent, femme, fils, fille.

« Tel Gault que Letellier accuse de crime lui écrit qu'il se garde de mettre un pourple à la torture, qu'il ne touche à ceux qui ont foi dans le sépulcre, ou ils t'assassinent femme, fils, fille. »

Ce dernier vers est écrit par une hotte, un chat, un chien, une femme, un fils, une fille. *Hotte, chat, chien* font: ou t'assassinent. Comme la mère loge exerçait un contrôle sur les productions de ses membres et veillait

Goguelu est presque toujours péjoratif. Le commentaire de l'estampe se lit :

... Est-il rien de plus résolu
Et d'une humeur plus incivile
Que ce monsieur Le Goguelu,
Alors qu'il va dîner en ville ?
À moins que d'être téméraire,
Ou goinfre de même que lui,
Il est impossible de faire
Ce qu'il fait au logis d'autrui ;
Car cet *escornifleur* infâme,
Prétextant d'y porter son plat,
Y porte jusques à sa femme,
Ses enfants, son chien et son chat ! (NDLE).

à ce que leurs rébus ne fussent pas trop faciles à deviner, afin que le secret ne se divulguât pas, il fallait qu'elle tînt cette fois à être comprise, et Letellier dut se conformer à l'avis. Mais qu'était ce sépulcre dont il est si souvent question dans les oeuvres des Gouliards et qui est passée dans la franc-maçonnerie moderne ? Son hiéroglyphe le plus habituel est une *pile à tête carrée, chef pile carré*, et la grande occupation des Gouliards était soi-disant de construire ce sépulcre. Ils le nommaient le *sépulcre de Gaufre*, qui semblait être le nom du prince Vaifre ou Gaïfre d'Aquitaine[59], lequel figure dans nombre de romans de chevalerie comme le représentant des classes populaires ; puis ce nom s'est métamorphosé en celui de *Jeoffrin*, qui a fini par devenir à une époque très moderne le *Juif errant*. Mais, au fond des dogmes gouliaresques, il y avait toujours une grosse farce gauloise et, suivant le degré d'initiation, on faisait adorer au néophyte un diable qui se nommait *Crespelu*, ou on lui apprenait que le Christ n'avait jamais existé et que Paul, c'était le Christ (*c'est Paul Christ*). Mais le véritable sépulcre était le dernier degré de l'initiation de celui qu'on recevait maître *pourple*, et on lui apprenait que le *sépulcre, c'est ce que crie la poule*. Or ce que crie la poule c'est *glou*, et je crois que les francs-maçons modernes gloussent encore en son honneur. Cela nous ramène au nom même des Gouliards et à leur signe de croix. Ils adoraient la gueule, qui est le tombeau des *gaufres* : ainsi nommait-on primitivement ce que nous nommons aujourd'hui le *pain à chanter* ou *pain enchanté* et ce que les anciens nommaient *azyme* et ils rimaient tous leurs vers en L en l'honneur de la poule, qui avait, du reste, joué un grand rôle dans la mythologie celtique, sous le nom de *koridwen*[60]. Mais, comme l'hiéroglyphe le plus habituel de l'objet de leur vénération est une *poêle à frire*, je crois que cet ustensile passait encore dans leur estime avant le gallinacé. Du reste, les peuples de la Palestine avaient la même vénération, non pas pour notre poêle moderne qui leur était inconnue, mais pour la pierre plate sur laquelle ils cuisent encore leurs galettes et qui en limousin a laissé son nom à l'ustensile de tôle que les progrès de la civilisation lui ont substitué et qui s'appelle toujours une *tuile*.

Nos ancêtres de l'âge de pierre, de même que les Arabes de la

Palestine moderne, plaçaient cette tuile, ou pierre plate, sur deux autres qui lui servaient de piles et ils construisaient ainsi un dolmen en miniature sous lequel ils allumaient du feu. Quand la pierre de dessus était chaude, on la graissait, ce qui lui avait fait donner le nom de *christ*, et l'on cuisait dessus les galettes. Les Palestiniens d'aujourd'hui cuisent encore les leurs pour tout l'été, avant de partir pour leurs pâturages, et suspendent ensuite la pierre du foyer à un clou. C'est le crucifiement du panetier qui a fourni deux ou trois légendes à la Bible et se célèbre encore à Chypre, à la fête des Azymes, en jetant sur le toit la poêle qui a servi à faire des crêpes [61].

En fermant par derrière l'édifice culinaire primitif que j'ai décrit plus haut, on obtenait un four. Or en déplaçant le dolmen d'Aulnay [62] pour y faire passer un chemin de fer, on vient de se convaincre que ce monument, construit sur le modèle des fours de l'époque de pierre, avait non seulement servi de sépulcre, mais que les cadavres qui y avaient été déposés y avaient été incinérés, après l'avoir rempli de bois sec auquel on avait mis le feu : en d'autres termes, qu'il avait été construit expressément pour répondre aux usages d'un four et pour opérer sur les cadavres soit par dessiccation, soit par combustion.

Ceux qui ont construit le dolmen d'Aulnay adoraient donc le *four* et étaient des francs-maçons ou plutôt des *fourmaçons* ; car les Gouliards, dans leur écriture figurée, écrivent toujours *fourmaçon* ou *frimaçon* et jamais *franc-maçon*. C'est sous cette forme que ce mot s'est conservé dans les langues orientales, et si les Anglais en ont fait *free mason*, c'est par corruption. En rapportant d'Angleterre la franc-maçonnerie moderne, qui est très différente de l'ancienne, malgré un assez grand nombre de traditions communes, on a traduit *free* par *franc*, mais c'est à tort : les francs-maçons du Moyen Âge étaient des constructeurs de voûtes, en latin *fornix*, en français *four* [63] ; dans l'origine, on donnait le nom de *four* ou *frise* à la pierre plate que nous nommons *architrave* et qui réunit deux piles ou colonnes, parce qu'elle rappelait celle sur laquelle on faisait frire les galettes. Ce ne fut que fort peu de siècles avant notre ère, au moins en Occident, que l'on connut la voûte en plein cintre, qui, d'abord employée à faire des fours, le fut ensuite sur une plus large échelle dans les édifices publics, sans être admise dans les temples païens, qui jusqu'à la fin conservèrent l'architrave[64]. On peut remarquer, au contraire, que toutes les églises chrétiennes qui sont l'œuvre des francs-maçons, ou plutôt *fourmaçons*, se terminent, sans exception aucune, par *un* ou *trois fours*, auxquels on donne le nom d'*abside*, qui veut dire absolument la même chose en grec[65]. Bref, le plan des églises les plus anciennes qui n'ont pas de transept est identiquement celui du four banal de la même époque, tandis que le type oriental est presque toujours une rotonde. Les architectes du Moyen Âge, qui étaient tous Gouliards sans exception, ont donc construit tous ces édifices chrétiens sur des plans qui ne l'étaient guère, et ils ne se sont pas bornés à cela, car leurs hiéroglyphes n'ont rien respecté, surtout les papes. À Rome, chez eux, les chefs de l'Église romaine se sont contentés de se servir de l'écriture des Gouliards pour les réfuter dans la même forme et je crois, sans avoir eu toute fois l'occasion de le vérifier, qu'ils n'ont jamais admis le style des Gouliards dans leurs basiliques pontificales, mais qu'ils ont conservé le style grec, qui a dû leur être transmis par les premiers apôtres.

Quant aux églises primitives, on sait que, par leur destination, elles étaient plutôt ce que nous nommerions des *maisons communes* que des temples, et qu'elles ont conservé jusqu'à un certain point ce caractère en Italie, puisque, dans une église de Forli, légation pontificale, j'ai vu de mes propres yeux donner un concert en l'honneur d'une sainte qui ne figure certainement sur aucun calendrier, sainte Loterie. Il en est de même en Orient, où l'église proprement dite est séparée de l'endroit où se tient le peuple par une véritable muraille nommée *iconostase*. Mais même en tenant compte de toutes ces différences, l'Église romaine, qu'on nous dépeint au Moyen Âge comme si intolérante, accordait aux Gouliards des libertés, ou plutôt des licences, qui dépassaient toutes les bornes.

Ce fut l'autorité civile qui finit par défendre les mystères qui se jouaient primitivement dans les églises, à cause non pas tant des plaisanteries licencieuses que des mordantes satires que l'usage de la langue lanternoise permettait d'y introduire, et nous verrons plus loin que ces satires s'étaient perpétuées parmi les comédiens de l'hôtel de Bourgogne[66]. On pouvait objecter qu'avec cette langue on n'a d'autre ressource que de clore la bouche aux gens ; et encore parleront-ils avec n'importe quoi, comme les muets des sultans, qui avaient inventé une langue par signes que tout le sérail connaissait quatre ou cinq siècles avant l'abbé de l'Épée, et, en second lieu, que tout cela était lettre close pour les non-initiés.

Mais il n'en était pas de même de la messe de l'âne[67], dont les bouffonneries étaient à la portée des plus ignares ; et enfin, le latin était une langue assez répandue à cette époque pour qu'il fût étrange d'entendre dans les églises des cantiques comme celui-ci :

> *Honor Jovi cum Neptuno.*
> *Pallas, Venus, Vesta, Juno,*
> *Mirae sunt clementiae.*
> *Mars, Apollo, Pluto, Phoebus*
> *Dant salutem laesis rebus*
> *Insitae potentiae.* [68]

On a prétendu que le dixième siècle, que les Anglais nomment *the dark age*, avait été un siècle d'épouvante, qui, dans l'opinion populaire, devait se terminer par la fin du monde. Mais il est reconnu aujourd'hui que cette légende est tout à fait moderne et que le dixième siècle a été au contraire une période de grande activité artistique et intellectuelle, outre qu'il a été celui de la réorganisation de la plupart des corporations de métiers ou bourgeoisies et qu'il a vu, sinon naître, du moins apparaître à la lumière ces Gouliards qui en étaient la quintessence et n'engendraient certainement pas la mélancolie. Nos pères n'étaient donc pas aussi rechignés ni aussi écrasés par la papauté qu'on veut bien le dire. La société de Goulia s'ouvrait à tout le monde : nobles et manants, riches et pauvres, Français et étrangers, hommes et femmes, clercs et laïques, et la papauté la tolérait comme une soupape nécessaire, n'ayant jamais poursuivi que les clercs proprement dits qui déshonoraient leur ordre par leur vagabondage et leur vie crapuleuse, et qu'elle punissait par l'exclusion des privilèges attachés au cléricat.

Je ne puis terminer cet aperçu sur un sujet si vaste et si peut exploré sans dire un mot de la hiérarchie adoptée par les fils de Goulia. Ils comptaient par piles, comme nous aujourd'hui par galons, avec cette différence que le nombre des piles décroissait à mesure que l'on montait en grade. Ces grades étaient au nombre de cinq : IIIII, IIII, III, II, I.

Cinq piles, ou *simple*, qui, en limousin, veut dire *imbécile*, étaient la désignation du vulgaire ; quatre piles se disaient *carpal* ou *crapaud*. Chez les maçons on donne encore ce nom aux apprentis. Les *trois piles* correspondaient au rang de *trépelu* ou maître ; on dit encore un *brave à trois poils*. *Deux piles*, ou encore une *paire de piles pourples*, correspondait aux cardinaux de l'Église de Rome ; et enfin, la *pile unique* était réservée au Grand Architecte ou à la Divinité ; si elle était surmontée d'un chapiteau carré, elle désignait le *sépulcre*[69]. Les pourples étaient membres de la *mère loge*, qui semble avoir été unique et s'est toujours tenue à Paris. Cette unité de foyer expliquerait comment l'ordre a pu procéder à sa dissolution sans laisser nulle part de rejetons.

VI

Il me reste maintenant à signaler l'influence des Gouliards sur les évènements historiques partout où elle s'est affirmée visiblement, depuis le dixième siècle jusqu'à la Révolution française.

Tant qu'ils restèrent confinés dans les monastères carlovingiens et qu'ils n'eurent pour battre en brèche la société d'autres armes que des chansons latines ou les rébus qu'ils griffonnaient sur les chapiteaux et les porches des églises, cette influence fut à peu près nulle. Mais dès qu'ils se répandirent dans les universités en partie laïques qui succédèrent aux écoles exclusivement monastiques de Charlemagne, cette influence s'élargit immédiatement dans des proportions considérables. Abailard était Gouliard. Il fut dénoncé comme tel par saint Bernard au pape Innocent II, et le châtiment qui lui fut infligé par son oncle, le chanoine Fulbert, était une des peines édictées par les Gouliards contre ceux de leurs frères qui séduisaient la fille de leur hôte ou de leur patron[70]. À peine Philippe-Auguste eut-il fondé l'Université de Paris qu'il est question des Gouliards. En 1229, sous la régence de Blanche de Castille, mère de saint Louis, il y eut une rixe entre des clercs ou étudiants de l'Université, car alors ces deux mots étaient synonymes, et des cabaretiers du faubourg Saint-Marcel. Battus le premier jour, les clercs revinrent le lendemain armés d'épées et de bâtons et malmenèrent les Saint-Marcellois. Leur seigneur, le prieur de Saint-Marcel, porta plainte au légat et à l'archevêque, qui la transmirent à la régente. « Celle-ci, dit la chronique latine de Mathieu Paris[71], poussée par l'impétuosité naturelle aux femmes et la violence de son caractère, ordonna aussitôt aux prévôts de la Cité et à quelques-uns de ses gardes de s'armer immédiatement, de sortir de la ville et de châtier sans miséricorde les auteurs de ces violences ». Cet ordre fut exécuté avec une cruauté inouïe. Les clercs que l'on trouva occupés à se divertir hors des murs et qui ne se doutaient de rien, la plupart étant étrangers aux désordres du faubourg Saint-Marceau, furent égorgés et pillés et les survivants se sauvèrent dans les vignes et les carrières. Parmi les blessés se trouvèrent deux étudiants de haut lignage, dont l'un était Flamand et l'autre Normand. Les hauts dignitaires de l'Université allèrent demander justice à la reine ; mais elle leur fut déniée par cette princesse à l'instigation de l'archevêque et du légat. Alors l'Université se mit en grève, et élèves et professeurs se dispersèrent, maudissant l'orgueil de la reine et du légat, qu'on accusait de relations coupables.

« À cette occasion, dit Mathieu Paris, des serviteurs, des esclaves, ou ceux que nous avons l'habitude d'appeler Gouliards, composèrent des vers satiriques en latin. »

Je passe le premier distique cité par le chroniqueur, comme trop cru, même en cette langue. Il devait être l'oeuvre de quelque domestique ou cuistre universitaire[72]. Voici le second :

> *Clere tremisco metu, quia vis contemnere me tu,*
> *Perfundor fletu, mea damna fleo, tua fle tu.*[73]

Rabelais n'aurait pas désavoué cette poésie cocasse, qui, en latin, ne signifie pas grand'chose ; aussi doit-elle se lire en français lanternois, et alors elle devient tellement salée, que je dois me borner à en citer le premier vers :

> Clair est Rome est qui me tue.
> Il est clair que c'est Rome qui me tue.

Le sens du reste est que la reine et le légat ayant tué leur enfant, il fallait qu'ils tuassent. On voit par cet exemple que Rabelais n'avait inventé ni le lanternois ni la manière de s'en servir[74].

La famille de Golia prit un énorme développement à l'époque des croisades, auxquelles elle fit cependant une opposition acharnée, car, de sa nature, elle n'était pas plus belliqueuse que Panurge, qui représente si exactement dans le second livre de *Pantagruel* l'écolier des universités du Moyen Âge. Malgré cette opinion, les Gouliards passèrent la mer en nombre considérable, non comme guerriers, mais comme architectes et artisans, et ils couvrirent l'Orient de monuments de leur style, qui s'y modifia par l'adoption de l'ogive, dont on se servait à Chypre depuis le septième siècle. Ils y trouvèrent d'autres francs-maçonneries fondées à peu près sur les mêmes principes que la leur, et notamment celle des Druses, qui existe encore, et de ce contact naquit l'ordre mixte des Templiers, qui était un État dans l'État avec ses trois classes de frères soldats, prêtres et artisans[75]. Les francs-maçons modernes ont la prétention de descendre des Templiers. Mais ceux-ci étaient de vrais Gouliards, non seulement étrangers, mais hostiles à toute tradition biblique. Ils étaient rigoureusement classés par profession, comme les Gouliards. Et le mélange d'individus de professions diverses, qui creuse un abîme entre les francs-maçons modernes et les Gouliards, ne remonte pas au-delà de Cromwell. La légende biblique d'Hiram est également d'origine protestante, car, de même que les autres Gouliards, les Templiers repoussaient l'Ancien Testament et étaient véritablement païens. Ce que l'on a conservé de leurs symboles ne laisse aucun doute à cet égard, tandis que les francs-maçons du rite écossais ne sont que des protestants un peu plus radicaux que ceux de l'Église officielle[76].

On sait que les Templiers avaient conquis une influence énorme tant en Orient qu'en Occident, et qu'ils furent détruits par Philippe le Bel, malgré la résistance désespérée de Clément V. Ce pontife savait très bien qu'ils étaient païens; mais Rome n'a jamais essayé de son propre mouvement de supprimer ni même de gêner les Gouliards, et elle préférait ce genre d'opposition occulte à une opposition beaucoup moins radicale, mais publique. La politique des Gouliards était celle des Druses; extérieurement, ils se soumettaient à la religion établie[77] et Rome ne leur en demandait pas davantage.

Il s'écoula un peu plus d'un siècle entre la suppression des Templiers et la découverte de l'imprimerie, et, pendant ce temps, les Gouliards ne firent guère parler d'eux. Il est possible cependant qu'ils n'aient pas été étrangers au mouvement d'opinion qui suscita la mission de Jeanne d'Arc; et, en tout cas, Charles VII était Gouliard, car il composa de ses propres mains le blason de la Pucelle, ce qu'il est impossible de faire sans être initié. Le roi René de Provence l'était également, et il dut en être de même de Louis XI, à en juger par sa politique vis-à-vis de la féodalité, qui était la bête noire de la famille de Goulia. À partir de ce règne, son action se manifeste avec une intensité croissante. Elle devient l'un des grands pouvoirs de l'État et il est très facile de suivre les traces, grâce aux innombrables estampes ou aux livres dans lesquels elle a consigné ses bizarres décrets.

Fort heureusement pour ces excentriques annales, elles possèdent en dehors de leur valeur historique une valeur d'art et de curiosité qui les a fait rechercher de tout temps par les collectionneurs, même profanes. Déjà, au seizième siècle, les *grotesques*, qu'on écrivait alors *crotesques* ou *crotestes*, avaient une place d'honneur dans toute bibliothèque sérieuse; et, comme le fait très judicieusement remarquer feu M. Viollet-le-Duc, il ne faut pas confondre le *grotesque* avec la *caricature*.

Cette dernière est toujours un portrait plus ou moins enlaidi, tandis que le *grotesque* est toujours une écriture qui, sous une apparence plus ou moins fantastique, traite la plupart du temps de sujets complètement étrangers à ceux qui semblent être le thème de la composition choisie par l'artiste.

La plus grande partie des pièces qu'a recueillies M. Champfleury dans son *Histoire de la Caricature* depuis le seizième siècle jusqu'à Louis XVI, sont des grotesques et non des caricatures ; mais, comme il les présente au lecteur dans leur ordre chronologique, il se trouve avoir réuni tous les matériaux nécessaires pour une histoire de la famille de Goulia dans les temps modernes.

Presque toutes ces pièces sont politiques, à commencer par la plus ancienne, qui est datée de 1496 et est dirigée contre Alexandre Borgia. Le sujet représente un monstre ou une chimère moitié âne et femme, qui n'a aucune prétention à charger le père de la fameuse Lucrèce. Elle ne mentionne qu'un fait curieux, à savoir, que ce pape était *pourple* ou Gouliard : *oncques plus menteur, sans foi, l'eut pourple.* Plus tard, Luther l'a rééditée, mais avec des modifications qui la rendent tout à fait impersonnelle et en changent considérablement le sens (*Histoire de la caricature*, par Champfleury, p. 66).[78]

Une autre chimère, composée d'outils, représente le pape Paul III, dont le nom est écrit par le *pot au lait*, le *plat* et la *pale* qui lui tiennent lieu de visage. Il a pour *tiare* une *cloche*, ce qui fait *cloche-tiare* pour *clystère*, et l'on dit qu'il mérite des éloges pour avoir pris un clystère de réforme[79]. Cette pièce, éditée en Allemagne, est excessivement mordante et tout à fait digne de Rabelais, qui publiait à la même époque son quatrième livre de *Pantagruel*. Si la composition n'est pas de lui, elle est certainement d'un de ses meilleurs disciples (*Histoire de la caricature*, p. 75).

J'ai dit que le *Pantagruel* et beaucoup de pièces de la même époque contenaient l'histoire d'un des évènements les plus importants des siècles modernes, celui du refus par les Gouliards parisiens de se rallier aux luthériens ; ils persévérèrent dans la même voie pendant tout le seizième siècle, et une miniature des *Tristibus Galliae* (*Ibid*, p. 91) n'est

Gravure de Wenceslas d'Olmütz (1496, NDLE).

autre qu'une excitation au massacre des huguenots, qui sont représentés avec des têtes de chiens, ce qui est l'hiéroglyphe gouliard de l'assassinat[80].

Une série d'estampes populaires de 1594 est au contraire dirigée contre la Ligue et contre le pape Clément VIII, dont le nom est écrit par un collet et une mante (col-mante); elles se rapportent à la conversion de Henri IV et révèlent un fait assez curieux, à savoir : qu'elle aurait été conseillée et négociée avec le pape par un recteur protestant, probablement le chapelain du Béarnais (*Ibid*, p. 147, 149, 150).[81] Mais ce qui

Le titre signifie « tête de Gorgone ».
L'estampe est dans le style qui fera peu après le succès d'Arcimboldo (NDLE).

est beaucoup plus rare que les estampes gouliardes, c'est un spécimen de ces scénarios ou charades qui les remplaçaient[82]. M. Champfleury en cite plusieurs, et notamment une représentation à l'hôtel de Bourgogne, dont l'Estoile a conservé le souvenir[83].

C'était le 26 janvier 1607 ; Henri IV y assistait avec sa cour, et les comédiens jouaient une farce à propos de l'impôt des tailles. Une femme du peuple allait chercher son mari au cabaret, disant qu'il dépensait dans cet endroit la somme qu'il fallait payer au roi. « À quoi bon faire des économies qui n'entreraient pas dans ma poche ? répondait le manant ; j'aime mieux boire à ma soif, au moins de ce vin-là le roi ne percevra pas une goutte. » Alors arrivaient trois officiers de justice qui, ne recevant pas d'argent, se mettaient en mesure de

Miniature du *De Tristibus Franciae*.
L'accompagne ce commentaire: «Le lion, que l'on voit lié et dompté,
représente la France que les hérétiques réduisirent à un état déplorable
tant par les guerres civiles, en pillant, violant, tuant, saccageant
et exerçant des cruautés inouïes envers les catholiques,
que par leurs impiétés dont ils laissèrent partout les marques,
en profanant les églises, en brisant les vases sacrés
et foulant aux pieds les croix, les images et les reliques des saints.» (NDLE).

saisir le mobilier du pauvre ménage et, entre autres, un coffre sur lequel était assise la femme du vilain. Elle s'obstinait à ne pas se lever du meuble. Commandement de par le roi de faire l'ouverture de force. Le couvercle était levé pour inventorier les objets contenus dans le coffre; alors trois diables s'en échappaient, qui emportaient les officiers de justice.

Estampe de 1594 (NDLE).

Les magistrats firent arrêter et conduire en prison les acteurs assez hardis pour jouer de telles farces à la barbe du roi ; mais celui-ci les fit sortir de la geôle, disant qu'il leur pardonnait d'autant plus volontiers qu'ils l'avaient fait rire « voire jusqu'aux larmes ».

La réponse était à la fois spirituelle et mélancolique ; mais les comédiens avaient bien compté sur l'indulgence du roi, car cet impromptu, qui avait surpris tout le monde, et n'entrait pas certainement dans le programme habituel de l'hôtel de Bourgogne, n'était ni plus ni moins qu'un avis de la mère loge, où il n'était pas question de tailles et d'impôts, mais de la duchesse d'Entragues.

Ce genre de charade, que Mme de Metternich a essayé récemment

Estampe de 1594 (NDLE).

de renouveler à Compiègne dans des proportions plus modestes[84], se lisait ainsi :

Taverne, vieille, vilain – trois guets (gens de justice), logis – taille, demande – boîte sied vieille guet ouvre, inventorie – emporte diable trois.

Ce qui donnait les trois vers suivants :

> Te voir ne veult, vile Entragues, loge,
> Telle demande boute se veuille,
> Gouverne vint, tromper l'aide bélître.

Estampe de 1594 (NDLE).

Ainsi la loge ordonnait à Henri IV en termes passablement impératifs d'avoir à débouter de sa demande la duchesse d'Entragues, qui voulait faire nommer gouverneur de Paris le bélître avec lequel elle trompait le brave Béarnais[85].

Henri IV devait comprendre ce langage, car il était Gouliard, fils de Gouliarde. Sa fameuse plaisanterie de la poule au pot est une pure facétie gouliarde ; *poule au pot* est l'anagramme de *peuple*, pot-poule, dont l'hiéroglyphe le plus fréquent est un *pied de poule*.

Sa mère n'était pas moins adonnée aux *devises*, c'est-à-dire à la manie d'écrire en rébus, qui était si générale à cette époque ; et, comme elle n'était pas moins anticatholique, elle arracha d'une tapisserie, qui lui avait été léguée par la reine Marguerite, un carreau qui représentait la messe, pour lui substituer de sa propre main un renard, lequel se tournait vers le peuple et, faisant une horrible grimace et des pattes et de la gueule, disait ces paroles : *Dominus vobiscum*. Cela signifiait en langue gouliaresque : « Écrit telle Rome ne se renie elle », elle écrit qu'elle renie Rome[86].

Un des faits les plus importants qu'éclaircissent les caricatures, ou plutôt les grotesques contemporains, est le véritable motif pour lequel Concini fut tué le 24 avril 1617 par Vitry, capitaine des gardes de Louis XIII. Après cette exécution qui avait l'air d'un assassinat, il circula dans les rues de Paris une série de planches anonymes ayant pour titre : *Mytologie des emblèmes de****[87]. Dans toutes se retrouve un écureuil , qu'on a cru représenter Concini ; mais c'est l'hiéroglyphe des *maçons* de ce temps, qui se nommaient *caquerolles* (queue écureuils)[88], comme ceux du temps de Diane *coquillons*. Ces planches expliquent aux initiés que Vitry les a *rimaillées* par ordre du *lis salutaire* (le roi), pour faire savoir que Concini a été tué parce qu'il avait révélé au pape que le roi patronnait les *caquerolles*, et que la mère loge ne voulait pas que Rome mît le nez dans les affaires des maçons. Le nom de Vitry y est écrit par un vitrail, et celui du roi par un *lis* avec de *l'eau qui tombe à terre* (lis, chet l'eau terre) ; c'est la traduction des armes de France : *d'azur à trois lis d'or*, ce qui donne : *écrit tel souffre, salutaire est lis*. On fait en effet de cette fleur royale un baume contre les brûlures, dont j'ai eu l'occasion d'apprécier l'efficacité chez quelques vieilles douairières ; mais j'avoue que, sans le commentaire imprévu de Vitry, je n'aurais jamais traduit l'écu de France (*Ibid.*, p. 197, 199 et 203).

Ainsi Louis XIII était Gouliard, et il en fut de même de Richelieu, qui était une créature de Concini, et de Mazarin, qui fut une créature de Richelieu ; aussi M. Champfleury remarque-t-il que ces trois personnages, qui ont été fort chansonnés par la noblesse, ont été épargnés par les faiseurs de caricatures par la raison toute simple que tous étaient de la *coterie du bâtiment*.

Du reste, les règnes des princes et des ministres gouliards se reconnaissent aisément à la fermeté avec laquelle ils tinrent la balance égale

Mytologie (sic) *des emblèmes de Coyon* (NDLE).

entre les catholiques et les protestants ou plutôt entre Rome et la
Réforme, qu'ils n'aimaient ni l'une ni l'autre, et surtout à la persistance
qu'ils mirent à abattre l'aristocratie. Les débuts du règne de Louis XIV
furent gouliards, à la fin ce furent les jésuites qui prévalurent et le Roi-
soleil ainsi que Mme de Maintenon furent très maltraités par les cari-
caturistes. Ce genre de composition prit à cette époque un immense
développement, tant en France qu'en Hollande, mais bien moins au
point de vue satirique qu'à celui de donner des nouvelles de la cour à
la spéculation. Néanmoins, la mère loge continua à être consultée, et
à émettre son avis quand elle ne l'était pas.

Il en fut de même sous Louis XV. Les Gouliards régnèrent avec

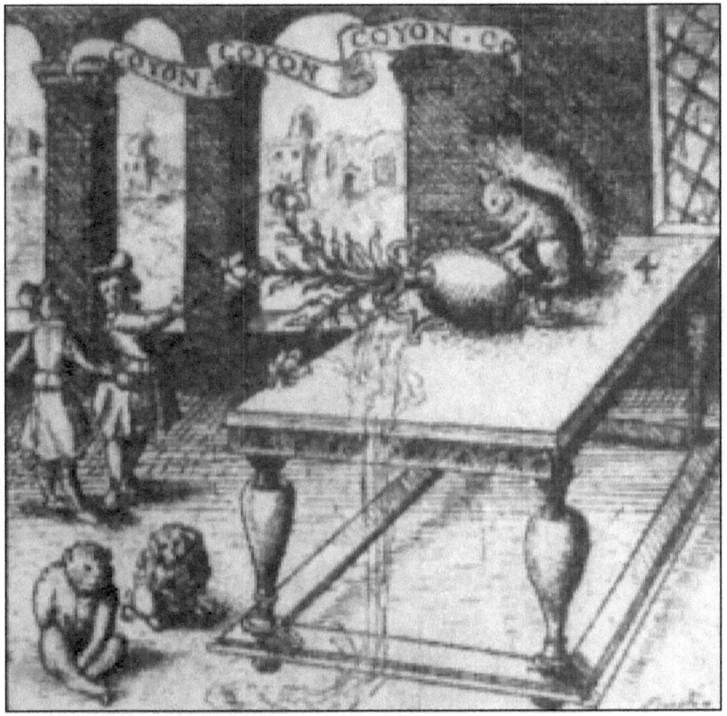

Mytologie (sic) *des emblèmes de Coyon* (NDLE).

Mme de Pompadour, qui était maîtresse pourple de la mère loge, ni plus ni moins que Diane de Poitiers, et l'on peut s'en apercevoir à la publication de l'*Encyclopédie* et à l'expulsion des jésuites. À cette époque, les Gouliards devaient être excessivement nombreux et leur langage très répandu, car on trouve dans un pamphlet contre Mme du Barry un projet d'ordre chevaleresque qu'on lui prêtait et dont les insignes devaient être : *un concombre brodé sur la poitrine avec deux excroissances bien marquées.*[89]

Des plaisanteries de cette sorte trouvaient donc un public assez nombreux pour s'en amuser, aussi bien à la fin du dix-huitième siècle que du temps de Rabelais ; si personne ne possédait le génie du curé de Meudon, il ne manquait pas d'esprits de plus courte haleine pour

Mytologie (sic) *des emblèmes de Coyon.*
L'animal mort est un écureuil (NDLE).

marcher sur les traces de maître Henry Baude, et l'*Encyclopédie carcassière,
ou Tableaux des coiffures à la mode, gravés sur les dessins des petites maîtresses
de Paris*, Paris, 1763, est un pamphlet qui peut aller de pair avec les
Dicts moraux pour mettre en tapisserie.

M. Champfleury reproduit d'après Bachaumont celle de la duchesse
de Chartres, mère de Louis-Philippe, véritable écriteau d'infamie qu'elle
devait porter avec la plus parfaite innocence[90]. Les coiffeurs d'alors
étaient non seulement des artistes, mais des poètes satiriques souvent
très mordants, qui écrivaient en devises, sur la tête de leurs confiantes
clientes, les révélations les plus indiscrètes sur les secrets de leur vie
privée, et j'aime à croire les plus calomnieuses.

Il ne faudrait pas moins d'un volume pour esquisser le rôle des Gouliards pendant la Révolution, où ils périrent avec l'ancienne bourgeoisie, dont ils étaient l'élite, comme ces faucons qui ont coiffé un héron et tombant avec lui se brisent les reins de la même chute. D'ailleurs, tout ce que je sais jusqu'à présent de la fin des Gouliards, c'est que leur association, qui avait duré dix siècles, se suicida volontairement, et que les survivants semblèrent heureux d'être débarrassés de l'obligation qu'elle leur imposait de mettre une devise dans toutes leurs compositions.

Il n'est pas dans mon intention d'examiner en ce moment ce que l'art y perdit, je me bornerai à signaler leur dernière apparition dans le domaine de la politique.

Le roi Louis XVIII était Gouliard, ainsi que le prouve son règne et le titre d'un opéra qu'il composa, qui était *Panurge dans l'île des lanternes*[91]. Trois jours avant l'assassinat du duc de Berry[92], il reçut un message mystérieux dans lequel on lui disait de faire prendre à Sainte-Geneviève un éclat d'albâtre oriental sur le tombeau (sépulcre) du cardinal Caprara, et puis de faire prendre à la Bibliothèque royale un *Saint Augustin*, édition de 1669, et d'en ouvrir le septième volume à la page 404-405, entre lesquelles on trouva une feuille de papier percée de découpures bizarres, composant une grille qui, appliquée sur la page où elle se trouvait, donna les mots suivants :

Roi, l'on te trompe ; tu es trahi par ton ministre et par le PP de son S ; moi seul puis te sauver.

Mariani.

Si le roi voulait être plus amplement renseigné, on l'avertissait qu'il n'avait qu'à coller trois pains à cacheter en triangle sur la porte vitrée de son cabinet de travail.

Quant à ce signe de reconnaissance, il désignait un Gouliard et se traduisait :

Vite réponds gaufre n'être en gueule.

Le pain à cacheter était pour les Gouliards du pain *gaufré*.

La première partie de ce message gouliard est très obscure, et la preuve, c'est que Louis XVIII ne semble pas avoir réussi à la déchiffrer. Comme l'interprète qui vient après lui se trouve bénéficier des lumières apportées par les évènements accomplis, je crois qu'on peut en proposer l'interprétation suivante :

> Sont osent neveu vauriens tels
> L'abattre culte est sépulcre, qu'ordonne eulx
> Qu'apprirent bibliothèque l'écrit lui,
> Enceinte auguste, ne mie laisse.
> S'absente neveu, dis tienne se veuille
> Homme carrosse, n'eut crime, fils
> Corse ne sang relève, empire l'eut.

Je présume que l'on doit traduire :

> Parmi ceux qui ont le culte du sépulcre, il est tels vauriens qui songent à ordonner d'abattre ton neveu. On l'apprit à la bibliothèque, d'où on écrit qu'une (dame) enceinte auguste ne laisse pas s'absenter ton neveu ; dis qu'on tienne un homme qui veille sur son carrosse, de peur qu'il n'y ait crime qui relève le sang du fils du Corse et que l'empire ne revienne.

Le commencement de cet oracle pythien, permettrait de supposer que c'était le duc de Berry qui songeait à ordonner la destruction du *culte du sépulcre*. Mais ceci n'aurait pu s'entendre que du rite oriental que Napoléon avait institué pour battre en brèche le rite écossais dans lequel il avait été simple maître[93]. Il s'était convaincu par lui-même que le rite écossais, dont la grande maîtrise était en Angleterre, n'avait jamais travaillé qu'à l'extension de l'influence protestante, et le *Grand Orient français* avait pour mission de relever l'influence catholique[94]. L'établissement du Grand Orient semble coïncider avec la dissolution de l'ordre des Gouliards, dont la plupart durent se rallier à la nouvelle association en renonçant à leur écriture secrète. Le Grand Orient, étant de création impériale, aurait pu avoir intérêt à supprimer le duc de Berry, et réciproquement, mais la seconde partie du message envoyé au roi détruit cette hypothèse. Il est relativement très clair et doit se lire :

> Roi, l'on te trompe ; tu es trahi par
> Ton ministre et par le propre amant
> De son Hermance ; moi seul peux te
> Sauver *assassins italiens.*

Ces deux derniers mots sont seuls difficiles à deviner. *Mariani* ne veut rien dire, sinon que c'est un *sous-seing italien.* Il en résulte que ceux qui ont ordonné l'assassinat du duc de Berry étaient des Gouliards engagés parmi les *carbonari* et qu'ils devaient être vieux, le culte du sépulcre n'ayant pas fait de prosélytes dans ce siècle-ci. Ainsi s'explique l'*Éloge de Louvel* par un ancien *carbonaro*[95], aujourd'hui ministre des affaires étrangères, et un Gouliard, qui était peut-être bien *Carle Vernet* – car le mot que j'ai lu *vaurien* peut se lire *Vernet*[96] – aurait mis la dernière main à l'œuvre des fils de Goulia, en achevant de détruire l'ancien ordre de choses, puisque l'on comptait que le duc de Berry mourrait sans postérité. Avec lui finissent les annales hiéroglyphiques de la France, mais elles sont autrement intéressantes que celles de l'Égypte ou de l'Amérique centrale et elles attendent aussi leurs Champollions.

Revue britannique
Décembre 1880

Notes

1. Alfredo Straccali : « *I Goliardi, ovvero i clerici vagantes delle università medievali* » (Les Gouliards ou les clercs errants des universités médiévales), quatre articles des volumes XVI et XVII de la *Rivista Europea* (1873-80), 87 pages. Travail bien documenté qui établit, entre autres, l'origine gouliarde des *Carmina Burana*. Grasset lui doit une partie non négligeable de ses informations (NDLE).

2. Il faut interpréter ce lanternois ainsi :

SauToir, iVoiRe, FouRCHe et CuiLler

SauTer hyVeR FoRCHe esCoLier

L'hiver force les écoliers à sauter.

Sur ce sujet, se reporter à la préface du présent ouvrage et à l'article précédent.

Les *estudiantinas* ou *tunas* sont encore un élément essentiel de la vie universitaire dans le monde luso-hispanique. Aisément reconnaissables à leurs grandes capes noires ornées de longs rubans multicolores, ces groupes d'étudiants musiciens sont les héritiers directs des *sopistas* médiévaux, qui, munis de couverts en bois, faisaient la manche quotidiennement pour avoir à manger. On notera que les rites d'initiation y sont toujours assez stricts (NDLE).

3. Le thiase est le cortège de Dionysos et, par extension, désigne diverses confréries religieuses grecques (NDLE).

4. « Au vainqueur [...] je donnerai aussi un caillou blanc, un caillou portant gravé un nom nouveau que nul ne connaît, hormis celui qui le reçoit. » *Apocalypse*, 2, 17 (NDLE).

5. Dans la langue courante, *gouliard* désigne toujours un glouton ou un débauché. A contrario, dès 1140, St Bernard blâme Pierre Abélard d'être *goliard*, non pas métaphoriquement, mais bien ès qualité (NDLE).

6. Walter Map (1135-1210), auteur du *De Nugis curialium* (« Futilités des Courtisans ») était un proche d'Henri II Plantagenêt. Giraud de Cambrie, son contemporain, le premier à avoir mentionné les Gouliards, lui attribue leur paternité (NDLE).

7. La véritable étymologie de ce nom est arabe ; il s'est introduit en France dans le neuvième siècle, avec les invasions musulmanes [Il vient en effet de l'arabe *babbagâ*, NDLE].

8. Wilhelm von Giesebrecht « *Die Vaganten oder Goliarden und ihre Lieder* », paru en 1853 dans l'*Allgemeine Monatschrift* (NDLE).

9. Nom italien d'Aix-la-Chapelle. Huit conciles s'y tinrent sous Louis le Pieux ; il s'agit très probablement de celui de 817 (NDLE).

10. « Vagabonds et lascifs, adonnés à la gloutonnerie, à l'ivrognerie et à d'autres plaisirs, n'en faisant que selon leur caprice » (NDLE).

11. Hormis les paysans, les populations médiévales étaient très mobiles. Chaque université ayant sa spécialité, les clercs devaient aller de ville en ville pour parfaire leur culture et menaient pour la plupart une vie hasardeuse de « routards », un peu comme plus tard les compagnons du tour de France, mais sans les points d'accueil offerts par une organisation structurée (NDLE).

12. Francesco Rossi, auteur en 1877 d'une *Grammatica copto-geroglifica*, contenant un index de signes syllabiques qui a certainement influencé Grasset dans son analyse des rébus antiques (NDLE).

13. Ce mot se retrouve chez les écrivains du dernier siècle, sous la forme *skribler*, probablement réimportée d'Allemagne, avec le sens de pamphlétaire.

14. Un curieux exemple d'hiéroglyphie latine se voit au Louvre dans la galerie des sépultures chrétiennes ; c'est un enfant avec un oiseau et un raisin dans les mains, ce qui donne en latin :

PUER IUVA MANIBUS AVE.

Enfant, sois heureux chez les mânes. Salut.

[Sur ce point, se référer à l'article précédent, note 11, NDLE]

15. Les étymologies admises au XIXe siècle étaient souvent indigentes, en particulier pour la langue gauloise, encore très mal connue aujourd'hui. Les spécialistes actuels pensent que Rosmerta, déesse de l'abondance, signifie « la très généreuse » (NDLE).

16. Plus vieux monument sculpté de Paris, cet autel de l'époque de Tibère, découvert en 1711 sous le chœur de Notre-Dame et exposé au musée de Cluny, a plusieurs fois retenu l'attention de Grasset (surtout dans « Les fouilles de Tanagra », *Archéologie mystérieuse*, et « La Côte d'Or… », *Œuvres décryptées*). Il insiste pour voir écrit LOVIS, là où les épigraphistes lisent IOVIS (NDLE).

17. Ce chapiteau, semble être encore dans l'état où l'auteur l'a vu en 1877. Pour plus de détails sur cette intéressante sculpture, voir la préface (NDLE).

18. *Quart Livre*, prologue, dans l'épisode du bûcheron Couillatris (NDLE).

19. Allusion à l'épisode mythologique, évoqué par Rabelais dans le passage précité, du renard de Teumessos, développé notamment par Apollodore (*Bibliothèque*, II, 4, 6-7, NDLE).

20. Le nom de Goliath, connu uniquement par la Bible, n'a aucun sens en hébreu. Grasset le rapproche du grec *kèlètès*, séducteur, car le *k* et le *g* sont parfois interchangeables dans cette langue (voir « L'Alphabet gréco-phrygien », *Archéologie mystérieuse*, et « Idalie… » Appendice, p. 260, dans *Souvenirs*, NDLE).

21. Tite-Live, livre II, 32, 8-12 (NDLE).

22. Littéralement, la nécessité, d'où le destin, la loi naturelle (NDLE).

23. *Quart Livre*, chapitre LVII (NDLE).

24. Dans l'article précédent (NDLE).

25. Patriote et historien de Genève (1496-1570, NDLE).

26. Jules François Champfleury (1821-1889), auteur de nombreux ouvrages sur la caricature, est le grand compilateur de l'iconographie satirique depuis l'Antiquité jusqu'à son temps. Grasset d'Orcet l'a abondamment consulté. L'ouvrage cité a été publié quelques semaines avant le présent article. Voici un extrait du passage concerné : « … (Les basochiens) firent tailler un gros membre d'homme qu'ils corouèrent, mirent sus une charrette et alloient luy donnant du fouet par tous les quarrefourz et avoient aposté des gens qui leur disoient : — "Mes amis, à qui est ce paouvre v… que allez ainsi fouettant, et en quoi a-t-il mesfaict ?" Ils répondirent : — " C'est le v… du roy qui a bien mérité le fouet et pis… — Come, disaient les autres, a-t-il chevauché sa cousine ? — Il a bien faict pis, répondoient-ils. — Coment, a-t-il chevauché sa sœur ? — Pis. — Par aventure sa mère ? — Encore pis. — Est-il par hasard bougre ? — Encore pis. — Quel gros crime a-t-il commis ? — Il a chevauché douze cents hommes d'armes", dit-on par conclusion. » (NDLE).

27. Cette chronique genevoise d'Antoine Fromment (1510-1585), longtemps interdite, ne fut publiée qu'en 1854 (NDLE).

28. *Tiers Livre*, chapitre XVII (NDLE).

29. Théodore de Bry, graveur et orfèvre liégeois (1528-1598, NDLE).

30. Il faut bien sûr interpréter ainsi :
    GueuLe, SiNoPLe, aZuR, SaBLe, or
    GouLe, Ce N'est PLaiSiR Se BaiLLer (NDLE).

31. Pape de 1572 à 1585, c'est lui l'initiateur du calendrier grégorien. Le thème iconographique du cœur et de l'angelot est très répandu, et même passablement galvaudé à partir de cette époque, il faudrait donc en déduire que les Rose-Croix se sont développés alors (NDLE).

32. Voir l'article précédent, note 64 (NDLE).

33. *Quart Livre*, chapitre VII (NDLE).

34. « Clerc ou étudiant » – « Oui » (NDLE).

35. « Vraiment » (NDLE).

36. Ce baragouin est susceptible d'une autre interprétation, si l'on donne au point sa valeur héraldique, qui est *grain* : mais il est inutile de s'appesantir sur ces bagatelles, lorsqu'elles n'ont pas d'intérêt historique.
[Il semble possible de traduire cette énigme ainsi :

PaiRe R PoiNt TRois R PoiNt QuaRTe R		PaiR RéPoNd TRahiR PoiNt ChRisT, Roi,
PoiNt QuiNe R Ne Six R Mie	soit :	PoiNt Qu'hoNoRe Rome, Ne SiRe Mie
Ne RoBiN Deux R poiNt R Six PoiNt		Ne RoBe, Ne DevoiR PoiNt ReÇoit PoiNt

Le terme *Rome* pose un problème, mais sa suppression ne changerait rien au sens général (noter que les vers ne sont pas uniformes, octo- ou décasyllabes, NDLE]

37. La première édition du *Cinquième Livre* (1562) ne comprenait que 17 chapitres, sans doute de la main de Rabelais. Le reste est paru deux ans après et comporte sûrement de nombreuses parties écrites par un tiers. C'est ce que Grasset d'Orcet appelle le Livre VI (NDLE).

38. C'est aussi l'avis de plusieurs exégètes, dont Claude Gaignebet, dans *À plus hault Sens* (Paris, 1986, NDLE).

39. En fait, l'auteur de cette première en 1492 fut le capitaine Antoine de Ville, de l'armée de Charles VIII. L'erreur est de Rabelais (NDLE).

40. C'est-à-dire *Le Banquet* (203sqq, NDLE).

41. *Le Chant du Pain*, de Pierre Dupont, écrit vers 1848. Joseph Darcier, auteur et interprète de nombreuses chansons libertaires, notamment sous la Commune (NDLE).

42. Ce hiéroglyphe, dont les francs-maçons n'ont pas le mot, s'écrit par un B *romain* ou majuscule et un j en *coulée* de chaque côté d'un niveau, ce qui fait : « boire, mange, colonne, veuille ». [Fondamentales dans la symbolique maçonnique, B pour Boaz et J pour Jakin sont les deux colonnes encadrant l'entrée du temple de Salomon, NDLE].

43. *Quart Livre*, chapitre LVIII. Le vers d'Euripide est tiré du *Cyclope*, 332 (NDLE).

44. *Ibid*, chapitre LIX. Polyphème signifie plutôt « qui parle beaucoup » (NDLE).

45. C'est bien possible car Pierre-Jean Béranger (1780-1857), chansonnier immensément populaire en son temps, avait reçu une formation d'imprimeur, métier où ces traditions ont dû se conserver très tard (NDLE).

46. Voir l'article précédent, note 27 (NDLE).

47. Gothique est un néologisme savant du XVᵉ siècle, attesté seulement vers 1550 chez Vasari, historien de l'architecture. Son origine et son sens restent indécis, car le terme est créé quatre siècles après les premiers monuments. Quant à gau (l) (t), il peut vouloir dire bois (bocage), joyeux, coq, voire gaulois. Si l'on pousse plus loin, il faut s'intéresser à tous les mots ayant G (L) pour armature consonantique (NDLE).

48. C'est le dit n° XIV. Ces textes datent de 1480 environ (H.Baude a vécu de 1430 à 1496), avant que le duché de Guise ne soit décerné (1528): il s'agit donc d'une coïncidence, mais il est probable qu'un satiriste a repris la pièce à son profit au XVIᵉ siècle (NDLE).

49. Voir à son sujet l'article précédent (NDLE).

50. Mot à mot: Vilain. 2 albres loin. Mi (au milieu) araigne teile.

51. Grasset d'Orcet, quoiqu'anticlérical, était sincèrement catholique (NDLE).

52. *Quart Livre*, chapitre LVIII (NDLE).

53. Cette formule peut s'interpréter aussi: Qui croit en saint Gueule, saint Gal ou saint Gaul. De là est venu le nom de gueule-croix, d'où l'on a fait *rose-croix*.

54. *Quart Livre*, chapitre LIX (NDLE).

55. *Tiers Livre*, chapitres XLVIII à LII (NDLE).

56. *Quart Livre*, chapitre LX. Lasanophore signifie porteur de chaise percée, matagot un tartuffe (NDLE).

57. Un Pouhier est un habitant du pays de Poix, en Picardie. Le mot signifie aussi héraut. Grasset affirme, c'et à noter, que l'idiome du grimoire est le picard (NDLE).

58. Un goguelu est un prétentieux (NDLE).

59. Ou Waïfre, duc d'Aquitaine, héritier des Mérovingiens, qui fut tué par Pépin le Bref. Selon des sources sérieuses, il serait un ancêtre de la famille de Grasset, qui en parle en divers textes, ainsi « Un tournoi », dans *Chroniques et Récits d'Auvergne* (NDLE).

60. Ou Cerridwen, déesse celtique qui se transforma en poule pour avaler Gwyon et engendrer le barde Taliesin (NDLE).

61. Voir « Tragodes et Moirologues », note 21 dans les *Souvenirs* de Grasset. Cette coutume existe encore à Chypre et dans certaines régions de Grèce (NDLE).

62. Le dolmen de La Plagne, à Aulnay-aux-Planches, aujourd'hui hameau de la commune de Val-des-Marais (Marne, NDLE).

63. L'embarras de Grasset sur cette étymologie (comme sur celle de « gothique ») est perceptible, mais l'on n'est pas plus avancé aujourd'hui sur cette question, rarement traitée avec la sérénité nécessaire (NDLE).

64. Il semble que la voûte en berceau soit apparue assez tôt. Les Étrusques l'employaient déjà. Mais elle ne servait pas pour les édifices religieux; ainsi le monument dit temple de Diane à Nîmes, qui utilise cette technique, était en fait un bâtiment civil (NDLE).

65. L'abside en cul-de-four est en effet typique des églises romanes. En grec, abside désigne toute une gamme d'objets de forme incurvée (NDLE).

66. Sis rue Mauconseil (Paris, Iᵉʳ arrondissement), ce théâtre fondé en 1548 fut l'ancêtre de la Comédie française (NDLE).

67. La fête de l'âne, issue des Saturnales, était célébrée à des dates variables, mais toujours au cœur de l'hiver (NDLE).

68. « Honneur à Jupiter et Neptune, Pallas, Vénus, Vesta, Junon, admirables de douceur. Mars, Apollon, Pluton, Phoebus, puissances installées, préservent des dommages. » Extrait des *Carmina burana*, 228 (NDLE).

69. Lire: Sus (ou Seule?) PiLe CaRRé. Cette liste de grades est particulièrement inté-ressante, car l'auteur n'a sans doute pas pu la reconstituer par déduction. Il faut supposer qu'il en a été informé par son père, issu d'une famille de maîtres de forges. Son habileté à déchiffrer ces secrets corporatifs lui viendrait donc pour une certaine part d'une vieille tradition familiale, hypothèse invérifiable mais plausible (NDLE).

70. Il faut observer que l'émasculation, comme toute mutilation, interdisait à la victime d'exercer une maîtrise (NDLE).

71. Bénédictin anglais (vers 1200-1259), auteur de plusieurs recueils historiques (NDLE).

72. Ce distique proclame:

> *Heu morimur strati, vincti, mersi, spogliati*
> *Mentula legati nos facit ista pati.*
> Hélas nous mourons terrassés, enchaînés, noyés, dépouillés
> La verge du légat nous fait endurer ces malheurs (NDLE).

73. «Clerc, je tremble de peur, car tu veux me mépriser,
Je suis inondée de larmes, je pleure sur mes malheurs, pleure sur les tiens» (NDLE).

74. Noter que dans cet exemple particulier, c'est un texte latin qu'il faut décrypter en français (NDLE).

75. Cette tripartition de la société, Grasset la mentionne en maints autres endroits. Il est plus que probable qu'elle a contribué à inspirer, plus d'un demi-siècle plus tard, la fameuse théorie de Georges Dumézil, aujourd'hui partout reconnue, des trois fonctions dans la société indo-européenne (NDLE).

76. Les Gouliards avaient conservé l'ancienne légende grecque du riche assommé par le pauvre au chant de la poule, et qui doit renaître gueux pendant que le pauvre prend sa place; mais ils avaient oublié complètement son caractère solaire, pour lui donner une interprétation politique et sociale qui devait se réaliser en 1793.

77. La *taqiyya*, ou dissimulation des croyances personnelles afin d'éviter les persécutions, est en effet de règle chez les Druses du Levant, adeptes d'un islam fortement teinté de gnosticisme (NDLE).

78. On peut voir la gravure remaniée par Luther dans l'article suivant (NDLE)

79. Paul III, Alexandre Farnèse, pape de 1534 à 1549. C'est lui qui réunit le concile de Trente (NDLE).

80. Les *Tristibus Franciae* (l'erreur est de Champfleury) dénoncent les massacres commis à partir de 1562 par les huguenots du baron des Adrets dans le Dauphiné, le Lyonnais et le Languedoc. Ceux-ci paraissent plus avoir des têtes de singes que de chiens, mais cela ne change rien à l'interprétation de Grasset, le *s* et le *ch* étant équivalents en grimoire (NDLE).

81. Voir une explication détaillée *infra* dans *les Ménestrels...* p. 224 (NDLE).

82. Voir l'article précédent, note 36 (NDLE).

83. Pierre de l'Estoile, auteur de *Registres Journaux*, chronique détaillée de la vie sous Henri III et Henri IV (NDLE).

84. Sous le second Empire, Madame de Metternich animait les soirées assez ennuyeuses (connues surtout grâce à la dictée de Mérimée) du château de Compiègne, où se côtoyaient des invités très différents et souvent pas du tout accoutumés à la vie de cour (NDLE).

85. Henriette d'Entragues, qu'Henri IV faillit épouser juste avant son alliance avec

Marie de Médicis, garda une grande influence sur lui jusqu'à son assassinat (NDLE).

86. Jeanne d'Albret s'est en effet convertie au protestantisme. L'anecdote vient de Champfleury, qui la tient du jésuite François Garasse (NDLE).

87. Ces astérisques, imposés par la pudibonderie de l'époque, occultent le nom de «Coyon». Le titre exact de cet ouvrage anonyme est « *Tableau et emblèmes de la détestable et malheureuse fin de maistre Coyon. – Mytologie* [sic] *des emblèmes de Coyon* », in-folio paru à Paris en 1617. Voir plus bas *Les Ménestrels...* (NDLE).

88. Cet écureuil figurait déjà un siècle auparavant dans les fresques de Raphaël.

89. Il ne m'est pas possible de donner la traduction de cette plaisanterie trop gauloise, qui fait la paire avec le blason infamant donné par d'Hozier au père de la Pompadour : «De gueules à 2 bars d'or adossés».

90. Louis Petit de Bachaumont (1690-1771), observateur aigu de la société de son temps. Selon lui, «cette coiffure contenait : 1° Une nourrice assise sur un fauteuil et tenant le duc de Valois sur ses genoux ; 2° Un perroquet becquetant une cerise ; 3° Un négrillon conduisant un chien en laisse ; 4° Une touffe de cheveux du duc de Chartres, mari de la duchesse ; 5° Une autre touffe de cheveux du duc de Penthièvre, son père ; 6° Une troisième touffe de cheveux du duc d'Orléans, son beau-père ; 7° Quelques autres menus objets : chaises, tables et tableaux.» Louise-Marie, duchesse de Chartres, venait d'épouser le futur Philippe-Égalité et avait tout juste 17 ans : il y avait donc de grandes chances que les insinuations du coiffeur fussent mensongères (NDLE).

91. Mis en musique par Grétry en 1785 (NDLE).

92. Fils de Charles X et donc appelé à la succession royale, assassiné en 1820 par Louis Louvel (NDLE).

93. En 1804, Napoléon unifia les obédiences maçonniques et plaça son frère Joseph à leur tête pour mieux les juguler. Pour le reste, l'histoire de la maçonnerie est si confuse et si peu objective qu'on ne peut sérieusement discuter les affirmations de l'auteur (NDLE).

94. Je tiens cet important détail historique du regrettable M. de Saulcy, qui était 33e degré du rite écossais et avait eu l'occasion de vérifier par lui-même les affinités de la maçonnerie occidentale avec celle des Druses [Louis-Félicien de Saulcy, sénateur, numismate, archéologue, philologue ; ami de l'auteur, c'est sans doute lui qui l'a incité à découvrir Chypre. Il est mort quelques semaines avant la parution de cet article, NDLE].

95. En 1880, le ministre des Affaires étrangères était le philosophe Jules Barthélemy-Saint-Hilaire, fils putatif de Napoléon. Dans sa jeunesse, il avait écrit au sujet de Louvel une curieuse *Psychologie criminelle*, parue en 1832 dans la *Revue des deux Mondes*. Il faut préciser aussi que l'assassin du duc de Berry a fermement soutenu jusqu'à son exécution qu'il avait agi de sa propre initiative (NDLE).

96. Cette opinion est d'autant plus probable, que l'éclat d'albâtre devait être un serre-papier carré (carrelé) qui donnait le nom de Carle, et que ce mot est nécessaire pour compléter le vers [même s'il était un des peintres favoris de Napoléon, on sait très peu des opinions de Carle Vernet, NDLE]. Quant au tombeau du cardinal Caprara, je n'en ai jamais entendu parler à Sainte-Geneviève [en fait, il est bien à Sainte Geneviève, c'est-à-dire au Panthéon ; le cardinal Caprara, légat du pape, est mort à Paris en 1810, NDLE].

Titien: *Femme à sa toilette* (vers 1515, Louvre). Voir p. 49.

Van Dyck: *Rachel de Ruvigny, comtesse de Southampton, incarnant la Fortune*, Cambridge. La toile de Melbourne est presque identique, le pied de la comtesse y est caché. Voir p. 114.

Titien: *Portrait de Laura Dianti* (vers 1525). Voir p. 118.

Le Triton d'Anet (aujourd'hui à Paris). Voir p. 212.

Les perdrix emmi blés, chapiteau de St Germain des Prés, à Paris.
Voir p. 51.

Le gagne-petit. Voir p. 74.

Blason des Médicis sur la fontaine homonyme, au jardin du
Luxembourg. Voir p. 78.

Les homards sous la Diane au cerf d'Anet.
On peut voir un groupe similaire au Louvre. Voir p. 77.

Le butor Delorme au Louvre (cour carrée). Voir p. 99.

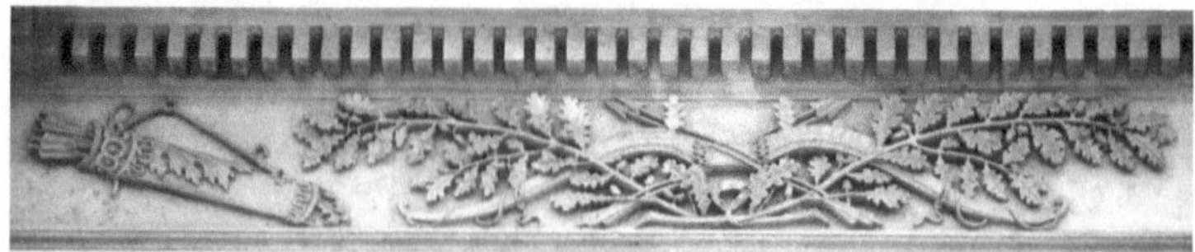

L'arc, le carquois, le semis de chênes (cour carrée du Louvre). Voir
p. 100

Le cerf dix cors (Anet).
Voir p. 101.

Titien: *Allégorie d'Alphonse d'Avalos* (1532, Louvre).
Voir p. 114.

Giovanni Bellini: *Allégorie, dite parfois la Fortune* (Venise).
Voir p. 114.

Albrecht Dürer, Melencolia.
Voir p. 114.

Lucas Cranach: *Melancholia* (1532, Colmar). Voir p. 114.

Portail des Tuileries remonté dans la cour Marly du Louvre en
2011. Voir p.262.

Le bouclier d'Henri II (Louvre).
Voir p. 262.

La Quinte (cour carrée du Louvre).
Voir p. 262.

Lunels dans la chapelle d'Anet.
Voir p. 267.

Mantegna, *Minerve chassant les vices du jardin de la vertu* (vers 1502, Louvre). Remarquer l'inscription s'enroulant sur le laurier à gauche. Voir p. 269.

Les lunels (escalier d'Henri II au Louvre).
Voir p. 283.

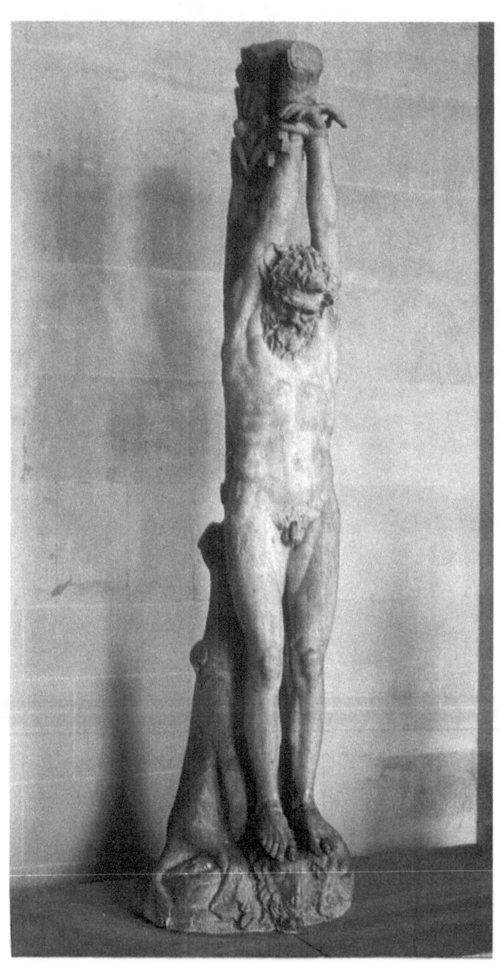

Le Marsyas du Louvre.
Voir p. 310.

LES MÉNESTRELS
DE MORVAN ET DE MURCIE

Les Origines de la franc-maçonnerie

I

Dans l'étude que j'ai consacrée à l'hiéroglyphie du *Songe de Poliphile*[1], j'ai dit que ce livre singulier n'était pas autre chose qu'un traité de glyptique et un manuel d'initiation à l'usage des ménestrels de Murcie, il me reste à exposer le rôle qu'on joué dans l'histoire ces ménestrels et leurs rivaux du Morvan.

Les ménestrels du Morvan existaient encore au commencement de ce siècle sous les noms de *fendeurs* ou *bons cousins*, et étaient identiques, quant à leur origine, aux *carbonari* italiens. Le but de cette association, mère de toutes les maçonneries modernes, était d'aider les voyageurs, qui, dans les forêts ou sur les routes, pouvaient courir des dangers. Quiconque était affilié aux *fendeurs* faisait alors signe ou prononçait certaines paroles, et s'il se trouvait à portée un *bon cousin*, il accourait immédiatement à son aide. Le cérémonial des *fendeurs* était véritablement gaulois, c'est-à-dire qu'il se composait d'une série de mystifications plus gaies les unes que les autres. Mais cette association n'en avait pas moins son côté sérieux : aussi tous les voyageurs, par état ou par goût, s'y faisaient affilier. Or les anciens ménestrels étaient de leur nature des vagabonds exposés à des dangers de toute sorte, et l'on conçoit l'utilité qu'ils retiraient de ces affiliations.

Les ménestrels de Murcie ne différenciaient de ceux du Morvan que par le lieu de leur origine, les premiers venaient du Morvan, et les seconds se rattachaient aux Goths qui avaient dominé le nord de l'Espagne, le midi de la France et une partie de l'Italie. Les uns et les autres se servaient du même idiome, le latin vulgaire ou le français ; les uns et les autres s'étaient répandus sous divers noms dans tous les pays occidentaux, notamment l'Allemagne et l'Angleterre. Mais les ménestrels de Murcie tenaient pour le pape et ceux de Morvan pour le pouvoir séculier. Les premiers se recrutaient de préférence parmi les artisans, et les seconds dans les hautes classes. Les uns et les autres existaient de temps immémorial, mais il est difficile de suivre leur piste avant la fin du XVe siècle. Au commencement du siècle suivant, les ménestrels de Morvan prirent parti pour le connétable de Bourbon, seigneur du Morvan[2], et comme eux-mêmes représentaient le parti aristocratique, ils restèrent fidèles à sa cause, ce qui rejeta François Ier dans le parti des ménestrels de Murcie. Tels furent les motifs infiniment plus politiques qu'artistiques qui l'engagèrent à faire publier à leur intention la traduction française du *Songe de Poliphile*.

Ce livre n'avait eu que peu de succès en Italie parce que les gravures en étaient médiocres et que le texte n'apprenait rien aux artistes italiens. On n'a qu'à examiner certains tableaux de Mantegna et les magnifiques fresques italiennes du Louvre[3], qui sont antérieures à la publication de Poliphile, pour se convaincre que Léonardo Crasso[4] n'avait fait que résumer une légende qui courait les ateliers et recueillir des types d'architecture et d'ornement en usage depuis une vingtaine d'années. Mais il n'en était pas de même en France, l'art gothique s'y était tout naturellement transformé en ce merveilleux style dont le type est le château de Gaillon[5] et n'existe pas en Italie ; nous le nommons le style François Ier, les Anglais le style Tudor. Il est beaucoup plus élégant et beaucoup plus logique que le style italien ou néo-romain, mais le savant Serlio[6] et Philibert Delorme, qui avait habité l'Italie, n'eurent pas de peine à persuader François Ier que ce qui se faisait hors de chez lui valait mieux que ce qui se faisait chez lui, de sorte qu'il résolut de faire d'une pierre deux coups, substituer le style italien au style français et raviver le zèle de ses partisans, les ménestrels de Murcie.

J'ai dit que les ménestrels du Morvan étaient originaires du Forez, ils s'y étaient perpétués depuis les druides, et cette désignation, ainsi que celle de Murcie, remonte également à l'époque druidique. Murcie ou Merci était la déesse de l'Ouest et de la mort ; Morgan ou Morvan, celle de l'Est et de la bonne fortune. Toutes les deux figuraient sur le temple gallo-romain de Montmorillon en Poitou, décrit par Montfaucon ; la première sous la forme d'une femme nue et décharnée tenant deux serpents qui lui mordaient les seins ; la seconde représentée par une dame richement vêtue avec des gants[7].

Murcie était la même que Marica ou Marca, la déesse la plus populaire du monde antique. Les Gaulois la nommaient tantôt Marca, tantôt Rosmerta, et elle était le plus souvent représentée par un marteau[8]. Bien que la plupart des églises chrétiennes soient consacrées au dieu de la résurrection et aient, en conséquence, leur façade à l'ouest, on en trouve un bon nombre orientées à l'opposite, à commencer par Saint-Jean de Latran et Saint-Pierre de Rome[9]. Il faut croire que Marica, qui était la divinité la plus vénérée de la plèbe romaine, avait conservé son influence sur la Rome chrétienne, car les ménestrels de Murcie semblent avoir été tout le temps sous la protection papale.

Parmi les églises françaises dont la façade est à l'est, on peut noter la collégiale de Saint-Martin à Marseille, qui doit indiquer l'emplacement du temple de ses anciennes divinités noires : Marcus et Marca. Or on sait que les madones des cryptes romanes sont également de couleur noire[10].

La même anomalie d'orientation se remarque dans les deux églises de la vallée de Domrémy, dont l'une est consacrée à saint Michel, vainqueur du dragon, et ce dragon lui-même est l'une des anciennes formes de la déesse Marica qui est représentée dans tous les traités de maçonnerie ancienne et moderne par la bisse se mordant la queue[11], avec cette devise : *Ecce fons et meta* (voilà la source et le but) ; il est donc probable qu'il se trouvait dans le voisinage du pays de Jeanne d'Arc un centre important de ménestrels de Murcie, dont le rite a toujours été le plus populaire, et que leur aide ne contribua pas peu au succès de l'héroïque Lorraine[12]. Mais cette intervention des classes populaires dans les affaires du pays ne fut guère plus du goût de Charles VII que des Anglais, et l'on sait de quelle façon il abandonna Jeanne à ses bourreaux. Louis XI, roi populaire et ennemi de l'aristocratie, professait au contraire un culte tout particulier pour la madone et la mémoire de Jeanne.

Murcie est le plus souvent représentée par une madone assise et occupe le portail ouest de nos églises. Morgan ou Morvan occupe le portail nord et est toujours debout. Les Grecs lui donnaient pour emblème un bonnet (*kynea*) qui était celui de la Bonne Fortune et de la Liberté[13] ; cet emblème, ayant cessé d'être compris, fut remplacé dès le IVe siècle, par des *gants*, emblème moderne du *gain* ou de la bonne fortune. Ce mot vient de *vagina* (gaine), d'où la double prononciation de Morgan et Morvan. Mais le plus souvent son nom est écrit d'une façon plus ou moins excentrique et grotesque, par un assemblage de marée et de vénerie (*marée, vene*), ou par la monstrueuse réunion d'une mère, d'un veau et d'un âne (*mère, veau, âne*). Diane de Poitiers dans le groupe de Jean Goujon, a exprimé cette idée avec une élégance incomparable en superposant la déesse de la chasse (*vene*), à trois rangées de homards, crabes et cétacés représentant la mer[14].

Morgan ou Gandolaine, Gandland (terre de la félicité) figure dans les romans de chevalerie comme sœur de Merlin[15] ou Morland (terre de la mort), lequel est aussi nommé Graslon ou Guerland, qui a la même signification.

La *kynea* sur la colonne de Cussy (Côte d'Or), dessin de l'auteur (NDLE).

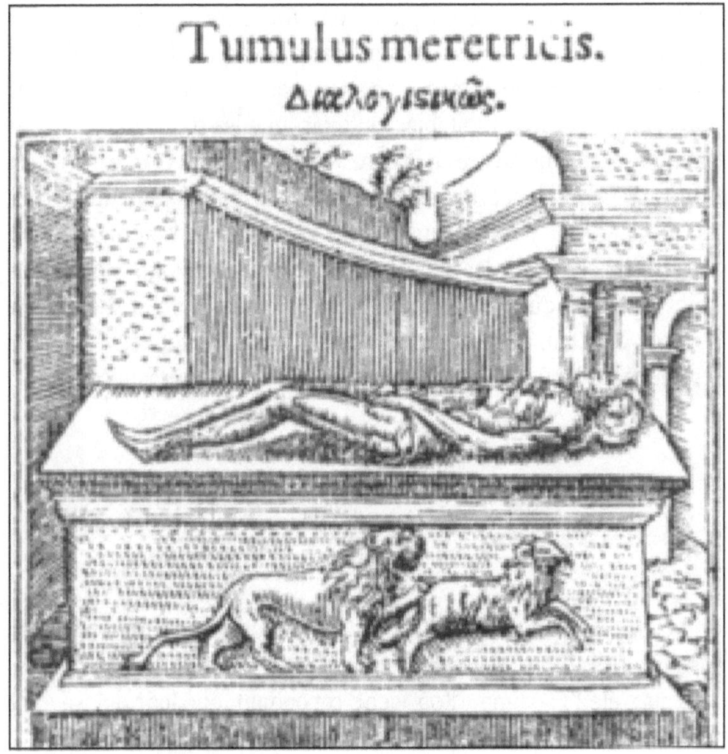

Alciat, emblèmes : *Tumulus meretricis* (NDLE).

La bonne fortune a toujours eu la réputation d'être une courtisane et de distribuer ses faveurs sans beaucoup de considération, aussi l'emblème qu'Alciat lui consacre est-il intitulé : *Tumulus meretricis*[16]. Il était tout naturel que les gens heureux se missent sous son patronage, et qu'elle servît de signe de ralliement aux corporations seigneuriales. D'après les recueils maçonniques que j'ai sous la main, les ménestrels du Morvan, ou frères du chêne, auraient passé en Italie avec Charles VIII et s'y seraient perpétués sous le nom de carbonari. Mais, de leur propre aveu, les traditions de la maçonnerie sont très confuses, faute d'être fixées par l'écriture vulgaire. Conformément aux préceptes des druides, leurs héritiers n'ont rien écrit qu'en hiéroglyphes ou en grimoire. Les seuls titres certains que puissent contenir leurs archives sont des diplômes de leurs adeptes, rédigés dans la langue du pays. Tout le reste est confié à la mémoire et ne peut manquer de tourner rapidement à la légende. Il est indubitable, toutefois, que les frères du chêne ou fendeurs existaient encore en France au siècle dernier, et que c'était un grade aristocratique et littéraire qui ne se conférait qu'aux maîtres. Si les carbonari qui sont revenus d'Italie en France au commencement de ce siècle sont bien les successeurs des ménestrels du Morvan de jadis, ce sont eux qui, selon toute probabilité, ont fait périr le duc de Berry et, avec lui, cette dynastie des Bourbons[17], protectrice de leur berceau, pour laquelle leurs aïeux avaient si vigoureusement combattu.

II

Mais, à coup sûr, les destinées des ménestrels de Murcie ne sont pas moins étranges. Au premier abord, leur nom indique que leur berceau a été l'Espagne ; d'où vient, cependant, que leur devise était manifestement normande, et qu'elle était la même pour l'Espagne et pour la Sicile ? C'est un de ces problèmes historiques dont la solution est fournie par Rabelais. Un des plus curieux passages de son épopée aussi gigantesque que grotesque est celui dans lequel Panurge se présente devant Pantagruel et lui demande l'aumône en treize langues différentes[18] : germain, arabe, toscan, anglais, basque, lanternois, flamand, espagnol, goth, l'hébreu, grec, gitano, latin.

Ces treize mots sont le patelinage[19], ou signe de reconnaissance des ménestrels de Murcie en pèlerinage et, contre l'ordinaire, la traduction en est des plus certaines :

> Grément art bâtisse, canon gaulois,
> Basse colonne triomphale, mendie pain, l'est Goth
> Li beau regard, gîte ne l'attend.

Le *grément* ou *agrément* dans l'art de la bâtisse était ce que nous nommons aujourd'hui le sculpteur ornemaniste. Le canon gaulois était celui de l'art gothique, et il résulte de ce patelinage qu'il était originaire de la Gothiane, ou notre province de Guienne, ce qui est complètement conforme à l'histoire, car le monument le plus ancien que je connaisse du style gothique proprement dit est la cathédrale de Clermont en Auvergne[20]. *Li beau regard* était donc une devise *gothique*, et alors on comprend qu'elle ait pu être commune aux Normands et au Goths, car les Goths, avant de coloniser le midi de la France et le nord de l'Espagne, avaient passé par la Scandinavie, dont une des provinces porte encore leur nom ; on doit en conclure que *li beau regard* était bien avant leur séparation la devise de tous les rameaux de la race gothique, et alors il faut en chercher le sens primitif dans leur langue. *Lieb regger* devait se traduire : *Aime le plus hardi*[21]. Ce serait une épave de l'ancien grimoire scandinave, et les ménestrels de Murcie se qualifiaient de Goths ou *hidalgos*, comme le font aujourd'hui tous les bons Espagnols[22].

De plus, ce curieux passage nous apprend que Panurge ou Griffon, qui était l'imprimeur lyonnais Griffe[23], ami de Rabelais et fondateur de la Société angélique à laquelle étaient affiliés les plus libres penseurs de l'époque, était, ainsi que Rabelais, un ménestrel de Murcie, du parti démocratique, opposé à la Réforme, ce qui expliquerait pourquoi Rome leur a tant pardonné de témérités.

Les ménestrels de Morvan devaient aussi avoir leur devise mais jusqu'ici je ne l'ai pas rencontrée. Il est probable que Murcie et Morvan étaient les véritables noms des Guelfes et des Gibelins[24]. En tout cas, il est certain que, dès la fin du XVe siècle, l'emblème du Morvan avait été adopté en Allemagne par les adversaires de la suprématie romaine. Luther se l'appropria dans son fameux pamphlet de *l'Âne pape* (1523)[25]. De là, il est nécessairement passé aux chevaliers noachides prussiens, qui forment un ordre à part dans la franc-maçonnerie ; de sorte que, dans la dernière guerre, le Grand Orient Français, qui au dernier siècle avait encore la devise des ménestrels de Murcie, héritiers des Goths, a été battu par des ménestrels de Morvan, originaires du Bourbonnais.

Il résulte des *Songes drolatiques* que François Ier était *fin dracon* ou

L'âne-pape (1523).
Version revue par Luther de celle de 1496.
Voir l'original dans l'article précédent, p. 169 (NDLE).

fendeur coin, qui était le sixième grade des ménestrels de Murcie (dans le rite écossais, il porte le nom de *royale hache*), et il est probable qu'il faisait partie des prérogatives de la couronne, comme étant le plus élevé de la hiérarchie druidique, celui de rose-croix n'ayant été ajouté qu'à l'époque et à l'occasion des croisades. Personnellement, François Ier devait pencher du côté de Morvan, car il n'avait aucun goût pour la démocratie ni pour le pouvoir absolu ; mais il est rare qu'un souverain fasse ce qu'il désire. La proscription du connétable et de ses partisans fut immédiatement suivie de la mort de son fils aîné[26], qui dut singulièrement le refroidir pour Morvan. Son troisième fils ne se maria jamais, parce que, selon toute probabilité, il était impropre au mariage. Son second fils, qui fut Henri II, n'était marié que de nom. La race d'Angoulême menaçait de s'éteindre.

François Ier avait fait faire à Henri un mariage assez peu glorieux, d'après les idées du temps[27]. Catherine de Médicis, sa bru, bien que nièce de Léon X est alliée à la maison d'Auvergne, n'en descendait

Songes drolatiques, planche CXVIII (NDLE).

pas moins en ligne directe de simples apothicaires qui avaient leur boutique à Florence et avaient gardé pour blason l'enseigne même de cette boutique, avec les biscuits dépuratifs qui avaient fait leur fortune médicinale. Jamais ces malencontreux tourteaux ne furent pardonnés à la nièce papale, pas même par ses enfants, qui la méprisaient comme une ville plébéienne.

Elle avait treize ans lorsqu'elle fut unie à un prince qui n'en avait que quinze et resta onze années entières sans vouloir s'apercevoir qu'il était marié. La jeune Catherine était cependant d'une rare beauté et, quoique plébéienne, elle possédait les mains les plus fines et les plus aristocratiques de son temps ; pour ce qui était de l'esprit et de la malice, elle en avait à revendre, aussi fit-elle aisément la conquête de son beau-père, lequel, malheureusement pour lui, n'avait jamais détesté les bourgeoises[28]. Tant que vécut son fils aîné, il ne s'inquiéta pas du cadet, le laissant se livrer en paix à son goût effréné pour la chasse et pour les chasseurs ; mais, lorsque cet Hippolyte farouche se trouva être son héritier présomptif, il lui sembla qu'il était temps de lui apprendre qu'à côté du genre masculin il en existe un autre, auquel nous devons Ève, notre mère, et il pria Diane de Poitiers, avec laquelle il était en coquetterie réglée, de se charger de *parpolir* le jeune Henri.

C'était jeter un agneau dans la gueule d'une louve, car la fière Diane ne lui avait pas pardonné la grâce dérisoire accordée à son père, et d'ailleurs elle était l'héritière de ses secrets et de ceux du connétable de Bourbon. On a prétendu qu'elle s'était livrée à François Ier pour racheter la vie du sire de Saint-Vallier, mais cette hypothèse est de toute improbabilité[29]. Le confident du connétable avait été arrêté chez son gendre, Louis de Brézé, petit fils d'Agnès Sorel et sénéchal de Normandie, c'est-à-dire chez un prince de sang royal, l'un des plus riches et des plus puissants du royaume. Diane était elle-même princesse souveraine du Valentinois, et, par conséquent, ce n'était pas une femme à laquelle on pût proposer un semblable marché. Son père avait été arrêté par deux gentilshommes de son mari et livré au roi sur son ordre, mais sous condition qu'il lui serait fait grâce de la vie. S'il avait voulu le faire passer en Angleterre, rien ne lui aurait été plus

In fraudulentos.
Emblème de la salamandre (NDLE).

facile, et c'était à son mari que Diane aurait dû demander la vie de son père, non au roi, mais rien n'est moins clair que l'histoire des dix-huit années qu'elle passa avec un homme connu pour son mauvais caractère et sa dureté. Ce qui est certain, c'est qu'elle ne vint à la cour qu'après son veuvage et qu'elle y occupait le rang d'une princesse souveraine au titre étranger, comme il y en avait un assez grand nombre à cette époque. Elle passait pour une des plus brillantes causeuses de son temps, et François Ier était un non moins charmant esprit ; mais il était arrivé à un âge où un libertin fieffé, comme il le fut depuis la mort de sa première femme[30], préfère le fruit vert au fruit mûr. Aussi, Catherine de Médicis lui plaisait certainement beaucoup plus que Diane, et ce fut en 1536 qu'il lui donna son fils pour prendre sa belle-fille. En interprétant la devise de la Salamandre, Claude Mignaut, le savant commentateur des emblèmes d'Alciat, ne laisse que peu de doute à cet égard[31], et la mascarade que les écoliers de Paris firent à cette occasion n'en laisse aucun. Si Diane avait été la maîtresse du père, elle ne l'aurait certainement pas lâché pour une espèce de sauvage, dont la virilité passait pour problématique, et qui lui a dû, comme roi, toute celle dont il a fait preuve.

Pietate & justitia (NDLE).

Mais elle en voulait à mort à la famille d'Angoulême, et, avec la bizarrerie qui lui était naturelle, elle ourdit contre elle la plus singulière des conspirations. De 1536 à 1544, c'est-à-dire pendant huit ans, elle réussit à tenir le Dauphin éloigné de la Dauphine. À cette époque, l'aîné des fils de François Ier était mort, le troisième et dernier était mourant, et non seulement le second, le seul qui fût marié, n'avait pas de postérité légitime, mais encore, il ne voulait pas en avoir.

En 1538, dans la fleur de sa liaison avec Diane, il avait eu une fille qu'on avait attribuée à une Piémontaise, mais qui ne pouvait être que celle de la sénéchale, car elle continua la mission que celle-ci s'était donnée, de faire triompher les Bourbons, et, après avoir été l'amie de Henri IV, elle éleva Louis XIII[32]. Henri II n'était donc pas ce dont sa femme l'accusait publiquement, et cependant aucun des enfants de Catherine de Médicis n'a jamais été considéré par ses contemporains comme le sien. Henri IV, qui épousa Marguerite de Valois, se conduisit vis-à-vis d'elle comme l'on prétendait que Henri II s'était conduit vis-à-vis de Catherine[33]. François II passait, non sans raison, pour être le fils de François Ier, les autres pour être ceux du cardinal de Lorraine, ou même de Philibert Delorme[34]. Telle fut la cause du singulier discrédit des derniers Valois, et Charles IX, qui était fier, ne l'ignorait point ; car ce prince était un lecteur fanatique de Rabelais, et il avait pris pour devise deux colonnes pliées l'une sur l'autre, avec ces mots : *Pietate et justitia*. En grimoire, une colonne se dit aussi une pile. La traduction de cette curieuse devise doit être : *latin : par pitié et droit pile pliée*, c'est-à-dire : *il tient par pitié, droit pas l'appelle*. Comme cet aveu navrant explique bien la Saint-Barthélemy ! Paris a assisté dernièrement aux rages puériles du fils d'une actrice célèbre, quelles devaient être celles de Charles IX lorsqu'il déchiffrait les emblèmes d'Alciat, qui racontait tout crûment les intrigues de sa mère, et avec quel plaisir il dut abattre de sa propre main, ce Jean Goujon, le confident de Diane de Poitiers[35], qui avait dû tant de fois lui prêter son assistance pour publier les caricatures envenimées des *Songes drolatiques*.

III

Mais revenons aux onze années de stérilité de Catherine de Médicis. D'abord, elle parut prendre assez gaiement son parti de l'abandon dans lequel la laissait son jeune époux. À treize ans, elle avait rapporté d'Italie toute la démoralisation de Lucrèce Borgia, et, dans son château d'Auteuil, qui venait de la maison d'Auvergne[36], elle commença par recruter ce célèbre escadron de filles d'honneur, qui depuis devint un de ses grands instruments de gouvernement. Là, elle recevait la visite de sa belle-mère Éléonore, plus hypocrite et aussi vicieuse qu'elle, qui se consolait des froideurs de son royal époux en servant d'espion à son frère Charles Quint. C'est elle que Rabelais a eue en vue dans la dame aux chiens et aux *patenostres en cestrin*[37]. François Ier avait été un mari exemplaire tant qu'avait vécu sa première femme, Claude de France, qui était boiteuse et peu belle ; mais il était revenu de sa captivité au moins aussi démoralisé que sa bru et sa seconde femme. À ces nobles visiteurs se joignirent plus tard Saulx, qui disputait la reine Éléonore au connétable de Montmorency, et le futur cardinal de Lorraine, évêque de Reims à l'âge de seize ans[38]. Enfin, à cette pléiade aristocratique était venu s'ajouter Philibert Delorme que Rabelais qualifie d'*architriclin* du roi très mégiste[39]. Ces trois derniers personnages devaient former plus tard ce que nous nommerions le *cabinet de Catherine*, devenue régente.

On commença d'abord par mener joyeuse vie, mais lorsque Catherine eut atteint sa vingt-quatrième année sans que le mariage eût été pour elle autre chose qu'une cérémonie, elle se trouva peu flattée d'avoir à coiffer sa patronne. En effet, c'était l'âge où, dans la corporation dont elle faisait partie, c'est-à-dire, celle des *gantiers*, une femme ne pouvait obtenir le grade de *licrane* ou *licorne*, sans avoir *parachevé* ou *parpoli* le chef-d'œuvre de la femme, qui est l'enfant. Pour le beau sexe, l'insigne de ce grade est curieux à noter. C'était la *cornette* ou *corne de lin*, que portent encore les paysannes dans tous les pays qui ont été anciennement soumis à la domination druidique, c'est-à-dire toute la Gaule, l'Angleterre, une partie de l'Allemagne et de l'Espagne. En Italie, cette coiffure s'arrête aux Alpes et disparaît avec la langue française. Jadis, elle était uniquement réservée aux matrones, et les filles et les femmes *bréhaignes* la portaient d'une autre étoffe.

La question était grave et menaçante pour la Dauphine, car une femme ayant dépassé l'âge de vingt-cinq ans sans donner d'enfants à son mari risquait de voir son mariage cassé, pour cause de stérilité, et c'était probablement le but que devait poursuivre Diane. François Ier n'était pas moins perplexe puisqu'il était menacé de voir s'éteindre la dynastie d'Angoulême dans la personne de son fils. Pendant longtemps ses sommations et ses menaces restèrent sans effet. Diane avait ensorcelé le jeune prince ; mais, s'il faut en croire Alciat, Philibert Delorme finit par l'attirer dans une partie de chasse où on l'enivra, et ce fut ainsi qu'il se trouva l'éditeur responsable de François II. Seulement, une fois ce devoir rempli, il revint à Diane, à laquelle il resta fidèle jusqu'à sa mort, sans plus s'inquiéter des autres enfants que lui donna successivement Catherine, et qui passaient pour être ceux du cardinal de

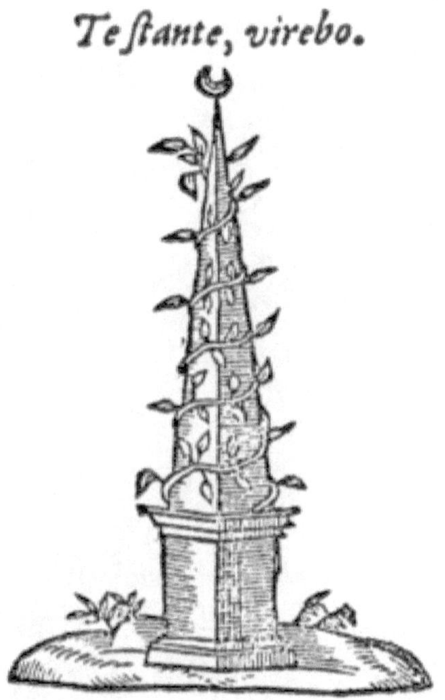

Devise du cardinal de Lorraine : *Te stante, virebo* (NDLE).

Lorraine. Aussi celui-ci avait-il pris pour devise une *pyramide servant d'appui à un lierre noué à son sommet*. Le *lierre noué* est la *Lorraine*. La lecture blasonnée de cet emblème par trop transparent est : *appui pyramide chef lierre noué*, c'est-à-dire *appui prit Médicis Lorraine*[40]. Cette liaison était pour ainsi dire publique, et Diane se donna le malin plaisir de rendre le cardinal infidèle.

Quant à Catherine, lorsque sa grossesse fut déclarée[41], elle prit pour devise un iris ou arc-en-ciel[42] avec ces mots grecs : φῶς φέροι ἤδε γαλήνην [phôs phéri hèdé galènenn], *le feu apporte l'accalmie*[43], en ajoutant le mot *iris* et le mot grec, on a le véritable sens de la légende : *L'heureuse greffe apporte l'accalmie*. Dans le langage des *préoliers*, une *greffe* était un fils[44].

Ce fut pendant sa grossesse, pour se préparer à recevoir le grade de licorne d'après le rite des ménestrels de Murcie, qu'elle traduisit

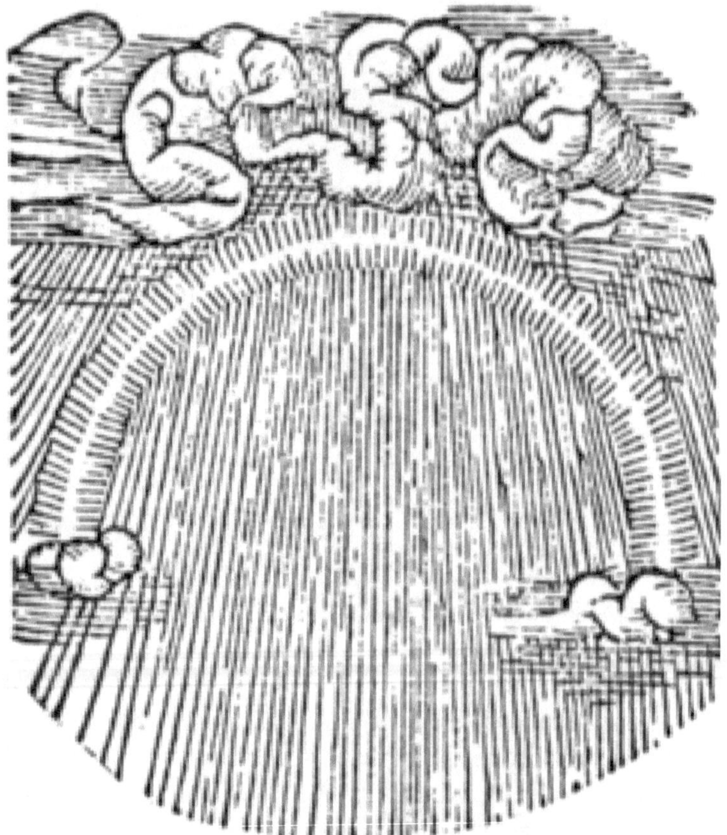

Devise de Catherine de Médicis (NDLE).

elle-même le *Songe de Poliphile* et qu'elle en redessina les planches [45], qui furent gravées et probablement plus que retouchées par Philibert Delorme. François Ier composa de sa propre main les attributs, que je n'ai pas eu encore le loisir d'étudier, mais qui doivent contenir nombre d'allusions politiques. Ces attributs sont ceux auxquels Rabelais fait allusion. Bartolomeo Serlio [46] fut chargé de revoir soigneusement le

Songe de Poliphile, frontispice de l'édition de 1546 (NDLE).

texte de la traduction et les compositions des deux augustes collaborateurs, afin de corriger le *patelinage royal* et les *bourdes*, qui n'étaient
pas admises dans le *langage des gantiers*. Rabelais eut pour mission de
transcrire en *coulée*, ou en caractères latins, tout ce que l'original contenait
de mots *hébreux* et *arabes*, afin que les *Érasmes fols* pussent les lire;
Lénoncourt fut chargé d'une besogne identique pour tout le grec[47];
quant à la reine Éléonore, elle se chargea de faire les frais de l'édition,
qui ne durent pas être minces[48].

Tous ces renseignements, avec beaucoup d'autres que je dois omettre,
figurent dans le recueil des *Songes drolatiques*, dont le titre même est
une parodie de celui de Poliphile. Cette étrange publication se fit en
1565, à l'occasion de l'entrée de Charles IX, alors âgé de quatorze
ans, dans la corporation royale des gantiers, qui avait pour emblème
un *arraché moufle* ou un moufle déchiré. C'était la transcription en
grimoire d'*Érasmes fols* ou fous d'Érasme[49]. Un *apprenti*, un *drôle*, un

page, un *varlet* ou un *polifil*, c'était tout un, et *Songe drolatique* est la rigoureuse transcription en français vulgaire du *Songe de Poliphile*. Seulement, le style adopté pour la réception de Charles IX est l'ancien style, c'est-à-dire le grotesque.

Si telle est la forme adoptée, rien n'est plus tragique que le fond ; car, en dehors d'un certain nombre de pièces qui, paraît-il, auraient été la dernière œuvre de Rabelais, et contenaient un rituel à l'usage des Érasmes fols, le reste est un recueil de planches d'époques très diverses, établissant la complicité de Diane de Poitiers et du cardinal de Châtillon[50] dans la conspiration d'Amboise, et condamnant Diane à aller voir ce qui était peint dans la chambre des maçons de la tour de Nesle[51].

Cette pièce, qui est en tête du livre, est de Philibert Delorme, alors chef de la corporation en sa qualité de *maître maçon du roi*, ce qui se traduisit plus tard par surintendant des bâtiments. Les maçons de Philibert n'avaient rien à voir avec les francs-maçons d'aujourd'hui,

Songes drolatiques, planche CXX (NDLE).

et leur organisation n'était ni plus ni moins mystérieuse que celle des autres corporations, mais ils étaient déjà la plus nombreuse des corporations parisiennes et, par conséquent, une des plus influentes en temps de troubles.

Les *Songes drolatiques* furent publiés après la chute de cheval dont mourut Diane de Poitiers[52]; comme, plus tard, après le meurtre du maréchal d'Ancre, parut la *Mythologie de Coïon*[53]. C'était un jugement motivé, avec preuves à l'appui, donnant l'explication d'une exécution secrète.

L'adoption du rituel des ménestrels de Murcie, ayant joué un grand rôle dans l'histoire des corporations parisiennes, se trouve relatée en tête de ce singulier ouvrage, qui commence par la fin, à la mode des livres hébraïques. Après un frontispice dépassant toutes les limites du fantastique le plus horrible, vient la caricature du cardinal de Châtillon, signalant ses intrigues avec *Poitiers*, représentée par un *pot*.

Cette charge est suivie de François Ier, en *Gargantua*, c'est-à-dire en

Songes drolatiques, planche CXIX (NDLE).

Songes drolatiques, planche CXVII (NDLE).

guerrier ganté, coiffé d'un *coin fendu* par une scie, comme emblème de son grade de *fendeur coin*. Il est enfermé dans une *castille* représentant le blason de sa femme Éléonore, et, derrière lui, se dissimule, tout petit, Delorme en *bête armée*.

Éléonore se cache sous la cagoule d'un moine pansu.

Catherine se présente sous le masque d'un singe eunuque, coiffé d'une tiare et faisant une affreuse grimace. C'est le peu gracieux emblème de son drôle de ménage. Il est certainement de sa composition, et l'exécution en est si grossière quelle n'a pas dû être retouchée.

Elle est suivie de Serlio en page-queux portant une lèche-frite.

Puis c'est le tour de Rabelais, en *mère abbesse* dans un marais. Son nom est écrit par un unique *soulier bâté*, emblème des Ribles ou *Robelins*.

Le dernier, qualifié de *grimoire lumière*, est Lénoncourt, en évêque guerrier, ayant pour cuirasse un colimaçon.

Il est probable que toutes ces charges, très ressemblantes à l'exception

Songes drolatiques, planche CXVI (NDLE).

des deux reines, qui sont masquées, sont de la main même de ceux qu'elles représentent ; car aucune, en tant qu'exécution ne dépasse le savoir d'un amateur de beaucoup d'esprit. Toutes sont d'un style différent, qui dénote plusieurs mains, et si, malgré ces présomptions, elles sont d'une seule, cette main ne peut être que celle de Philibert[54].

Tels sont les renseignements que fournissent des documents dont l'interprétation pourra toujours être contestée, puisque tel était leur but[55] ; mais, tout en ne leur accordant que l'autorité qu'ils méritent, il est utile de les consulter, parce qu'ils appellent l'attention sur une foule de faits consignés en langage parfaitement clair dans les ouvrages contemporains. Seulement ces faits sont présentés de façon à ne frapper que les yeux de l'initié. Ainsi tout ce que je viens de raconter du grand drame de la naissance de François II peut être considéré comme hors de cause. Quant au *Songe de Poliphile*, si Rabelais en parle deux fois, s'il l'a évidemment parodié dans son

Songes drolatiques, planche CXV (NDLE).

quatrième livre, c'est que cette publication avait à ses yeux un caractère politique ; s'il a eu tant d'éditions, c'est que, de même que lui, un assez grand nombre d'initiés en possédaient la clef, et que ce texte, qui semble si justement fastidieux aux profanes, devient très intéressant et parfois très facétieux lorsqu'on lui demande l'explication des gravures qui, sans lui, seraient presque toujours inintelligibles. Or il est à remarquer que, la plupart du temps, l'explication de ces compositions si majestueuses est une mystification bouffonne, tandis que les bouffonneries abracadabrantes des *Songes drolatiques* cachent une série d'épouvantables tragédies, prologue de la Saint-Barthélemy.

Il était impossible que la publication française de *Poliphile* n'en suscitât pas une foule d'autres du même genre ; aussi, dans son *Histoire de la Caricature*, Champfleury en a-t-il recueilli de nombreux

Songes drolatiques, planche CXIII (NDLE).

spécimens[56], mais je m'étonne que, parmi les Italiens contemporains des éditeurs français de *Poliphile*, Monsieur Popelin ait oublié Alciat.

IV

On sait qu'André Alciat fut une des plus éblouissantes lumières du droit romain, et l'on s'étonnerait qu'il eût été une des lumières non moins éblouissantes du *grimoire*, si la Basoche n'avait été l'un des refuges de prédilection du *noble savoir*. Le pays de Chicquanous a fourni à Rabelais le sujet d'un de ses contes les plus amusants et des plus bourrés de lanternois, celui qui raconte les faits et gestes du sire de

Basché et la farce féroce de François Villon[57]. Dans le dialogue des Chicquanous, échangeant des gourmades avec le joyeux curé Oudart, sommelier de son seigneur après vêpres, il a trouvé le moyen d'insérer des détails très salés sur la cour de François Ier, dont je ne puis extraire que la citation suivante :

> Mordere grippi piot avirof relucha
> Imbure lucecoque lurintimpanemens
> Mon, mon, vrelon, von, von.
> Trepigne mampeuil lori frizonouf ressuré.

Le *lanternois* est une des variétés du *grimoire blanc*,[58] c'est-à-dire des plus faciles, et il n'admet pas d'assonances finales en L, parce qu'elles le rendraient trop aisé à deviner. Aussi ne lui en confiait-on pas généralement de gros secrets, et ce que je vais en traduire a été publié après la mort de François Ier ce qui laissait à l'auteur un peu plus de latitude. Voici cette traduction :

> Aime roi dure guerre pipes, piots à boire faire,
> Laisse chambre lit couche, que Lorraine
> Étampes n'amenasse, montre averlan,
> Épreuve n'être peigne aime employe
> La refrise donne fer s'essayer.

Ainsi la duchesse d'Étampes donnait à Charles de Lorraine, évêque de Reims à l'âge de seize ans et le plus poli des pages de son temps, des leçons de coiffure, pour passer ses épreuves d'*averlan*, c'est-à-dire de page[59]. Toutes les dames de haut parage se le disputaient, aussi bien la favorite que la reine, sa protectrice, et la Dauphine, qu'il protégeait. Diane le lui arracha de force le jour où elle fut toute-puissante, et il est probable qu'il faut voir son portrait dans le superbe Triton qui emporte Galatée, sur le bas-relief du château d'Anet. Son oncle était l'ami et le protecteur de Rabelais[60] ; aussi ne l'a-t-il pas trop écorché dans cette spirituelle boutade ; mais nous allons voir qu'Alciat fut moins poli.

Le savant jurisconsulte milanais avait été appelé en France par François Ier, et nommé professeur de droit à Bourges, en 1527 ; mais le duc de Milan le rappela en Italie, où il mourut en 1550, à l'âge de cinquante-huit ans, peu de temps après la publication de ses *Emblèmes*[61], traité de grimoire aussi souvent réédité que *Poliphile*.

En effet, la lecture en est beaucoup moins fatigante, parce que l'auteur n'a pas bâti sur ses tableaux une intrigue romanesque invraisemblable. Chacun d'eux se rapporte à un adage latin ou grec, sans connexion apparente avec ceux qui précèdent et qui suivent, mais l'ensemble forme une longue légende en grimoire noir, racontant, avec la sécheresse d'un procès-verbal judiciaire, tous les incidents secrets de la guerre des Andouilles[62], et cette espèce de réquisitoire finit par un coup de massue appliqué à Charles de Lorraine, avec une brutalité sans exemple ; car cette épigramme à la Martial est écrite avec des noms d'arbres, c'est-à-dire avec le genre de grimoire le plus répandu et le plus facile à lire. C'est une paraphrase de la devise de Catherine de Médicis, dont je ne puis citer que le dernier vers :

Limon, buis, amande, murée, laurée, peuplié.

Ce qui donne :

Allemand bœuf immonde, aime royale Europe plaît[63].

Un des triomphes de *Poliphile*, celui des Centaures, représente en effet Europe sur son taureau. Sans pousser plus avant mes investigations dans ce sens, j'ajouterai que les *Emblèmes* d'Alciat sont un rituel de grimoire à l'usage des *Ménestrels de Morvan*, qui a dû lui être commandé par Diane de Poitiers pour faire contrepoids à celui de sa rivale, et que si les gravures en sont moins soignées, il ne lui cède en rien sous le rapport de l'érudition. De plus, il a été enrichi par un autre jurisconsulte, Claude Minos ou Mignaut, de notes et de dissertations sur les emblèmes, qui le rendaient doublement précieux aux amateurs de grimoire[64]. Mais ce livre n'en était pas moins une mauvaise action, car Alciat avait été

Les six derniers emblèmes d'Alciat (NDLE).

comblé de bienfaits par François Ier. Malheureusement pour lui, il était aussi cupide que gourmand, et il est probable que sa vie fut abrégée par le poison[65]. Du reste, il paraissait s'y attendre ; son blason patrimonial étant un *élan*, ou grand cerf d'Allemagne, qui se dit en grec *alcé*, d'où *Alciat*, et ces armes parlantes étaient accompagnées d'une curieuse devise grecque, μηδέν ἀναβαλλομένος [mèdenn anaballomenos] (grec :

Europe sur le taureau (détail), *Songe de Poliphile* (NDLE).

mie est lent). Il est probable que les Alciat se vantaient de ne pas être lents à la guerre[66]. André lui substitua une autre devise grecque, qu'il mit en tête d'un ouvrage en langue italienne sur les symboles du blason et des armoiries. Ce doit être un livre curieux, mais il est aujourd'hui fort difficile de se le procurer. Je n'en connais que la susdite devise, sur la foi de Minos[67].

Elle se composait d'un caducée entre les deux cornes de la déesse Amalthée. En grimoire moderne, le caducée est tout simplement une *canne* avec *deux bisses tortillées*; ce qui se lit: *Combastre tel doit*. Quant aux deux cornes, ce sont deux couronnes. Cet emblème était accompagné de la légende: ἀνδρὸς δίκαιου καρπός οὐκ ἀπόλλυται[andros dikéou karpos ouk apolluté] (grec: *homme prudent, fruit ne se perd*)[68]; d'où les deux vers suivants:

Deux couronnes combattre tel doit.
Grimes pour Diane fera tant se perde.

L'élan de la famille Alciat (NDLE).

Il aurait pu ajouter. «On ne vit point, quand on a tant d'esprit.» [69] Alciat survécut à François Ier, qui était débonnaire. Catherine de Médicis et Charles de Lorraine l'étaient beaucoup moins ; ils le prouvèrent bien à la Saint-Barthélemy et ailleurs. Jeanne d'Albret, la mère d'Henri IV, qui avait aussi la passion du grimoire, ne mourut pas de sa belle mort [70].

Les planches d'Alciat sont encadrées de bordures de *singes* et de *lapins*, façon plus que naïve d'écrire en grimoire : *saint Gilpin*. Malgré leur exécution grossière, elles sont très ingénieuses et très élégantes de composition, et nombre d'entre elles rappellent infiniment mieux que celles de *Poliphile* le style de Jean Goujon. Celle qui porte le numéro IV est évidemment une réponse à une composition de *Poliphile* représentant Ganymède dans les serres de son aigle. En vieux français,

La devise *Virtuti fortuna comes* (NDLE).

Ganymedes signifiait *gain emmi Dieu* (joie en Dieu), ce qu'Alciat traduit en latin: *in Deo laetandum*. La devise du premier grade maçonnique moderne est encore: *Ma force est en Dieu*. En grec, l'étymologie véritable, donnée par Alciat, est: γάννυσθαι μηδέσι [gannysthé mèdessi] (s'éclairer dans ses desseins)[71]. Ganymède était le premier degré de la franc-maçonnerie ancienne, comme on peut le voir par la colonne de Cussy[72]; et, ce qu'il y a de curieux, c'est que les traditions maçonniques modernes en ont gardé assez exactement l'interprétation.

La médaille d'Alciat avec sa devise grecque, gravée par Jean Second (NDLE).

L'édition française de *Poliphile* donna le signal de la guerre des Andouilles, épopée terrible que chanta Rabelais, mais dont il ne vit pas la fin. Pour des raisons diverses, Diane de Poitiers et Catherine de Médicis avaient adopté la couleur noire. Diane caricaturait Catherine sous la forme d'une *mandole*[73] (âme en deuil), ou d'une *chandelle qui brûle* (bru laisse en deuil). Catherine, qui était plus jeune, répondait par une *vieille sandale* (vieillesse en deuil). Les *Songes drolatiques* ont recueilli un certain nombre de ces aménités réciproques.

Rabelais, qui paraît avoir flotté entre les deux partis, finit par se ranger du côté du cardinal Jean de Lorraine, c'est-à-dire des ménestrels de Murcie, mais non sans distribuer de bons coups de griffes aux uns et aux autres.

Catherine ne s'en tenait pas aux caricatures ; elle fit disparaître successivement tous ses ennemis, à commencer par son mari. On ne voit pas que Diane ait jamais eu recours à l'assassinat, et c'est à tort qu'on l'a accusée d'avoir persécuté les protestants, puisque les ménestrels de

Lapin dans la bordure fleurie d'un emblème.
Des singes apparaissent aussi fréquemment (NDLE).

Ganymède (NDLE).

Morvan inclinaient tous plus ou moins vers le protestantisme. Il y eut, sous le règne de Henri II, deux procès célèbres : celui d'Anne du Bourg et celui de Béoralde de Verville ; ce dernier, qui fut condamné à mort pour avoir abjuré, était l'ami de Diane et son complice. Il est probable que ce fut elle qui le fit évader, et, si elle ne sauva pas Anne du Bourg, c'est que l'influence des ménestrels de Murcie dut être la plus forte[74].

Cette lutte entre deux influences rivales peut seule exprimer la singulière attitude de Henri II entre sa femme et sa maîtresse.

Il n'aimait ni n'estimait Catherine et la laissait vivre pour ainsi dire publiquement avec ses deux favoris, Charles de Lorraine et Philibert Delorme, pendant que lui-même forçait la reine de France à cohabiter avec Diane. C'était cette dernière qui avait le pas ; c'était à elle que s'adressaient de préférence les ambassadeurs étrangers. Pourquoi n'essaya-t-il pas de faire casser son mariage ? Pourquoi subit-il ces enfants que personne ne considérait comme les siens, si bien que le connétable de Montmorency osait lui dire en face, sans crainte de le blesser, que Diane, sa fille naturelle, était la seule qui tînt de lui[75] ? L'histoire est muette à cet égard ; mais il est certain, par ce qui nous reste du château d'Anet, que Henri II, contrairement à son père, penchait ouvertement en faveur des ménestrels de Morvan. En effet, c'était lui qui avait fait élever ce singulier tombeau qu'on voit encore au Louvre, non pas en l'honneur de Louis de Brézé, dont il ne s'était jamais soucié, mais en l'honneur de cette Morgane ou Morvan, la sœur légendaire de l'enchanteur Merlin, qu'il avait fait représenter sous les traits de la déesse de la *vene*[76]. On sait que ce merveilleux monument fut construit en 1548 dès que Henri II fut monté sur le trône, et que ce fut pour ainsi dire le premier acte de son règne. Il est probable qu'alors son intention devait être de se débarrasser à tout prix de Catherine, car elle fut pour ainsi dire exilée en Bourgogne, et, sur le splendide bas-relief qui surmonte la porte d'Anet, on peut voir encore Galatée emportée par un triton, entre deux enfants laissant échapper des poissons. J'ai dit que le triton devait représenter le cardinal de Lorraine et peut-être aussi Philibert Delorme, car il ressemble à l'un et à l'autre. Pour ce qui est de Galatée, qu'on retrouve aussi sur une des lucarnes du Louvre, c'est Catherine encore jeune.

La traduction de cette composition est :

> Merci, je ne veuille on traite en égalité.

La situation de Catherine en ce moment n'était pas brillante ; sa rivale lui avait enlevé ses deux supports, le prince lorrain et l'architecte lyonnais. Ce dernier avait le crève-cœur d'être forcé d'achever les dessins dans lesquels la favorite malmenait impitoyablement la dame de ses pensées. Les lauriers dont Diane a parsemé la façade de son monument de prédilection servaient également à écrire le nom de Lorraine et celui de Lorme. Auquel faut-il les attribuer ? Delorme était un bien mince personnage dans les idées du temps pour qu'on lui fît tant d'honneur. Cependant, comme chef de la corporation des maçons, il exerçait une influence politique considérable, et il était abbé de Saint-Éloi[77], ce qui en faisait un riche seigneur.

Diane rencontra, dans la fraction des couches démocratiques qui étaient dans les mains de l'architecte, une résistance qu'elle ne put vaincre et dut en venir à un accord, qui se manifesta par la réédition de *Poliphile* datée de 1553. Aucun évènement historique ne signale cette année-là ; mais, si la réédition de *Poliphile* a bien la valeur que je crois devoir lui attribuer, cette date peut être comptée comme le triomphe de la démocratie française sur l'aristocratie, car depuis cette époque sa marche ascendante ne s'est jamais arrêtée. Il est probable que, pour le moment, le triomphe dut se borner à cette égalité, que lui refusait Diane dans le bas-relief d'Anet ; mais il était évident que les ménestrels de Murcie ne s'en tiendraient pas là.

Le Louvre possède un singulier témoignage de ce pacte d'égalité. C'est un magnifique émail de Limozin[78], représentant à droite François Ier et Éléonore d'Autriche, au-dessous d'un calvaire ; à gauche, Henri II et Catherine de Médicis, avec un Christ sortant du tombeau. Le calvaire est l'emblème de *Murcie*, celui qui choit dans la mort (mort chet). La résurrection est *Morvan*, celui qui vient de la mort (mort vient). On doit même remarquer que c'est Murcie qui occupe la place d'honneur, c'est-à-dire la droite de la composition.

V

Ainsi, dès ce moment, Murcie prévalait ; mais l'équilibre dut être tout à fait rompu par les victoires que remporta sur les Impériaux Guise le Balafré, frère du cardinal de Lorraine[79]. Dès lors, Catherine se crut en l'état de supprimer l'époux qui l'était si peu, et l'on sait comment Henri II périt dans une joute, de la main de Montgomery, capitaine dans la garde écossaise. Bien que protestant, il avait pu être gagné par le parti contraire. Une caricature des *Songes drolatiques*, et la plus belle de toutes, qui est de la composition de Diane et probablement de la main de Jean Goujon, accuse positivement la reine d'avoir laissé tomber ses bras, ce qui devait faire voir à James de Montgomery *pique poussât bavière, qu'entre esborgne le roy*[80].

Songes drolatiques, planche XC. Lecture très problématique, est-ce celle-ci qui correspond à la description de l'auteur ? (NDLE).

Diane, privée de son soutien, était encore trop puissante pour être supprimée de vive force. De même que la duchesse d'Étampes, et la reine Éléonore, elle fut exilée de la cour et se retira dans son sénéchalat de Normandie, véritable principauté, où elle avait toutes les facilités possibles d'entretenir des relations avec Élisabeth d'Angleterre. Pendant les six années qu'elle survécut à Henri II, l'histoire officielle perd presque complètement ses traces ; mais la haine qu'elle avait vouée à la postérité de Catherine ne sommeillait point, et ce fut elle qui, de concert avec Béroalde de Verville et le cardinal de Châtillon ourdit la conspiration d'Amboise[81]. Son but était de livrer Le Havre à Élisabeth, et de la faire monter sur le trône de France. Mais la bourgeoisie anglaise redoutait, à juste titre, que cette couronne ne reléguât celle d'Angleterre au second plan ; de sorte que les conjurés furent faiblement soutenus et échouèrent. À la suite de ces évènements restés si obscurs, Diane fut condamnée par les Érasmes fols à périr par le cheval, et mourut en effet des suites d'une chute de sa monture qui se renversa sur elle et lui brisa la cuisse.

Après sa mort, Catherine, voyant que ses deux fils aînés, François II et Charles IX, ne laissaient point d'enfants[82], reprit pour son compte le projet de réunir sur une seule tête les couronnes de France et d'Angleterre, ce qui aurait pu se réaliser dans la postérité de son fils Henri. Ce prince plaisait beaucoup à Élisabeth ; mais il était bigot et recula devant un mariage protestant, ce qui sauva peut-être le catholicisme en France[83]. Catherine s'appuyait sur Murcie ; mais c'était une femme sans préjugés, qui aurait été aussi facilement au prêche que Henri IV alla depuis à la messe. On a exagéré son rôle dans les évènements de son temps. Morvan avait fait la conjuration d'Amboise ; Murcie répondit par la Saint-Barthélemy, et Charles IX ulcéré y alla de tout cœur ; mais, s'il avait résisté, il aurait subi le sort de son frère Henri III, qui fut assassiné pour avoir essayé de revenir à Morvan. En effet, déjà Murcie poussait l'esprit démocratique au point de faire un essai de république cléricale. C'était le premier effet de l'éducation donnée par les jésuites, qui avaient pris pour devise : *Ne sire se Christ* (pas d'autre maître que le Christ). Le *De viris illustribus*, un bouquin bien inoffensif en apparence[84], n'en prêchait pas moins la haine de la royauté et des tyrans. La Ligue, bien que précédant de deux siècles de drame de la Terreur, pouvait en être considérée comme le prologue. La fédération des métiers parisiens n'osait pas faire monter les rois sur l'échafaud, mais elle les condamnait à mort dans ses agapes maçonniques et les faisait poignarder.

Après l'assassinat de Henri III, les succès militaires de Henri IV ne domptèrent nullement sa résistance. Ce fut un moment critique pour le catholicisme, car si Morvan, représenté par Henri IV, avait réussi à le reléguer en France au second plan, c'en était fait de sa suprématie dans le monde. Une fois la France gagnée à la Réforme, l'Espagne et l'Italie n'eussent pas résisté bien longtemps. L'esprit français est éclectique par nature, et a toujours flotté entre la Réforme et les doctrines ultramontaines. Celles de Luther n'étaient pas assez radicales pour le séduire ; il n'en était pas de même de la logique impitoyable de Calvin, le véritable ancêtre du jacobinisme. Sans les corporations parisiennes, le calvinisme, déjà adopté par presque toute l'aristocratie provinciale, serait devenu religion d'État avec le premier des Bourbons et nous aurait peut-être gratifiés d'un système parlementaire calqué sur celui de l'Angleterre. C'était le rêve de Morvan.

En ce moment, les intérêts du catholicisme se confondaient étroitement avec ceux de la démocratie, et, sous n'importe quel régime, Paris a toujours été le champion de la démocratie. Il soutint contre Henri IV un siège autrement terrible que celui de 1870 et ne broncha point. Ne pouvant dompter une résistance qui se serait prolongée au-delà d'un assaut, le Béarnais crut devoir l'acheter d'une messe. Si, à cette époque, c'eût été une simple question de liberté de conscience, l'abjuration de Henri IV aurait été un fait d'une médiocre importance politique ; mais, par cet acte, le chef *historique* des ménestrels de Morvan devenait celui des ménestrels de Murcie. L'aristocratie protestante l'avait élevé sur le pavois, elle avait versé son sang pour lui sur plus de vingt champs de bataille, et son abjuration lui faisait perdre le fruit de toutes ses victoires, pour assurer le triomphe définitif de la démocratie. Ce triomphe, qui se dissimulait sous celui du catholicisme, était complet.

Champfleury rapporte, dans son *Histoire de la caricature*, la série de planches qui fut publiée à l'occasion de l'entrée de Henri IV à Paris en 1594. Elle représente la *naissance*, l'*effet* et le *déclin de la Ligue*[85].

Voici la traduction de la première :

> Accorde Henri, bastir loge royale
> En Gaule, Clément ; cloche perce paix, tel
> N'ait ; qu'en chef couronne, estre loge

Doit reconnaisse, bulle mit pape, royale
Epreuve loup garou souscrit l'ait.

Ainsi le pape Clément accordait à Henri de bâtir une loge royale en Gaule, afin que Paris (cloche perce) eût la paix et qu'il fût reconnu que c'était en vertu d'une bulle du pape qu'il plaçait la couronne sur sa tête[86] ; ce n'était qu'à cette condition que les loups-garous souscrivaient à l'épreuve royale.

Cette épreuve, parodie grotesque du sacre, avait eu lieu pour Charles IX dans la loge des Érasmes fols ou gantiers parfumeurs, et elle consistait, paraît-il à passer une culotte ou *braie collante*, emblème de l'admission dans le bercail. Les *Songes drolatiques* représentent Charles IX en train d'exécuter ce bizarre cérémonial qui a dû fournir le thème du couplet de la chanson du roi Dagobert[87].

Songes drolatiques, planche XXV.
Sous toute réserve, elle pourrait représenter l'initiation de Charles IX (NDLE).

Les deux planches suivantes ne sont que le développement de ce pacte, qui dut mettre le Béarnais dans un cruel embarras, car tout son règne fut employé à contenter Murcie, sans trop mécontenter Morvan[88]. À titre de compensation, très insuffisante pour un vainqueur, il octroya à ce dernier les franchises et privilèges connus sous le nom d'*édit de Nantes*[89]. Mais ce ne fut pas sans une violente opposition de la part de Murcie, et déjà en 1601, le frontispice de la troisième édition de *Poliphile* fait connaître que Murcie demandait qu'il fût interdit à Morvan de faire des jeunes, c'est-à-dire des apprentis, ce qui équivalait à sa suppression.

Il rend compte en même temps de l'empoisonnement de Gabrielle d'Estrées, condamnée à mort par les ménestrels de Murcie, pour avoir projeté de faire périr Henri IV, dont le divorce avec Marguerite de Valois était déjà chose décidée. Sa maîtresse s'était flattée jusque-là de faire reconnaître ses fils naturels, qui auraient succédé à leur père[90]. Déçue dans cette espérance, elle avait essayé, de concert avec le maréchal de Biron, de faire disparaître le roi avant qu'il pût donner suite à ses projets, et, s'il faut en croire le frontispice de Béroalde de Verville, ce crime se serait compliqué d'un démembrement de la France, qui aurait été partagée entre les conjurés et le roi d'Espagne. Dans cette occasion, les ménestrels de Murcie auraient opposé une patriotique résistance à Philippe III. Mais il paraît qu'ils se défiaient aussi des bonnes dispositions de Henri IV, car c'est à lui que d'adresse la série d'acrostiches par lesquels Verville avait remplacé ceux de Léonardo Crasso. La sienne est ainsi conçue :

François Colomne, serviteur fidèle de Polia.

Cette devise est écrite en caractères *gris*, ornés de *glypes*[91], sans carrés, formant un texte particulier que j'ai très peu étudié, mais dans lequel Murcie paraît se plaindre de la concurrence de Morvan favorisée par Sully[92], et ces plaintes se résument dans l'acrostiche :

Guerre eut Glype franchises, colonnes
Serviteur fidèle dépouillât.

Frontispice de l'édition du *Songe de Poliphile* par Béroalde de Verville
(1600, NDLE).

Telle est la lecture; quant à l'interprétation, elle demanderait une
étude que je n'ai pas eu le temps de lui consacrer. Cependant, il semblerait que cette édition avait pour but de stimuler le zèle de nouvelles
recrues, tandis qu'on aurait interdit à ceux du parti opposé d'en faire.
Il ne faut pas oublier en effet que, dans toutes les corporations, le

nombre des maîtres était strictement limité par celui des apprentis, et que, pour l'augmenter, il fallait une ordonnance royale. On conçoit de quel œil jaloux, après l'édit de Nantes, devaient s'observer les artisans protestants et les catholiques, et quelle devait être la situation de Henri IV et de son ministre, condamnés à faire face à des prétentions aussi inconciliables.

Le *Poliphile* de Verville est le dernier qui ait eu un caractère particulier d'actualité. Dans le courant du XVIIᵉ siècle, ces manuels de grimoire se multiplièrent prodigieusement, mais sous une forme moins riche et moins dispendieuse. Chaque profession avait le sien, composé de planches plus ou moins élégantes, généralement dépourvues de toute légende.

Verville désigne sous les noms de *beaux cœurs* et *curieux* les adeptes du noble savoir. Ce dernier mot se retrouve dans Rabelais avec la même signification. Quant à *beaux cœurs*, on peut le considérer comme l'anagramme de *crible* ou *corbeille*, l'insigne le plus habituel des compagnons gilpins.

Cette image du crible vient des mystères de Bacchus[93] ; avant d'être admis dans la corporation, on était passé au *crible*. *Crusca* veut dire crible en italien ; on sait que l'académie de la Crusca est une des plus anciennes d'Italie[94].

Les compagnons étaient *habillés de court* et de *bleu*. Louis XIV s'était entouré d'un certain nombre de *corps bleus*, c'est-à-dire de fidèles auxquels il avait distribué, comme signe de ralliement, ce que l'on appelait alors un corps bleu, qu'aujourd'hui nous nommerions une *jaquette bleue*[95]. De là est venue la franc-maçonnerie *bleue*, par opposition à la franc-maçonnerie *rouge*, composée des maîtres portant la *cotte* ou robe longue, avec une cape ou manteau sur l'épaule pareille à celle des prêtres catholiques. De là le nom d'*escots capables*[96] (cape habillés), qui était donné à ce grade. Les rose-croix avaient droit à la cotte rouge, ou *gueule*, d'où leur nom de *gouliards*. On sait que le blanc était la couleur des apprentis ; de sorte que le pavillon tricolore doit être aussi ancien que la Gaule elle-même[97]. En tout cas, dès l'époque carlovingienne, le blanc et le bleu étaient les couleurs des Beaucéans, étendard attribué aux *pouhiers* ou gens du pays[98], et le rouge ou *oriflan* était celui de la *baillie*, ou seigneurie.

De là l'attribution du bleu ou noir au tiers état et du rouge à la noblesse, dans les convocations des états généraux. La noblesse ayant succombé dans la lutte, le monde entier porte aujourd'hui les couleurs du tiers état.

VI

Pendant le reste du XVIIᵉ siècle, la hiérarchie sociale, dont on trouve le type dans *Poliphile*, ne fit que croître et se développer, car les corporations parisiennes, qui étaient au nombre de six à la fin du XVᵉ siècle, s'élevaient à plus de deux cents au moment de leur suppression[99]. C'était une force des plus formidablement organisées pour la résistance, tant au point de vue civil qu'au point de vue militaire. Car ces artisans, garantis contre les effets des concurrences désastreuses de nos jours, gagnaient largement leur vie en produisant des choses chères, mais de première qualité, et ils consacraient de très nombreux loisirs aux exercices du corps, comme à ceux de l'esprit. Aussi cette bourgeoisie littéralement triée sur le volet, *criblée*, selon sa propre expression, était-elle moralement et physiquement, bien supérieure à celle d'aujourd'hui.

En ce temps-là, toute espèce de noblesse de privilège ou de grade se payait à beaux deniers ; mais, après des épreuves les plus sévères[100], toute corporation s'administrait elle-même, à ses frais, et faisait elle-même ses lois et ses règlements, qui étaient admirablement bien faits. Ils étaient ensuite soumis à la sanction royale, qui n'avait plus qu'à retrancher les dispositions préjudiciables aux autres corporations.

Celles-ci possédaient d'ailleurs un droit de fédération, qu'on vient de leur rendre[101]. Deux fois l'an pour le moins, elles se réunissaient à la tour de Nesle du temps qu'elle existait, puis au palais des Tournelles et au Châtelet[102]. En supposant une moyenne de deux jurés ou gardes par corporation, c'était une assemblée d'environ quatre cents membres, tous les premiers dans leur métier, qui, dans moins de vingt-quatre heures, pouvait mobiliser deux cent mille jeunes gens aussi bien armés et exercés que les mercenaires de cette époque. Aussi battirent-ils aisément les troupes de Charles Quint, lorsqu'elles s'avancèrent jusqu'à Meaux[103].

Il n'y avait pas de rapports officiels réglés entre la couronne et les corporations, mais tous les grades supérieurs étaient familiarisés avec le grimoire blanc, dont quelques variétés, telles que le langage des fleurs, étaient à la portée de toute intelligence quelque peu éveillée ; de sorte que, dans un bouquet ou une mascarade, le peuple pouvait toujours faire entendre ses doléances, pour ne pas dire ses ordres ; de plus, il avait le droit d'aller haranguer le roi en langage poissard, et dans ses vertes fioritures il pouvait intercaler tout ce qui lui passait par la tête ; la cour avait des *orateurs ad hoc* auprès des loges importantes pour les surveiller et leur répondre.

Il paraît que Louis XIV, ennuyé de ces harangues, fut sur le point de les supprimer, et, sans doute il dut songer aussi à se débarrasser des corporations elles-mêmes, mais il fut assez intelligent pour comprendre que, si elles étaient un instrument de résistance, la monarchie française n'avait pas d'autre appui sérieux, et il préféra ne rien changer à l'organisation de Paris, tout en transportant sa capitale à Versailles[104].

Ce fut pendant son règne que s'organisa définitivement en Angleterre la franc-maçonnerie moderne ou *adonhiramite*[105]. On lui donne généralement ce nom, parce qu'aux légendes anciennes, dont le *Songe de Poliphile* n'est qu'une des nombreuses variantes, elle avait substitué la légende biblique d'Hiram, architecte du roi Salomon, que tout le monde peut lire dans les œuvres de Gérard de Nerval[106].

Cette légende ne peut pas être ancienne, car les maçons primitifs ignoraient complètement l'hébreu, dont l'étude ne commença à se répandre en Europe qu'à l'époque des discussions de Luther. Les anagrammes de Rabelais, dont l'une traduit exactement le thème de la légende d'Hiram, peuvent laisser supposer que cette légende existait vers le milieu du XVIe siècle. Elle paraît s'être généralisée en Angleterre, sous le protectorat de Cromwell, qui s'en servit pour établir un lien commun entre les quatre sectes rivales dans lesquelles il recrutait son armée. Mais les cavaliers s'en servaient aussi bien que les puritains, de sorte qu'on peut dire qu'au XVIIe siècle l'empire britannique tout entier était organisé maçonniquement.

Il n'en était pas de même de la France ; car, bien que les doctrines philosophiques des gilpins fussent partout les mêmes, on ne les appliquait pas de la même façon. Le nombre des corporations de métiers semble avoir toujours été très restreint en Angleterre, tandis qu'en France elles couvraient le pays tout entier d'un réseau sans solution de continuité. Cette organisation n'avait pas de but politique, c'était celle du travail national, ni plus ni moins. En dehors des franchises ou bourgeoisies, il existait bien quelques sociétés particulières, organisées maçonniquement, comme la *Société angélique* dont Rabelais faisait partie. Mais c'étaient des cercles littéraires, sans existence légale, qui n'avaient de communication avec les franchises nationales que parce qu'elles étaient composées de maîtres appartenant à diverses corporations.

En Angleterre, au contraire, les loges maçonniques n'étaient pas composées d'artisans, mais d'individus dont la plupart n'exerçaient aucun métier, et encore moins celui de maçon que tout autre. Or, quand les individus de professions différentes, ou sans profession, se réunissent régulièrement, ils ne peuvent avoir qu'un point de contact, la politique ou la religion. Tel a donc été, dès sa fondation, le but de la maçonnerie anglaise. Que, dans le principe, elle ait été composée sinon de maçons, du moins d'ingénieurs civils et militaires, c'est ce qui ne saurait faire l'ombre d'un doute, mais il y avait si longtemps qu'elle avait perdu ce caractère qu'on n'en trouve pas de trace dans les livres maçonniques.

Ce qu'il y a de plus singulier, c'est que les maçons n'étaient pas *francs*, car ils ne possédaient point de *franchises*. Dans le recueil de planches qui fut publié, selon l'usage, à la suite du meurtre du maréchal d'Ancre, la dernière se rapporte à des forts-maçons, ou constructeurs de forteresses [107] ; en d'autres termes à des ingénieurs militaires, lesquels formaient, sous l'ancien régime, une corporation noble.

Cette planche, écrite tout entière en termes de maçonnerie militaire, dit que, d'accord avec le patron royal des forts-maçons, Vitry, camp lumière, a appliqué la peine de mort à *Coïon Caquerolle* (le maréchal d'Ancre), que punit Perceval parce qu'il avait la preuve qu'il avait renié ses devoirs de fort-maçon. Dans cette curieuse pièce, Vitry est désigné par un *vitrier*. Perceval, ou plutôt *Paircheval*, représente la corporation des *chevaliers*. Le maréchal faisait partie, à ce qu'il paraît, de celle des ingénieurs militaires ou *forts-maçons*. Les Anglais auraient-ils changé *fort-maçon* en *free mason* ? Ce ne serait pas impossible [108]. Tout ce que je puis assurer, c'est que, si j'ai souvent rencontré dans le grimoire des allusions aux *maçons* et aux *forts-maçons*, le plus souvent représentés par des limaçons ou *caquerolles*, ils ne sont jamais qualifiés de *francs*, bien que ceux de France possédassent de véritables franchises.

Guillaume d'Orange, lorsqu'il monta sur le trône d'Angleterre, trouva la franc-maçonnerie désorganisée par les guerres civiles ; ce fut lui qui la rétablit telle qu'elle existe aujourd'hui, elle fut son plus ferme soutien, et depuis elle n'a pas cessé d'être celui de la maison de Hanovre. à partir de cette date, son histoire devient certaine. Elle se répandit immédiatement dans toute l'Europe, mais particulièrement en Allemagne.

Il n'en fut pas de même en France ; les ménestrels de Murcie, qui devinaient en elle une ennemie, l'accueillirent littéralement comme un chien dans un jeu de quilles. Ce ne fut qu'en 1746 que le prétendant Charles-Édouard, à la suite de la bataille de Culloden, conféra, à quelques-uns des Français qui l'avaient suivi, le grade de *grand Écossais de la voûte sacrée*, créé, dit-on, par Jacques VI, son aïeul [109]. Il fonda en même temps, à Arras, une loge dont le premier président fut le père de Robespierre, qui descendait d'une famille catholique expulsée par la reine Élisabeth.

C'est donc bien à tort que l'on s'imagine que la franc-maçonnerie est, dans son essence, républicaine et anticatholique. On ne doit pas oublier que ce nom de *franc-maçonnerie* n'est qu'un masque, et que son nom véritable est l'art royal. De tout point, elle est identique au noble savoir, ou au blason, tel qu'il est expliqué dans *Poliphile*. Ce fut pour soutenir la royauté et le catholicisme qu'elle fut introduite en France par un Stuart, et ses premiers adeptes se recrutèrent principalement dans la noblesse et le clergé. Le comte de Provence et le comte d'Artois en firent partie[110] ; les dames s'en mêlèrent, ce fut un engouement général.

Alors le gouvernement crut devoir intervenir pour régulariser un état de choses qui n'était pas sans inconvénients de toute sorte, car les premières loges françaises dépendaient de la mère loge anglaise. En 1772, il fonda le *Grand Orient* de France, qui, tout en admettant la légende d'Hiram, conservait les sept grades et la devise des ménestrels de Murcie.

Louis XIV avait expulsé et persécuté les ménestrels de Morvan, parce que, s'il faut en croire les grimoires de son règne, la veuve de Scarron, dépositaire des secrets de son mari[111], qui était un des hauts dignitaires de Morvan, lui avait apporté la preuve que les protestants avaient trempé dans les empoisonnements de la famille royale[112] ; mais il avait conservé les ménestrels de Murcie, parce que leur organisation cadrait complètement avec le système économique de Colbert, qui était celui de la protection et de la production limitée à la consommation locale.

À l'époque où la maçonnerie adonhiramite se répandit dans toute l'Europe, les choses avaient déjà changé, et le parti des économistes était tout-puissant à la cour. Or ce parti détestait les corporations, dont l'organisation opposait une barrière infranchissable à l'essor de la grande industrie qui commençait à poindre en Angleterre. D'autre part, les désordres de la Ligue et de la Fronde ne les recommandaient pas bien vivement à la bienveillance d'une monarchie tendant à tout absorber et à tout contrôler. Elle attendait beaucoup mieux de la franc-maçonnerie anglaise, qui n'avait pas d'existence ostensible ni de privilèges publics, comme les corporations françaises. C'était un instrument qui s'était toujours montré d'une merveilleuse docilité entre les mains de tous ceux qui s'en étaient servis de l'autre côté de la Manche, et il avait abouti à classer la nation en deux grands partis, les whigs et les torys, qui dominaient tour à tour sans mettre la couronne en péril.

On crut donc avantageux de supprimer les maîtrises et jurandes[113], pour ne laisser debout que le Grand Orient, qu'on espérait bien rempli exclusivement de ses propres créatures, et tout d'abord la chose réussit au mieux. Comment le Grand Orient trompa-t-il les calculs de l'ancienne monarchie ? Les documents font absolument défaut ; car, de 1772 à 1792, il est fort difficile de trouver des grimoires politiques. Cependant, si l'on considère que le premier *grand maître* de la maçonnerie française fut le duc de Chartres, et qu'en 1793 cette dignité suprême était occupée par le duc d'Orléans[114], il est aisé de deviner que, dès sa fondation, cette institution fut accaparée par la faction orléaniste, qui voulait renverser la branche aînée des Bourbons pour lui substituer la branche cadette avec le régime parlementaire anglais. L'ordonnance de 1781, qui interdisait à la bourgeoisie les grades militaires, acheva de la mécontenter. Elle jeta dans les bras de la franc-maçonnerie tous les oisifs riches qui n'étaient pas gentilshommes. Ils ne tardèrent pas à s'en rendre complètement maîtres, et la suppression des corporations[115] ne laissait debout d'autre association que la leur. Or les anciennes corporations s'étaient toujours équilibrées les unes aux autres, par leur nombre, et elles auraient fait contrepoids à la franc-maçonnerie, qui, sous le régime des maîtrises, serait restée insignifiante.

Le clergé était riche, mais on convoitait ses biens ; quant à la noblesse, depuis qu'elle n'était plus qu'une faveur royale, ou un privilège acquis à beaux deniers, non seulement elle avait perdu toute considération, mais elle était devenue odieuse. La franc-maçonnerie, accaparée par la classe d'argent, se trouva donc délivrée de toute entrave et exécuta le programme de la classe d'argent, c'est-à-dire qu'elle créa en même temps la féodalité financière et industrielle et le prolétariat des villes, deux plaies saignantes que ne pouvait connaître l'ancienne monarchie.

Aujourd'hui, cette importation britannique est tout ce qui reste de la France du dernier siècle. Les États-Unis, la Prusse et l'Italie l'ont employée avec succès à élever l'édifice de leur prodigieuse fortune ; mais, en France, elle n'a jamais rien fait que de misérable, parce que depuis longtemps les hautes classes l'ont abandonnée aux nouvelles couches sociales sans vouloir comprendre que, telle qu'elle est, la franc-maçonnerie est un instrument électoral irrésistible, qui remplira nos chambres de ce que Gambetta appelait des *vétérinaires*, tant qu'elle ne sera composée elle-même que de vétérinaires.

Joignez à cela le méchant tour que lui a joué l'innocent Littré en lui faisant abolir sa formule religieuse, alors qu'il mourait lui-même dans le giron de l'Église catholique, exécutant à la lettre le précepte des gilpins qui leur ordonnait de faire une mort chrétienne[116]. Il en est résulté une excommunication générale du Grand Orient français par la franc-maçonnerie étrangère, qui la met hors d'état d'exercer une action quelconque sur les franc-maçonneries orientales, pendant que l'Angleterre se sert on ne peut plus habilement de ses loges maçonniques, admirablement organisées à l'étranger, pour préparer ses annexions de longue main et tenir en bride son immense empire des Indes. D'ailleurs, comme l'a dit un écrivain maçonnique : «Le maçon est celui qui concourt à la formation d'une doctrine», ce qui démontre que la franc-maçonnerie française ne saurait longtemps survivre à la perte de toute doctrine.

Fille directe et héritière unique des ménestrels de Murcie, instituée et réinstituée pour soutenir le trône et l'autel, elle a cependant fini par renverser l'un et l'autre, et elle-même doit s'attendre à périr sous les coups d'un ennemi qui est déjà entré en lice. Cet ennemi, c'est la fédération moderne des syndicats ouvriers, qui s'apprête à culbuter la féodalité financière et industrielle, exactement de la même façon que la franc-maçonnerie a elle-même anéanti la vieille aristocratie populaire des corps de métiers.

Revue britannique
Avril 1884.

Notes

1. Deux longs articles, «Le Songe de Poliphile» (1881) et «La Préface de Poliphile» (1884), publiés dans les *Œuvres décryptées* (NDLE).

2. Héros de Marignan, il prit ensuite le parti de Charles Quint et mourut pendant le sac de Rome en 1527 (NDLE).

3. Voir plus bas *Le cinquième Livre de Pantagruel*, note 70 (NDLE).

4. Qui finança en 1499 l'édition du *Songe de Poliphile*, réalisée techniquement par Alde Manuce. Voir à ce sujet les *Œuvres décryptées* (NDLE).

5. Un des tous premiers châteaux Renaissance, construit au début du XVIe siècle pour Georges d'Amboise, archevêque de Rouen, mais très défiguré à la Révolution (NDLE).

6. Sebastiano Serlio (1475-1554), architecte et surtout théoricien, vint à la cour de François Ier en 1541 (NDLE).

7. Le bénédictin Bernard de Montfaucon (1655-1741), un des premiers archéologues de terrain, attribuait ce monument à l'époque romaine, en raison de sa forme octogonale. Il daterait en fait du XIIe siècle. Quant aux sculptures mentionnées, la femme allaitant des serpents symbolise la luxure; l'autre, qui porte des gants à crispin, doit être une princesse, difficilement identifiable (NDLE).

8. Latin *marcus*, marteau (NDLE).

9. L'Église a défini assez vaguement les méthodes d'orientation des sanctuaires, et leur étude donne lieu à des débats fort complexes. Néanmoins, le porche est approximativement vers l'ouest et l'abside vers le levant, hormis de rares exceptions, dont celles citées ici (NDLE).

10. L'origine des vierges noires, très nombreuses en Europe et spécialement en pays d'oc, reste incertaine. L'auteur semble les assimiler aux divinités chthoniennes, thèse qui a été reprise depuis par plusieurs spécialistes (NDLE).

11. En héraldique, la bisse désigne un serpent, plus ou moins lové (NDLE).

12. Voir *Les Collaborateurs de Jeanne Darc* (sic) dans l'Histoire secrète de l'Europe (NDLE).

13. Ce terme désigne un casque militaire, d'abord en peau de chien, selon l'étymologie, puis de n'importe quelle matière. On ne doit donc pas le confondre avec le bonnet phrygien porté entre autres par les affranchis, d'où symbole de liberté. Grasset entend (voir «la Côte d'Or et ses monuments druidiques» dans les *Œuvres décryptées*) que la *kynéa* représente le Nord. Selon la symbolique pythagoricienne, elle est donc associée au solstice d'hiver, au renouveau de l'année et à la «porte des dieux». Pour les Grecs, la *kynéa Aïdos*, le bonnet magique d'Hadès, avait, grâce à une épaisse nuée, le pouvoir de rendre invisible (NDLE).

14. Voir supra *Rabelais et les quatre premiers livres de Pantagruel* et le soubassement du groupe de Diane au cerf dans la cour du château d'Anet (NDLE).

15. Ou plutôt son élève (NDLE).

16. Andrea Alciati, en français Alciat (1492-1550), juriste milanais auteur d'un livre d'*Emblèmes* (1531), qui connut un énorme succès. Celui considéré ici, intitulé «la Luxure», décrit «le tombeau de la courtisane». Claude Mignaut, dans sa traduction de 1583, rend ainsi sa devise «en forme de dialogue»:

«A qui est cette tombe? — A Laïs de Corinthe,

> — La mort a-t-elle osé assaillir de sa poincte
> Une si grand beauté et de si grand renom ?
> — Elle estoit ja trop vieille, et n'avoit que le nom,
> Si qu'en fin comme acorte et fine, fut contrainte
> Consacrer son miroir à Venus sa grand'saincte,
> — Mais que veut ce Belier escorché, qu'au derriere
> De ses pates retient une Lyonne fiere ?
> — C'est que Laïs ainsi traittoit les amoureux
> Tenez en ses filets captifs et langoureux.
> Aussi dans le troupeau, le Belier est le masle :
> Et l'amant retenu par l'endroit le plus sale ».

L'image funèbre de la courtisane n'a qu'un rapport très vague avec la bonne fortune à qui, en outre, une série d'emblèmes est nommément consacrée un peu plus loin dans l'album (*cf.* même article plus bas). Il faut donc croire que Grasset lui attribue une lecture cryptographique mais, malheureusement, il ne s'en explique pas (NDLE).

17. Assassiné à Paris en 1820. Même si son « enfant du miracle » est né sept mois plus tard, le couteau de Louvel a définitivement tranché l'avenir dynastique des Bourbon en France (NDLE).

18. *Pantagruel*, chapitre IX (NDLE).

19. Sur ce terme, voir la préface et *Rabelais et les quatre premiers livres de Pantagruel*, note 101 (NDLE).

20. En réalité, le style ogival est apparu d'abord dans le nord de la France vers 1140 (Paris, Sens, Noyon…); la cathédrale de Clermont fut bâtie plus d'un siècle plus tard mais, au temps de Viollet-le-Duc, la chronologie de cette période artistique était encore imprécise. Quant au terme gothique pour le qualifier, il apparaît bien après le Moyen Âge (voir plus haut *Rabelais et les quatre premiers Livres de Pantagruel* et *Les Gouliards*, NDLE).

21. La devise peut aussi s'interpréter comme *l'héberger*, en raison des traditions hospitalières des loges (*cf.* « Statistique maçonnique », dans *L'Histoire secrète de l'Europe*, NDLE).

22. *Hidalgo* désigne une personne noble et signifie « fils de quelque chose ». L'assonance est due au hasard, mais a pu séduire ces amateurs de jeux verbaux (NDLE).

23. Ou Gryphe, dont le nom original semble être Greiff. A son sujet et sur la Société angélique, voir plus loin *le premier Livre de Rabelais* (NDLE).

24. La lutte des Guelfes tenant pour le pape, et des Gibelins partisans de l'empereur, a duré jusqu'à la Renaissance. Grasset y voit un épisode de l'antagonisme millénaire entre deux tendances, l'une populaire, l'autre aristocratique. Sur ce point, voir la préface (NDLE).

25. *Interprétation du monachovitule et de deux horribles monstres papalins trouvés dans le Tibre, à Rome, l'an 1496 ; publié à Friberg en Misnie l'an 1523 par Ph. Melanchton et Martin Luther*, pamphlet très virulent contre la papauté. Le monachovitule est un monstre, soit disant ressemblant à un « veau-moine », observé à Freiberg ; ceux découverts à Rome avaient semblance d'âne. Luther ne se prive pas de comparer le pape à cet animal méprisé, comme ci-après : « *Une tête d'âne convient-elle mieux au corps de l'homme que le pape à l'Église ?* » (NDLE).

26. François, duc de Bretagne, fut victime sans doute du poison en 1536 (voir *Rabelais et les quatre premiers Livres de Pantagruel*, note 73), Charles mourut célibataire, et sans liaison connue, d'une maladie infectieuse en 1545 (NDLE).

27. En 1533 (NDLE).

28. Allusion à la Belle Ferronnière (NDLE).

29. Voir supra *Rabelais et les quatre premiers livres de Pantagruel*. Louis de Brézé, plus âgé que Diane de 40 ans, mourut en 1531 ; elle ne se vêtit plus désormais que de noir, parfois rehaussé d'or (NDLE).

30. La reine Claude de France, morte à 24 ans en 1524, en accouchant de son huitième enfant (NDLE).

31. L'emblème, intitulé *Marque pour les fraudulens*, porte le numéro XLIX dans la traduction de Mignaut. Ci-après le texte de la devise :

> Le petit Stellion a quelques signes noirs
>
> Sur sa peau, & frequente és creux & vieux manoirs
>
> Des cachots & tombeaux, en portant l'effigie
>
> De l'envie mordante, & de la jalousie :
>
> Lesard assez cogneu par les femmes qui sont
>
> Jalouses des maris, & grand despit en ont.
>
> Car qui boira du vin, dans lequel ceste beste
>
> Estouffee sera, le mal se manifeste :
>
> Des crustes sur la face alors apparoistront,
>
> Et d'orde & salle ardeur des lentilles naistront.
>
> C'est comme plus souvent les jalouses se vangent :
>
> Car lors que les beaux teints de leurs garses se changent
>
> Ceux qui les cherissoient si fort esperdument,
>
> Les quittent tout à plat, voyans tel changement (NDLE).

32. Diane de France (1538-1619), fille déclarée de Filippa Ducci (1520-1586), originaire de Fossano en Piémont. Brantôme, entre autres, affirme au contraire que sa vraie mère est Diane de Poitiers. Sa droiture et sa grande culture en firent la conseillère des souverains successifs, et Henri IV lui confia l'éducation du Dauphin (voir *Rabelais et les quatre premiers Livres de Pantagruel*, note 73, NDLE).

33. En tout cas, la reine Margot, fille d'Henri II et de Catherine de Médicis, n'eut pas d'enfant d'Henri IV (NDLE).

34. Le connétable de Montmorency, beau-père de Diane de France, disait sans ambages à Henri II qu'elle « était la seule de ses enfants qui lui ressemblât ». *Cf. infra*, note 75 (NDLE).

35. Voir *Rabelais et les quatre premiers Livres de Pantagruel*, note 64 (NDLE).

36. Elle était fille unique de Madeleine de La Tour d'Auvergne (1498-1519, NDLE).

37. *Pantagruel*, chapitre XXI (NDLE).

38. Sur ces personnages, voir *Rabelais et les quatre premiers Livres de Pantagruel* (NDLE).

39. Architriclin signifie maître d'hôtel ou, plus prestigieusement, président d'un banquet. On trouve ce terme grec dans l'évangile de saint Jean (II, 9), lors de l'épisode des noces de Cana (NDLE).

40. La devise s'intitule *Te stante virebo* (Tant que tu te dresseras, je verdirai). Paradin (*Devises héroïques*, 1557) l'accompagne de ce commentaire :

«Entrant dernierement Monsieur le R. Cardinal de Lorreine en son Abbaye de Cluny, estoit eslevee au portal d'icelle sa Devise, qui est une Pyramide, avec le Croissant au dessus: environnee du bas jusques en haut, d'un beau Lierre verdoyant. Et le tout acompagné, de l'inscripcion qui sensuit:

> Quel Memphien miracle se haussant
> Porte du ciel l'argentine lumiere,
> Laquelle va (tant qu'elle soit entiere
> En sa rondeur) tousjours tousjours croissant?
> Quel sacre saint Liërre gravissant
> Jusqu'au plus haut de cette sime fiere,
> De son apui (ô nouvelle maniere)
> Se fait l'apui, plus en plus verdissant?
> Soit notre Roy la grande Pyramide:
> Dont la hauteur en sa force solide
> Le terme au ciel plante de sa victoire:
> Prince Prelat tu sois le saint Liërre,
> Qui saintement abandonnant la terre
> De ton soutien vas soutenant la gloire».

41. En 1543 (NDLE).

42. Visible par exemple au plafond du pavillon Henri II à Villers-Cotterêts (NDLE).

43. Ou plutôt «Puisse-t-il (ou elle) apporter l'accalmie», mais le texte est ambigu, comme dans de nombreuses devises. Paradin le commente ainsi en 1557 : «Madame Catherine, tres chretienne Royne de France, ha pour Devise l'Arc celeste, ou Arc en ciel: qui est le vray sine de clere serenité, & tranquilité de Paix».
Catherine changea plusieurs fois de devise au cours de sa vie. Avant d'adopter la formule grecque, elle a utilisé la même figure avec le latin: *Ego foedera faxo* (J'aurai assuré des alliances), tiré de l'*Énéide* (XII, 316), et visible dans l'édition de 1551 des *Devises héroïques*. Il faut observer que le pronom *ego* apparaît très rarement dans les devises, et encore moins comme terme initial: leur langage très elliptique tolère en effet mal ce signe de fatuité (NDLE).

44. Les préoliers sont des jardiniers/maraîchers (NDLE).

45. Voir *supra* note 1 (NDLE).

46. Bartolomeo est le même personnage que Sebastiano Serlio (voir *supra* note 6). C'est Claudius Popelin qui le prénomme ainsi dans la préface de sa réédition du *Songe de Poliphile* (1883, NDLE).

47. Le cardinal Robert de Lénoncourt (1510-1561, NDLE).

48. La première édition française parut en 1546 chez Jacques Kerver ; la traduction est attribuée à Jean Martin, le secrétaire de Lénoncourt (NDLE).

49. Ce mot grec signifie «aimé». Il n'a donc qu'un rapport très indirect avec l'humaniste Didier Érasme, qui a pris ce nom de plume à 17 ans (NDLE).

50. Odet de Coligny, cardinal de Châtillon (1517-1571, NDLE).

51. Où siégeait la fédération des corporations parisiennes, et où on condamnait leurs contrevenants, le suprême châtiment -selon la chronique- consistant à coudre le coupable dans un sac à et le jeter dans la Seine. Sur ce point, voir *Les anciennes corporations de Paris* dans L'Histoire secrète de l'Europe (NDLE).

52. En 1566. L'hypothèse est indémontrable, mais plausible. Diane de Poitiers, excellente cavalière, avait introduit en France la monte en amazone. On sait qu'elle fit une grave chute de cheval peu avant son décès. Toutefois, une étude parue dans le *British Medical Journal* (2009) conclut qu'elle serait morte intoxiquée par l'ingestion excessive d'or, considéré alors comme élixir de jouvence. Voir plus loin *Le cinquième Livre de Pantagruel*, p. 266 (NDLE).

53. Voir plus haut *Les Gouliards*, p. 175 (NDLE).

54. Sur ce point, voir *Rabelais et les quatre premiers Livres de Pantagruel*, n. 32. On trouvera plus haut dans cet article la planche CXVIII figurant François Ier, et *infra* la planche CXIV figurant Rabelais dans *Le premier Livre de Rabelais* (NDLE).

55. Voici un des éléments essentiels de la théorie de Grasset : l'ambiguïté des messages délivrés en grimoire. En même temps, c'est son principal point faible, puisque, de ce fait même, on ne peut prouver leur authenticité (NDLE).

56. Sur Champfleury, voir plus haut *Les Gouliards* et plus loin *Le premier Livre de Rabelais* (NDLE).

57. *Quart Livre*, chapitres XII à XV (NDLE).

58. Sur ces termes, se référer à la préface (NDLE).

59. Anne de Pisseleu (1508-1576 ?), favorite de François Ier, Charles de Lorraine, cardinal de Guise (1524-1574), tenant du parti catholique. A leur sujet, voir *Rabelais et les quatre premiers Livres de Pantagruel* (NDLE).

60. Jean de Lorraine, cardinal de Guise (1498-1550), oncle de Charles (NDLE).

61. L'édition princeps date de 1531, la première traduite en français par Jean Lefèvre, éditée par Christian Wechel, de 1536 ; l'intégrale en français, comprenant 212 emblèmes dont les arbres mentionnés *infra*, et traduite par Barthélemy Aneau, sortit en 1550 à Lyon chez Guillaume Rouillé (NDLE).

62. *Quart Livre*, chapitres XXXV à XLII (NDLE).

63. Les onze derniers emblèmes, de 202 à 212, n'apparaissent que dans l'édition de 1550 ; si l'on suit l'auteur, ils devaient donc commenter des évènements contemporains. Ceux cités ici sont les tous derniers ; les précédents sont dans l'ordre cyprès, chêne, saule (éditions antérieures), sapin, pin, coing, lierre, suse (rouvre) (édition de 1550). Le lecteur pourra exercer sa sagacité sur cette brève énigme, en restituant les noms médiévaux des arbres (NDLE).

64. Il s'agit de la version de 1583, éditée à Paris par Jean Richer (voir *supra* note 16). Claude Mignault, Mignaut, ou Claudius Minos (1536-1606), professeur de droit canon à la Sorbonne, ajoute à l'ouvrage d'Alciat, dès l'édition parisienne (texte seul) de 1571 et l'anversoise illustrée de Christophe Plantin (1573), un commentaire « élucidant l'origine et le sens de chaque emblème et en éclairant les points obscurs ou douteux » (NDLE).

65. C'est ce qu'affirme Pierre Bayle dans son *Dictionnaire historique et critique* (1697). Officiellement, il serait mort d'indigestion (NDLE).

66. L'emblème est le troisième de l'ouvrage, après ceux du prince Maximilien Sforza, le vaincu de Marignan, et de la ville de Milan. Le commentaire suivant l'accompagne :

> « Des Alciatz les armes porte Alcé,
> Et tel devis es ongles, RIEN LAISSE
> Ce respondit Alexandre, enquesté
> Comme si tost, tant avoit conquesté ? », etc.

Plusieurs remarques s'imposent : 1. En grec, *álkè* est bien un élan, cervidé réputé pour sa rapidité. Un élan orne la tombe d'Alciat à Pavie.

2. *Alkè*, accentué différemment, signifie force, qui traduit le nom des Sforza, ducs de Milan. Il est difficile de savoir pour qui Alciat avait pris parti, déchiré qu'il était entre ses patrons naturels et la France qui l'avait accueilli.

3. La traduction française de la devise est assonante avec Milan, dont Alciat était sujet.

4. Les sabots fourchus de l'élan sont mis en évidence et on lit une référence insistante à ses « ongles », qui évoque clairement les « pairs angleurs » (cf. *Rabelais et les quatre premiers livres de Pantagruel*, note 21). Tout cela constitue un complexe homogène et propice à moults jeux verbaux.

Avec ses éléments, si l'on suit Grasset, il faut interpréter ainsi la figure :

GRe (c) aLKè Mie est LeNt

Ce qui donne : GueRre aLCiat Mie est LeNt

Mais on peut aussi l'interpréter : GueRre aLCiat MiLaN

à quoi l'on peut insérer n'importe où : PaiRe oNGLes, soit PaiR aNGLé

Si l'on emploie la devise en français, cela devient :

GRe (c) aLKè RieN LaiSSe

Ce qui pourrait donner : GueRre aLCiat Roi Ne LaiSSe

Et si on traduit *alkè* : GRe (c) FoRCe RieN LaiSSe

On aurait : GueRre sForZa MiLaN (NDLE).

67. Mignault a lu dans le *Dialogo dell'imprese militari e amorose* (1555, traduit en français en 1561) de Paolo Giovio, qu'elle avait été adoptée par Alciat, comme « digne prix de ses fatigues ». André Thevet, cosmographe du roi, lui a aussi donné, ajoute-t-il, une médaille où apparaissait ladite devise associée à la précédente (NDLE).

68. Cette devise figure parmi les emblèmes à partir de 1546, au numéro 118 ou 119 dans les versions complètes, sous le titre latin *Virtuti fortuna comes* ou français *À vertu, fortune compaigne*. L'expression est empruntée à Cicéron, *Lettres*, X, 3. L'édition française donne ce commentaire :

« D'aeles. Serpens, & Amalthées cornes
Ton Caducée (O Mercure) tu ornes :
Monstrant les gents d'esprit, & d'eloquence
Avoir par tout des biens en affluence.

Mercure est Dieu des ars, & d'eloquence. Le
serpent est Sapience, le Caducée est eloquente
parolle. La corne est abondance. qui ne de-
fault en nul lieu, au sage bien parlant. » (NDLE).

69. Démarqué de La Fontaine, *Le Gland et la Citrouille*, IX, 4, 21 : « On ne dort point, dit-il, quand on a tant d'esprit » (NDLE).

70. Reine de Navarre, mère du futur Henri IV et chef du parti protestant, elle mourut, opportunément pour le camp des Guise, en juin 1572, peu avant la Saint-Barthélemy. Agrippa d'Aubigné et d'autres affirment qu'elle a été victime de gants empoisonnés offerts par Renato Bianchi, parfumeur florentin de Catherine de Médicis (NDLE).

71. Comme beaucoup d'autres devises, cette locution a aussi un sens obscène – vaste sujet hors de notre propos – que Grasset d'Orcet sous-entend peut-être, en raison

de la pruderie de son époque. En substance, « être comblé par les mâles » (NDLE).

72. Monument gallo-romain, à une vingtaine de kilomètres à l'ouest de Beaune, orné à sa base de huit bas-reliefs, longuement analysés par l'auteur dans *la Côte d'or et ses Monuments druidiques* (Œuvres décryptées, NDLE).

73. Instrument à cordes proche du luth (NDLE).

74. Mathieu Brouard, dit Béroalde, protestant, condamné à mort, réussit à s'échapper et mourut à Genève en 1576 où il était professeur de philosophie. Auteur du *Chronicon scripturae sacrae autoritate constitutum*. Anne du Bourg, magistrat du Parlement favorable aux luthériens, fut condamné quelques jours avant la mort d'Henri II, et exécuté en 1559. Si l'on suit Grasset, il était bien sûr plus facile d'exfiltrer Béroalde, condamné à Coutances, que de sauver Anne du Bourg, déjà embastillé sur l'ordre du roi (NDLE).

75. *Cf. supra* note 34 (NDLE).

76. La vénerie (NDLE).

77. Saint Éloi à Noyon, cf. *Rabelais et les quatre premiers Livres de Pantagruel*, note 25 (NDLE).

78. Léonard Limosin (1505-1576 ?), émailleur renommé, a dirigé la manufacture royale de Limoges (NDLE).

79. François de Guise (1520-1563) reprit notamment en 1558 Calais, enclave anglaise depuis 1347 (NDLE).

80. La bavière était la pièce du heaume qui protégeait le bas de la figure, quand la visière était levée. Ce mot s'est conservé en italien comme équivalent de collet d'habit.

81. Conjuration protestante contre François II, qui échoua piteusement (mars 1560, NDLE).

82. Au moment de cet épisode, Charles IX n'était pas encore marié. Il eut en 1572 une fille Marie-Élisabeth, qui mourut à 6 ans, et de Marie Touchet un garçon en 1574 (NDLE).

83. Sur ce point, voir *Les Fiançailles d'Élisabeth d'Angleterre* dans L'Histoire secrète de l'Europe (NDLE).

84. Le manuel scolaire de latin le plus utilisé, de Charles-François Lhomond (1779, NDLE).

85. Voir *supra* les reproductions dans *les Gouliards*, p. 172 *sqq.* (NDLE).

86. De fait, Clément VIII (1592-1605) a donné son absolution à Henri IV en 1595 (NDLE).

87. Planche difficilement repérable, car aucun des *Songes drolatiques* ne représente un adolescent. Or au moment de leur parution, peu après son initiation, Charles IX n'avait pas encore 15 ans (voir supra p. 205). Parmi deux ou trois images plausibles, le n° XXV, on peut penser aussi au n° XVII. Dans les deux, le personnage porte des moufles, insigne des gantiers, et des braies (NDLE).

88. L'auteur revient ici aux gravures sur la Ligue, p. 173/174 (NDLE).

89. En 1598 (NDLE).

90. Gabrielle d'Estrées avait deux fils d'Henri IV, César et Alexandre, nés en 1594 et 1598. Elle mourut brutalement en 1599 ; son agonie fut si atroce et elle fut si défigurée que l'on a fortement soupçonné un empoisonnement (NDLE).

91. Ce terme désigne ici des sculptures reproduites en deux dimensions (NDLE).

92. Qui est toujours resté protestant (NDLE).

93. Le *lîknon*, crible pour vanner les céréales, est un élément important des cultes bacchiques (NDLE).

94. *Crusca* est plutôt le produit du crible, c'est-à-dire le son. *L'Accademia della Crusca*, fondée à Florence en 1582 pour la défense de la langue de Dante, est encore très active (NDLE).

95. Les corps bleus sont soit les gardes du roi depuis Louis XIV, soit un groupe de ses favoris autorisés par lui à porter un justaucorps bleu (NDLE).

96. Un escot est aussi un Écossais, ce qui est cohérent dans le langage maçonnique (NDLE).

97. Les interprétations sur la composition du drapeau tricolore sont fort nombreuses. Celle-ci fait partie des plus raisonnables (NDLE).

98. Sur le beaucéan, voir plus loin *Le premier Livre de Rabelais* note 71. Quant à pouhier, voir plus haut *Les Gouliards*, note 57 (NDLE).

99. Voir pour plus de détails *Les anciennes Corporations de Paris*, dans l'Histoire secrète de l'Europe (NDLE).

100. L'auteur entend par là les longues probations exigées pour gravir les échelons corporatifs (NDLE).

101. Par la loi Waldeck-Rousseau, votée un mois avant la parution de cet article (NDLE).

102. La maison des Tournelles, vaste logis royal sur l'emplacement de la place des Vosges. C'est là que mourut Henri II, et Catherine de Médicis le fit détruire en 1563. Sur la tour de Nesle, voir *supra* note 51 (NDLE).

103. En septembre 1544 ; cette guerre, qui durait depuis deux ans, sera clôturée peu après par la paix de Crépy-en-Laonnois (NDLE).

104. Louis XIV encore enfant, humilié et physiquement menacé à Paris pendant la Fronde, s'empressa de quitter cette ville indocile. La cour occupa Versailles en 1682, mais dès 1661 le roi y séjournait par prédilection (NDLE).

105. Les loges londoniennes s'associèrent en 1717, ce qui mena à la publication des *Constitutions d'Anderson* en 1723, document fondamental de la franc-maçonnerie anglaise. Il est certain qu'une longue maturation, assez mal connue, a précédé ces évènements historiquement prouvés (NDLE).

106. Nerval, *Voyage en Orient* (1851). La légende d'Hiram, architecte du temple de Salomon, narre comment il fut assassiné par trois ouvriers avides de lui extorquer son secret, puis les honneurs posthumes à lui rendus par le souverain. Elle tient une grande place dans les rituels maçonniques (NDLE).

107. Il s'agit de *Tableau et emblèmes de la détestable et malheureuse fin de maistre Coyon. – Mytologie* [sic] *des emblèmes de Coyon* (1617). Voir plus haut la planche et son analyse dans *Les Gouliards* et la note 87.

Sur un plan plus général, les passages qui précèdent mettent en évidence une lacune de la société d'Ancien Régime, l'absence d'associations à but coopératif ou convivial. Certes, les confréries religieuses et professionnelles, puissantes et bien structurées, offraient une entraide assez efficace, mais il n'existait rien d'autre, hormis quelques cercles culturels très restreints. Ce vide juridique a conduit à la formation récurrente de bandes, plus ou moins hors la loi, et de groupes (terme lui-même très récent, qui ne prend son sens de collectivité qu'au XVIIIe siècle, car le concept n'existait pas auparavant) éphémères, à l'action politique, sociale ou culturelle sans lendemain. On comprend alors aisément le succès rapide de la franc-maçonnerie spéculative, qui répondait à un réel besoin associatif laïc et extraprofessionnel. La Révolution a fait table rase des corporations et des congrégations, et c'est sur ce terrain qu'a pu se former la vie associative actuelle, officialisée par la loi de 1901, qui a réglementé les associations sur le modèle des loges maçonniques (NDLE).

108. Les origines de la franc-maçonnerie restent très imprécises, d'autant plus que certaines obédiences semblent trouver intérêt à entretenir le mystère. En langue d'oïl, franc signifie noble, ou plus largement libre, comme on le trouve dans les termes franc-bourgeois ou franc-archer; il semble raisonnable de s'en tenir à cette donnée. Mais cela n'empêche pas certains glossateurs ou ésotéristes d'y avoir surajouté des acceptions symboliques ou analogiques (NDLE).

109. Charles-Édouard, dit «Bonnie Prince Charlie», se réfugia longtemps en France après sa défaite, où il contribua à développer la franc-maçonnerie. Sur ce point voir, entre autres, *Statistique maçonnique* dans L'Histoire secrète de l'Europe. Jacques VI d'Écosse est Jacques Ier d'Angleterre (1603-1625, NDLE).

110. Les futurs Louis XVIII et Charles X (NDLE).

111. Françoise d'Aubigné (1635-1719) a été mariée avec Scarron de 1652 jusqu'à sa mort en 1660. Devenue marquise de Maintenon, elle épousa Louis XIV en 1683 (NDLE).

112. Les soupçons d'empoisonnement dans l'entourage de Louis XIV sont innombrables: entre bien d'autres, Henriette d'Angleterre (1670), Marie-Angélique de Fontanges (1681), le Dauphin Louis et sa femme (1712), suivis à quelques jours de leur jeune fils Louis, devenu entre-temps Dauphin, ce qui fit de Louis XV, arrière-petit-fils du Roi-Soleil, un souverain à l'âge de 5 ans. Saint-Simon et d'autres chroniqueurs affirment clairement que ces derniers ont été victimes de la poudre de succession. Historiens et médecins restent encore partagés sur la véracité de ces faits (NDLE).

113. Par les édits de Turgot en 1776. Les maîtres imposaient un *numerus clausus* desséchant, et les jurandes, chargées de faire respecter les règlements corporatifs, étaient sous leur coupe. Voir *Les anciennes corporations de Paris* dans L'Histoire secrète de l'Europe (NDLE).

114. Il s'agit du même personnage, Philippe (1747-1793), devenu duc d'Orléans en 1785, qui se rebaptisa lui-même Philippe-Égalité à la Révolution. Le Grand Orient de France fut fondé officiellement en 1773 (NDLE).

115. Par la loi Le Chapelier de 1791 qui interdisait les corporations, le compagnonnage, les syndicats et le droit de grève (NDLE).

116. Émile Littré (1801-1881), auteur du fameux Dictionnaire, entra solennellement au Grand Orient en 1875, mais mourut chrétiennement après avoir vécu en agnostique. Cette obédience retira en 1877 de sa constitution l'obligation de croire en Dieu, et la Grande Loge Unie d'Angleterre, la plus influente dans le monde, l'exclut immédiatement de la fraternité (NDLE).

LE CINQUIÈME LIVRE DE PANTAGRUEL

I

On a souvent comparé Rabelais à Aristophane, aussi bien pour la licence de l'expression que pour la grandeur et la profondeur de la pensée; mais les milieux dans lesquels se mouvaient ces deux génies de premier ordre ne se ressemblaient en rien.

Athènes était une démocratie vivant en plein air et au grand jour; en dehors des *hétaïres*, la femme n'y jouait que le rôle de nourrice; aucun citoyen n'y dépassait le niveau des autres; d'où un manque absolu de mystère dans la vie privée. Aussi les allusions secrètes dont est remplie l'œuvre d'Aristophane n'ont jamais rien de personnel; elles portent uniquement sur les mystères d'Éleusis, véritable franc-maçonnerie nationale à laquelle on ne pouvait être initié sans être citoyen d'Athènes, de sorte que le sel des plaisanteries aristophanesques consistait uniquement dans l'ahurissement des alliés et des esclaves qui assistaient à ces représentations sans les comprendre. Or, s'il est au monde une joie sans mélange, c'est celle de pouvoir traiter son prochain d'*ahuri*. Les allusions d'Aristophane sont donc au fond assez inoffensives et ses mystères assez faciles à deviner.

Il n'en est pas de même de ceux de Rabelais. Assurément, il existait de son temps une franc-maçonnerie aussi nationale que celle d'Éleusis, et non moins bien organisée, puisque c'était la fédération de tous les

corps d'état de la nation, nommés maîtrise ou jurandes, et que tous
ceux qui possédaient le secret de leur association communiquaient
librement entre eux, à l'aide d'un système d'hiéroglyphes dont le sens
n'a jamais été révélé aux *bélistres*, c'est-à-dire aux profanes. Les initiés
s'en servaient librement, au contraire, non seulement pour correspondre
avec la royauté ou critiquer ses actes, mais encore pour se transmettre
les uns aux autres les nouvelles de la cour ; de là le nom d'*art royal*,
que l'on donnait au grimoire, et qui est resté à la franc-maçonnerie,
tandis que les Grecs le nommaient *langue des dieux* [1]. Il est impossible
de trouver deux expressions qui caractérisent mieux les deux époques :
Aristophane s'occupait des secrets des dieux, Rabelais de ceux de la
famille royale.

Si les compositions du bon curé de Meudon eurent un si prodigieux
succès auprès de ses contemporains et surtout de ses contemporaines,
ce fut beaucoup moins à cause des admirables pages que nous dévorons
aujourd'hui, que pour les parties que nous ne comprenons plus et dans
lesquelles les initiés déchiffraient sans beaucoup de peine les mystères
de la cour de François Ier. Les quatre livres de *Pantagruel* dus à la plume
de Rabelais ne sont donc qu'une série de pamphlets politiques dont
voici le sommaire.

Le premier de ces pamphlets, qui porte aujourd'hui le numéro 2,
a été écrit à l'instigation de la reine de Navarre, sœur de François Ier [2],
contre la reine Éléonore d'Autriche, sœur de Charles Quint, que ce
prince lui avait imposée pour femme, à titre d'espion. Aussi ne put-il
jamais la souffrir, et riait-il aux larmes de la voir représenter sous les
traits d'une grande dame de Paris. Le second, composé également sous
l'inspiration de la reine de Navarre, est consacré en grande partie à
l'abbaye de Thélème, qui représente les aspirations vaguement luthériennes mais franchement épicuriennes, de la spirituelle Marguerite.
C'est la seule partie didactique de l'œuvre de Rabelais ; mais les théories
de la *quinte essence*, qui était alors la religion de presque toutes les aristocraties de l'Europe, n'y sont pas exposées sous leur côté abstrait ;
bien que forcé de se servir de cette langue hiéroglyphique sous peine
de la corde ou du bûcher, l'écrivain ne semble pas avoir été bien enthou-

siasmé de ce genre de scolastique. Il eût certainement préféré écrire en langage clair ; peut-être y aurions-nous perdu.

Le troisième livre a vu le jour après la mort de la reine de Navarre [3], et le quatrième après celle de François Ier ; ce sont ceux qui ont le plus d'âpreté et de valeur historique, car à défaut des mémoires du temps, absolument muets sur ce sujet, ils contiennent l'histoire de la guerre de *andouilles*, lisez *en deuil*, parce que les deux rivales, Diane et Catherine, avaient également adopté la couleur noire. Catherine tenait pour le IIII, c'est-à-dire pour le catholicisme romain et la démocratie ; Diane pour la V, ou *quinte essence*, qui devint celle de la doctrine de Calvin, et pour le régime aristocratique. Si son parti avait prévalu, nous serions aujourd'hui protestants, avec la constitution anglaise.

Assurément rien n'est plus intéressant que cette partie de nos chroniques nationales, c'est un des grands nœuds de l'histoire générale et le prologue de la Saint-Barthélemy, qui assura définitivement le triomphe du régime démocratique représenté par la bourgeoisie parisienne. Mais il n'est pas possible de suivre Rabelais dans son récit à bâtons rompus, sans s'être bien pénétré de ce qu'étaient ce *quart* et cette *quinte*, dont il se sert sans cesse pour raconter sous leur masque l'envers de l'histoire de son temps. Comme il n'écrivait pas pour les profanes, il ne s'est jamais donné la peine de nous l'apprendre, et après avoir longtemps hésité entre le *quart* et la *quinte*, il a fini par opter lui-même pour le *quart*, ou l'Église romaine, qui convenait mieux à sa nature virile que les arguties féminines de la *quinte*. On sait qu'il est mort en bon catholique, comme Claude Bernard et Littré, après avoir abandonné le patronage du cardinal de Châtillon, l'un des coryphées de la *quinte*, pour celui du cardinal de Lorraine [4], qui ne cessa jamais d'être celui du *quart*.

Quant au pauvre Henri II, il fut toute sa vie ballotté entre le quart et la quinte, c'est-à-dire entre sa femme et sa maîtresse. Personnellement et de cœur, il était avec la *quinte* ; mais le parti du *quart* était si puissant, grâce à l'appui de toute la bourgeoisie parisienne, qu'il ne put jamais se débarrasser de sa femme par un divorce et qu'il dut se résigner à un ménage à trois, dans lequel d'ailleurs Catherine n'occupait que le dernier rang.

Elle était cependant presque aussi belle, presque aussi spirituelle et beaucoup plus jeune que sa rivale. Mais elle fut toujours méprisée de son mari, comme de ses enfants, parce qu'elle descendait d'une famille de droguistes florentins qui avait conservé pour blason les biscuits dépuratifs avec lesquels elle avait commencé sa fortune. Tenace comme une bourgeoise et une Italienne, elle patienta tant que dura le prestige de Diane, qui fut un de nos meilleurs ministres des affaires étrangères ; mais lorsqu'elle le vit ébranlé par le désastre militaire de Saint-Quentin[5], un de ces assassinats mystérieux dans lesquels elle excellait la débarrassa d'Henri au moment où il s'apprêtait à la répudier pour faire prévaloir les doctrines de la *quinte*. Dès lors commença entre le *quart* et la *quinte*, c'est-à-dire entre la bourgeoisie parisienne et la noblesse de province, une guerre qui dura quarante ans et ne se termina que par l'abjuration d'Henri IV.

Diane fut chassée du Louvre ; mais elle restait sénéchale de Normandie, duchesse souveraine du Valentinois et la plus riche princesse du royaume. De plus, elle était grande maîtresse d'une immense et très ancienne franc-maçonnerie répandue dans toute l'Europe et tout le monde musulman, qui dédaignait également le luthéranisme et le catholicisme, mais inclinait davantage vers le calvinisme, dans lequel elle finit par se fondre. À la mort d'Henri II, la *quinte* servait surtout de centre de ralliement au parti des *politiques*, composé des plus grands seigneurs du royaume.

Ce fut à leur intention que Diane de Poitiers composa ou fit composer cette espèce d'évangile burlesque qui parut d'abord sous le titre d'*Île sonante*, et fut ensuite annexé aux quatre livres de Rabelais, uniquement à cause du numéro à prendre, qui en faisait le livre V, ou livre de la *quinte*[6].

La politique y joue un rôle beaucoup moins considérable que dans ceux qui sont vraiment de Rabelais, parce que Diane, jetée dans ce qu'on appellerait aujourd'hui les rangs de l'opposition, n'avait rien à raconter au public que l'assassinat d'Henri II, ce qu'elle a fait en quelques hiéroglyphes formant tête de chapitre. Sous ce rapport, c'était bien le complément de la grande chronique historique et pantagruélique.

Mais comme sa situation de princesse souveraine et immensément riche ne lui imposait pas les mêmes ménagements qu'à un simple moine, ce fut avec une audace et une crudité sans exemple qu'elle attaqua les suppôts de Catherine, c'est-à-dire l'ordre de Malte ou *gourmandeurs*, les *chats fourrés* ou le Parlement, et les *frères Fredons* ou les Jésuites. Ces derniers faisaient à peine leur apparition dans le monde ; Rabelais était mort avant qu'ils eussent fait parler d'eux. Il est donc impossible de lui attribuer le mordant et monosyllabique dialogue du frère Fredondan fredondille[7], qui est la perle du Ve livre. Est-il de Diane ? C'est plus que probable. Ses contemporains nous la dépeignent comme une des causeuses les plus étincelantes de son temps ; savante, elle l'était comme toutes les grandes dames du XVIe siècle, comme Marie Stuart et Élisabeth d'Angleterre, plus peut-être ; artiste, elle était l'élève de Léonard de Vinci, la protectrice de Jean Goujon et de Pierre Lescot.

A-t-elle eu des collaborateurs ? C'est plus que vraisemblable encore. On a cité Ronsard et Henry Estienne ; mais il est à présumer qu'elle fut aidée par Béroalde de Verville le père[8] et par le cardinal de Châtillon. Ce qui est moins discutable, dans une question où l'on ne peut procéder que par hypothèses invérifiables, c'est qu'elle l'a signé seule.

On sait en effet que la pièce de vers énigmatique qui sert d'épigramme au Ve livre de Pantagruel porte pour signature NATVRE QVITE.

Les contemporains savaient à quoi s'en tenir sur cette anagramme et n'ont pas eu de peine à en extraire le nom de *Jean Turquet*, qui aurait été ami de Rabelais et son exécuteur testamentaire[9]. Mais c'est un personnage fantastique qu'on ne connaît que par cette interprétation. Également retenus par le secret maçonnique qu'observe encore le Vatican, ni les partisans du *quart* ni ceux de la *quinte* n'ont voulu nous en dire davantage. Il suffisait cependant de déplacer une lettre pour mettre, comme l'on dit vulgairement, le point sur l'I.

Lisons JANE-TURQ-ET en trois mots, et nous aurons, sinon l'explication de l'énigme, du moins les éléments qui nous permettront de la déchiffrer.

Chez les vieux latins, le soleil se nommait IANVS et la lune IANA, du grec *iaino* qui veut dire *échauffer, guérir*; ils le prononçaient comme l'italien *Gennaro*, c'est-à-dire *Djanus, Djana*, et ils ont fini par écrire *jana*, comme ils le prononçaient; c'est-à-dire *Diane*, tandis qu'ils ont conservé à *Janus* son orthographe étymologique. C'est ainsi que, reprenant la chose à rebours, nous disons aujourd'hui *jour* et *diurne* qui ont la même étymologie *diurnus*. *Jane* est donc le synonyme latin de Diane.

Je n'ai pas besoin d'expliquer le mot *Turq*, au moins pour le moment.

ET est pour *haste, hette, hitte*. En vieux français on nommait ainsi la hampe d'une pique ou d'un étendard; le plus souvent haste se prenait pour l'étendard lui-même.

Jane Turq Et signifie donc *Diane à la bannière turque*. On sait que la bannière turque se composait jadis d'un croissant au bout d'un bâton, avec un certain nombre de queues de bœuf, ou d'un drapeau dans lequel figure invariablement le croissant. Le plus usité est de *gueule au croissant d'argent supportant la planète Mars*.

Sur ce qui nous reste du château d'Anet, on peut voir toute espèce de combinaisons du croissant; mais le plus significatif est l'hiéroglyphe désigné héraldiquement sous le nom de *lunel*, connue pour être originaire d'Espagne [10]. C'est le véritable nom de la religion en l'honneur de laquelle Diane de Poitiers éleva la singulière chapelle d'Anet et composa ou fit composer le Ve livre de *Pantagruel*. L'anagramme de ce livre n'en est pas l'unique preuve; nous en recueillerons une autre non moins convaincante lorsque nous en serons à l'oracle de la dive bouteille. Ce n'était pas non plus une création de la célèbre sénéchale, mais une religion de famille à laquelle Rabelais avait déjà fait allusion lorsque Panurge raconte qu'il a été mis à la broche turque (turque haste) [11]; elle lui survécut longtemps; puisque, dans la cérémonie du *Bourgeois gentilhomme* de Molière, on retrouve son mot de passe qui était *marababasahem*, en hébreu: joyeuse abondance [12].

Religion savante par excellence du Moyen Âge, au lieu de se dissimuler comme celle du *quart* sous des rébus en langue vulgaire très difficiles à deviner aujourd'hui, elle croyait se défendre bien mieux contre la curiosité des profanes sous un masque hébraïque très facile à soulever pour quiconque a tant soit peu l'habitude du déchiffrement des textes phéniciens. Aussi la plupart des interprétations que nous en donnerons ne seront-elles sujettes à aucune espèce d'incertitude. Mais le Ve livre offre encore une autre espèce d'intérêt : il explique nettement les relations qui n'ont jamais cessé d'exister entre les sectes *lunaires* de l'Europe et de l'Afrique, relations dont nous avons été témoin nous-même en Tunisie et dont MM. Nachtigal et Broadwell[13] se sont servis, et se servent encore, pour favoriser les vues de l'Allemagne et de l'Angleterre[14]. Ce fut grâce à ces relations qu'Arabi put échapper aux douze balles réglementaires et qu'Olivier Pain put arriver jusqu'au Mahdi[15]. Il y a plus : les sectaires lunaires ont conservé partout le même nom : ils se nomment aujourd'hui en Afrique les *kouens*; ils portaient autrefois en France le titre de pèlerins ou cousins du *coin*; et en Afrique comme en France, ils ont gardé comme emblème un *coin,* c'est-à-dire une hache. À Lyon, en 1793, les juges du tribunal révolutionnaire le portaient pendu au cou, en guise de décoration. C'était l'insigne d'un des plus hauts grades de l'ordre[16]. Le rôle que les sectaires lunaires ont joué dans la Révolution française est aussi considérable que peu connu; mais il paraît certain qu'il faut les distinguer de la franc-maçonnerie actuelle, dont ils différaient par un point essentiel. Les maçons ont toujours eu une existence publique, ils fournissent au gouvernement les listes de leurs membres, ils se connaissent tous entre eux, il ne leur est pas défendu d'avouer leur qualité de franc-maçon. Les *pèlerins du coin* ne tenaient pas de registres, ils ne se voyaient que masqués, ils n'avouaient jamais leur qualité de pèlerins du coin, et ils étaient autorisés à renier leurs doctrines toutes les fois qu'ils y avaient intérêt. Tels étaient en dernier lieu les *Ku Klux* d'Amérique, et tels sont les *charbonniers* décrits par Mgr de Ségur dans sa brochure sur la franc-maçonnerie[17].

Mais eux-mêmes ne se qualifiaient point de charbonniers. Le mot *carbon* signifiait dans leur langage ce qui était écrit sur une bannière (*cri-ban*) et toutes les sectes, soit *solaires,* soit *lunaires,* avaient leur *criban* ou *carbon,* comme le plus simple gentilhomme banneret. Le *carbon espagnol* désignait spécialement l'Inquisition. Le nom commun que se donnaient toutes ces sectes secrètes était celui de *forestiers,* ou de *maçons,* suivant qu'elles étaient rurales ou urbaines; elles se divisaient encore en *esclopins* ou sabotiers, *ribles* ou cordonniers et *guilpains* ou *glypains*, sculpteurs [18]. Le nom le plus moderne qu'elles aient porté est celui de *fendeurs*; en Afrique, elles se nommaient *pelpoul* (en hébreu *fendeur africain*) [19] ou *forbans* (maçon de sa destinée); *forban* est l'exacte traduction du grec *tycho poion*, artisan de sa fortune [20], dont nous avons fait *maçon*. Mais dans l'origine ce mot ne voulait pas dire un faiseur de murailles, que les Italiens nomment *muratore*; il est grec lui-même et vient de *méchané* [21], dont nous avons fait mécanicien. Ce titre ne s'appliquait primitivement qu'aux architectes et aux ingénieurs.

II

Si nous voulions reprendre *ab ovo* l'histoire du *quart* et de la *quinte*, nous serions forcés de remonter bien au-delà du déluge; mais on peut la lire tout au long dans le volumineux ouvrage de M. Saint-Yves d'Alveydre qui a pour titre la *Mission des Juifs* [22]. Nous nous bornerons donc à rappeler que malgré la diversité de leurs noms, toutes les religions et les philosophies se réduisent à deux, qui sont aussi anciennes que l'homme et vivront autant que lui. Toutes ont pour point de départ le physique, pour arriver au métaphysique, et cette gradation peut s'établir de la façon suivante.

Religion	Religion
Masculine	Féminine
Solaire	Lunaire
Mars	Vénus
Quart	Quinte
Positive	Négative
Physique	Métaphysique
Art	Science

représentées par deux emblèmes dont nous nous servons tous les jours: +, -[23].

Dans l'histoire des nations, les langues aryennes ont servi spécialement d'organe au principe positif. Aryen, en effet, veut dire mâle en grec (*arès, arren*). Aussi la philosophie positive a-t-elle eu d'abord recours au grec, puis au français, les deux langues les plus précises qui aient jamais existé.

Le principe négatif s'est toujours dissimulé dans le vague de la langue que nous nommons improprement hébraïque, mais qui est réellement celle de Chanaan. Ce mot vient de QN, ou *kenos*, qui vent dire *vide, creux* comme une *canne*; de là l'idée de moule et de matrice exprimée par le français *coin* et par le chiffre romain V ou *quintus*. L'idée contraire se rendait, en chananéen, aussi bien qu'en grec et en latin, par le mot KR qui veut dire *convexe* et *bélier*[24]. De là, le nom de *Quirinus*, que les Romains donnaient à *Janus*, représentant du principe mâle et solaire. Chez eux, le *quiris* était le bâton terminé par une *crosse*, restée l'emblème distinctif de nos évêques. Son temple était en forme de *croix* et chaque branche était éclairée par trois fenêtres correspondant aux douze stations solaires. Le nom de *janus* était l'exacte traduction du grec *jason* et du chananéen *io-isha*: dans les trois langues, il désignait le *soleil guérisseur*. Mais la croix est tout à fait spéciale au latin, comme emblème masculin et solaire; le *stavros* des grecs et le *hets* des Juifs n'étaient que de simples poutres auxquelles les condamnés étaient suspendus par les bras, et seulement après avoir été lapidés chez les Juifs.

Le Louvre possède un magnifique spécimen de *Jason* attaché de la sorte à un *stavros* pour avoir volé la Toison d'or qu'on voit encore à ses pieds[25]. Prométhée fut également enchaîné sur le Caucase pour avoir volé le feu du Ciel; dans l'Apocalypse, Jésus est aussi traité de voleur[26].

Dans tous les temps et chez toutes les nations, la religion du quart et celle de la quinte ont vécu côte à côte, malgré le désir qu'elles ont toujours manifesté de s'exterminer réciproquement. Chez les Juifs, le principe mâle était adoré par les *Élohistes*, et le principe femelle par les *Jéhovistes*, qui avaient fini par les chasser avec la famille de David.

À Rome, *Quirinus*, dont la légende ressemble beaucoup à celle de Jésus[27], était resté le dieu de la plèbe d'origine gauloise. Les sénateurs arcadiens et troyens, qui se distinguaient par une *lunula* attachée à leur chaussure, adoraient le principe féminin représenté par Vénus, mère d'Énée ; et lorsque la religion de la plèbe, fille de *Mars*, triompha, la *lunula* se réfugia dans les forêts où elle se maintint sous le nom de *Lunel* et de *Braganze*. La déesse *Berecynthia*, en grec la *chienne de malheur*, a laissé son nom aux *Burgondes* et à la *Bourgogne*. C'est de cette noble aïeule que descendent les *sans-culottes* révolutionnaires. Les armes de la Bourgogne jouent sur son nom qui, en vieux français, équivoquait avec *Brague n'a* et *Bourg n'a* (*sans-culotte* ou *sans-bourg*). Elles sont de *sept bandes d'or et azur bordées de gueules*. En grimoire cela se traduit *Brague n'a sept bonnes or et bleu brague l'a*. C'est-à-dire, celle qui n'a pas de culotte a sept bonnes culottes or et bleu ; le héraut d'armes équivoquait de la sorte sur brague-culotte et bourg-ville. La secte de Braganze était fort répandue en Espagne, où elle avait probablement été apportée par la maison de Bourgogne lorsqu'elle monta sur le trône de Portugal[28]. En France, elle opposa une résistance désespérée à Jeanne d'Arc qui portait la couleur pourpre des Armagnacs. C'était la teinte rouge de la planète Mars, tandis que Braganze arborait la couleur lunaire, le blanc. Dans leurs initiations, les adorateurs de Braganze quittaient leurs culottes, comme on peut le voir par l'exemple de Panurge lorsqu'il se présente devant Pantagruel avec la puce à l'oreille (l. III, ch. VII).

Dans ce livre, Panurge représente Henri II refusant de consommer un mariage qui attendait depuis onze ans et prêt à professer ouvertement les doctrines de la quinte, ce qui revenait à embrasser le protestantisme.

Sous le masque de Pantagruel, François lui répond : « *Mais ce n'est la guise des amoureux, ainsi avoir bragues avalades, et laisser pendre sa chemise sur ses genoux sans haut-de-chausses, avec longue robe de bureau, qui est couleur inusitée en robes talares, entre gens de bien et de vertu. Si quelques personnages d'hérésie et de sectes particulières s'en sont autrefois accoutrés, quoyque plusieurs l'aient imputé à piperie, impos-*

ture et affection de tyrannie sur le rude populaire, je ne veux pourtant pas les blâmer et en cela faire d'eux un jugement sinistre. Chacun abonde dans son sens. »

Il résulte de ce passage, comme de beaucoup d'autres, qu'au fond, Rabelais ne tenait pas pour le principe lunaire, représenté par les *bure-gone* ou robes de bure[29].

La couleur *bure* ou *tannée* était celle de Vénus représentée par le cuivre. Elle était imposée aux juifs et elle est encore celle de tous les derviches.

Une nouvelle de Cervantès, intitulée *Dialogue de deux chiens*, contient les plus curieux détails sur les dogmes et les pratiques de cette secte de sorciers et surtout de sorcières ou *bruges*[30]. Une *bruge-nue* était un de ses hiéroglyphes les plus usités. On nous a assurés à Chypre qu'on en rencontre encore se promenant la nuit, avec cette absence complète de culottes dans un pays où toutes les femmes en portent. En revanche, elles mâchent un tibia humain et elles sont armées d'une carde à chanvre avec laquelle elles labourent la figure des indiscrets qui ont le malheur de se trouver sur leur route. Il est probable que c'est une franc-maçonnerie féminine locale, qui n'admet que des femmes, formant dans le pays de petites communautés d'amazones professant ostensiblement l'islamisme. Cervantès décrit très scientifiquement leur méthode de se procurer des rêves étranges leur laissant au réveil la persuasion qu'elles ont été au sabbat, et signale leur culte pour le chien, qui nous donne l'explication d'un des passages les plus obscurs de *Pantagruel*, celui du *pantagruelion*[31].

Le pantagruelion n'était pas autre chose que le mot de passe de cette secte. Tout le monde a pu remarquer que le chien aboie à la lune, jamais au soleil, ce qui avait fait dire que la religion lunaire était celle des chiens. Aussi le mot de passe de ces sectes était-il : *Aboie chien voit*, à quoi on répondait : *Âme en étoiles*. Cette âme, c'était la lune dont ses adorateurs faisaient l'âme de la nature.

On sait que, d'après Rabelais, le *pantagruelion* se composait de *beau chènevis* et de toile d'*amiante*, en grimoire *amiantelé* ; ce qui donne la demande et la réponse : *à beau chènevis – amiantelé*[32]. Il y avait encore

L'autel de Gabies au Louvre.
À chaque signe zodiacal est couplé le dieu correspondant;
Vénus et Mars sont réunis par un petit Cupidon (NDLE).

bien d'autres versions. On en retrouve une dans le *Walpurgis* de Goethe[33].
Il fallait être muni du pantagruelion, pour être admis dans le pays de
Lanternois, c'est-à-dire dans les loges de la secte *lunaire*.

Mais il serait impossible de faire comprendre ces dogmes sans dire
un mot de ceux de la secte solaire, car le + et le − sont les deux faces
de la divinité, dont la troisième est formée par leur réunion, de sorte
que le mystère de la Trinité s'exprime ainsi: + (− +) −, ou 4 (5 4) 5, ce
qui se prononçait le *quart*, le *concors* et la *quine*.

Sur un autel antique du Louvre[34], ce dogme est représenté par
Mars et *Vénus* réunis par l'amour. Telle est la signification de *concors*,
en français *concorde*. Dans la philosophie druidique ou forestière,
le + se nommait le *gain*; le − avait nom le *guère*; leur réunion donnait
guère-gain ou *Gargantua*; ce dernier était le seigneur des solstices,
ou l'*androgyne*. Le gain était représenté par *grandgousier* ou *gringolé*,
dont l'hiéroglyphe est une tête de serpent. Il représentait l'*antérieur*,

le principe mâle. Le principe femelle, ou le *postérieur*, avait nom *pantagruel*. Aussi, dans la guerre des Andouilles, est-ce lui qui donne l'assaut à *Niphleseth*, littéralement le principe masculin [35]. Quant au nom de Pantagruel, il est emprunté à la langue officielle de la *quinte*, c'est-à-dire l'hébreu. PNT-GR-AUL peut se traduire : *la force qui s'enfuit, au moment où elle tourne le dos* [36]. En français moderne, c'est le commencement de la fortune décroissante, l'instant psychologique suivant celui où le *guère tue le gain*, la première heure du soir. Astronomiquement, c'est l'espace céleste situé à l'ouest du tropique du Cancer ou de la constellation de la Croix du Sud ; tandis que le Grandgousier préside à l'espace situé à l'est de la Grande Ourse ou Chariot [37] ; aussi son nom mystique et astronomique est-il : le *car* ou le *carpent*, en latin *carpentum*, que les Anglais nomment *charle's wain*, le char du paysan. C'est le Charlemagne du cycle carlovingien, dont Pantagruel est l'Agramant [38]. De *carpentum* est venu *carpentarius* et *charron*, que nous avons légèrement détourné de son sens dans notre *charpentier*. C'est ce qui a donné lieu à la légende qui fait du Christ le fils d'un charpentier. On n'en trouve aucune trace dans les évangiles.

Le prototype du Christ est le *Christna* indien, qui, trente siècles avant lui, subit le supplice du *stavros* et fut achevé à coups de flèches [39]. Cette légende est complètement aryenne et tout à fait en désaccord avec le caractère de l'Ancien Testament, qui se retrouve encore dans l'Apocalypse. Rien ne ressemble moins au terrible personnage aux yeux de feu, aux lèvres dont s'échappe un glaive à double tranchant [40], que le doux Jésus du Nouveau Testament. L'autre n'est pas l'agneau du sacrifice, mais le terrible mâle Arès, le dieu de la guerre.

Nous ignorons pourquoi il a plu aux premiers chrétiens de se rajeunir d'au moins un siècle. L'Apocalypse, le seul de tous leurs livres dont il soit possible de fixer approximativement la date, fait mention de la mort de Pompée et donne le mot de passe des partisans de ses fils (Cnéius et Sextus), c'est-à-dire les trois lettres χ ξ ϛ [khi, xi, digamma], qu'on peut lire *K. Sext*, ou 666 [41]. Ces deux lectures font également allusion au second fils de Pompée. L'Apocalypse a donc été écrite, quarante-huit ans avant notre ère, par un juif hellénisant qui avait dû se trouver en contact avec Pompée à Antioche et abhorrait son parti, qu'il désigne, en rébus, comme celui du *proktos* ou postérieur.

C'était le parti de l'aristocratie romaine, comme celui des jéhovistes qui avaient expulsé la famille de David. Il est certain qu'en ce temps-là, comme au Moyen Âge, les liens religieux étaient beaucoup plus forts que les liens nationaux et que les querelles de caste entre Marius et Sylla, ou entre le *quart* et la *quinte*, avaient partagé tout le monde antique en deux camps. À Rome, ils se nommaient plébéiens et patriciens ; en Judée, élohistes et jéhovistes.

Saint Jean était élohiste à outrance et du parti de César contre Pompée. Il écrivait près d'un demi-siècle avant notre ère, et cependant il parle de Jésus comme d'un personnage mort depuis longtemps ; mais, ce qui renverse des préjugés séculaires, il en parle comme d'un homme mort ailleurs qu'à Jérusalem. Le verset 8 du chapitre XI de l'Apocalypse ne laisse aucune espèce de doute à cet égard, car il est ainsi conçu : « *Et leurs corps gîront dans les rues de la grande ville qui est nommée spirituellement Sodome et Égypte, dans laquelle Notre Seigneur a été également supplicié.* » [42]

Cette grande ville, désignée mystiquement par deux noms qui, tous deux, veulent dire occident, ne peut être que Rome ; toutefois, il est permis de le contester. Ce qui est indubitable, c'est que ce n'est pas cette Jérusalem dont saint Jean fait la fiancée de son agneau. Pour lui, juif, c'était la ville sainte par excellence. Ceux qui, plus d'un siècle plus tard, ont rédigé les évangiles, étaient du parti de Titus contre les jéhovistes, qu'il extermina, et ils ont jugé à propos d'ajouter aux épouvantables calamités dont fut alors frappée une glorieuse race, cette accusation de déicide qui la met depuis dix-huit siècles au ban des nations. Jésus n'est pas mort à Jérusalem, cela résulte du témoignage de saint Jean ; et il n'est pas certain qu'il fût juif, car, dans l'histoire de ce peuple on ne trouve aucun personnage qui lui ressemble de près ou de loin. Il ne figure pas dans la liste des docteurs populaires qui, cependant, compte bien des martyrs. Son nom de *Jésus* n'est qu'un titre qui veut dire *médecin* [43]. En ce temps-là, il était de règle de changer de nom en changeant de fonctions, pour prendre son rang dans un cadre hiérarchique traditionnel[44].

Nous savons que Pierre s'appelait Simon, et Paul, Saul. Si Jésus n'est pas un personnage purement légendaire, il a dû porter un autre nom.

Or, le Seigneur que désigne saint Jean, et qu'il ne désigne que par le titre de *Kyrios*, a dû être, selon toute vraisemblance, le neveu de Marius, qui avait été l'hôte du roi Hiempsal et s'était trouvé chez lui en contact avec les Juifs pullulant à cette époque dans le nord de l'Afrique[45]. Il fut excessivement populaire dans le parti plébéien, et les juifs élohistes de Rome, qui étaient en nombre très considérable, avaient dû se rallier autour de lui. Sylla le força à se faire donner la mort, et les élohistes durent souffrir cruellement dans les massacres qui suivirent, de la part des jéhovistes, partisans de Sylla, d'où des haines qui ne furent même pas assouvies par la destruction de Jérusalem.

C'est donc à Rome, et nulle part ailleurs, que le christianisme a reçu cette empreinte romaine s'il en fut, dont l'emblème est resté la croix de *Janus quadrifrons*. Tout le christianisme est dans cet emblème et dans son nom latin *crux, cruciare*, qui veut dire *tourment, souffrance inséparable de la vie*. En grec et en hébreu, cet emblème n'a pas plus de nom que de signification.

Quant aux modifications qui ont pu être apportées à la biographie d'un personnage que nous ne connaissons que par son titre, nous en avons un exemple dans celle de Moïse telle que Josèphe nous l'a transmise, d'après Manéthon. Il se nommait Osarsiph[46], il n'était pas hébreu, et il ne ressemble pas plus au Moïse de l'Ancien Testament que Jésus ne ressemble lui-même au jeune Marius ou à tout autre chef du parti solaire de cette époque.

Personne n'attachait alors aucune importance à ces inexactitudes qui transformait l'histoire réelle en roman; et nous ne sommes pas de ceux qui songeront jamais à en faire un reproche aux rédacteurs de l'Ancien ou du Nouveau Testament. Nous nous bornerons à répéter ce qu'a dit M. Saint-Yves d'Alveydre: « *De deux choses l'une:*

ou le christianisme est capable de synthétiser scientifiquement le déluge de l'ancienne intellectualité, ou il doit s'y noyer. » (Mission des Juifs, p. 98.)

Nous croyons comme lui qu'il viendra un temps où de nouveaux missionnaires judéo-chrétiens rétabliront une parfaite communion de science et d'amour avec tous les autres centres religieux de la terre, et nous croyons apporter une pierre à ce grand édifice en donnant une explication scientifique des origines du christianisme.

Nous sommes d'ailleurs bien persuadé que le danger ne lui viendra jamais de ce côté. Ses ennemis, ce sont les evhéméristes qui acceptent au pied de la lettre le récit des évangiles et le retournent contre lui, pour le rendre odieux ou ridicule. Que l'Église défende ses traditions et ne les abandonne qu'à bon escient, non seulement nous le comprenons, mais nous l'approuvons. Nous nous croyons le droit d'être beaucoup plus sévères pour ceux qui, parlant au nom de la science, comme M. Renan, ignorent complètement l'existence du verset 8 du chapitre XI de l'Apocalypse, font mourir à Jérusalem un personnage qui a été supplicié à Sodome ou en Égypte, et le clouent sur une croix alors qu'il résulte du texte grec, aussi bien que de celui du Talmud, que les *Juifs n'attachaient de suppliciés au* hetz *ou pilori qu'en les suspendant par les bras et après les avoir préalablement lapidés.* [47]

Pour ce qui est des dogmes des religions positives, tout le monde les connaît ; ils se résument dans le décalogue emprunté au rituel funéraire égyptien, qui le tenait probablement d'une civilisation plus ancienne. Ces religions n'ont pas de doctrines secrètes et sacrifient la logique métaphysique au côté moral et politique. Ce sont les seules qui établissent sur des bases solides la discipline sociale, en promettant aux déshérités de ce monde une compensation certaine dans une autre vie ; et toutes aboutissent à l'égalité devant la loi humaine comme devant la loi divine. Ce sont donc des religions essentiellement politiques et militaires, et l'Europe leur doit uniquement l'empire du monde.

III

Le mécanisme des religions lunaires, ou négatives, est infiniment plus savant et plus délicat, mais il ne laisse debout qu'un seul dogme positif, celui de la certitude et de l'éternité du moi : *Cogito, ergo sum.* Elles nient le libre arbitre et par conséquent la responsabilité humaine, aussi bien que la charité, de sorte que leur morale se réduit à celle de Thélème : *Fais ce que voudras.* Le christianisme répond : *Fais ce que dois,* sans quoi tout lien social disparaît et tout édifice politique s'écroule ; il en résulte pour les doctrines négatives la nécessité de se cacher, même lorsqu'elle ne sont pas persécutées, ce qui divise forcément l'humanité en deux castes : les *initiés* et les *profanes.* Exploiter le profane au profit de l'initié, tel est l'unique but de toutes les sectes à mystères ; on en a un exemple sous les yeux dans l'islamisme. Les doctrines lunaires s'appuyant sur le dogme de l'immortalité font de bons soldats, tels sont les musulmans de caste inférieure ; mais elles extirpent radicalement dans les castes supérieures toute idée de dévouement et de sacrifice, pour ne laisser subsister que le désir de satisfaire tous les caprices quels qu'ils soient. De là le harem, qui mène tout droit à la folie et à l'abrutissement ; aussi toutes les sociétés musulmanes sont-elles des colosses ayant des pieds d'airain et des têtes de fange, ce qui faisait dire à Fuad Pacha[48] : « *Le poisson pue par la tête.* »

Maintenant c'est dans le Ve livre de Pantagruel que nous allons étudier cette dangereuse secte, dont l'un des mots de passe nous a été conservé par le *Bourgeois gentilhomme* :

« *Maraba Basahem* »[49]

Comme la plupart de ses symboles sont choisis de façon à avoir un double sens en hébreu et en français, elle se résume également bien dans le nom de *Pantagruel, peine te gare, veille,* veille à te garder de toute peine.

Quant à sa doctrine philosophique, elle est contenue tout entière dans la signature de son auteur anonyme :

NATVRE QVITE

Ce qu'il faut lire *nature quiète*. C'est la fameuse doctrine du *quiétisme* de Fénelon qui, au dire de M. Saint-Yves d'Alveydre fut un des parrains, en France, de la maçonnerie écossaise[50]. Diane de Poitiers a multiplié ses emblèmes sur toute la partie du Louvre construite par ses ordres : c'est un masque de Diane, son portrait probablement très ressemblant, émergeant d'un croissant entre deux chiens. Ils lui posent la patte sur la tête, qui est remarquable par d'énormes nattes de cheveux ; en voici la lecture :

> Foi nature quiète, quinte Reine Alicante
> Compas, quart dieu nie, Apollon haste.

Nous ne pouvons pas donner l'analyse détaillée de ces hiéroglyphes, non plus que de ceux que nous aurons à citer par la suite ; en voici l'explication sommaire. Les affiliés à la quinte, comme les maçons modernes, portaient un *compas d'argent* ou métal lunaire ; l'Espagne était le sanctuaire de la foi en la quinte, et Alicante un de ses principaux foyers. Ses adhérents niaient la divinité du *quart* ou du Christ, et de la *haste* ou de l'enseigne d'Apollon, que Catherine de Médicis victorieuse prodigua plus tard sur la façade des Tuileries. Ainsi, d'une part, la façade lunaire du Louvre, de l'autre la façade solaire des Tuileries, offraient les plus magnifiques pages, sans comparaison, de l'art moderne. Comme on peut bénir l'intelligence et l'à-propos de ceux qui ont fait disparaître celle où était célébré le triomphe de la démocratie sur l'aristocratie[51] !

Tout à côté des Dianes de la sénéchale, Charles IX a remplacé son portrait par une femme aux cheveux ceints d'un bandeau (*poil ban*, ou plébéien), c'était la merci plébéienne.

Le bouclier d'Henri II transcrit en hiéroglyphes français l'hébreu pur de l'acte de foi lunaire. Se croyant suffisamment protégé par la langue chananéenne, l'artiste s'est permis d'être d'une merveilleuse clarté.

KTB. KN. TVR. NKR. MRB. LVN.

« Il a pour devise la loi de la *quine*, il croit qu'elle habite dans la *plénitude*. »[52] Cette plénitude était représentée par la *pleine lune*, la *lune éterne* ou lanterne du pays de Lanternois – bref, la lune dans laquelle Arioste place également le séjour des intelligences en congé de la vie terrestre. Le *soleil* représentait l'*antérieur* ou l'actualité, et la lune le *postérieur*, ce qui vient après nous ; de là la grosse gauloiserie de frère Jean des Entommeures, qui rappelle une particularité de toutes les initiations lunaires :

> O ! Dieu père paterne,
> Qui changeas l'eau en vin, etc.[53]

À côté de la devise lunaire d'Henri II, Charles IX a sa devise solaire en français, sous les traits d'une femme avec des serpents dans les cheveux : *mère ché poil bisse*, ou *merci plèbe, miséricorde pour le peuple*. Rabelais accuse au contraire les sectaires lunaires *d'affectation de tyrannie sur le rude populaire et de piperie*. Cette accusation est restée rigoureusement vraie pour tous les pays où dominent encore les doctrines de la *quinte*, c'est-à-dire pour tout le monde musulman et certains états européens qu'il est inutile de nommer ; l'absence de toute charité et de tout frein moral se ressent toujours dans le machiavélisme, dont l'unique axiome est : *La force prime le droit*.

La nature quite ou quiète joue un grand rôle dans la littérature chevaleresque. C'est la *Veuve Coite*, du célèbre roman de Tirant le Blanc[54]. Lui-même y représentait le principe lunaire, comme le *Chevalier des Lunes*, de Don Quichotte.

La *Maraba basahem* se retrouve dans le *kief* musulman. Elle personnifiait la douce quiétude que procurent à tant de gens le culte de la dive bouteille, du haschisch, de l'opium, ou ces exercices des derviches, qui produisent, sur les plus incrédules, des effets si surprenants. De là, toutes ces jongleries des sectes lunaires pour piper le peuple, qui leur ont fait donner par Rabelais le nom d'engastrimythes[55].

Maintenant nous croyons avoir suffisamment déblayé le terrain pour pouvoir aborder l'analyse sommaire du livre de la quinte.

On sait que c'est la continuation du pèlerinage entrepris par Panurge pour aller consulter l'oracle de la dive bouteille. Si, dans le

Paradin, emblème de Diane de Poitiers,
Sola vivit in illo (NDLE).

livre précédent, Rabelais ne s'était guère écarté du cadre d'un pamphlet politique, cela tenait à toutes sortes de raisons, dont la première était son indifférence en matière religieuse.

Sa continuatrice est au contraire une fougueuse adepte des dogmes lunaires, mais par cela même trop payenne pour s'arrêter au moyen terme du protestantisme, qu'elle trouvait encore plus illogique que le catholicisme. Paradin, dans ses *Emblèmes héroïques*[56], la dépeint, en revanche, comme très ferme dans le seul dogme positif du culte lunaire.

« *Diane de Poitiers, illustre duchesse de Valentinois, dame d'une piété suprême, avait,* dit-il, *dans la résurrection des morts, la ferme espérance qu'elle s'opère après la mort par une migration dans une autre vie, de sorte qu'elle repaissait son esprit de la considération des choses célestes. Voici un exemple qui donnera la mesure de ses tendances pieuses : son tombeau est orné d'un trait accolé de rameaux verdoyants* [57]. » On retrouve ce trait accolé sur les portes de la chapelle d'Anet. C'était la *turque loi*, ou loi du *troc*, que, dans la guerre des Andouilles, Rabelais a figurée par la *truie* et les *queux*, ou cuisiniers. La doctrine lunaire admettait l'égalité absolue de toutes les destinées, représentées par des chaînes ou chapelets d'existences toutes identiques ; seulement chacun n'en est pas au même grain. Aussi Epistémon, en revenant de l'autre monde, raconte-t-il qu'il a vu Alexandre *rapetasseur de vieilles chausses* et ainsi de suite [58]. Le chapelet ou la chaîne des existences est donc devenu l'emblème par excellence des *Kouens* musulmans ; mais dans notre exploration d'Utique, avec le comte d'Hérisson, nous l'avons retrouvé dans des tombeaux grecs terminés par une tête de *pelops,* ou des phallus avec des yeux, emblème des tribulations (en grec *thlipsis*) [59]. Aux yeux des Kouens, les existences terrestres ne sont qu'un désagréable réveil de la *nature quite.* L'état bienheureux, ce sont les rêves de l'être immortel dans l'intervalle d'une existence à l'autre ; on les peuple à sa fantaisie des plus aimables souvenirs de l'existence précédente ; de là, la nécessité d'être heureux dans ce monde pour en emporter la mémoire dans l'autre. C'est le paradis tout immatériel de Mahomet, qui justifie la théorie du maçon, celui *qui bâtit sa destinée future.* Et comme elle doit être le miroir de la présente, il l'aura guerrière, voluptueuse ou savante, suivant ses propres goûts.

Il n'y a pas le moindre mystère dans l'*Île sonante* ; c'est une sanglante satire, à visage découvert, du clergé romain et de l'Ordre de Malte qui tenait pour le parti solaire. La joute est brillante mais froide. Panurge n'y incarne plus les perplexités d'Henri II entre sa femme et sa maîtresse, ni Pantagruel l'épicurisme narquois de son père. Frère Jean est d'une grossièreté plus cynique que gaie. Ce ne sont plus que les acolytes indispensables d'une initiation lunaire. Ils ont de l'esprit, énormément de science, surtout dans cette astronomie que, au dire de Paradin, Diane cultivait avec tant de passion ; mais le large et vigoureux souffle de Rabelais ne les anime plus, et l'on sent un peu trop que si la puissante sénéchale peut redouter le poignard, le poison ou la chute de cheval habilement provoquée[60] qui l'envoya dans le paradis de la quinte, elle ne craint point le bûcher ou cette cravate de pantagruelion menaçant toujours de prendre à la gorge un simple moine. Il en résulte un effet analogue à celui des *Blasphèmes* de Richepin. Sous l'Inquisition c'eût été piquant ; mais non saupoudré de danger, rien au monde n'est fade et insipide comme un blasphème.

Il est donc inutile de perdre son temps à traduire des jeux de mots plus ou moins ingénieux, comme les *apedeftes aux longs doigts*[61], qui désignent le Parlement. Il en est de même des *chats fourrés* ou *cafards* ; on y reconnaît suffisamment les *procureurs* de l'ancien régime.

L'originalité du Ve livre ne se révèle véritablement qu'au chapitre de la *quinte*.

Qu'était-ce au fond que cette quinte mystérieuse ? C'était l'arche du temple de Salomon, ou Jéhovah lui-même représenté par un cercueil vide, figurant l'Occident et la mort.

Comme l'a fort bien remarqué M. Saint-Yves d'Alveydre, le nom de Jéhovah est essentiellement androgyne ; il se compose des deux temps morts du verbe être : le passé *IE*, il fut, et le futur *EVE*, il sera. Le premier représente l'*antérieur*, et l'Apocalypse l'exprime par une pierre sur un trône, c'est le *Èn* de saint Jean. Le second est un livre scellé, en hébreu *golin*. C'est la vierge incontaminée, l'*Osia* de Platon et l'*erkhomenon* de saint Jean[62]. La réunion des deux faces non vivantes de la divinité forme l'*androgyne pucelle homme* des légendes forestières. Le principe vivant est l'*agneau*, en grec *arnès* ou *krios* qui rompt le sceau du livre, ou viole le secret de l'avenir. Ce viol est immédiatement suivi du châtiment, qui est la mort, exprimé par le fameux vers :

Le moment où je parle est déjà loin de moi[63].

Cette mort consiste à être fixé ou cloué au poteau sur lequel les anciens affichaient leurs lois, et qu'ils nommaient *tavros* ou *stavros*.

Alors le postérieur, la vierge qui vient derrière nous, passe à l'état d'antérieur ; l'inconnu devient le connu ; l'incertain, le certain ; mais, en définitive, le présent n'est qu'un point mathématique, dont l'existence est tellement brève, que les langues anciennes, et notamment l'hébreu, n'avaient pas de mot pour le rendre. C'est une illusion du moi se mouvant à reculons dans l'éternité, comme un voyageur occupant en chemin de fer la banquette de devant. Il n'aperçoit les objets que lorsqu'il les a dépassés, il les suit de l'œil pendant quelque temps, puis ils sont remplacés par d'autres qui en effacent jusqu'à la mémoire. Si on lui ferme la portière de son wagon, il est comme le mort dans son cercueil, et se replie sur lui-même pour lire dans ses souvenirs.

C'était là ce que les *marabais* nommaient le lunel, ou plus exactement le *lit en elle*, la conscience du moi. Son hiéroglyphe était le lunel du blason, ou un *lion avec une laie*. Sur les tombeaux de la Renaissance, elle est figurée par une *femme lisant dans son lit*. Telle était la quinte ou quintessence, représentée par l'arche et désignée par le nom androgyne de Jéhovah. On prétend que les juifs étaient des matérialistes, qui ne croyaient pas à une autre vie. C'était exactement le contraire ; s'ils ne niaient pas la vie présente, les jéhovistes ou *marabais* la maudissaient d'avoir ouvert la porte du wagon ou d'avoir levé le couvercle de l'arche, pour mettre le moi en communication avec le monde extérieur, qui lui apportait la souffrance, et ils ne demandaient qu'à reprendre leur rêve interrompu. Telle était la doctrine séduisante mais anti-sociale qu'ils avaient répandue dans tout l'islamisme et propagée en Espagne. Mais auparavant, dès le VIe siècle, ils l'avaient importée en Prusse, où elle subsiste encore sous le nom d'ordre des *noachides*, fondé par Phaleg, architecte de la tour de Babel[64]. C'est une franc-maçonnerie lunaire par excellence, qui n'a pas le droit d'introduire dans ses assemblées d'autre lumière que celle de la lune. Son mot d'ordre est SCJ, et veut dire *forestier* en hébreu, mais il se prononce en français *saccage*, et les adeptes prussiens de *Phaleg* nous ont terriblement saccagés[65]. On peut même établir qu'en thèse générale les doctrines lunaires ont imprimé à toutes les sectes protestantes qui en procèdent une âpreté particulière, incarnée dans le fameux axiome : *La force prime le droit. Soyons frères, ou je t'assomme,* est au contraire la quintessence et aussi la déviation du principe solaire. Le premier n'aime pas assez son prochain, l'autre l'aime trop. On ne peut cependant pas dire que cela revienne au même, car la Révolution française, qui est solaire, est destinée à faire progresser davantage l'humanité, que le principe lunaire du protestantisme de Cromwell et de Bismarck.

L'auteur du cinquième livre nomme la quintessence *entéléchie*, ou la continuité dans le mouvement, la force motrice. Ce n'est qu'un équivalent de l'*autokinètos* de Platon[66], ou plus brièvement *kinein*, le mouvoir, l'âme. Les marabais juifs et musulmans d'Espagne la désignaient sous le nom de *morabaquine*[67], force multipliante et créatrice. C'était aussi le nom qu'elle portait dans les mystères phéniciens de Thèbes car on retrouve dans les tombeaux thébains des vases ou *konos*[68] avec une tête de *moira* ou

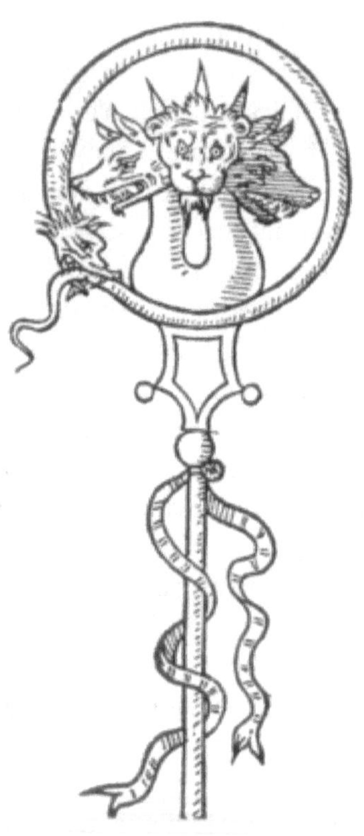

La bysse-marque (NDLE).

parque d'un côté, et une tête de bœuf de l'autre. Le tout fait *moira bou kone*, qui n'a aucun sens en grec. On la nommait dans cette langue *byssa-marika*, d'où l'on a fait *Bis-marque*, désignant en grimoire moderne la marche du serpent, ou l'Irlande[69]. Ces trois divinités n'en sont pas moins identiques, car leurs noms ne sont que les hiéroglyphes de ce que nous nommons improprement la mort, et qui n'est réellement que le *postérieur* ou l'*inconnu* se transformant continuellement en connu.

Ceux qui nous ont fait l'honneur de nous suivre dans ce labyrinthe ne s'étonneront point si la *pieuse* Diane de Poitiers en fait la guérisseuse de tous les maux et l'éternelle *rajeunisseuse*.

On peut assister à cette opération dans l'admirable tableau de Mantegna, où il a représenté la *quinte* sous les traits classiques de *Pallas heaulmée*, ou la *pucelle-homme* [70].

Il y a même ajouté un commentaire hébreu des plus précieux. ASM. NPS. IA. OA. *Le péché de Nephès (Psyché) a gâté sa beauté.* QV. TsQ. OM. QTs. ILD. *L'union de la loi avec l'abstrait a engendré ce qui finit*, crime éternel du *quart* [71]. De son viol de la Vierge de l'inconnu, sont nés tous les maux et les vices qui empoisonnent notre courte existence. C'est le péché de Nephès, l'âme du monde, la loi, la pucelle-homme, celle qui conçoit éternellement sans cesser d'être vierge. Le peintre ajoute : *Agite, pellite sedibus nostris, fœda haec viciorum monstra, virtutum coelitus ad nos redeuntium...* [72].

On voit dans le cinquième livre que la reine Entéléchie guérissait de tous les maux à l'aide de ses chansons [73], comme toutes les enchanteresses anciennes ou modernes. C'était sans doute pour ce motif qu'elle se nommait Chante reine, ou Canteraine. L'hébreu QN veut dire aussi *plainte* [74]. Le grand guérisseur n'est donc autre chose que l'*éternel féminin*, ou la continuité. Son occupation est de passer le temps à travers un tamis de soie *blanche et bleue.*

Elle a vingt-deux officiers, c'est-à-dire vingt-deux grades d'initiés, nombre égal à celui des lettres hébraïques. Les quatre premiers grades sont ceux d'*abstracteurs*, *spodizateurs* (incinérateurs), *massitères* (mâcheurs), *prégustes* (dégustateurs). Ces quatre grades sont culinaires. Les dix-huit autres sont des titres hébraïques, *tabachins*, *chachamins*, etc. ; les traduire serait fastidieux ; nous nous bornerons à faire observer que le grade de *tabachin*, qui veut dire *l'amour dans l'arche ou le cercueil* [75], se trouve souvent exprimé sur des sépultures féminines par un *tibia et un chien*. Aussi la *Quinte* crie-t-elle lorsqu'elle va prendre son repas de métaphysique transcendante : *Tabachin a panacée*, littéralement : l'amour dans l'arche guérit tout.

Si le livre de la *Quinte* n'a pas l'ampleur de ceux qui sont dus à la plume de Rabelais, il est rempli de détails ingénieux et gracieux qui dénotent celle d'une grande dame. Tel est le suivant :

«Puis furent introduits les empoisonnés ; elle leur sonna une autre

Frontispice du livre de Pierre L'Anglois (NDLE).

chanson et gens debout. Puis les aveugles, les sourds, les muets, leur appliquant de même. Ce qui nous épouvanta, non à tort, et tombâmes en terre, nous prosternans comme gens ecstatiques et ravis, en contemplation excessive et admiration des vertus qu'avions vu procéder de la dame, et ne fut en notre pouvoir aucun mot dire. Ainsi restions en terre, quand elle, touchant Pantagruel d'un beau bouquet de *roses blanches* qu'elle tenait en sa main, nous restitua le sens, et le fit tenir en pied. » (Liv. V, chap. XX.)

Ce passage nous apprend que la quinte était la fameuse *rose blanche*, dont la lutte contre la *rose rouge* fit verser tant de sang en Angleterre [76]. Sa formule se trouve à la page suivante : « Mainte lune rétrograde, vos ongles mors avez, et la tête d'un doigt grattée. » Cette pantomime se traduisait par le vers suivant : *Mainte lune reculée, mors ongles, doigt chef gratté.* C'est l'explication de toute une série de miroirs trouvés dans les tombeaux grecs et de l'inceste d'Œdipe ; mais ces obscénités grandioses ne se traduisent point dans notre langue.

Au chapitre XXII, les pèlerins sont nommés *abstracteurs*. *Ils la remercièrent sans mot dire, et acceptèrent l'office* DE BEL ÉTAT, *qu'elle leur donna.* Un autre traité de la *Quinte*, intitulé *Tableaux hiéroglyphiques*, est signé du pseudonyme de Pierre l'Anglois, sieur *de bel état* [77]. Il faut lire *diableteau*.

Le séjour des pèlerins dans le royaume de la Quinte se termine par le fameux ballet des échecs ou la lutte du principe solaire contre principe lunaire [78].

Les champions *argentés* remportent deux victoires, qui représentent celles de Diane de Poitiers elle-même sur Catherine de Médicis ; mais celle-ci, par la mort de son mari resta maîtresse du terrain. À partir de ce moment, Diane s'éclipse comme la Quinte et entreprend une lutte masquée dont l'histoire parle à peine, quoiqu'elle ait combattu sans trêve ni merci jusqu'au jour où son cheval se cabra sur elle et lui écrasa la cuisse. Les *Songes drolatiques* de Rabelais, qui sont un recueil de caricatures en grande partie postérieures à sa mort, représentent Diane en *mère boiteuse*, en *mère boite* [79]. Cette façon de figurer la *marabé* ou *marabout* espagnole se retrouve dans l'*Acajou et Zirphile* [80],

La boiteuse fée Ninette portait aussi des lunettes, dont
«la vertu… étoit en affoiblissant la vue, de tempérer la vivacité de l'esprit».
Gravure de François Boucher (NDLE).

qui fut composé pour la réception dans l'ordre de Mme de Pompadour. Diane mourut bien persuadée que l'ingénieuse Catherine s'était arrangée de façon à provoquer l'accident et à la transformer en *mère boiteuse* au naturel.

IV

Le chapitre de l'*Île d'Odes*, ou des *Chemins qui cheminent*, est un des moins étudiés et des plus curieux de tout le Ve livre. Nous avons comparé le voyage du *Moi* à travers l'éternité à un homme assis sur la banquette de devant d'un wagon et ne voyant le paysage qu'à mesure qu'il le dépasse. Mais telle n'était pas l'opinion des docteurs lunaires; pour eux, le moi est éternellement immobile et immuable au centre de l'univers qui n'est que la création de son rêve. Ce n'est pas le voyageur qui se déplace, c'est le chemin de fer qui chemine comme une sorte de panorama qui se déroulerait devant un spectateur ayant l'œil au verre d'un diorama. De temps en temps, le trou par lequel il communique avec le non-moi se bouche et le laisse seul avec lui-même, comme le grand moi central de l'univers. Alors il lit en lui, comme Dieu lui-même, pour lequel il ne peut pas y avoir d'autre vie. La nature extérieure n'est donc pour nous qu'un chemin qui chemine.

« Puis, considérant les alleures de ces chemins mouvans, Pantagruel nous dit que, selon son jugement, Philolaüs et Aristarchus avaient en icelle isle philosophé. Séleucus prit opinion d'affirmer la terre véritablement autour des pôles se mouvoir, non le ciel, encore qu'il nous semble le contraire être vérité. Comme étant sur la rivière de Loire, nous semblaient les arbres prochains se mouvoir; *toutefois, ils ne se meuvent.* » (L. V, chap. XXVI.)

Ainsi le *eppur si muove* n'est que la contre-épreuve du *toutefois ils ne se meuvent*, dont personne n'a jamais parlé. Une grande dame astronome, et encore plus astrologue, l'avait écrit plus d'un demi-siècle avant que Galilée fût soumis à ce propos à la torture de l'*estrapade*, qui était exactement celle du *stavros* grec. Copernic venait à peine de mourir [81] ; mais elle ne tenait pas ce secret de Copernic. C'était un legs des alexandrins que les marabais avaient recueillis, avec beaucoup d'autres, car ils étaient astronomes et astrologues de profession, pour la plupart.

Ce n'est donc pas Copernic qui a affirmé le premier la rotation de la terre autour du soleil ; c'est Séleucus, un obscur néo-platonicien, qui lui-même ne l'avait pas inventée [82]. Mais tout l'ordre religieux reposait sur le système contraire, et il était de principe chez les marabais de laisser patauger les *bélistres* dans les fanges de toutes les aberrations. Voilà pourquoi ce terrible secret, qui devait ébranler les bases scientifiques de toutes les religions positives, est resté si longtemps sans être divulgué.

On sait que, de l'Île des chemins qui cheminent, on arrive dans celle des *esclots* ou sabots. C'est une allusion au blason de la ville de Saint-Quentin, qui représente ce saint *cloué par les épaules*. Là finit le règne de la quinte ou de la nature quite, c'est-à-dire du cimetière. Dans l'Église, il est représenté par saint *Paul*, dont le nom signifie repos ; dans la nature, par l'automne ; dans l'espace par le nord-ouest : Saint *Quentin*, en grimoire *quinte-nie* (*qui nie la quinte*), marque la limite des états de Paul (*escloue Paul*) [83].

Là commence le domaine de Pierre, en grec *pater*, le marcheur [84], chef des *esclopins* ou sabotiers, ce qui est exprimé par sa *clé au poing* [85]. Paul et lui occupent en même temps le pôle arctique marqué par la constellation du *Carpent* ou Chariot, dont le Christ prend le nom dans le langage mystique des Forestiers du brouillard. L'Île des Esclots est, entre la quinte et le car ou le char, un espace neutre dont saint Pierre tient les deux clefs [86]. La quinte, aux yeux des adeptes du quart, représente l'enfer, et le quart le paradis ou champs élysées. Pour ceux de la quinte, c'est tout le contraire. C'était jadis sur cet espace neutre que se tenait *janus bifrons* ou *quadrifrons*, car astronomiquement il représente l'intersection des deux cercles passant par les deux pôles, qui partagent l'espace en quatre parties égales correspondant aux quatre divisions de la journée. Là est donc la place de l'androgyne ou de la pucelle-homme, et il est représenté par un frère Fredon ou jésuite. Mais ce n'est pas le roi de l'Île qui se nomme *Benius III*, calembour assez inoffensif sur bénitier, s'il n'en cachait un autre qui l'est beaucoup moins. Nous avons vu que *ben* en hébreu signifie maçon, IVS veut dire *sale* [87] ; *benius* doit donc se traduire *sale maçon*. C'est une équivoque sur les innombrables colimaçons qu'on trouve mêlés aux fresques du Vatican. L'Église de Rome avait adopté cet emblème parce que *cœl* veut dire *ciel*, et que le colimaçon était le *maçon* qui se fait son *ciel*, ou le chrétien, tandis que le *forban* était le maçon qui se fait sa destinée. La différence des deux religions est tout entière dans ces deux idées ; pour le chrétien, il n'y a qu'une seule existence après celle-ci, éternellement heureuse ou malheureuse ; pour le marabais, le nombre en est aussi indéfini que le caractère.

Un volume entier ne suffirait point à analyser tout ce que Diane de Poitiers a entassé d'allusions politiques et religieuses dans cet étrange personnage du frère Fredon [88]. Qu'il nous suffise de dire que ce singulier androgyne représente le jésuite Molina, alors très jeune mais déjà très célèbre ; il était né en 1535, et Rabelais, qui était mort en 1553, alors que le premier entrait tout au plus dans sa dix-huitième année, n'avait pu le deviner. Le curé de Meudon est donc complètement étranger à la composition de ce chapitre, le plus remarquable du Ve livre et celui qui rappelle le plus sa manière.

En hébreu FRD veut dire *mule* et ON *inane*, d'où *molina nie* [89]. Que niait Molina ? Le libre arbitre [90]. L'hébreu, qui est l'hiéroglyphe de libre, achève de compléter cette définition (*Molina, nie, libre*). C'était la doctrine de la quinte ; aussi fut-il attaqué et condamné par les dominicains. Plus tard, les jésuites défendirent le libre-arbitre contre Pascal et Port-Royal, qui inclinaient comme tous les savants vers les doctrines quintistes ; mais malgré cela ils ont toujours conservé l'empreinte de Molina, témoin lorsqu'ils essayèrent de pactiser en Chine avec le culte des ancêtres. Leur dévotion à Marie était essentiellement quintiste, et l'on peut dire qu'en thèse générale ils ont toujours tendu à efféminer

Songes drolatiques, planche LXIX : le cardinal ? (NDLE).

le catholicisme. Aussi Diane dit-elle qu'ils *chantaient de l'oreille* (*quine tor lié*, lié à la loi de la quinte). Cette charge à fond est tellement violente, tellement peu déguisée, que Rabelais n'aurait jamais pu se la permettre ; elle remonte jusqu'à la papauté elle-même, dont M. Saint-Yves d'Alveydre a parfaitement noté le caractère androgyne, qui se retrouve jusque dans son blason : *d'argent à deux clefs d'or en sautoir chargées d'une tiare de même*. C'est contrevenir à la règle interdisant de mettre métal sur métal, outre que la pensée ne prend même pas la peine de se déguiser sous le rébus. La tiare se dit posséder deux clefs, celle du soleil et de la lune, ou du principe masculin et du principe féminin ; aussi l'auteur du Ve livre l'accuse-t-il de *maudire le jour et de tromper la nuit*. Mais il ne s'en tient point là. Une caricature des *Songes drolatiques* représente le frère Fredon avec sa double face masculine et féminine, dont la première est Catherine de Médicis et l'autre le cardinal Charles de Lorraine, son favori, puis son maître.

Songes drolatiques, planche XVIII : le bar ? (NDLE).

Du vivant d'Henri II, Diane lui avait imposé des faveurs quelque peu surannées ; après sa mort, il fut son ennemi acharné et elle l'a souvent caricaturé, dans les *Songes drolatiques*, sous le masque d'une pucelle-homme. C'est à lui que s'applique la singulière épithète de *brûleur de maison*, ce qu'il faut lire : *Bar laisse dame ose ne*, le *bar que dame n'ose pas laisser* ; il était originaire de *Bar-le-Duc*, qui avait pour arme un *bar*, et c'était par ce bar qu'il était désigné dans les innombrables caricatures faites contre lui. Diane le traite encore de *carrelure de ventre*, parce qu'il se nommait *Charles* et qu'on prétendait qu'il était le plastron de Catherine.

Mais nous n'avons pas le temps de nous attarder au côté politique du livre et nous passons à l'île de *Satin*, lisez *Satan*. C'est un pays qui n'existe qu'en tapisserie, et dont on ne parle que par *ouï-dire*. Ces allusions étaient très hardies au XVIe siècle ; dans celui de Richepin, c'est assez incolore [91]. Arrivons immédiatement au pays de Lanternois.

Celui-là n'a plus rien à voir avec la mappemonde ; c'est la simple cave souterraine de toutes les initiations maçonniques mentionnée dans la réponse rituelle :

« Une cav∴ m'est connue, une lamp∴ m'a éclairé, une sour∴ m'a désaltéré. »

Il ne faut pas oublier d'ailleurs que la maçonnerie adonhiramite existait déjà en Espagne depuis près d'un siècle, et que si le pays de Lanternois n'était pas le rite écossais lui-même, il s'en rapprochait singulièrement, avec cette différence capitale, toutefois, qu'il cachait le sérieux sous le grotesque, tandis que c'est aujourd'hui presque toujours le contraire [92]. En ce temps, la maçonnerie était encore l'unique dépositaire de la liberté de penser ; aujourd'hui, elle n'est plus qu'une société d'admiration mutuelle, et le mystère commence à la gêner plus qu'il ne peut lui servir désormais.

Ici, l'auteur nous fait pénétrer dans l'admirable monument que Diane et Henri avaient consacré à la Quinte et dont nous possédons les restes au Palais des Beaux-arts. Les pélerins y sont introduits par la pontife *Bacbuc*, en hébreu *bouteille*, ce qu'il faut traduire *libre beauté loi*. Tout d'abord, elle leur montre une mosaïque représentant la bataille de Bacchus contre les Indiens, qui indique que nous sommes bien chez Diane, car elle doit s'interpréter ainsi :

Mosaïque Bacchus indienne bataille, prononcez : *Mosaïque baccuin Diane beauté loi*. Remplacez mosaïque par l'hébreu, vous aurez : la *barbacane Diane beauté loi*. *Barbacane* ou *morabaquine* ont en hébreu la même signification ; mais en français *barbacane* signifie une *meurtrière*, de sorte qu'une tour avec une meurtrière donnait la profession de foi de la secte, *barbacantour*, ou loi de la multiplication de la richesse [93]. Sur les chapiteaux romans, ce hiéroglyphe est remplacé par un *barbu-centaure*. Le *Bucentaure* de Venise indique que cette ville était du parti de la quinte ; il en était de même de Milan, dont le dôme est encore dominé par la *mère Ève* [94].

Après la mosaïque vient la lampe du temple, ou *lanterne* en chef,

« qui est en cristal et porte une bataille de petits enfants nuds, montés sur petits chevaux de bois, avec lances de virolets, et pavois faits subtilement de grappes de raisin. » Autre idéogramme un peu trop compliqué ; pour en donner la traduction, nous nous contenterons de rappeler que les fous ou niais montés sur des *palefrois de bois* (*palefroi, bois, niais*), étaient un des hiéroglyphes les plus communs des *Pulforbans*, ou maçons d'Afrique [95].

De là on passe à la fontaine mystérieuse représentant les sept planètes, ou semaine de la quinte, mais dans un ordre différent de celui de la semaine vulgaire. Ce sont, avec leurs couleurs :

1	Saturne	Bleu
2	Jupiter	Violet
3	Le Soleil	Or
4	Mars	Rouge
5	Vénus	Vert
6	Mercure	Moucheté
7	Lune	Argent

Comme on le voit, la lune occupe ici la place d'honneur, accordée au soleil dans notre semaine, et lui-même y remplace notre mercredi. Tous ces astres sont accompagnés d'un blason des plus curieux [96]. Nous devrons nous borner à celui du VIIe qui est *une sélénite et une lune d'argent, à ses pieds un lévrier* : il est beaucoup question de ce lévrier dans les prophéties du Dante, mais c'est tout simplement une équivoque sur *levrié* et *le vrai*, ou *loi vraie* [97].

La traduction de ce blason lunaire correspondant au plus haut grade de l'ordre est *sept, maçon, troyen, Psélion loi vraie*. Il est donc grec et non hébreu [98]. La déesse grecque *Psélion* est la femme qui accouche devant le dragon dans l'Apocalypse et enfante *le mâle Arren* qui doit gouverner les hommes avec une verge de fer [99] ; l'Église fait de ce mâle l'Antéchrist, quoiqu'il ne soit pas plus terrible que l'agneau aux yeux de pyrope de la bouche duquel s'échappe un double glaive. Le nom de *Psélion* (pucelle-homme ?) veut dire *chaîne* ou destinée [100] ; en français, ce sont les *passe-lunes*, ou phases lunaires, qui servent à mesurer le mois. Sur les tombeaux gothiques elle a pour hiéroglyphe un *lion sous les pieds* du défunt (*pié sous lion*), et ce hiéroglyphe indique un affilié lunaire. S'il est solaire, le lion tient un *écu* ou *Cuir*, d'où *Carléon*, homme de Carle. Quand le défunt ayant à ses pieds un lion gît à côté d'une défunte avec un lévrier, on a la formule complète : *Psélion loi vraie*.

De cette fontaine, l'initié, accoutré d'une façon mystique, est soumis à une cérémonie semblable à celle que décrit Cervantès dans sa nouvelle de la *Gitanilla*, où il donne les mœurs de Bohémiens de la secte du *comte Maldonado* [101] ; puis on le mène dans un réduit souterrain où se trouve une autre fontaine, dont l'eau a le goût du vin. C'est la fontaine de Jouvence, que nos aïeux nommaient la *fon Gouvin* ou *Jouvin*. Bacbuc lui en fait baiser les bords et l'avertit que l'oracle de la dive bouteille ne doit être écouté que *d'une oreille*, ce qui veut dire qu'il est *Diane-heur-lié*, lié à la fortune de Diane ; puis elle lui souffle à l'oreille gauche (*Tor-oreille*), ce qui lui apprend qu'il est affilié à la loi de *Tarare*, ou lumière de la raison ; il ne lui reste plus qu'à posséder le secret final, qui est TRINQ. En hébreu, TR-INQ signifie *la loi de la succion* [102], ce qui au premier abord ne paraît pas bien malin. Ce n'est cependant ni plus ni moins que la célèbre loi d'attraction universelle, qu'on croit avoir été découverte par Newton, mais qu'il n'a pas osé révéler entièrement. Car loi de succion est autrement précis et autrement vrai que loi d'attraction. En effet, le premier acte de tout être vivant, depuis la plus humble cellule jusqu'au marmot le plus porphyrogénète, est de sucer tout ce qu'il peut saisir. C'est par la succion qu'il s'assimile ce qui lui est indispensable pour se maintenir vivant et qu'il le transforme en lui-même, c'est-à-dire en Dieu. Tel est le mystère de l'Eucharistie réduit à sa signification scientifique et dégagé de tout mysticisme superflu. Cette assimilation est l'ouvrage de l'*antérieur grangousier*, *Gringalet*, ou *Gulliver*. Le produit, ou la quinte, en est distribué par le *postérieur*. C'est tout ce que l'humanité en sait et en saura jamais.

Cette formule, commune aux deux sectes lunaire et solaire, avait deux prononciations : les solaires disent *suc-loi*, ou *Sicile*, les lunaires *suce-raison*, ou *sois-Sarrasin*. Lors des Vêpres siciliennes, les ennemis du parti solaire égorgeaient tous ceux qui ne prononçaient point de cette façon [103].

C'est ici l'*ite missa est*. La suite contient cependant quelques éclaircissements précieux. Si Diane était princesse souveraine du Valentinois en Dauphiné, elle en était aussi grande prêtresse. Nous l'apprenons par les vers suivants de Panurge :

> Pourquoy les oracles
> Sont en Delphes plus muts que macles [104]
> Plus ne rendant réponse aucune ?
> La raison est assez commune :
> En Delphes n'est, il est icy. (Liv. V, chap. XLVI)

Cette secte était donc celle du Dauphiné, ou plutôt des Dauphinés, car on la retrouvait également en Auvergne, et il est à remarquer que les députés de ces deux pays jouèrent un rôle capital dans la Révolution [105]. Mais leur secret n'en venait pas moins de Delphes, car *Delphis* est en grec l'exacte traduction de l'hébreu *quine* [106].

Frère Jean, qui représente le principe mâle, refuse obstinément de s'affilier à la secte, c'est-à-dire de se marier ; il reste fidèle à la doctrine de saint Jean qui, dans sa Jérusalem apocalyptique, n'admettait ni femmes ni chiens. Panurge lui dit que ça ne l'empêchera pas d'aller cohabiter avec Proserpine, la Koré grecque, celle qui

> κοίνον πᾶσιν θάλαμον ἔχει.
> [koïnonn passinn thalamonn ekhi] [107]

Théophile Gautier a traduit cette idée en vers magnifiques sur la Mort :

> Quoiqu'elle ait mis le pied dans tous les lits du monde,
> Sous sa blanche couronne elle reste inféconde
> Depuis l'éternité [108].

Panurge dit plus bourgeoisement :

> Elle ne fut oncques cruelle
> Aux bons frères, et si fut belle [109].

Telle est la quintessence du Vᵉ livre.

Sur ce, Bacbuc fait aux pèlerins un discours de circonstance dans lequel nous relevons ce passage curieux sur le magnétisme : « Qu'est devenu l'art d'évoquer des cieux la foudre et le feu céleste, jadis inventé par le sage Prometheus ? Vous certes l'avez perdu ; il est de votre hémisphère départi ; ici sous terre, est en usage. » [110]

Nous signalons ce passage à M. Saint-Yves d'Alveydre ; il prouve que décidément nos grand'mères, représentées par la sénéchale de Normandie, en savaient beaucoup plus long qu'on ne l'imagine. Elle congédie ses hôtes avec le plus sage des conseils, celui d'avoir des amis : « Car tous philosophes et sages antiques à bien sûrement et plaisamment parfaire le chemin de la connaissance divine et chasse de sapience ont estimé deux choses nécessaires, guide de Dieu et compagnie d'homme. » [111]

Tel fut le précepte social de toutes les franc-maçonneries antiques et le secret de leur force. Diane l'avait certainement mis à profit pour mener à bien une œuvre de science aussi considérable que ce Vᵉ livre. Quelle fut sa part et celle de ses collaborateurs ? Nous laissons cette tâche ardue à ceux qui voudront approfondir le sillon que nous venons de tracer. Tout ce que nous pouvons dire, c'est que si les quatre premiers livres de Pantagruel portent l'empreinte d'un des génies les plus mâles qui aient jamais existé, c'est une haute intelligence essentiellement féminine qui prédomine dans le cinquième et qui a élevé ce curieux monument à l'*éternel féminin*.

Nouvelle Revue
Avril 1885

Notes

1. Sur les écritures cryptées grecques, voir *l'Archéologie mystérieuse*, «la Côte d'Or et ses monuments druidiques» dans les *Œuvres décryptées*, et *passim*, cf. également la préface, note 16 (NDLE).

2. Marguerite de Navarre (1492-1549), très cultivée et tolérante, poétesse (elle est l'auteur de *l'Heptaméron*), tint une cour brillante à Nérac. Elle fut la grand-mère d'Henri IV (NDLE).

3. Erreur de l'auteur, puisque le *Tiers Livre* est paru en 1546, due peut-être au fait qu'il est dédié à *l'esprit* de la reine de Navarre, mais cela ne change rien à son propos. François Ier est mort en 1547 et le *Quart Livre* a été publié en 1548 (NDLE).

4. Claude Bernard, mort en 1878, était athée, mais écrivit une profession de foi catholique pour être élu à l'Académie française. Émile Littré, philosophe positiviste et franc-maçon, mourut chrétiennement en 1881. Odet de Coligny (1517-1571), cardinal de Châtillon reçut la dédicace du *Quart Livre*, mais il opta pour le calvinisme et émigra en Angleterre. Charles de Guise (1524-1574), cardinal de Lorraine, frère de la reine d'Écosse, homme à «l'âme fort embrouillée», dont la famille était néanmoins le plus solide soutien du catholicisme (voir plus haut *Les Ménestrels de Morvan et de Murcie...* NDLE).

5. En août 1557. Les Français reprirent cependant le dessus contre la coalition anglo-espagnole, ce que confirma le traité du Cateau-Cambrésis (1559) qui leur restituait Calais, peu avant la mort d'Henri II (NDLE).

6. On considère généralement que les 17 premiers chapitres (sur 47), plus des fragments assez abondants sont de la main de Rabelais, mais que le reste est assez largement apocryphe (NDLE).

7. *Cinquième Livre*, chapitre XXVIII. L'ordre des jésuites, fondé en 1534, prit un réel essor pendant le concile de Trente (1545-1563, NDLE).

8. Henri Estienne (1528-1598), imprimeur et grand lettré, est l'auteur en autres d'un monumental *Thesaurus græcæ linguæ*, que Grasset a consulté abondamment. Concernant Béroalde, voir plus haut *Les Ménestrels de Morvan et de Murcie...*, note 74 (NDLE).

9. Jacob Le Duchat, éditeur de Rabelais au XVIIIe siècle fut le premier à considérer Jean Turquet de Mayerne, médecin genevois, comme l'auteur du *Cinquième Livre*. Hormis deux sonnets portant son seing, on sait trop peu de chose sur ce personnage assez obscur pour confirmer l'assertion (NDLE).

10. On peut voir ces lunels sur les caissons de l'escalier de Jean Goujon au Louvre [Cette pièce héraldique est effectivement fréquente en Espagne et au Portugal, NDLE].

11. *Pantagruel*, chapitre XIV (NDLE).

12. Acte IV, scène III. Dans la pièce, ces mots sont censés signifier en turc: «Ah! que je suis amoureux d'elle!» L'hébreu donne *marbah*, abondance, et *besameha*, avec joie (NDLE).

13. Consuls de leurs pays à l'époque. Grasset d'Orcet a collaboré à des fouilles à Utique en 1881 et 1882, sur ce sujet, voir *l'Archéologie mystérieuse* (NDLE).

14. Diane de Poitiers était en relations avouées avec les forbans de Tunis, et les employa officiellement comme auxiliaires dans une expédition en Corse.

15. Arabi Pacha souleva l'Égypte contre les Anglais en 1882; il fut exilé à Ceylan. Le Mahdi fit de même au Soudan, qui résista pendant 15 ans; il fit tuer le journaliste O. Pain à l'époque de la parution de cet article et mourut lui-même peu après (NDLE).

16. Il est encore porté par le royal pacha ou prince du Liban, 22ᵉ grade du rite écossais.

17. *Les Francs-Maçons, ce qu'ils sont, ce qu'ils font, ce qu'ils veulent* (1867). Sur le Ku Klux Klan, voir les *Œuvres décryptées* (NDLE).

18. Grand ciseleur et chevalier du Serpent d'airain, 25ᵉ grade du rite écossais.

19. De *pilah*, fendre, *poul*, africain. Ce rébus hébraïque et ceux qui suivent paraîtront à coup sûr fantaisistes, mais il faut rappeler que c'est dans leur nature d'autoriser des à-peu-près et des calembours médiocres et qu'ils sont composés par des amateurs. Il est sûr que Grasset s'est trompé plusieurs fois dans leur déchiffrement, il signale d'ailleurs souvent ses hésitations. Rappelons que seules les consonnes sont à considérer et qu'en l'absence de points diacritiques, B se confond avec V, K avec KH, P avec PH, S avec SH et T avec TH (NDLE).

20. Hébreu *pour*, sort, *banaï*, maçon, grec *tychè*, destin, assonant avec *tichos*, mur, *poïôn*, fabriquant (NDLE).

21. Étymologie non confirmée, mais plausible (NDLE).

22. Paru en 1884. On peut considérer que les philosophies historiques de Saint-Yves d'Alveydre et de Grasset sont assez proches (NDLE).

23. Sur ce point fondamental dans la conception de l'histoire de Grasset, voir la préface et celle des *Œuvres décryptées* (NDLE).

24. Hébreu *qaneh*, roseau, *kar*, bélier, grec *kanna*, roseau, *kenos*, vide, *kurtos*, convexe, *krios*, bélier, latin *curvus*, courbe, etc. (NDLE).

25. Ce Jason ou Marsyas attaché au stavros était, bien avant le christianisme, l'emblème de toutes les villes libres. Marsyas veut dire *main rédemptrice*. Celui du Louvre vient de Rome et est le portrait de Marius-Marsyas, qui, pendant tout le Moyen Âge, a continué d'être le patron de la cité solaire, connue sous le nom de ménestrels de merci ou marsyas. Lui-même était ménestrel. Nous reviendrons sur ce sujet lorsque nous traiterons de la partie solaire du poème de Pantagruel.

26. «Je viendrai comme un voleur», *Apocalypse*, III, 3 (NDLE).

27. Selon laquelle il fut enlevé au ciel par son père Mars (NDLE).

28. La dynastie de Bragance accéda au trône du Portugal en 1640, mais elle descendait en ligne directe par les fils naturels de celle de Bourgogne, créée par le comte Henri en 1095 (NDLE).

29. *Gonna* en italien, *gown* en anglais, est un vieux mot gaulois qui désignait une robe de femme et s'est perdu chez nous. La *buregone* est encore le vêtement des sorciers de comédie. Au Moyen Âge, ils étaient presque tous juifs ou gitanos et ils transmirent leur radicalisme aux *sans-culottes*, avec l'habitude de ne pas en porter. Rabelais les désigne plus loin sous le nom d'*engastrimythes* ou ventriloques.

30. *Colloque des deux chiens de l'hôpital de la Résurrection, qui est en la cité de Valladolid*, où l'on voit une sorcière accoucher de deux chiens, dont l'un s'appelle Berganza. Pour bruges, *cf.* occitan *bruga*, espagnol *bruja*, portugais *bruxa*, sorcière (NDLE).

31. *Tiers Livre*, ch. XLIX *sqq.* (NDLE).

32. Pour une fois, le décodage de cette formule est élémentaire:

ABoie CHieN Voit – ÂMe en éToiLes
À Beau ChèNeVis – aMianTeLé

L'amiante est évoquée au chapitre LII sous son nom grec d'*asbestos*. Ce mot qui signifie «inextinguible» a pris en français, par une antonymie qui aurait fait les délices de Freud, le sens d'«incombustible».

Depuis toujours, les quatre chapitres consacrés à la célébration du chanvre ont provoqué la perplexité des commentateurs. Certains ont avancé l'hypothèse – vraisemblable – que la famille de Rabelais possédait de vastes chènevières. Bien qu'il n'y fasse nulle part ouvertement allusion, les propriétés psychotropes de la plante ont probablement plus à voir dans cette longue digression, ce que Grasset d'Orcet, familier du Moyen-Orient, suggère discrètement (NDLE).

33. Dans le premier *Faust*, scène du songe (1808). La référence est difficilement repérable, faute de précisions de Grasset (NDLE).

34. L'autel des douze dieux avec les signes du zodiaque correspondant à chacun, trouvé à Gabies.

35. *Miphleseth* signifie phallus en hébreu. L'initiale N est une erreur, ou un clin d'œil, de Rabelais. Gringolé, terme proche de gargouille, qualifie une tête serpentine terminant une pièce héraldique. On a bien une distinction imagée entre l'antérieur et le postérieur (NDLE).

36. Hébreu *panah*, tourner le dos, *geres*, il fuit, *aoul*, force (NDLE).

37. Sens peu clair. En astrologie traditionnelle, l'ouest représente bien sûr le soir ; d'autre part la région du pôle nord (symbolisée par le Capricorne et le solstice d'hiver) est la «porte» des immortels, et celle du sud (où se trouvent le Cancer et le solstice d'été) la porte des hommes. L'auteur entend sans doute que la partie sud/ouest correspond au déclin du jour et de l'année, et que la partie est/nord à leur ascension (NDLE).

38. Dans le *Roland furieux* de l'Arioste (1516), Agramant est le chef des païens opposés à Charlemagne (NDLE).

39. Cette façon d'interpréter le nom de Krishna, qui transforme quelque peu la légende indienne, est empruntée à Saint-Yves d'Alveydre. Lequel s'est sûrement inspiré des écrits de Louis Jacolliot *La Bible dans l'Inde* (1859) et *Christna et le Christ* (1874, NDLE).

40. *Apocalypse*, I, 14-16 (NDLE).

41. Soit KH, X et V, dont la valeur numérique respective est 600, 60 et 6 (*Apocalypse*, XIII, 18). La troisième lettre s'écrit comme un S final, mais est bel et bien un *digamma*, qui se prononce F, V ou W. De ce fait, l'explication de Grasset est fort aventurée, pas plus toutefois que d'innombrables autres formulées sur ce fameux nombre de la Bête. Quant à la date de l'Apocalypse, on la situe généralement dans le dernier quart du Ier siècle. Néanmoins, comme elle est sans doute composée de trois textes différents, il n'est pas impossible que l'hypothèse émise ici soit valable pour l'un d'eux (NDLE).

42. Cette phrase a beaucoup intrigué Grasset d'Orcet, comme l'indique une partie de la correspondance publiée dans ses *Souvenirs* (NDLE).

43. Grec *iassis*, guérison (NDLE).

44. Cet usage s'est conservé intact dans l'Église ; les papes et les évêques changent de nom en montant sur le trône.

45. Son père avait ramené de Syrie la prophétesse juive Martha, dont le nom figure dans l'Évangile. Elle jouissait sur lui d'une immense influence.

46. Selon Manéthon, Moïse était un prêtre égyptien d'Avaris, dans le delta du Nil, nommé Osarsiph, qui chassa le pharaon et ne fut expulsé en Palestine qu'au bout de 14 ans. Ces faits sont rapportés et démentis par Flavius Josèphe dans le *Contre Apion*, I, 235 *sqq.* (NDLE).

47. Depuis ces démêlés avec lui au Moyen-Orient, Grasset d'Orcet nourrissait une solide rancune envers Renan, aiguisée encore par l'irréligion de celui-ci. Sur ce sujet, voir l'*Archéologie mystérieuse* et *Souvenirs* (NDLE).

48. Grand vizir de l'empire ottoman, de 1861 à 1866 (NDLE).

49. Il serait intéressant de savoir si l'abondant texte macaronique de la scène de Molière est aussi du lanternois. Malheureusement, l'auteur ne nous en dit rien (NDLE).

50. Surtout par le truchement de son disciple André-Michel Ramsay (NDLE).

51. Le palais des Tuileries, incendié pendant la Commune, ne fut rasé complètement que quelques mois avant la parution de cet article. Divers projets pour le reconstruire à l'identique ont jusqu'ici tous échoué (NDLE).

52. Hébreu *ketav*, texte, écriture, *torah*, loi, *nakar*, reconnaître, *loun*, demeurer, *marbah*, quantité (cf. *maraba*, NDLE).

53. *Cinquième Livre*, ch. XLVI (NDLE).

54. En catalan, la *Viuda Reposada*, la Veuve Reposée, personnage important de ce roman chevaleresque écrit dans ladite langue par le Valencien Joanot Martorell vers 1460 (NDLE).

55. *Quart Livre*, chapitre LVIII (NDLE).

56. De 1551. Claude Paradin (1510?-1573) est surtout connu comme héraldiste. Ce texte explicatif a été ajouté dans l'édition de 1557 : « L'esperance que Madame Diane de Poitiers illustre Duchesse de Valentinois, ha de la resurreccion, & que son noble esprit contemplant les cieus, en cette vie parviendra en l'autre apres la mort : est possible sinifié par sa Devise, qui est d'un Sercueil ou tombeau, duquel sort un trait, accompagné de certeins syons verdoyans. » (NDLE).

57. *Symbola heroica*, p. 55. La devise non moins significative est : *Sola vivit in illo*.

58. *Pantagruel*, chapitre XXX (NDLE).

59. Voir plus haut note 13. *Thlipsis* doit se prononcer à l'anglaise, ce qui en lanternois le rapproche de *pelops* (NDLE).

60. Voir plus haut *Les Ménestrels de Morvan et de Murcie…* note 52 (NDLE).

61. *Cinquième livre*, chapitre XVI. Incidemment, ce terme *apedefte* prouve que Rabelais transcrivait correctement le grec, et que la prononciation érasmienne, règle qui a prévalu pendant plus de quatre siècles, a marqué un pas en arrière, puisqu'elle a imposé par exemple d'énoncer ce mot *apédeute* (NDLE).

62. Grec *èn*, ce qui était, *erkhomenon*, ce qui vient (*Apocalypse*, IV, 8), *osia* ou plutôt *hosia*, la loi divine (*République*, 416 et ailleurs), hébreu *gilayon*, rouleau, livre (NDLE).

63. Boileau, traduisant un hémistiche de Perse (*Satires*, V, 153, NDLE).

64. Phaleg, ou Peleg, apparaît dans la Genèse (X, 25) comme descendant de Noé à la cinquième génération, où son nom est associé à la division (*palag*). Les avis des exégètes divergent, certains en ont déduit que la tour de Babel a été bâtie de son vivant. Selon une légende maçonnique, Phaleg se retira en Prusse, où il érigea un temple triangulaire, que l'on redécouvrit en 553. On y trouva une colonne de marbre blanc, sur la base de laquelle une inscription en hébreu relatait son destin. Un tombeau de grès voisin conte-

nait une agate inscrite ainsi : « Ici reposent les cendres de l'architecte de la tour de Babel. Le Seigneur eut pitié de lui, parce qu'il devint humble ». Cette obédience allemande se prétendait plus ancienne que l'écossaise, car la tour de Babel était antérieure au temple de Salomon (NDLE).

65. Noachides ou noachites, dont les chapitres ne se tenaient effectivement qu'à la lumière de la pleine lune. Les lettres SCJ seraient les initiales de Sem, Cham et Japhet, fils de Noé. La racine hébraïque est plus que douteuse, seule s'en approche *soukah*, tente ou cabane des bois. Le saccage fait allusion, bien sûr, à la guerre de 1870, dont Grasset avait gardé un très mauvais souvenir (NDLE).

66. Ou *aeïkinètos* selon les scholies. Le sens est pratiquement le même : « Ce qui se meut soi-même (*ou* toujours) est immortel », *Phèdre*, 245. L'entéléchie, terme aristotélicien, désigne la force efficace et donc l'âme, par opposition à l'énergie, qui n'atteint pas forcément son but (NDLE).

67. Ce terme apparaît au chapitre XLVI dans la fureur poétique de Panurge. Grasset l'analyse par l'hébreu *marbah*, abondance, et quine (NDLE).

68. Grec *khônos*, creuset (NDLE).

69. Cette bizarre association du serpent et de l'Irlande n'est pas une coquille, car Grasset réitère ailleurs la même assertion. Il rapproche peut-être les mots gaéliques *erc*, vipère, et *erse*, irlandais, mais on doute qu'il ait connu cette langue (NDLE).

70. *La Sagesse victorieuse des Vices* ou *Minerve chassant les Vices du jardin de la Vertu*, tableau peint vers 1502, au Louvre (NDLE).

71. *Ashmah*, faute, *yaah*, beau, *qets*, fin, *alod*, enfanter. La lecture de Grasset d'Orcet est pour le moins incertaine. Il semble confondre le *samek* avec le *mem* final, dont le graphisme est très voisin. Selon les spécialistes, le texte hébreu porté sur le parchemin en bas à gauche du tableau n'a aucun sens identifiable, on peut d'ailleurs observer que certains signes, tel ⊥, ne représentent pas de lettre hébraïque (NDLE).

72. Le texte se termine par… *divae comites*. Ce qui se traduit : « Chassez de nos séjours ces immondes vices monstrueux, vous, compagnes divines des vertus qui revenez du haut du ciel » (NDLE).

73. *Cinquième Livre*, ch. XX (NDLE).

74. *Qinah*, plainte. (NDLE).

75. De la devise de Diane citée précédemment : *Vivit in illo* [hébreu *tebah*, arche, cercueil, la désinence reste inexpliquée, à moins qu'il ne faille encore lire *quine*. En hébreu, *tabakhim* signifie cuisiniers, et *shakhamim*, savants, NDLE].

76. La guerre des deux roses dura plus de 30 ans, de 1455 à 1487, conclue par la victoire de la rose rouge, celle des Tudor (NDLE).

77. *Discours des hiéroglyphes ægyptiens, emblèmes, devises et armoiries, ensemble 54 tableaux hiéroglyphiques pour exprimer toutes conceptions, à la façon des Ægyptiens, par figures et images des choses, au lieu de lettres* (1583). Bizarrement, l'ouvrage ne contient aucune image, probablement parce qu'à l'époque leur édition était coûteuse NDLE).

78. Ce ballet des échecs se rapporte au nom grec de la quinte ; elle s'appelait *marpessa*, la main qui joue aux échecs. Comme principe de la fatalité, elle présidait à tous les jeux. [Grec *marè*, main, *pessos*, pièce de jeu. Chapitres XXIV / XXV (NDLE).]

79. Cette « mère boiteuse » reste mystérieuse : les *Songes drolatiques* contiennent une

quinzaine de figures purement féminines (plus environ vingt images de sexe indéfinissable, des chimères pour la plupart), dont sept sont identifiées à peu près sûrement. Parmi les restantes, aucune ne semble correspondre à cette description. Comme souvent, Grasset d'Orcet, toujours confiant dans la perspicacité du lecteur, ne donne pas de clés pour trouver la solution, qui reste pendante (NDLE).
80. Conte de Charles Duclos, illustré par Boucher (1744), dans lequel la bonne fée Ninette disposait d'une béquille enchantée qui « servoit à rendre la démarche plus sûre en la ralentissant » (NDLE).
81. Galilée abjura en 1633. Une phrase ambiguë de la déclaration du Saint-Office (« *Nous avons jugé nécessaire d'en venir à un examen rigoureux de ta personne* ») a fait croire longtemps qu'il avait été torturé. On sait maintenant qu'il n'en est rien. D'ailleurs, étant donné son âge avancé, 69 ans, il n'aurait sûrement pas survécu à une telle épreuve. Copernic est mort en 1543, juste après avoir publié sa théorie (NDLE).
82. Le premier à l'exprimer fut Aristarque de Samos, au milieu du IIIe siècle av. J.-C. Mais il tenait sûrement une grande partie de sa science d'auteurs antérieurs, ainsi qu'en témoigne la complexité de ses démonstrations. Séleucus n'a fait que reproduire ses théories un siècle plus tard ; du temps de Rabelais, on connaissait mal la chronologie de ces découvertes (NDLE).
83. Saint Quentin a été martyrisé par de longues broches enfoncées dans les épaules. D'autre part, la ville homonyme est restée longtemps frontalière : une bataille désastreuse y a vu en 1557 les impériaux décimer la noblesse française (*cf. supra* note 5). Elle a été échangée plusieurs fois entre les Français, les Bourguignons et l'Empire et n'est redevenue française qu'en 1559. De ce fait, elle symbolise excellemment la limite entre le quart et la quinte (NDLE).
84. *Cf.* grec *pateô*, marcher, *paula*, repos (NDLE).
85. Esclopins, scalpins, finalement scapin, vint du latin *sculpere*, tailler à coups de hache, d'où *esclop*, sabot, ancien gaulois *sculponeae*.
86. Chapitre XXVII (NDLE).
87. *Banaï*, maçon, et peut-être *javesh*, honteux (NDLE).
88. Chapitre XXVIII (NDLE).
89. *Phered*, mule et peut-être *ani*, humble (NDLE).
90. Selon lui, Dieu connaît de toute éternité ce que fera sa créature, et lui décerne sa grâce en tenant compte de sa volonté : c'est donc plutôt un moyen terme entre la doctrine augustinienne de la prédestination et le libre arbitre pélagien. Mais chacun des deux camps essaya pendant plus d'un siècle de récupérer les thèses molinistes (NDLE).
91. Satan est très présent dans l'œuvre de Jean Richepin, dont ces deux vers donnent un exemple :
    « Entendez-vous souffrir, et hurler, et se tordre,
    Les damnés effarés que chevauche *Satan* ? » (NDLE).
92. Ainsi, pour Grasset d'Orcet, la maçonnerie spéculative est antérieure de plus de deux siècles à sa date officielle de fondation (NDLE).
93. Terme difficile, il s'agit d'un hapax. Si l'on se fie à l'interprétation de l'auteur, il pourrait se composer de *berabah*, par la multiplication, quine et *torah*, loi (NDLE).
94. Statue colossale de Cristoforo Solari (1502, NDLE).

95. Hébreu *pul*, Afrique. Sur forban, voir *supra* note 20 (NDLE).

96. Chapitre XLII. Les descriptions de cette partie du texte sont une accumulation de structures symboliques, que Grasset n'a pas eu le temps ni/ou l'envie d'analyser en détail (NDLE).

97. Voir « Les Prophéties du Dante » dans les *Œuvres décryptées* (NDLE).

98. *Psélion* est la traduction de la *lunula*, que les patriciens arcadiens et troyens portaient au pied.

99. Apocalypse, XII, 5 (NDLE).

100. Plus précisément anneau ou bracelet (NDLE).

101. Publiée en 1613 dans les *Nouvelles exemplaires*. On y assiste à l'affiliation chez les gitans du héros Andrès Caballero. Mais la mémoire de Grasset d'Orcet le trahit quelque peu car le comte Maldonado n'est cité que dans le *Colloque des deux chiens*, mentionné plus haut, qui fait partie du même recueil (NDLE).

102. *Torah*, loi, *anaq*, sucer (NDLE).

103. En effet, leur *schibboleth* était le mot *ciciri* (pois chiches, qui se prononce *tchítchiri*), que les Angevins, attaqués par les gibelins de Sicile, avaient du mal à prononcer (1282, NDLE).

104. Macle est synonyme de maille, d'où dérive un meuble héraldique de forme similaire, composé de deux losanges homothétiques. On ignore pourquoi Panurge les déclare muets (NDLE).

105. Il se trouve que Grasset avait dans les deux provinces des parents qui furent des acteurs éminents de la Révolution. Voir *La Croix de Verre...*, *Chroniques et Récits d'Auvergne*, *Souvenirs* et *passim* (NDLE).

106. Grec *delphys*, matrice, hébreu *qen*, nid (NDLE).

107. Qui « a une demeure commune pour tous » Extrait d'une inscription funéraire à Athènes (NDLE).

108. Dans *La Comédie de la Mort* (1838, NDLE).

109. Chapitre XLVI. Les versions habituelles disent plutôt:
 Elle ne fut oncques rebelle
 Aux vieulx frères, et si fut belle (NDLE).

110. Chapitre XLVII (NDLE).

111. *Ibid.* (NDLE).

LE PREMIER LIVRE DE RABELAIS

Rien n'est plus connu que la biographie de Rabelais, aussi nous bornerons-nous à rappeler celles des particularités de sa vie qui, réelles ou supposée, sont de nature à jeter quelque lumière sur ses écrits. On sait qu'il naquit à Chinon, en 1483, la même année que Raphaël et Luther[1]. Son père se nommait Thomas Rabelais, seigneur de la Devinière, un des meilleurs vignobles du pays. On a dit qu'il était cabaretier, mais il est prouvé qu'il exerça la profession d'apothicaire, laquelle, alors, exigeant des connaissances assez étendues, le classait dans la bourgeoisie lettrée. Il était, de plus, fort riche pour l'époque, car la seigneurie de la Devinière valait au moins 20 000 écus, un demi-million aujourd'hui[2]. Il était d'usage dans les familles riches de la bourgeoisie, qu'un de leurs cadets, pour le moins, entrât dans les ordres. François Rabelais se conforma donc à cet usage. Les couvents étaient les seuls établissements d'instruction publique ; il s'y trouva en très haute compagnie et y fit des connaissances qu'il conserva toute sa vie. Plus tard, il abandonna la vie monastique pour l'étude de la médecine dont il avait dû puiser le goût dans la pharmacie paternelle ; mais il le fit sans rompre jamais avec l'Église et rien n'était plus commun de son temps que ce passage du cloître au monde. L'état ecclésiastique étant une profession comme une autre, on était très tolérant sur le chapitre des mœurs, et un moine n'était pas plus déconsidéré pour avoir un enfant illégitime que ne l'est aujourd'hui un membre de la magistrature, lorsque pareille infortune lui arrive. Rabelais eut un fils qu'il reconnut et qui porta le nom de Théodore. Il mourut l'année même de sa naissance. Ses amis lui adressèrent leurs condoléances en vers latins. On ignore quelle pouvait être la mère : probablement quelque grisette de Montpellier. Ce fait prouve que maître Alcofribas sacrifiait aux faiblesses humaines, sans que la femme ait tenu plus de place dans sa vie que dans ses livres. Nulle part il ne s'est élevé contre le célibat ecclésiastique, ni n'a manifesté le moindre goût personnel pour le mariage ; les perplexités de Panurge à cet égard ne furent jamais les siennes, et il n'en a jamais entretenu le public. Il était hardi penseur, mais nullement révolutionnaire en quoi que ce fût. Sous ce rapport, on ne saurait mieux le comparer qu'à Goethe. Il vint à Lyon en 1532, pour publier son premier ouvrage *Hippocratis ac Galeni libri aliquot*[3], et ce fut à partir de cette date que commença sa vie littéraire. De novembre 1532 à février 1534, il fut attaché, en qualité de médecin, à l'hôpital de Lyon ; mais son esprit était trop vaste pour se confiner dans cette honorable spécialité.

L'ancienne cité impériale était, vers le milieu du XVIe siècle, ce que Bordeaux avait été sous la domination des rois angevins d'Angleterre au XIVe, ce que fut plus tard Édimbourg au XVIIIe, c'est-à-dire un centre local de vie intellectuelle qui rivalisait avec la capitale. Le grand imprimeur allemand Gryphe venait de s'y établir. Ce furent de ses presses que sortirent les *Commentaria linguae latinae* de Dolet, et tant d'autres livres remarquables par leur élégance autant que par leur correction[4]. Autour de lui s'était groupée une pléiade de savants et de littérateurs qui s'intitulait la *Société angélique*. Inutile de dire qu'il ne faut pas interpréter ce mot dans le sens séraphique qu'il a pris dans notre langage moderne. *Aggelos* signifie réellement un *messager*, un *porteur de nouvelles* ; la *Société angélique* de Gryphe était juste aussi angélique que l'agence Havas. On la nommerait aujourd'hui une agence de correspondance. Seulement, dans un temps où Pantagruel prenait si aisément les gens de lettres à la gorge, il fallait rédiger ses correspondances en un style tout particulier, qui se nommait alors le *lanternois*, le *patelinage* ou le *grimoire.* À cette époque, les nouvelles n'allaient pas vite, la province ne savait guère ce qui s'était passé à la cour que l'année suivante, si toutefois elle venait à le savoir. Une gazette ou ce qui en tenait lieu groupait pour le moins tous les évènements d'une année. On prenait son temps pour la composer, aussi bien que pour la déchiffrer. Ce fut de cette façon que Rabelais mit au jour les *Horribles et espouvantables faits et prouesses du très renommé Pantagruel, roi des Dipsodes*, dont le fond dut lui être fourni par sa protectrice la reine de Navarre et peut-être rafraîchi par elle sous le pseudonyme de *maître Jean Lunel*, qui indique un adepte de la quinte, tandis que celui d'Alcofribas Nasier est tout ce qu'il y a de plus orthodoxe. Gryphe lui-même y figure sous celui de Panurge, et le sujet du pamphlet est un projet de divorce entre François Ier et Léonore d'Autriche, sœur de Charles Quint, projet qui avorta.

Cette académie littéraire comptait parmi ses membres Étienne Dolet et Bonaventure Des Périers. Le premier à l'âge de vingt ans avait attaqué le clergé toulousain pour avoir brûlé Caturce[5]. Mal lui en prit, car le clergé ne lui pardonna jamais. Il attendit patiemment dix-sept ans l'occasion de pouvoir le livrer aux rigueurs du bras séculier qui l'emprisonna, le tortura et finalement le brûla. La seule grâce qu'on lui accorda fut d'être étranglé avant d'être brûlé, s'il voulait dire une prière à la Vierge. Le pauvre patient la fit d'autant plus volontiers, que le culte de la Madone était un des masques dont le quiétisme lunaire s'affublait de préférence[6]. En 1532, il n'avait que vingt-trois ans, c'est-à-dire vingt-sept ans de moins que l'auteur de *Pantagruel* ; à la même époque, tous deux étaient correcteurs dans l'imprimerie de Gryphe.

Les littérateurs du XVIe siècle vivaient dans le plus sublime mépris de la religion établie. À leurs yeux, le christianisme n'était pas autre chose que la discipline catholique. Ils étaient loin d'être athées, mais les doctrines de la quinte déteignaient sur toutes les intelligences et leur faisaient considérer le dogme de l'immortalité à un tout autre point de vue que celui du christianisme. Leurs théories religieuses étaient restées exactement celles du VIe livre de Virgile et du premier livre des *Tusculanes* de Cicéron[7]. « C'était pour eux, à la fois, une espérance, une consolation et une distinction. Eux, les lettrés, ne voulaient pas être confondus avec le troupeau du vulgaire. Ils prétendaient s'élever au-dessus, et sur les hauteurs sereines se délivrer des inquiétudes terrestres. De là, ils surveillaient les progrès de l'humanité et tâchaient de pénétrer de plus en plus l'ordre divin. Les hommes de science, parmi lesquels se trouvait Rabelais, étudiaient la nature et adoraient celui qui avait créé ce vaste et admirable Cosmos. Les lettrés, avec lesquels vivait Dolet, se complaisaient à penser qu'ils devaient flotter à jamais invisibles dans les régions pures du ciel éthéré, chargés d'étudier les voies de l'humanité et d'enregistrer ses lents progrès vers la plus haute civilisation. » (*Rabelais*, by Walter Besant, p. 35.)[8].

II

Il est facile de reconnaître dans cet idéal la doctrine des *Éons* alexandrins[9] qui s'était perpétuée dans celle des sectes lunaires ; elles y joignaient cette théorie du bonheur terrestre, nécessaire à la félicité d'outre-tombe, que Dolet avait résumée dans les vers suivants :

> *Vivens vidensque gloria mea*
> *Frui volo : nihil juvat mortuum*
> *Quod vel diserte scripserit, vel fecerit*
> *Animose*

« Vivant et voyant, je veux jouir de ma gloire ; une fois mort, il n'y a de plaisir que dans ce qu'on a écrit disertement, ou fait avec goût. » En d'autres termes, dans le royaume des souvenirs, il faut autant que possible n'en emporter que d'agréables.

Son ami Bonaventure Des Périers avait été secrétaire de la reine de Navarre, et dû lui servir d'intermédiaire avec Rabelais. C'était un lettré d'un ordre inférieur à ses deux illustres amis, mais un conteur fort

Champfleury, page 71 : « Ici on baise les pieds du pape » (NDLE).

amusant et ses historiettes faisaient la joie de la petite cour béarnaise.
Son radicalisme religieux dépassant par trop les tendances luthériennes
que sa brillante patronne a glissées dans l'abbaye de Thélème, il fut

congédié et publia son *Cymbalum mundi*, dans lequel il se moquait du protestantisme autant que du catholicisme. Ce livre, qui parut en 1537, sous le pseudonyme de Thomas du Clenier [10], fut immédiatement supprimé, et son auteur, abandonné de tous ses amis, mourant de faim, se jeta sur son épée.

Ce fut dans ce milieu et pour ce milieu d'*illustres beuveurs* etc., que Rabelais composa d'abord *la grande et inestimable chronique du grand et énorme géant Gargantua*, qui eut un succès non moins gigantesque. Ce succès induisit un plagiaire à en publier la suite. Alors le véritable auteur changea son plan et donna *Pantagruel*, où le sérieux se cachait sous le grotesque, puis il refit le premier livre pour le mettre en harmonie avec le second.

Ce dernier est le seul, comme nous l'avons vu, qui porte le double pseudonyme d'Alcofribas Nasier et de Jean Lunel ; il y a là une opposition qui indique deux mains parfaitement différentes. Jean Lunel doit être le masque de la reine de Navarre ou de son secrétaire Bonaventure Des Périers, rien n'est au contraire plus catholique et plus solaire que celui d'Alcofribas Nasier.

AL. COFR. IBAS dans l'hébreu le plus classique signifie *Dieu qui expie les péchés* et NASIER veut dire littéralement *consacré* [11], mais plus spécialement *nazaréen* ou *chrétien*. Il n'y a pas d'équivoque possible. Rabelais n'avait pas cessé d'être moine, *consacré au Dieu qui expie les péchés*, il le proclamait hautement. De même qu'Aristophane, il appartenait au parti conservateur et s'amusait à cacher sous un masque grotesque tout ce qu'il avait de plus orthodoxe. C'était une manière de rendre l'orthodoxie amusante qui l'avait précédé et lui survécut longtemps. Dans l'*Histoire de la Caricature* de Champfleury, on peut voir, pages 71 et 207, comment on traduisait irrévérencieusement en rébus français, les deux mots hébraïques AL-COFR, *Dieu expiateur* [12]. Ces éclaircissements indispensables nous amènent tout naturellement à l'explication de quelques aventures plus ou moins authentiques, mais utiles pour l'intelligence du livre.

En 1536, c'est-à-dire après la publication des deux premiers livres de *Pantagruel*, Rabelais se rendit à Rome et obtint du pape Paul III l'au-

Champfleury, page 207 : détail de l'entourage de la planche
Le capitaine des folies de Théodore de Bry (NDLE).

torisation de passer de l'ordre des franciscains dans celui des bénédictins qui convenait beaucoup mieux à un lettré comme lui[13]. Ses pamphlets avaient fait immensément de bruit et l'on voit que l'Église ne s'y trouvait pas offensée. Ce fut de ce voyage qu'il rapporta le melon, l'artichaut et la romaine.

En 1537, il assista à Paris, à un festin célèbre donné en l'honneur de Dolet qui avait échappé à une accusation de meurtre. Parmi les convives se trouvaient Guillaume Budé, le catholique ; Béraud, protestant et précepteur des trois frères de Châtillon : Odet, le futur cardinal ; Gaspard de Coligny et François d'Andelot ; Danès et

Toussain, célèbres hellénistes ; Salmon, poète latin ; Nicolas Bourbon, précepteur de Jeanne d'Albret ; Voulté, Marot et enfin Rabelais[14]. Cette réunion donne la mesure de la tolérance réciproque des lettrés de cette époque.

Ce fut avec Paul III qu'eut lieu le débat grotesque à propos du baisement de la mule papale. On sait quelle fut la réponse de Rabelais[15], elle contenait l'explication de la devise qu'on peut voir sur les piliers de la basilique de Saint-Pierre. Une colombe laissant choir de son bec une branche d'olivier, en vieux français se prononce *colon bas élèverai*. C'est l'argument du premier livre de *Pantagruel* et nous y reviendrons en temps et lieu.

Les papes de cette époque ne craignaient point de saler l'orthodoxie. Sixte-Quint en disait bien d'autres[16]. Paul III trouva la plaisanterie de son goût, puisqu'il accorda au joyeux Tourangeau tout ce qu'il désirait.

Rabelais retourna à Rome à la suite de l'empoisonnement du Dauphin, avec une missive particulière de François Ier lui-même. Ce fut à cette seconde visite que le pape lui ayant demandé quelle grâce il désirait, il lui répondit : « Notre saint Père, je suis Français et d'une petite ville nommée Chinon qu'on tient être fort sujette au fagot, on y a déjà brûlé quantité de gens de biens et de mes parents ; or, si Votre Sainteté m'excommunie, je ne brûlerai jamais. »

Cette singulière demande que le pape comprit fort bien, puisque c'était encore un des mots de passe du catholicisme, faisait allusion à une fête aussi grotesque que bizarre qui se célébrait jadis à Rome à la fin de la semaine sainte. Elle donne l'explication de certains passages du premier livre de *Pantagruel*, notamment de la suspension de frère Jean des Entommeures[17]. On nous pardonnera donc de nous y arrêter quelques instants.

III

Voici ce qu'en dit Amati, dans ses *Prolegomeni alla bibliografia romana*, vol. I, 1880.

« Dans la matinée du samedi *in albis*, les prêtres des dix-huit diaconies sonnaient les cloches *a raccolta*[18], et tout le peuple se rendait à sa paroisse. Il était accueilli par un chapelain vêtu d'une tunique ou chemise, couronné de fleurs de *cornuta*, et tenant en main un *finobole*. C'était un instrument concave de bronze entouré de sonnettes. Précédés du chapelain et suivis du prêtre en chape, le clergé et le peuple de la paroisse se rendaient à Latran et s'arrêtaient successivement pour attendre le pape dans le *campo lateranense* en face du palais, près de la *fullonica*, c'est-à-dire des buanderies.

« Le pape, averti que tout le monde était arrivé, descendait au lieu où devaient se célébrer les *laudes de la choromanie* qui était, semble-t-il, la basilique même de Latran[19]. Alors chaque archiprêtre avec son clergé et ses fidèles chantait en formant le cercle *Ego preces de loco deus, ad bonam horam*, puis des versets latins et grecs.

« Le chapelain, accoutré comme il a été dit, se tenait au centre du cercle, dansant en rond au son de son *finobole* et dodelinant de sa tête couronnée de *cornute* ; les laudes achevées, un des archiprêtres montait sur l'âne qui y avait été envoyé *ad hoc* par la curie, mais à rebours.

« Sur la tête de l'âne un camérier du pape tenait un bassin avec vingt sous en *monnaie*. Aussitôt passé trois files des bancs de la nef, l'archiprêtre se couchait en arrière, et suivi de ses clercs il prenait la monnaie du bassin qu'il empochait. Cela fait, les archiprêtres allaient déposer les couronnes aux *pieds* du pape, mais l'archiprêtre de *Santa Maria in Via Lata* lui présentait une *couronne* et un *renardeau* qui, n'étant pas attaché, *s'enfuyait*. Le pape lui donnait un *besan*, l'archiprêtre de *Santa Maria in Aquiro*[20] lui présentait à son tour une *couronne* avec un *coq* et en recevait un *besan* et un *quart*. À tous les autres prêtres des diaconies le pape distribuait un besan et sa bénédiction.

« Cette distribution terminée, le chapelain, vêtu comme ci-dessus, et un prêtre de chaque paroisse, prenaient l'eau bénite, des petits pains ou *cialdoni* (échaudés) nommés *nebale*, des rameaux de laurier, puis dansant et jouant du *finobole*, ils allaient bénir les maisons de la paroisse en les aspergeant de leurs rameaux de lauriers. Le prêtre saluait la maison, l'aspergeait d'eau, jetait sur le feu un rameau de laurier, donnait les échaudés aux enfants de la famille[21].

« Pendant ce temps, le chapelain chantait ces deux vers barbares :

> *Jaritan, jaritan, jarariasti*
> *Raphaym, acrchoin, azariasti.*

D'après Amati, on pourrait en quelque mode y deviner le sens suivant : *Pour les maux dont tu as hérité, j'ai recueilli la médecine des champs.* Cette traduction est plus que barbare elle-même, car ces deux vers sont en excellent phénicien, et se traduisent : *Le don du ruisseau, le don du ruisseau, j'ai hérité de tes doctrines des morts, sur les biens des cultivateurs je les répands à la ronde*[22].

Ce cantique phénicien doit remonter à la plus haute antiquité et provenir des mystères thébains, inaugurés par le Phénicien Cadmus. Une foule d'épigraphes funèbres et autres prouvent qu'en Italie, en Grèce, à Marseille, à Chypre, il existait des *fratries* entières qui, bien que ne se distinguant en rien des autres, extérieurement, avaient conservé le phénicien comme langue liturgique. Ainsi s'explique ce mélange de phénicien et d'étrusque qui, au sein de Rome même, donna naissance au christianisme. Le mythe du dieu expiateur des péchés, *Alcofribas*, avec son supplice mystique, existait chez tous les peuples anciens, mais particulièrement chez les Arméniens et les Gaulois. C'était ce qu'on appelait le sacrifice du Sace. Primitivement, tous les enfants qui naissaient du solstice d'hiver à l'équinoxe du printemps, étaient sacrifiés sans pitié. Plus tard, on les condamna à s'expatrier[23], et ils fondaient des colonies sous le nom de *Sacrani*. Ce mot correspond à l'hébreu *nasir*, nazaréen. Les *Saces* furent alors recrutés parmi les étrangers, les prisonniers de guerre et les gens de bonne volonté qui, las de la vie, voulaient jouir de quelques bons jours avant d'y renoncer. En effet, durant tout l'hiver, on leur accordait tout ce qu'ils désiraient, et ils avaient droit de choisir parmi les concubines royales. À l'équinoxe de printemps, on les enfermait dans un sac, et on les pendait ou les précipitait du haut d'un rocher. Cette coutume existait encore à Marseille du temps de Pétrone[24]. Les Juifs, plus humains, avaient remplacé l'homme par le bouc émissaire.

Le *Sace* avec son sac s'est conservé dans nos farces populaires. Sous le masque enfariné de Pierrot ou du *clown* anglais, c'est le *colonus* ou paysan (clown), éternellement destiné à être pendu, pour expier les péchés sociaux. Il représentait Saturne, ou l'âge d'or, et la saison de l'année que nous nommons aujourd'hui carnaval, autrefois les saturnales. Pendant son règne si court, les esclaves étaient servis par les maîtres; à l'équinoxe, Pierrot était pendu et tout rentrait dans l'ordre habituel. Saturne était le dieu de la droite (Isra-el)[25]. Lorsque les Israélites abondèrent à Rome, les *fratries* du rite phénicien, parmi lesquelles se trouvaient probablement des restes des dix tribus trahies par celle de Juda et dispersées par Nabuchodonosor, firent du Sace un Israélite vendu par Juda, et ainsi dut se former la légende évangélique, rapportée plus tard en Orient.

Le cantique phénicien de la choromanie nous donne le vrai nom du christ primitif qui était *Jar*, la source, et correspondait au signe du Verseau; il représentait le principe humide, ou la sève, de là son nom de Marsyas, la *main de la sève*.

Lorsque ce rôle était joué par une femme, elle se nommait Andromède (*qui guérit l'homme*), ou Dircé (*le bourgeon*). La première est représentée sur des monuments latins subissant le supplice de la pendaison, par les bras, à une potence carrée; l'autre était liée aux cornes d'un taureau. Elle est le principal personnage du groupe Farnèse[26].

Nous avons vu que l'archiprêtre de *Santa Maria in Aquiro* offrait au pape une couronne (*chapel*) et un coq (*jars*), en échange d'un besant et un quart (*monnaie quart*). Le tout donnait son titre de *Chapelain germain quart*, dont Rabelais se parait plus tard, lorsqu'il s'intitulait caloyer des îles d'Hyères[27]. Caloyer est un *grec moine* (*germain*), *hière île* (*royal*). Ce titre de germain s'est conservé, croyons-nous, dans le Grand Orient

Le Taureau Farnèse (Musée archéologique de Naples),
dessin du XIXe siècle (NDLE).

français qui est d'origine solaire, et s'écrit tout simplement par G ou *gé romain*. Ces germains n'étaient pas des Allemands, ce mot vient du latin *germinatus*, germiné. Par extension il a pris la signification de frère (*hermano* en espagnol), mais c'est ici tout simplement l'équivalent du grec *Dircé*, le bourgeon. Les germains étaient les ministres du dieu Germinal, le principe mâle, ou le *quart*. L'archiprêtre de *Santa Maria in Via Lata* avec son *chapel* et son *renardeau* lâché (*escoursé*), pour lequel il recevait une monnaie, était le chapelain *qui écorche le renard du démon*. Cette expression d'*écorcher le renard*, qui revient si souvent dans Rabelais, signifiait *renier*[28].

Nous voici maintenant arrivés, à rebours, à l'archiprêtre monté de même sur un âne. Les premier chrétiens, comme les Grecs actuels, nommaient leurs prêtres *papas*, celui-là gît à reculons sur un âne qui a de la monnaie sur sa tête, d'où la légende: *papas, chef monnaie, gît à recul, âne*, c'est-à-dire *paix, pesque âme noyée, jar kilion. Jar kilion* est saint Pierre qui, de pêcheur de poissons, se fit pêcheur d'âmes noyées, de sorte que lorsque Rabelais demandait à être excommunié par le pape, il lui disait le mot de passe d'un des grades les plus élevés du rite solaire, *paix, pesque âme noyée*. Nous avons vu que *jar* voulait dire ruisseau, *kilion* veut dire épuisement[29]. La fête de Pâques ou de l'équinoxe du printemps, c'est-à-dire la fête solaire par excellence, représente la fin de la saison pluvieuse, ou la mort d'Adonis tué par le sanglier du mois d'avril. C'est également la fin de la choromanie, ou, en vieux français, de la *carole*, dont les Carlovingiens tiraient leur nom. Le chapelain avec des *cornues* dans les cheveux, probablement des bleuets[30], et *carolant* au son du *finobole*, donne la légende: *Sépulcre né, Carol finit bal.* (*Né dans un sépulcre, Carol finit de danser.*) La *carole* était une danse de paysans, la sabotière, car le mot carol ou carle, signifie réellement *paysan* et est le synonyme de clown et colon. Le paysan était le conducteur de la constellation du Chariot ou du *Carpentum*. C'était le Saturne au *grand gousier*. Dans le premier exemple de crucifiement qui ait été recueilli, il est représenté avec une tête d'âne et la légende *Alexamène t'adore*, le tout de l'époque des Antonins[31]. On a cru que c'était une caricature contre les chrétiens, mais plus de 500 ans auparavant, une tête d'âne (*kar-onos*) était l'hiéroglyphe très fréquent de *Chronos*, Saturne[32]. Il est très vrai qu'une caricature, citée par Tertullien, représente un chrétien avec une tête d'âne; c'est que, pour les payens, Jésus n'était pas autre chose que Saturne ou Chronos, et nous verrons qu'il en était de même pour Rabelais[33].

Il nous reste maintenant à expliquer l'origine de son fameux *quart d'heure*, qui a une certaine importance historique. Depuis qu'il était entré dans l'ordre des bénédictins, le cardinal Du Bellay l'avait chargé de plusieurs missions diplomatiques, dont la plus importante fut de rechercher quels pouvaient être les empoisonneurs du Dauphin. Ce

Le graffitte du Palatin,
o□ Alexam□ne adore un dieu crucifi□ onoc□phale (NDLE).

crime tournait au profit de Catherine de Médicis, une assez mince
bourgeoise qui n'était pas destinée à régner sur la France. Elle appartenait à une famille du parti solaire, fort intrigante, et ne reculant
devant aucun forfait. Il importait à François Ier d'être fixé à cet égard.
Rabelais, dûment excommunié par le pape, revint à Lyon, où il se
trouva ou feignit de se trouver sans argent pour se faire conduire
promptement au roi ; il écrivit sur des paquets de cendres, *poison pour
le roi, la reine, etc.* Ce stratagème devait avoir été concerté à l'avance
entre Rabelais et le roi, pour déjouer certaines surveillances. C'était

le parti de la *Cendre* qui avait empoisonné le Dauphin[34]. Les *cendres*, ou les *dracons*, désignaient également les adorateurs de la *Quine* qui a fourni aux contes populaires le charmant personnage de *Cendrillon*. Cette légende est très antérieure au christianisme. Cendrillon figure sur les vases grecs sous le nom de *Konis*[35], qui a la même signification. Les adorateurs de la Quinte, très adonnés à l'alchimie, avaient beaucoup de penchants à l'empoisonnement. Toute la famille de Louis XIV périt de leurs mains, et comme la plupart des calvinistes, sinon tous, étaient affiliés à cette secte, le ressentiment qu'en garda le Roi-Soleil fut un des principaux motifs qui l'engagèrent à révoquer l'édit de Nantes[36].

IV

Nous avons vu que lorsqu'il demandait au pape de l'excommunier, Rabelais avouait appartenir à une famille et à une ville de sectaires. Chinon porte en effet un nom druidique ou phénicien qui dénote de très vieilles accointances avec le culte de la Quinte. *Qinon* est son nom carthaginois. *Kyn-on* (pour *Kyn-aein*) veut dire la source de la chienne, comme Avignon (*Ave-aein*) signifie en grec druidique la source de la truie. Sur ses médailles se trouve représentée la tête de cet animal, hiéroglyphe du principe humide, auquel le français a emprunté le nom de l'eau. *Kyn-on* et *Ave-on* personnifiaient les deux principes contraires, l'eau et la canicule[37].

Le nom de Rabelais, comme ceux de Bismarck, Quinet, Colquhoun, Mermillod et tant d'autres[38], était emprunté aux hiérarchies solaires ou lunaires. C'était celui de la corporation des savetiers ou *robelinneurs*, qui représentait les citadins, tandis que les *esclopins* ou sabotiers semblent avoir englobé toutes les corporations forestières, dont le carpent ou le charron était le patron naturel. *Reboul*, en argot moderne *reboui*, signifiait un vieux soulier. Nous ignorons l'origine de ce mot, qui est très ancien.

Songes drolatiques, planche CXIV (NDLE).

La planche CXIV des *Songes drolatiques* qui représente Rabelais en *mère abbesse*, ou *marrabais*, est remarquable par un énorme soulier qu'on peut considérer comme l'hiéroglyphe de son nom. Cette secte des marrabais [39] dont Rabelais parle si souvent a dû fleurir à Chinon, mais lui-même n'en faisait point partie. Il appartenait à celle des *Fanfreluches*, ou *fils de la Vierge*. C'était une désignation assez claire du Christ, né dans le sépulcre, de la mère toujours vierge. Fanfreluche avait encore un sens plus topique et désignait les *fendeurs de la forêt de Loches*. *Lokhos* signifiait en grec l'accouchée, et la ville est située à l'est de celle de Chinon. Toutes deux faisaient partie du même cantonnement druidique dans lequel se passe l'action du poème pantagruélique. À Loches régnait Grandgousier, à Chinon Pantagruel. Pour ce qui est de Gargantua, les traditions locales voulaient qu'il eût un pied à Niort, l'autre à Luçon, et il était très populaire dans la Touraine, l'Anjou et le Poitou. Il a laissé son nom à deux localités de la Normandie et de l'Auvergne et au mont

Garganus, près de Naples. Gargantua se nommait en étrusque *Carcan*, en grec *Gorgon*; il est devenu saint Georges[40]. Pantagruel, s'il n'est pas de la création de Rabelais, doit procéder des marrabais d'Espagne. Son nom tourangeau est Vitdegrain. Grandgousier a été substitué à Gulliver, Gringole ou Foutasnon. À eux trois ils formaient une triade cosmique complète. Dans leur généalogie[41], Rabelais a ajouté les unes aux autres une quantité de ces triades dont les noms ne sont pas toujours faciles à expliquer, sauf ceux dont la composition est hébraïque. Tel est celui d'*Hacquelebec* qui reproduit en hébreu le caractère androgyne de Gargantua. AKL, BC veut dire *festin et larmes*[42]. C'est sur la signification de ces noms qu'est bâtie la trame du récit. Chacun d'eux sert pour ainsi dire de sommaire à un chapitre.

Un fait à noter est la division par triade pythagoricienne, plutôt que par tétrade. Généralement les compositions gothiques sont à quatre personnages qui, sérieux ou grotesques, correspondent aux quatre points cardinaux et aux quatre masques populaires, Pierrot ou le clown, Polichinelle ou Carabas, Gilles le guerrier fuyard et Arlequin, ou plus exactement Hellequin, le sorcier. Tous quatre remontent à l'antiquité la plus reculée, et sauf Gilles qui a suivi la mode, ils ont conservé leurs costumes primitifs. Quand ils quittent le masque grotesque pour le sérieux, ils se nomment Saturne, Jupiter, Arès et Hermès.

Rabelais les réduit à deux, Mars, la guerre, et Saturne, la paix ou le gain, se fusionnant dans un troisième personnage à la fois pacifique et guerrier, dont le rôle est de rendre justice aux deux autres. Aussi porte-t-il le nom grec de Gargan-tic, celui qui châtie les deux classes que Proudhon nommerait dans son langage économique les *improductives* et les *productives*. Et c'était bien ainsi que l'entendait Rabelais, lorsqu'il promettait de *révéler les très hauts sacrements et les mystères horrifiques, tout en ce qui concerne la religion, qu'aussi l'état politique et vie œconomique*[43]. Nous allons voir qu'il tint parole.

Les classes pacifiques étaient représentées par la Colombe, ou le Colomb, qu'on écrivait *colon*, les classes guerrières par le *falcon* ou faucon. Dans les farces populaires, la femelle de Pierrot a gardé son nom de Colombine, et lui-même, avec ses grandes manches, imite les gestes d'un pigeon qui prend son vol. Arlequin aiguisant continuellement son sabre est resté bigarré comme l'oiseau de proie, et pille continuellement le pauvre colon.

Le catholicisme, héritier direct des traditions de Marius, a toujours eu pour principe d'élever la colombe au-dessus du faucon et y a contribué dans une plus large mesure que quiconque. Mazzini, lui-même, n'hésitait pas à reconnaître que, jusqu'au XIVe siècle, la papauté avait été le principal facteur de toutes les libertés[44], et que son histoire dictée jusqu'ici par une adoration servile ou par l'ignorance matérialiste était complètement à refaire. Sous ce rapport, personne ne fournira plus de matériaux aux historiens de l'avenir que Rabelais, traduit en langage intelligible pour tous ; ce sera sans doute l'œuvre de plusieurs générations[45]. En attendant, voici ce que nous extrayons de cette mine encore vierge.

« Retournant à noz moutons, je vous dictz que par don souverain des cieulx nous a été réservée l'antiquité et généalogie de Gargantua, plus entière que nulle autre, excepté celle du Messias, dont je ne parle, car il ne me appartient : aussi les diables (ce sont les calomniateurs et cafards) s'y opposent ; et fut trouvée par *Jean Audeau*, en un *pré* qu'il avait près l'*arceau Gualeau, au-dessous* de l'*olive, tirant à Narsay.* Duquel faisant lever les fossés touchèrent les piocheurs de leurs marres, un grand *tombeau de bronze* long sans mesure car oncques n'en trouvèrent le bout parce qu'il entrait trop avant les excluses de Vienne. Icelluy ouvrans en certain lieu *signé* au-dessus d'un *goubelet,* à l'entour duquel était écrit en lettres éthrusques *Hic bibitur,* trouvèrent *neuf flaccons* en tel ordre qu'on assied les *quilles* en Gascogne desquels icelluy qui était au *milieu* estoit, couvroit, *un gros, gras, grand, gris, joly, petit, moisy livret, plus mais non mieux sentant que roses.* »[46]

Ce passage est un des types les plus complets du grimoire le plus souvent employé par Rabelais. Les mots que nous avons écrits en italique sont noyés dans une espèce de *grille* où il faut les repêcher, à l'aide du rythme et des assonances en L qui marquent la fin des vers. Toutes les *fanfreluches antidotées,* tout le plaidoyer des sires de Hume V. et Baise C. sont rédigés de cette façon[47]. Pour les contemporains, la difficulté n'était pas grande, malheureusement il n'en est pas de même à plus de trois siècles de distance. Cependant, quand on tient le fil de l'idée, on y arrive assez aisément. Vu l'importance de ce spécimen de lanternois, nous en donnons le mot à mot tout entier:

> Jean Audeau, pré arceau gualeau,
> Sous olive, Narsay tirant. airain sépulcre.
> Signé Goubelet. Ci l'on boit, latin.
> Neuf flacons quillés, mi base livret
> Gros, gras, grand, gris, joli,
> Petit, moysi, sentant plus ne mieux roses.

Il faut lire:
> Janus, dieu pairé (double) arche Gaule,
> Seul vénère Saturne, Touraine sépulcre.
> Signe: Goubelet, Colon boit, loi tient.
> Haine au Faulcon! colombe ose lève haste.
> Guerre, gare, Guérin, doit grege loup.
> Petit musicien, tient Apollon, marsye. [48]

En langage moderne:

« De Janus, dieu double du royaume des Gaules, le sépulcre de Touraine, ne vénère que Saturne, sous le signe de la colombe qui boit dans un gobelet (*le signe du Verseau*). Il a pour loi: haine au faucon. Que la colombe ose lever son enseigne, le loup doit garder son troupeau de la guerre avec Guérin. Marsyas tient Apollon pour petit musicien. »

On reconnaît facilement dans cet acte de foi du sépulcre de Touraine la paraphrase de la colombe à l'olivier, de la basilique de Saint-Pierre. Guérin, dont le nom se trouve dans Gironde, Guérande, etc. veut dire tourner, et est le nom français de Pantagruel (*la fortune qui tourne*)[49]. Le loup gardien du troupeau, est la curie romaine, fille de la louve de Romulus; quant à Marsyas qui tient Apollon pour petit musicien, c'est bien le moins de lui consacrer un chapitre.

V

Marsyas était une divinité d'origine phrygienne, comme Marpessa son complément cyclique. Le nom de l'un signifiait la *main vive*, et l'autre la *main morte*[50]. Le premier était le patron des artisans, la seconde était vénérée de préférence par les gens de *main morte*, les *improductifs*. Marsyas avait la même généalogie que Saturne; il était, comme lui, fils du ciel supérieur Ouranos, ou Olympos[51], qui correspondait à la constellation de la Vierge, et lui-même coïncidait avec le signe du *Verseau*, ou du goubelet, c'était le *Jar* de la fête de la *choromanie*, l'*Al-cofribas*, ou dieu rédempteur des péchés. Représentant de l'activité humaine, il était l'inventeur de tous les arts, et particulièrement de celui de la musique. On sait qu'il défia Phébus à la flûte et que le vaincu devait être écorché par le vainqueur. Le vaincu, ce fut lui. Il était le dieu de la sève hivernale que le soleil printanier fait éclater et qui crève l'écorce des arbres pour former le bourgeon. Tel est le sens de ce mythe; aussi portait-il chez les Latins le nom de *liber* qui veut dire écorce. C'était pour ce motif que toutes les anciennes cités libres plaçaient sur leurs forums le groupe d'Apollon écorchant Marsyas, comme emblème de la liberté. Le Louvre en possède un très beau qui vient de Rome et a dû orner son forum. Apollon ne s'y trouve point, il est remplacé par la Toison d'or. Pour comprendre le motif de cette substitution, il faut savoir que cette Toison d'or n'était elle-même que la peau de Marsyas, dont le supplice avait lieu à l'équinoxe printanier, au signe du Bélier. *Déro* en grec ne veut pas seulement dire *écorcher*, il signifie par extension *découvrir, révéler*. La Toison d'or se dirait en grec *deras khryso melon*, qui voulait dire la *révélation de l'âge d'or*, ou l'apocalypse. La suspension par les bras (*ankali-kremasmos*) écrite avec l'orthographe étrusque ou chypriote se traduisait: *le chant qui renouvelle la richesse*[52]. Comme toutes les statues de cette époque, le *Marsyas* du Louvre est une invocation qu'on doit traduire: *main libératrice, qui révèles le futur âge d'or, que ton chant renouvelle les biens de la terre!* C'est à peu de chose près la traduction des deux vers phéniciens chantés dans la choromanie. La composition de *Marsyas* ou celle du groupe Farnèse, qui est au fond la même, prouve péremptoirement que le fondateur mystique du christianisme n'était pas un juif et qu'il n'a pas été cloué à Jérusalem sur une croix, mais qu'il était de liturgie grecque ou phrygienne et que, probablement, il n'a été pendu qu'en effigie. Le *Marsyas* du Louvre est de l'époque de Marius, il lui ressemble et il a dû être placé au forum en son honneur, comme libérateur de la plèbe. Marius devait être d'origine gauloise ; en tout cas, c'était dans ce pays qu'on vénérait le plus la déesse *Mare* qui figure si souvent dans les noms gaulois tels que *Viromar* ou *Virdomar* (*homme de Mare*)[53]. Lorsqu'elle est sans épithète, elle est l'équivalent de l'*activité manuelle* ou la *main-d'œuvre*. De là, Marie la *languissante* et Marthe la *femme active* de l'Évangile[54]. Ces deux noms essentiellement gaulois figurent dans des inscriptions gauloises antérieures à l'ère chrétienne. Il y eut en Syrie une prophétesse du nom de Martha qui suivait partout Marius et exerçait sur lui une très grande influence. Son fils, dont la mémoire resta très populaire et qui périt de mort violente, fut très lié comme son père avec les Phéniciens de Carthage[55]. César et Auguste rebâtirent cette ville malgré les malédictions du Sénat et ils étaient de la famille de Marius. Les grandes guerres de la fin de la République avaient amené à Rome des esclaves de tous les pays, mais particulièrement de la Phrygie et de Carthage. Un grand nombre d'entre eux avaient reçu une éducation très soignée et par conséquent étaient arrivés facilement à l'affranchissement.

Ces affranchis, la plupart très riches, mais exclus des charges publiques, formèrent naturellement la clientèle de Marius, et choisirent, non moins naturellement, pour dieu celui de l'affranchissement. Il se fit en son honneur une nouvelle légende dans laquelle le phrygien domina avec une forte teinture de galiléen. Cette légende ne pouvait naître qu'à Rome, du confluent de l'esclavage général, elle ne se répandit que postérieurement dans la Palestine et l'Asie Mineure. Aussi l'auteur de l'*Apocalypse* ne fait pas mourir son Seigneur à Jérusalem, car il est probable que cette version n'est pas antérieure à l'époque de Titus[56]. La croix latine comme emblème chrétien est encore plus moderne.

Sauf le crucifié à tête d'âne, nous ne connaissons pas de croix antérieure à Constantin, c'est-à-dire à une époque où Rome était déjà depuis longtemps le centre reconnu du christianisme et, quelle que fût son origine, lui avait imprimé son caractère ineffaçable[57].

Jérusalem, rasée par Titus, avait été mystérieusement chargée, par les descendants des dix tribus que Juda avait trahies six siècles auparavant, d'un crime qui n'était qu'une réminiscence. Mais le Jésus nazaréen ne supplanta point complètement le Marsyas phrygien qui resta toujours le patron des ménestrels, et le principal représentant du mythe solaire. Son nom, légèrement altéré en celui de Mercy ou Murcie, a laissé sa trace jusque dans la maçonnerie moderne, où il occupe le 26e grade du rite écossais. Il n'en est pas de plus solaire ni de plus chrétien que celui du *prince de Merci* dont le bijou rappelle le soleil guérisseur, et dont le mot de passe *Gomel* est l'exacte traduction du français *gain* et du grec *souos*, actif[58]. Ce mot entre dans la composition du nom de la femme du bon Grandgousier. Gargamelle veut dire *pèlerine du travail*. C'est la mère de Gargantua, le représentant de l'apogée de la prospérité, tandis que Pantagruel, la fortune qui tourne, est enfanté par Badebec, qui en vieux français signifie le désœuvrement aristocratique[59].

Marius, le père de la démocratie, le premier qui ait élevé la colombe au-dessus du faucon, doit aussi avoir laissé un souvenir persistant dans les croyances historiques de nos pères. Une de leurs devises était : *Veille Mare plèbe* ; elle s'écrit avec une tête de méduse ailée, dont les cheveux sont entremêlés de serpents. Il en est certainement question dans les *fanfreluches antidotées*, car le grand dompteur des Cimbres ne peut être que lui[60]. Malheureusement ce passage est un des os à moelle les plus durs à *entommer* de Rabelais. Antidote veut dire en grec *contre-poison*. C'est certainement une réfutation des doctrines de la Quinte, à l'usage des enfants de la forêt de Loches, car elles débutent par une série de figures typographiques disposées verticalement dans l'ordre suivant :

Mal R. b». apostrophe mal. δ'.= [61]

Début des fanfreluches antidotées. L'édition Françoys Juste (1542, NDLE).

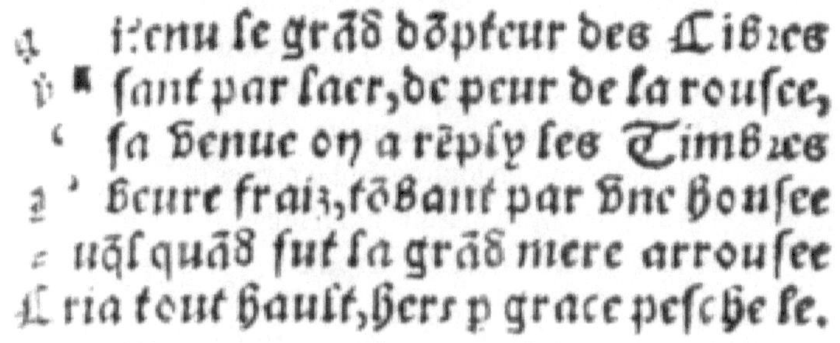

Le texte de l'édition Jannet (1874), sans doute celle lue par Grasset (NDLE).

Ce qui se traduit assez aisément :

> Malherbe Gaule empestera, femelle
> Apostre, foi délétère homme nie lois.

Malherbe (*Mol-hir-abi*) est le mot de passe du 33ᵉ degré du rite écossais, du *souverain grand inspecteur général*. Il signifie la vigueur des traditions antérieures, ou de l'antérieur; cette énigme peut donc s'interpréter ainsi : « Un apôtre femelle empestera la rigueur des anciennes traditions de la France, d'une foi délétère, qui nie toute loi humaine. » Est-ce une allusion au cinquième livre qu'une femme devait faire ajouter aux siens ?

Du restant, nous n'avons pu *entommer* jusqu'ici que les vers suivants :

> Mais l'an viendra signé d'un *arc turquois*
> De *cinq fuseaulx* et *trois culs de marmite*
> Onquel de dos d'un roy trop peu courtois
> Poyvré sera soubz un habit d'hermite.
> O la pitié! pour une chattemitte
> Laisserez-vous engouffrer tant d'arpens?
> Cessez, cessez, ce masque nul n'imite,
> Retirez-vous au frère des serpens.

Un arc turquois c'est une M, cinq fuseaux IIIII, *trois culs de marmite* CCC. MIIIIICCC indiquent fort clairement l'an 1800 qu'on peut considérer comme la fin du grand drame révolutionnaire de 93. Le reste est beaucoup plus obscur, cependant on y démêle les malheurs d'un roi trop peu courtois, et l'on peut, croyons-nous, hasarder avec une certaine vraisemblance l'interprétation suivante:

> L'an 1800, roi tuera peuple,
> Pouvoir se fera remettre loup.
> Tue chat, maître pend, nie foi royale,
> Roi chasse promit mesconnu l'a
> Retour veut frère des bois...

Ainsi, l'an 1800, le peuple tuera le roi et se fera remettre le pouvoir par les loups (clergé romain). Telle est cette prophétie qui par extraordinaire s'est vérifiée[62]. Le reste indique que les *fanfreluches antidotées* sont un contrat entre les Faons de la forêt de Loches (*Faons forêt Loches*) et les seigneurs de la Touraine, c'est-à-dire les rois de France. Antidote ne veut pas seulement dire contre-poison, mais *don* ou *guerdon en retour*, c'est-à-dire un contrat synallagmatique entre les rois et les forestiers[63]. Quant à ce titre de *chat* qu'on trouve ici, l'explication en est donnée par Paradin dans ses emblèmes héroïques. Les rois francs, burgondes et goths, portaient sur leurs enseignes la chatte de la déesse Freya, dont ils prétendaient descendre, et dont elle tirait son nom grec de *thera*, ou *fera*, qui signifie *sauvage, indompté*[64]. Les forestiers avaient le droit de

Paradin, *Devises héroïques*. «Mes droits sont à mon libre arbitre»,
devise supposée des Alains, Burgondes et Suèves (NDLE).

pendre, de tuer, et de chasser le *chat* qui avait manqué au *retour promis aux frères des bois*. Cette pénalité se trouve dans toutes les chartes secrètes, ou accords conclus entre les rois de l'Europe et les forestiers, qu'ils fussent de rite solaire ou lunaire. Charles II et Louis XVI ont été jugés d'après des lois qu'ils avaient acceptées, et leur procès public n'a été qu'un simulacre. Le fameux discours de Robespierre indique très clairement que le roi avait été condamné par un autre tribunal [65]. Mais, en revanche, il est fort possible que cette date fatidique de 1800, étant une croyance générale, ait fortement influé sur les imaginations et particulièrement sur celles de ses juges.

VI

Assurément, Rabelais avait reçu du ciel une des plus riches intelligences dont jamais mortel ait eu le droit de s'enorgueillir, mais il l'enrichissait encore à l'aide d'une méthode dont tous les artistes et les écrivains ont usé jusqu'à Goethe inclusivement; il empruntait les noms de ses personnages à une langue inconnue du vulgaire et sur ces noms il bâtissait un conte. Nous avons usé nous-mêmes de ce procédé pour en produire quelques-uns qui, à défaut d'autre mérite, ne le cèdent à nuls autres, en fait de bizarrerie[66].

L'on s'imagine que cet incomparable abstracteur de quinte essence écrivait d'abondance, et qu'il laissait courir sa plume au gré de sa fantaisie, tandis que chacun de ses mots est pesé avec le soin le plus scrupuleux. Quant à la trame de ses fantasques broderies, il l'emprunte, dans les deux premiers livres de ses chroniques pantagruéliques, à un canevas purement géographique, le plan de l'ancienne Touraine.

Lorsque les anciens formaient quelque part un nouvel établissement, ils commençaient par tracer un quadrilatère aussi régulier et aussi exactement orienté que possible, dont chaque angle devait être une forteresse; chaque côté était subdivisé en trois parties et chaque partie recevait le nom d'un des 12 signes du zodiaque dans la langue secrète des nouveaux colons; puis chacun de ces douze lots était tiré au sort et la colonie se divisait en douze tribus qui prenaient le nom du lot à chacune échu en partage[67].

Ainsi faisaient les Turones, dont le nom, comme ceux de la plupart des populations druidiques, dénonce une origine phrygienne. *Tyrones*, en latin *triones*, veut dire les bœufs et particulièrement les sept bœufs de Géryon qui indiquaient le plein nord (*septem triones*). C'est encore le nom de la ville de Tours. À l'est se trouvait la forteresse de Loches (*l'accouchée*); au sud celle de Châtellerault (*Châtel du roi haut*); Gargantua le géant ou le soleil au zénith; à l'ouest Chinon (grec *Kinon*), mouvement, agitation, changement, trouble, révolution. C'est le domaine de

Picrochole (*l'humeur noire, la bile*)[68] et de Pantagruel (*la fortune qui tourne*). Tel est le cadre de son récit.

Il débute par un accouchement prodigieux, celui du grand jour, de Gargantua, l'enfant du carnaval[69]. Grandgousier son père, « bon raillard en son temps, aymant à boire net autant que homme qui pour lors fust au monde », représentait tout ce qu'il y a de plus antérieur, la *Gueule*, et avait épousé Gargamelle, fille du roi des *Parpaillos*. En vieux français ce mot signifie papillon, mais il vient de *pourple* ou pourpre, qui était la couleur de Priape, représenté par le taureau de la ville de Tours. Rabelais d'ailleurs ne laisse pas ignorer qu'on se trouve sur les domaines du principe mâle et de la boustifaille, dans ce *bien yvre*, qui est le *bon hyver*.

Rabelais donne du nom de Gargantua une étymologie de fantaisie dont il n'était pas le dupe ; la vraie lui était connue, puisque lorsqu'il décrit son bijou, c'est-à-dire l'image qu'on avait l'habitude de porter alors à son bonnet, il dit qu'il y *estoit pourtraict un corps humain ayant deux têtes, l'une virée contre l'autre, quatre bras, quatre pieds, etc., tels que dict Platon in Symposio, avoit été l'humaine nature à son commencement mystic, et autour estoit escript en lettres ioniques* ἈΓΆΠΗ ΟὟ ΖΗΤΈΙ ΤΆ ἙΑΥΤῆΣ [agapè ou zèti ta eaftès] « *Amour ne quiert chose à elle-même.* »[70]. Sous cette forme c'est un non-sens, il faut entendre : *grimoire, on écrit chose elle-même* ». En effet ce qu'il vient d'écrire, c'est l'androgyne de Platon, le principe des deux solstices, c'est-à-dire de ce qu'il y a de plus vivant et de plus mort dans la nature.

Telle est la signification du nom de Gargantua et de l'ancienne Gorgone, confirmée par ses couleurs qui sont le blanc et le bleu. C'étaient celles de l'étendard des Pouhiers ou autochtones, dès l'époque carlovingienne, comme on peut le voir dans Du Cange, à l'article *Beaucéan*. Tel était leur cri et le nom de leur héraut[71]. Celui de la *baillie*, ou autorité royale, se nommait *montjoie*, son étendard était *bayle*, couleur de Priape, c'est-à-dire rouge[72]. Les Carlovingiens représentaient par essence le principe mâle. Il est probable que les Mérovingiens avaient représenté le principe contraire, car ils prétendaient descendre de la déesse Freya, la Chatte blanche.

Le *beaucéan* était le mot de passe des forestiers du coin, et se représentait par une cognée avec son bois, ou manche ; le fer était bleu, le manche blanc, de là ses deux couleurs. Les Boïens du Bourbonnais les ont portées en Bavière d'où elles sont retournées en Grèce, leur point de départ[73]. Dans l'origine, le beaucéan ne s'écrivait point par une cognée emmanchée, mais par un bœuf et un couteau (*bou-kainos*)[74], c'était un des noms du dieu phrygien Mithra. *Boucan* veut réellement dire trompette, ou héraut. Gargantua ou Mithra, comme dieu du solstice d'hiver, était le trompette ou héraut du point du jour ; de là les Noëls de la vieille France, et le *boucan* que font tous les *pifferari*[75] d'Italie, devant les madones de carrefour à la fête du solstice hivernal, que les maçons nomment encore Saint-Jean d'hiver, et Rabelais *Jean pleure* ; c'est le Gargantua hivernal, le Gargantua estival est *Jean rit*, le mot de passe des rose-croix[76] ; Jean pleure et Jean rit sont les deux faces de l'androgyne ou de *Janus le dieu pair archigaulois*. Il régnait à la fois sur les deux points extrêmes du canton des Turones, Tours et Châtellerault ; on n'a qu'à jeter les yeux sur une carte pour s'assurer qu'en rejoignant ces deux villes par un trait, Loches et Chinon par un autre, on forme la croix de Janus *quadrifrons*[77], en même temps qu'on a l'explication de l'horrifique mystère de la Trinité.

Les *couleurs et livrées de Gargantua* fournissent à Rabelais l'occasion d'une très violente, mais très curieuse sortie contre le *Blason des couleurs* qui parut alors sous le pseudonyme de Sicile. Ce livre, très intéressant, quoi que dise le bon caloyer des îles d'Hyères, est de Ligier Richier, sculpteur lorrain, qui vécut de 1500 à 1570 et l'a signé par les trois lettres L. I. G. en acrostiches de chapitre, complétés d'un *archer*[78].

Ce chapitre est à lire et à méditer, pour ceux qui veulent savoir ce qu'on faisait du blason ou du grimoire, ce qui n'était qu'une seule et même chose. On ne se contentait pas d'en *escarteler ses chausses, broder ses gants, franger ses lits, peindre ses enseignes*, on en *composait des chansons, et, qui pis est, on faisait des impostures et lasches tours clandestinement entre les pudicques matrones*[79].

On lit aujourd'hui Rabelais pour des hors-d'œuvre auxquels ni lui ni ses contemporains n'attachaient une grande importance. Parmi ces hors-d'œuvre, il n'en est pas de plus cité aujourd'hui que celui dans lequel il critique si vertement la déplorable éducation que la Renaissance substitua pour les classes riches à celle que les seigneurs donnaient à leurs pages dans leurs châteaux. De même que les Grecs, ils faisaient une large part à la gymnastique, tandis que l'université moderne atrophie le corps.

Le système préconisé par le savant médecin de Montpellier n'a qu'un seul défaut, celui de coûter très cher. Les Anglais l'ont conservé dans leurs collèges aristocratiques et lui doivent certainement les mâles qualités qui les distinguent. Les Suisses sont les premiers qui aient réussi à introduire la gymnastique militaire dans les écoles primaires, ce qui est beaucoup plus utile que de faire jouer les enfants au soldat, comme dans les bataillons scolaires.

Tout le monde a reconnu, dans la grande jument de Gargantua qui inondait le pays, Anne de Pisseleu, duchesse d'Étampes. La façon dont il paya sa bienvenue aux Parisiens est encore une allusion très claire à son nom[80]. Il y a dans les deux significations du mot *petitin* une équivoque que le français ne saurait rendre honnêtement, tant elle est brutale et obscène[81]. Les initiés ne prenaient pas de gant avec leur Gargantua, et nous en verrons d'autres exemples encore plus risqués, que le bon François souffrait patiemment. Il s'agit ici de quelque impôt sur les clochers, qu'on retrouverait peut-être en cherchant bien et qui devait servir à solder les fantaisies de la sémillante et peu fidèle duchesse.

VII

Le premier livre des chroniques pantagruéliques est le tableau le plus exact et le plus animé qui ait jamais été tracé de la vie féodale. La grande guerre seigneuriale qui le termine a un caractère essentiellement local et provincial qui ne saurait s'appliquer à une lutte contre l'étranger. Picrochole, qui disparaît à la fin sans qu'on le revoie jamais, n'est ni

Charles Quint ni Henri VIII, il ne peut être autre que le connétable de Bourbon[82], chef héréditaire de la faction de la Quinte. Cette fameuse couleur blanche, à laquelle le comte de Chambord a sacrifié une couronne, n'avait rien à voir avec la royauté. Au sacre, les hérauts d'armes portaient une cotte de gueule ou pourpre qui était la couleur *bayle* de la baillie. Le blanc, ou *luné*, n'était ni plus ni moins que celle du parti antipapal ou gibelin, et si Henri IV la conserva après son abjuration, c'était uniquement parce que, de cœur, il était resté avec les protestants[83].

C'est dans cette guerre qu'apparaît le personnage qui domine toute l'œuvre de Rabelais et lui imprime son véritable caractère. Ce n'est ni Grandgousier, le seigneur populaire et pacifique, ni Gargantua, le roi chevalier, ni Pantagruel le sceptique. Tous trois sont grossis de façon à y perdre une forte partie de leur vitalité. Les deux véritables héros du livre, ceux qui ont été exactement copiés d'après nature, sont Panurge l'étudiant – on disait alors *écolier* – et frère Jean des Entommeures, le moine. Mais il faut convenir que le moine, inébranlable comme un roc, dans son unique foi, domine d'une incroyable hauteur l'écolier transi et poltron qui hésite entre le mariage et le célibat, ou, pour parler plus exactement, entre le quart et la quinte.

Comme tous les noms employés par Rabelais, celui de frère Jean des Entommeures est une définition. En grec, *Entommeure* signifie *secte*[84]. Le grec a par lui-même la signification de *guerre*. Frère Jean des Entommeures est celui qui *dit aux sectes guerre*. Ce n'est pas qu'il ne soit très coulant en matière de dogme, ça lui est bien égal, pourvu qu'il boive frais et que les filles soient d'humeur accommodante ; mais il ne faut pas qu'on touche aux biens de l'Église, ou gare le bâton de la croix.

Le bon frère Jean est le mâle par excellence, et Rabelais a dû faire son portrait en se regardant dans un miroir de Venise ; car, sauf la science, c'est bien lui de tout point. Le franciscain devenu bénédictin s'est permis de nombreux écarts dans sa vie si accidentée ; il a frondé bien des abus ; mais on chercherait vainement dans tous ses pamphlets une attaque au pouvoir temporel. Le protestantisme, lorsqu'il s'est permis des visées démocratiques comme celles des anabaptistes, a été impitoyablement réprimé par les princes et les seigneurs[85]; ils n'en voulaient qu'aux biens de l'Église et ne se souciaient nullement d'améliorer le sort des classes souffrantes qui est resté beaucoup plus misérable chez eux que dans les pays catholiques. La conspiration du connétable de Bourbon devait cacher une tentative de séculariser l'Église de France, à l'instar de celle d'Angleterre. Comme Diane de Poitiers, héritière de ses traditions, il ne daigna jamais embrasser le protestantisme; mais on sait de quelle façon il prit Rome et traita la papauté[86].

Bien que Rabelais soit d'une rare impartialité dans son rôle d'historien, et bien qu'il fût l'ami de la reine de Navarre dont le libéralisme frôlait le luthérianisme, il ne penchait sûrement pas pour le parti de Bourbon et certes ce n'était pas parce qu'il défendait sa propre marmite, puisqu'en ce moment, il s'était sécularisé de sa propre autorité. Si, moine lui-même, Rabelais était resté de cœur avec la moinerie, c'est qu'il était trop instruit des mystères du catholicisme pour n'être pas sincèrement convaincu que, malgré des abus criants, il restait bien au-dessus des dogmes politiques qui le battaient en brèche, et qu'il était encore le phare de l'humanité.

Nous disons catholicisme, parce qu'en dehors de lui, le christianisme ne s'est nullement montré une religion supérieure à une autre et qu'il s'est laissé écraser par l'islamisme en Orient, par sa très grande faute. Si le catholicisme venait à tomber, les autres sectes chrétiennes ne lui survivraient certainement pas, tandis qu'il est possible et même probable qu'il survive au christianisme.

C'est à Marius que remonte le courant d'idées égalitaires qui ont enfanté le christianisme, et s'il n'en fut pas l'auteur, il en fut certainement l'apôtre par le sabre, ce qui lui valut l'honneur du supplice mystique de Marsyas sur le forum. Le christianisme est toujours resté infécond en Orient, ce fut dans les Gaules qu'il fut imposé à Constantin. À partir de ce moment, son organisme représentatif se montra au grand jour, et si Rome avait su l'appliquer au civil, avec le service obligatoire que réclamait Synésius, évêque de Cyrène[87], l'empire romain subsisterait encore.

Du haut en bas de l'échelle, le catholicisme est fondé sur la non-hérédité de toutes les fonctions, base de toutes les démocraties modernes. Le célibat des prêtres n'a aucune importance au point de vue dogmatique, et la preuve, c'est que les rites orientaux restés unis à l'Église romaine ne l'observent point; mais, au point de vue politique, il a joué jusqu'à nos jours un rôle capital dans le maintien de l'esprit du catholicisme. Nos aïeux n'étaient pas aussi exigeants que nous vis-à-vis du clergé. Ils lui passaient volontiers des concubines, cette tolérance les scandalisait si peu que les prêtres devaient payer une taxe pour elles, et ceux qui n'en avaient point l'acquittaient tout de même.

Lorsque la féodalité rendit toutes les fonctions civiles héréditaires, le catholicisme courut un grand danger, car les prêtres étaient tentés d'imiter les ducs, comtes et viguiers. Si le mariage leur avait été permis, l'Église d'Occident se serait transformée en féodalité théocratique avec un pape héréditaire, et c'en était fait de la démocratie. Le moine Hildebrand, ce Grégoire VII qui le premier mit le pied sur la tête du faucon [88], fit prévaloir le célibat ecclésiastique. Aujourd'hui que la société civile n'admet plus l'hérédité de ses fonctions, le célibat ecclésiastique n'a plus les mêmes raisons d'être conservé, mais du temps de Rabelais, le moment n'était pas encore venu d'y renoncer. Il était de plus en plus indispensable à la démocratie catholique. Les biens de l'Église ne seraient point arrivés au peuple, ils auraient été confisqués au profit des princes et des nobles, comme en Allemagne et en Angleterre.

Aussi, frère Jean est-il célibataire non moins obstiné que fougueux défenseur du patrimoine plébéien, le seul dont le fils de serf pût espérer prendre sa part. S'il était moins peuple lui-même, on pourrait y voir le portrait du belliqueux Jules II; mais l'Église venait d'avoir une série de papes princiers qui l'avaient mise dans de forts mauvais draps. Elle allait rentrer dans ses traditions plébéiennes avec Sixte-Quint qui ressemblait de tout point à frère Jean des Entommeures, y compris les propos salés [89].

VIII

Nous avons dit que le poème cyclique de Gargantua correspond, dans ses divisions aux quatre villes principales de l'ancien canton des Turones ; l'action débute à Loches le pays de l'accouchée, elle se poursuit à Châtellerault où Grandgousier, le principe pacifique, est attaqué par Picrochole, le principe belliqueux. Ce personnage est mis en déroute à Chinon. Gargantua partage ses dépouilles à l'antique entre ses lieutenants, Ponocrates, Gymnaste, Eudémon, Tolmère, Ithybole, Acamas, Chironacte, Sebaste, Alexandre et Sophrone [90]. Ces noms, parfaitement choisis, prouvent que Rabelais avait une connaissance complète des dogmes de la franc-maçonnerie antique. Les lieutenants sont au nombre de dix. Pour compléter les 12 signes du zodiaque, reste Gargantua lui-même qui représente les deux changements de direction solaire, ou les deux tropiques du Capricorne et du Cancer ; mais comme le roi, son représentant terrestre, ne peut pas se dédoubler pour une tâche aussi ardue, il délègue son vigoureux ami, frère Jean des Entommeures, à la garde du tropique du Capricorne, et il fonde pour lui l'abbaye de Thélème, où les deux sexes se trouvent réunis.

Il ne faudrait pas croire que cette particularité de la réunion des deux sexes fût une fantaisie de l'imagination érotique du joyeux caloyer des îles d'Hyères [91]. Non, l'abbaye de Thélème a existé, en tout bien tout honneur, dans cette bonne Touraine, sous le nom de Fontevrault [92]. C'était un refuge aristocratique qui admettait des moines et des nonnes, mais avait à sa tête une femme qui appartenait presque toujours à la famille royale et toujours à la plus haute noblesse, parce que plusieurs rois et reines de France y avaient leur sépulture.

L'abbaye de Thélème n'est cependant pas Fontevrault, car l'auteur la décrit formellement comme étant adossée à la Loire ce qui ne peut s'entendre que de la ville de Tours, ou plutôt de sa célèbre abbaye de Marmoutier, la plus ancienne des Gaules. Elle portait le nom du vainqueur des Cimbres, ou du moins de sa patronne gauloise la déesse

Mare, et devait occuper l'emplacement d'un ancien collège druidique[93]. Au sud-ouest de Marmoutier, si l'on cherchait bien, on retrouverait certainement les vestiges d'un ancien cimetière, où les deux sexes dormaient côte à côte, car dans cette Thélème où les horloges sont proscrites, il est impossible de ne pas reconnaître cette station de l'existence où le temps n'a pas de mesure. Rabelais, comme Victor Hugo, héritier des doctrines pythagoriciennes de nos pères, ne connaissait pas d'autre définition de la mort.

Ainsi le roi avait gardé pour lui le domaine de la vie et confiait au moine celui de la mort. Nous n'insisterons pas sur les particularités de l'abbaye de Thélème, parce qu'elle reproduisait, plus ou moins exactement, le palais de la grave Entéléchie[94], celui de Brunel, les jardins d'Armide[95] et plus anciennement ceux de Circé. Cette station était obligatoire dans tout roman de chevalerie; Rabelais ne pouvait la supprimer. Le bonheur et les libertés ne sont point de ce monde, on ne les trouve que dans le domaine d'Entéléchie, la continuité, ou de Thélème, la fantaisie.

Mais pourquoi Thélème et ses six tours portaient-elles des noms grecs, pourquoi la confiait-on à un guerrier moine? Nous avons vu que le grec était l'hiéroglyphe de *guerre*, il était aussi celui de *girer*, tourner. L'abbaye de Thélème était un *grec-monial*, construite pour un *guerrier-moine*, parce qu'elle était consacrée à la loi du *girement* (*girement loi*). Fontevrault signifiait la même chose (*font-vire-loi*), c'était le sépulcre de la Touraine, et si les Romains donnaient au bœuf le nom de *trio*, c'était parce qu'en labourant il tourne au bout de son sillon. La ville de *Tours* représentait donc, dans le canton des *Turones*, le signe du Capricorne[96]. Là finissait le règne de la paresseuse *Mare*, la déesse gauloise de la mort, et commençait celui de *Marthe*, la déesse gauloise de l'activité et du temps qui se compte.

En conséquence on y retrouvait la font Jouvin du cinquième livre. Rabelais a emprunté la sienne au songe de Poliphile. « Au milieu de la basse-cour estoit une fontaine magnifique de alabastre; au-dessus les trois Grâces, avec cornes d'abondance, et gettoient l'eau par les mamelles, bouche, aureilles, yeux et autres ouvertures du corps »[97].

Une fontaine du *Songe de Poliphile* (NDLE).

Les Grâces figurent sur le tombeau de Catherine de Médicis et autres[98], comme hiéroglyphe du *girement*. Aux yeux des anciens, elles ne différaient d'ailleurs en rien des trois Parques, et celle du milieu qui représentait la mort, ou le changement de sort, avait l'habitude de tourner le dos, pour figurer l'inconnu. Quant à l'eau qui s'échappe par toutes les ouvertures, c'est la *font ouvre l'eau* (*fonte vreault*). *Bacon, sire de Verulam,* portait un nom et un titre emprunté aux doctrines de la quinte qui résume

Le tombeau d'Henri II et de Catherine de Médicis, gravure de P. Giffart (NDLE).

parfaitement l'idée de l'abbaye de Thélème. La traduction de cette fontaine est *sort gire coin, font vire loi* (*le coin où tourne le sort*), la source de *la loi du changement*. L'abbaye de Thélème avait six coins et autant de tours, celle où s'accomplissait le changement était la tour *Artice*, qui avait donné son nom au roi Arthus, ou Arthos, en grec *arter*, qui veut dire attacher sa destinée à celle de quelqu'un, et par extension *chaussure*[99], de là la pantoufle de Cendrillon, laquelle est de *verre*, parce qu'elle indique le *virement* de l'âme (*verulam*), virement qui a lieu au coin le plus bas (*bascoin*). Telle est l'origine du sabot de Noël qu'on rencontre si souvent sur les monuments funèbres grecs. C'est l'*arter* de l'abbaye de Thélème.

Sur ce fond archi-antique Rabelais a greffé une description de la cour de la reine de Navarre et de sa composition aristocratique qui excluait les bigots, les chiquanoux, les usuriers et les pédants pour s'ouvrir toute grande aux chevaliers, aux annonciateurs du saint évangile *en sens agile quoiqu'on gronde*[100], et aux dames de haut parage qui en occupaient la place d'honneur, c'est-à-dire la droite depuis la tour Artice jusqu'à la tour Mesembrine. C'était une tradition germanique qui incarnait le bon principe, c'est-à-dire le solaire dans le féminin, et réciproquement. Mais les Allemands n'avaient pas le monopole de cette galanterie envers le sexe auquel nous devons notre mère, l'autel des douze dieux de Gabies[101] se distingue par la même particularité.

Le luthérianisme de Rabelais ne survécut pas à sa patronne la reine Marguerite, chez laquelle il était tout à fait à l'état de vernis, le pauvre Des Périers s'en aperçut bien[102]. Cependant, il paraît qu'elle tenta de réconcilier les parpaillots avec son frère; tel était le but de la dernière énigme qui termine le premier livre, elle est donnée par frère Jean comme étant l'interprétation de l'énigme ou prophétie du chapitre LVIII; mais cette prophétie ne présente rien d'énigmatique, c'est l'explication très claire d'une des parties des *fanfreluches antidotées* et de ce qui se passera en l'an 1800. Suivant un procédé qui lui est familier, Rabelais a donné intelligiblement la date dans l'une, et les faits dans l'autre, de sorte qu'elles se complètent.

> Alors auront non moindre authorité
> Hommes sans foi que gens de vérité
> Car tous suivront la créance et estude
> De l'ignorante et sotte multitude,
> Dont le plus lourd sera receu pour juge.

Nous ne sommes pas de ceux qui accordent à qui que ce soit le don de seconde vue. Bien que cela s'applique au commencement du XIXe siècle, Rabelais ne visait pas si loin et ne prédisait que les excès du protestantisme qui devaient ensanglanter la France pendant quarante ans: la reine Marguerite aurait voulu les prévenir[103].

Gargantua le catholique ne voyait dans la prophétie que le *décours et maintien* (décadence et restauration) de la vérité divine, ce qui est bien l'idée de Rabelais: « Par saint Goderan (dist le moyne), telle n'est mon exposition; le stille est de Merlin le prophète, donnez y allégories et intelligences tant graves que voudrez, et y ravassez, vous et tout le monde, ainsy que vous vouldrez. De ma part je n'y pense autre sens enclous qu'une description du jeu de paulme soubz obscures parolles. »

Voici le sens assez clair de ces obscures paroles: « Amis parpaillots, pourchasse roi, loges, – sœur qu'il écoute, tente roi Luther paix Rome

Christophe accorde lui – se recorde requête mit : ne bible haste, – foi parjure force doive ne clerc – foi change aulbaine acquest gagne pas loge. »

Le roi persécutait les loges des amis parpaillots. Il paraît que l'étymologie de ce mot était *amis part pelote*, et qu'ils se réunissaient sous prétexte de jouer à la paume, mais le sens mystique est *Priape lutte* (qui lutte contre le principe mâle). La reine de Navarre s'était entremise auprès de son frère pour qu'il obtînt, de Christophe de Rome (le pape), l'absolution de Luther ; elle ajoutait dans sa requête qu'on ne devait pas forcer ceux qui avaient pour *haste* (enseigne) la bible, à abjurer leur foi et que leurs biens ne devaient pas être confisqués comme aubaine par l'État.

In cauda venenum. C'était pour en arriver à cette noble conclusion que frère Jean des Entommeures, c'est-à-dire Rabelais, avait tiré ce feu d'artifice éblouissant. Il ne voulait introduire qu'une seule réforme dans le catholicisme, la liberté de conscience, et dans ce but il prêta à la reine de Navarre le concours de sa plume magique.

Comme style et comme composition, son premier livre est un des plus parfaits qui aient été écrits. Tous les caractères, même les plus chargés, comme ceux de la triade pantagruélique, y sont d'une vitalité et d'une vérité extraordinaires ; il n'abuse point de la poudre d'oribus et le grimoire n'y prédomine pas comme dans le songe de Poliphile, au point d'en rendre la lecture assommante. Si l'on compare le livre consacré au quart, à celui qui a été ajouté en l'honneur de la quinte, la différence est tellement à l'avantage du premier, qu'il est impossible de les attribuer au même auteur. D'ailleurs Rabelais avait traité le sujet dans son abbaye de Thélème, dont le palais d'Entéléchie n'est qu'une pâle copie, et par conséquent il n'avait pas à y revenir.

Nouvelle Revue
Février 1886

Notes

1. En 1908, Abel Lefranc a émis dans la *Revue des Études rabelaisiennes* (n° 6) l'idée que Rabelais avait attribué à Gargantua sa propre date de naissance, un 4 février, huit jours avant le mardi gras. Excluant tout millésime antérieur à 1488, il avait calculé d'après le contexte qu'il était né en 1494. C'est ainsi que l'on a fêté son cinquième centenaire en 1994. Mais l'année avancée par Grasset d'Orcet est plus vraisemblable, car les dates de Pâques (le 30 mars) et des fêtes connexes étaient les mêmes qu'en 1494. De fait, le registre mortuaire de l'église Saint Paul des Champs porte qu'il est « décédé, âgé de 70 ans, rue des Jardins, le 9 avril 1553 » (NDLE).

2. Plus de trois millions d'euros, en pouvoir d'achat actuel, évaluation toujours très relative (NDLE).

3. Chez Gryphe mentionné ci-après (NDLE).

4. Sébastien Gryphe, mort en 1555, publia plus de 300 livres en vingt-sept ans d'activité, nombre considérable pour l'époque. Son patronyme est allemand, mais par un curieux hasard, il s'apparente au grec *griphos*, énigme. Les *Commentaria* datent de 1536 (NDLE).

5. Jean de Caturce, juriste, fut condamné en 1532 pour hérésie, en fait parce qu'il était luthérien (NDLE).

6. Il fut exécuté en 1546, sur la sinistre place Maubert à Paris. En fait, il était poursuivi depuis dix ans pour avoir poignardé à mort le peintre Compaing, mais avait échappé à la justice grâce à ses puissants protecteurs ; il fut condamné pour impression et détention de livres interdits et hérésie (NDLE).

7. Où dans l'un Énée visite les Enfers, et dans l'autre Cicéron se demande si la mort est un mal (NDLE).

8. Le livre de W. Besant est paru en 1879 (NDLE).

9. Émanations de la divinité, évoquées dans les doctrines gnostiques et néo-platoniciennes (NDLE).

10. Double brevet de scepticisme : d'abord par la référence à saint Thomas, ensuite parce que le pseudonyme est l'anagramme d'incrédule. Le *Cymbalum Mundi* est une satire féroce du monde religieux et universitaire de son temps (NDLE).

11. *El*, dieu, *kiper*, expier et peut-être *baash*, mal, mauvais ; *nazir*, consacré (NDLE).

12. *Histoire de la Caricature sous la Réforme et la Ligue, Louis XIII à Louis XVI* (1880, NDLE).

13. Rabelais n'a pas apprécié son séjour chez les franciscains, fort peu portés sur la culture livresque. Voir supra *Rabelais et les quatre premiers...* note 30 (NDLE).

14. Guillaume Budé (1467-1540), savant polyvalent, est à l'origine du Collège royal ; Nicolas Béraud, historiographe, eut aussi Dolet comme élève ; Pierre Danès et Jacques Toussain, professeurs au Collège royal ; Jean Salmon, valet de François Ier, et Nicolas Bourbon écrivaient des poésies en latin ; Voulté ou Vouté, lui aussi poète latinisant, assassiné en 1542 (NDLE).

15. *Quart Livre*, chapitre XLV. Le pontificat de Paul III (Alexandre Farnèse) dura de 1534 à 1549 (NDLE).

16. Ce pape (1585-1590) d'origine plébéienne fut un grand bâtisseur et eut un pontificat brillant (NDLE).

17. *Gargantua*, chapitre XLII (NDLE).

18. Au rappel. Le samedi *in albis* vient six jours après Pâques. Le texte a été relevé page 144, Grasset le traduit directement du latin (NDLE).

19. Les papes résidaient alors au palais du Latran, contigu à la basilique. Les laudes sont la prière matinale qui suit les mâtines, et la choromanie (qui peut signifier «folie de la danse» ou «danse des fous») le nom spécifique de la fête du samedi *in albis* (NDLE).

20. Santa Maria in Via Lata et Santa Maria in Aquiro sont deux églises très anciennes, dans le quartier du Corso (NDLE).

21. Cette fête aux allures païennes fut célébrée jusqu'en 1084, puis abolie par Grégoire VII, qui la trouvait trop dispendieuse après le sac de Rome par Robert Guiscard. Elle pourrait avoir une parenté avec les Floralia latines, qui commençaient le 28 avril et dont les rites sont assez mal connus (voir Ovide, *Fastes*, V, 183-378). Mais son nom grec peut aussi indiquer une origine plus exotique (NDLE).

22. Girolamo Amati (1820-1905) s'est beaucoup intéressé aux phénomènes sociaux marginaux. Il est semble-t-il le premier moderne à relater cette bouffonnerie, étonnante dans la mesure où elle intervient après Pâques, c'est-à-dire bien loin de la période carnavalesque.

Quant à Grasset, il a tendance à voir du phénicien un peu partout ; en l'occurrence, c'est plutôt surprenant. On discerne des racines sémitiques qu'il a cru retrouver, toujours sous réserve : *jeor*, rivière, *ethena*, don, *yarash*, hériter, *areshat*, parole, *rephaïm*, morts, *ikar*, cultivateur, *rekhoushim*, biens, *zarah*, répandre (NDLE).

23. C'est la coutume du *ver sacrum*, destinée à conjurer des calamités majeures, et pratiquée jusqu'en 217 avant J.-C. (NDLE).

24. Cité dans une glose de Servius. Malheureusement il y a, en dehors de tout contexte, une ambiguïté dans le verbe employé, *projiciri*, qui peut vouloir dire précipiter ou expulser (NDLE).

25. Hébreu *ashar*, droit, *el*, dieu (NDLE).

26. Sculpture hellénistique qui se trouve au musée de Naples. Dirkè est châtiée par Amphion et Zéthos pour avoir traité leur mère Antiope en esclave. Elle est attachée par les cheveux à un taureau qui va la déchirer à mort sur des rochers (NDLE).

27. Notamment dans sa signature des premières éditions du *Tiers Livre*. Caloyer est la francisation du grec *kalogeros*, moine (NDLE).

28. Et aussi vomir, ce qui, par métaphore, peut en être assez proche (NDLE).

29. Hébreu *jeor*, rivière, *kilayon*, extermination (NDLE).

30. La *cornuta* est plus probablement une violette, ou encore une fleur de cornouiller, toutes deux précoces (NDLE).

31. Sur un graffite découvert en 1857 dans la maison Gelotiana, sur le Palatin (NDLE).

32. Grec *kara*, tête, *onos*, âne (NDLE).

33. Référence à Tacite (*Histoires*, V, 4). D'autres auteurs antiques parlent aussi d'un dieu à tête d'âne adoré par les premiers chrétiens, parfois désignés du nom d'«âniers», ce qui a longuement fait débattre les exégètes (NDLE).

34. Il est probable que le fils de François Ier fut empoisonné par les partisans du connétable. Cette vengeance détourna à jamais son père du parti de la *quinte*, avec lequel il avait coqueté alors que sa sœur en était l'âme.

35. En grec «cendre» (NDLE).

36. En 1685. Sur ces faits, voir *supra* Les Ménestrels…, note 112 (NDLE).

37. Chiasme : la chienne représente bien sûr la canicule et la truie l'humidité, ce qui est conforme à la symbolique astronomique, le sanglier étant associé au solstice d'hiver. Quant aux étymologies, le grec et l'hébreu sont bizarrement accouplés : hébreu *aïn*, source, grec, *kuna* (accusatif) chienne ; truie se dit *hus*, accusatif *hun*, la relation avec Avignon est très approximative (NDLE).

38. On vérifie ici que les méthodes de recherche de l'auteur se concentrent jusqu'à l'obsession sur la philologie. C'est bien sûr excessif, mais c'est le meilleur outil de travail dont il disposait (NDLE).

39. Déjà évoquée dans l'article précédent. Le nom équivaut à marranes, désignant juifs et maures convertis, ce qui tendrait à confirmer l'origine espagnole que lui donne Grasset d'Orcet (NDLE).

40. Depuis l'époque de la rédaction de cet article, l'étude de la mythologie française a fait d'énormes progrès et l'on sait maintenant, grâce en particulier à Henri Dontenville, que Gargantua, souvenir d'un dieu préhistorique, est omniprésent sur le territoire français et les régions circonvoisines. Le mont Gargano est un important promontoire des Pouilles sur la mer Adriatique (NDLE).

41. *Pantagruel*, chapitre I. Vitdegrain est le père de Grandgousier, Foutasnon son arrière-grand-père (NDLE).

42. *Akel*, nourriture, *bekeh*, larmes. Hacquelebec est le grand-père de Grandgousier (NDLE).

43. *Gargantua*, prologue (NDLE).

44. Giuseppe Mazzini, carbonaro et républicain, avait chassé Pie IX de Rome en 1848. On ne pouvait donc lui supposer de sympathie pour la papauté (NDLE).

45. Cet article est le dernier que Grasset, pressé par d'autres tâches, a consacré à Rabelais. On devine ici qu'il aurait souhaité parfaire son décryptage de nombreux autres passages en grimoire, d'innombrables énumérations où l'on soupçonne des messages sous-jacents, des structures codées de chapitres, etc. Regrettons encore que personne ne lui ait emboîté le pas, même si sa méthodologie reste perfectible (NDLE).

46. *Gargantua*, chapitre I (NDLE).

47. *Gargantua*, chapitre II ; *Pantagruel*, chapitre X / XII (NDLE).

48. L'éditeur a conservé l'orthographe de l'édition originale. L'emploi incongru de certaines majuscules – ou d'autres lettres - dans une revue dont la qualité typographique était supérieure, pourrait peut-être avoir une signification cachée (NDLE).

49. Voir article précédent, note 36 (NDLE).

50. Grec *marè*, main, et sans doute *seuas* ou *suas*, qui signifie littéralement "poussant en avant". On a vu à l'article précédent, note 78, que Marpessa signifierait «la main qui joue aux dés», donc l'inactive (NDLE).

51. Apollodore, *Bibliothèque*, I, 4, 2, Ovide, *Métamorphoses*, VI, 383 sqq., etc. (NDLE).

52. Il faut probablement comprendre ainsi le rébus grec :

  MaRè. SeuaS. DeRaS. KHRySo. MeLoN. ANKaLi. KReMaSMos
  MaRè.SeuaS.DeRkôn.KHRySon.MeLLoN.ANaKaLei.KhRèMa.ASMa
  Main. lançant. regardant. or. futur. renforce. richesse. chant

53. En fait, le gaulois *maros* veut dire grand : Viromar = grand homme (NDLE).

54. Saint Luc, X, 38 (NDLE).

55. D'origine plébéienne, Caïus Marius, mort en 86 avant J.-C., fut une des figures marquantes de la République romaine au moment où les luttes sociales faisaient rage entre patriciens et plébéiens. Il avait épousé Julia, tante de César. Une dizaine d'années avant sa mort, il séjourna longuement en Asie, notamment à la cour de Mithridate ; ses relations avec la prophétesse Martha sont rapportées par Plutarque (*Marius*, 17). Grasset considère qu'il fut le premier propagateur d'un projet démocratique. Son fils Caïus vécut un certain temps chez le roi de Numidie ; vaincu par Sylla, chef du parti patricien, il se suicida. (NDLE).

56. *Apocalypse*, XI, 8 : « … Et leurs cadavres (*de deux prophètes*), sur la place de la Grande Cité, Sodome ou Égypte comme on l'appelle symboliquement, là où leur Seigneur fut aussi crucifié… ». Cette phrase, qui semble situer le supplice du Christ à Rome, a troublé nombre de commentateurs, au point que certains ont suggéré une altération du texte grec, pourtant bien établi. Grasset explique au fil de ses « Observations sur le symbole de Nicée » (dans ses *Souvenirs*) que la crucifixion d'un Juif à Jérusalem était inconcevable au temps du Christ. Quant à la date de l'Apocalypse, elle est encore discutée (NDLE).

57. Il est exact que le *stavros* est originellement un poteau ; il ne prend le sens de croix qu'à partir du Nouveau Testament (NDLE).

58. Hébreu *gemul*, rétribution, *souos* est sûrement une coquille, il faut sans doute se référer à *seuô*, agir (NDLE).

59. On peine à reconstruire l'étymologie attribuée par l'auteur à Gargamelle, peut-être hébreu *gher*, étranger, et *gemul*, cf. note précédente. Badebec veut dire « bouche bée » en occitan ; le rapprochement avec l'oisiveté est plausible. Mais c'est aussi le bâtonnet qui permet le gavage des oies, et C. Gaignebet va plus loin en montrant que Badebec elle-même est une oie (cf. sa *Lettre à Julien sur Rabelais*, Paris, 2007, NDLE).

60. Les Cimbres, chassés des bords de la Baltique par la famine, ont erré plusieurs années en Gaule et ailleurs, en semant la terreur. Marius les anéantit à la bataille de Verceil, dans un bain de sang épouvantable (101 av. J.-C., NDLE).

61. *Gargantua*, chapitre II. Le « dompteur des Cimbres » apparaît au premier vers. Quant au début des *fanfreluches antidotées* que « ratz et blattes avoient brousté », ses figures typographiques varient quelque peu avec les éditions. Voir ci-jointe copie de l'édition de Françoys Juste, Lyon, 1542 (NDLE).

62. Grasset d'Orcet n'exprime que de la perplexité face à une telle coïncidence. S'il était l'occultiste qu'un certain public croit voir en lui, il n'eût pas manqué d'en tirer des conclusions ébouriffantes. Il semble donc bien plus raisonnable de le considérer comme un chercheur rationnel et sérieux, loin de l'image sulfureuse qu'il véhicule (NDLE).

63. Les 112 vers des *Fanfreluches antidotées* ont suscité des gloses innombrables, oscillant entre deux extrêmes : on y voit soit un délire verbal sans signification précise, soit un texte à clé très subtilement codé. Pour plus de détails à ce sujet, voir la préface (NDLE).

64. Paradin, *Emblémes* (édition de 1557). La devise détaillée se lit : « Les antiques Alains, Bourguignons, & Sueves, portoient le Chat (selon Methodius) en enseigne : beste que lon connoit assez impaciente de prison, à cause de quoy pouvoit estre en sine, & representacion de Liberté » (NDLE).

65. « Louis ne peut donc être jugé ; il est déjà condamné, ou la République n'est point

absoute », affirme Robespierre dans son intervention du 3 décembre 1792 (NDLE).

66. Voir les œuvres de Grasset d'Orcet *passim*. Il a fait de même pour ses pseudonymes qui sont si nombreux que, malgré de récentes recherches approfondies, ses écrits n'ont pas encore tous été retrouvés (NDLE).

67. Sans pratiquer une géométrie aussi rigoureuse, il est certain que de nombreux peuples antiques ont défini ainsi leurs frontières, comme en témoignent de multiples légendes de fondation grecques, romaines, celtes, scandinaves, etc. (NDLE).

68. Grec *lokhos*, accouchée, *kinôn*, mouvant, *picrokholè*, bile amère (NDLE)

69. *Gargantua*, chapitres IV/VI. Sur ce sujet, voir l'ouvrage fondamental de Claude Gaignebet, *À plus hault sens* (Paris, 1986, NDLE).

70. *Gargantua*, chapitre VIII. La citation grecque est de saint Paul. Sur l'androgyne de Platon (*Banquet*, 203sqq), thème fréquent chez Grasset d'Orcet, voir plus particulièrement « Les fouilles de Tanagra » dans l'*Archéologie mystérieuse*, et « De l'Androgyne dans l'art ancien et moderne », dans les *Œuvres décryptées* (NDLE).

71. Du Cange, *Glossarium ad scriptores mediae et infimae latinitatis* (1678). En vieux français, beaucéan, comme pie, signifie biparti de noir et blanc ; sur pouhier, voir plus haut *les Gouliards*, note 57 (NDLE).

72. Baillie désigne un gouvernement, une juridiction, bayle ou baile est le même mot que bai, donc brun rouge (NDLE).

73. Les errances des Boïens sont complexes : du Bourbonnais, on les retrouve en Gironde (pays de Buch), en Émilie, en Bavière et en Bohème, pays auxquels ils ont légué leur nom, et même en Galatie anatolienne (NDLE).

74. Grec *bous*, bœuf, *kainis*, couteau (NDLE).

75. Joueurs de fifre (NDLE).

76. Les deux grandes fêtes des saints Jean sont en effet très proches des solstices : l'Évangéliste le 27 décembre et le Baptiste le 24 juin (NDLE).

77. Sur cette question, se reporter plus haut à la préface (NDLE).

78. *Gargantua*, chapitre IX. Le *Blason des couleurs en armes, livrées et devises* est généralement attribué à Sicile, héraut d'armes d'Alphonse V d'Aragon, lequel est mort en 1458. Cependant la deuxième partie, consacrée aux livrées et devises et publiée en 1528, est très probablement d'une autre plume. La solution proposée ici est donc tout à fait raisonnable, même si Ligier Richier n'est pas connu autrement que comme sculpteur. Rabelais qualifie l'ouvrage de « livre trépelu », c'est-à-dire écrit par un auteur n'ayant pas le niveau de maîtrise : sa critique n'est donc peut-être pas seulement sur le fond, mais aussi sur le fait que celui-ci a outrepassé ses prérogatives. Sur ce point, voir « Le Songe de Poliphile » dans les *Œuvres décryptées* (NDLE).

79. Observation prouvant une fois de plus que le grimoire était largement utilisé par les corporations, avec un « argot » propre à chacune d'elles, et qu'un assez vaste public y avait accès. Cela explique d'autant mieux l'usage de l'hébreu par certains groupes élitistes, afin de n'être compris que d'un minimum de lecteurs (NDLE).

80. La jument submerge le gué de Vède au chapitre XXXVI, et le géant compisse les Parisiens au chapitre XVII (NDLE).

81. *Gargantua*, chapitre XIX (NDLE).

82. Voir plus haut *les Ménestrels de Morvan et de Murcie*, note 2 (NDLE).

83. Après la guerre de 1870, la royauté manqua de très peu d'être restaurée. Mais le

comte de Chambord, «l'enfant du miracle», déclara solennellement en 1873 «qu'Henri V ne pouvait abandonner le drapeau blanc d'Henri IV». Son obstination sur cette question en apparence secondaire entraîna l'instauration de la IIIᵉ République (NDLE).

84. Grec *entomè*, section (NDLE).

85. Les anabaptistes prônaient une indépendance religieuse complète, voire comme Thomas Münzer, l'instauration d'une théocratie. La guerre des Gueux se termina en 1525 par leur massacre (NDLE).

86. La prise de Rome en 1527 donna lieu à un pillage et des massacres qui se prolongèrent près d'une année. Les épidémies consécutives ruinèrent totalement la cité, mais il faut observer que Charles de Bourbon, mort dès le début du siège, n'y fut pour rien (NDLE).

87. Philosophe néoplatonicien du début du Vᵉ siècle, nommé évêque plus pour son prestige que pour sa foi chrétienne (NDLE).

88. L'empereur Henri IV dut s'humilier devant le pape à Canossa, en 1077, afin d'être relevé de son excommunication. Ce fut l'apogée de la puissance pontificale, mais sept ans après, les Normands ont saccagé Rome (*cf.* note 21), et Grégoire VII mourut exilé (NDLE).

89. Jules II, le «pape-soldat» (1503-1513), intervint vigoureusement dans les guerres d'Italie; Sixte-Quint (*cf.* note 16) était réputé pour son esprit acidulé et se définissait lui-même comme un "malheureux gardien de pourceaux" (NDLE).

90. *Gargantua*, chapitre LI. Ponocrates «Dur au mal», Gymnaste «Professeur de sport», Eudémon «Fortuné», Tolmère «Hardi», Ithybole «Va tout droit», Acamas «Increvable», Chironacte «Artisan», Sebaste «Honorable», Alexandre «Protecteur», Sophrone «Sage». Presque tous ces noms donnent lieu dans le corps de l'ouvrage à des jeux de mots sur des personnages ou des situations réelles (NDLE).

91. Voir *supra*, note 27 (NDLE).

92. Ce qui est parfaitement en accord avec la géographie symbolique décrite par l'auteur, car l'abbaye est exactement à l'extrémité occidentale de la Touraine (*cf.* préface, NDLE).

93. St Martin fonda Marmoutier en 372. Il est probable que les Turones avaient leur centre religieux et commercial à proximité (NDLE).

94. *Cinquième Livre*, chapitre XIX *sqq.* (NDLE).

95. On trouve Brunel dans le *Roland amoureux* de Boiardo (1483) et le *Roland furieux* de l'Arioste (1516), Armide dans la *Jérusalem délivrée* du Tasse (1581, NDLE).

96. Ce schéma est conforme aux principes pythagoriciens qui situent le pays des morts à l'ouest et le Capricorne au nord. Macrobe explique (*Commentaire du Songe de Scipion*, I, 12, traduction D. Nisard, 1850): «Voici le chemin que suit l'âme en descendant du ciel en terre. La voie lactée embrasse tellement le zodiaque... qu'elle le coupe en deux points, au Cancer et au Capricorne... Les physiciens nomment ces deux signes les portes du soleil... C'est, dit-on, par ces portes que les âmes descendent du ciel sur la terre, et remontent de la terre vers le ciel. On appelle l'une la porte des hommes, et l'autre la porte des dieux... C'est par le Capricorne, ou porte des dieux, que remontent les âmes vers le siège de leur propre immortalité, et qu'elles vont se placer au nombre des dieux». Même notion antérieurement dans l'*Antre des Nymphes* (XXII) de Porphyre, et déjà dans l'*Odyssée* (XIII, 109 *sqq.*) Sur ce sujet important dans l'ésotérisme antique, voir notamment la *Géographie sacrée du monde grec*, de Jean Richer (Paris, 1967, NDLE).

97. *Gargantua*, chapitre LV (NDLE).

98. Dans la basilique de Saint-Denis. En fait, il s'agit des quatre vertus cardinales (NDLE).

99. *Gargantua*, chapitre LIII. Peut-être grec *artheis*, étant adapté ; *arter* signifie bien chaussure (NDLE).

100. *Gargantua*, chapitre LIV (NDLE).

101. Toutefois, Thélème réserve toute la partie orientale aux dames, alors que l'autel de Gabies alterne figures féminines et masculines sur tout son pourtour. Voir l'article précédent, note 34 (NDLE).

102. Marguerite de Navarre est morte en 1549 (NDLE).

103. D'autres auteurs ont cru découvrir une autre date que celle avancée par Grasset, tel Jean Bernier dans *Jugement & nouvelles Observations sur les œuvres grecques, latines, toscanes et françaises de Maître François Rabelais DM ou le Véritable Rabelais réformé* (1697), qui donne celle de 1580, cohérente avec cette hypothèse (NDLE).

Joséphin Péladan

LES SONGES DROLATIQUES DE RABELAIS

Songes Drolatiques,
frontispice
de l'édition originale.

Un album singulier passe, à juste titre, pour le plus ancien monument de la caricature française, si on excepte les sculptures du porche et du chapiteau, dans les cathédrales. Douze ans après la mort du curé de Meudon parut ce petit in-8° contenant cent vingt figures, sans texte ni légendes: *Les Songes drolatiques de Pantagruel, où sont contenues plusieurs figures de l'invention de maistre François Rabelais, 1565.* Au premier coup d'œil on s'aperçoit que plusieurs mains ont collaborés: on discerne le crayon du Rosso[1] ou de quelque Italien très différent d'autres compositions bien françaises. Ces grotesques, fort difficiles à expliquer, sont parfois impossibles à reproduire: beaucoup bravent l'honnêteté d'une façon brutale et cynique plutôt que perverse. Croquis graves et salés, propres à l'esclaffement des pantagruélistes. Mais qu'est-ce qu'un pantagruéliste? Ce nom, désignant François Ier, s'applique aux bons patriotes, aux partisans de la maison de Valois et du catholicisme, comme la suite le montrera.

Esmangart et Éloi Johanneau, en consacrant aux Songes le neuvième volume de leur publication, ont donné une explication de chaque figure[2]. Ils voient Jules II dix-huit fois, deux fois seulement François Ier, et attribuent six dessins à la représentation de Cornélius Agrippa[3]. Ces commentateurs en cherchant à expliquer les *Songes* par le texte de *Pantagruel* s'approchèrent de la vérité: mais ils ne comprenaient pas ce texte. Charles Nodier, cet esprit si fin, ce Voltaire mystique du romantisme, un peu étourdiment, rapproche les *Songes* des *Caprichos* de Goya, et y voit des satires d'une portée générale, du Juvénal caricatural. Avant de poser des conclusions très différentes, je crois bon de procéder par le détail. D'abord, il y a les portraits d'une ressemblance indiscutable. Tout le monde reconnaîtra François Ier jusqu'à neuf fois[4].

« Pantagruel » signifie en argot du temps *paix ne te vaut guère*. Il s'agit de cette paix de Madrid par laquelle le roi chevalier renonçait à ses droits sur l'Italie, à la Flandre, à l'Artois, au duché de Bourgogne, et recevait en échange Éléonore, sœur de Charles Quint.

Qu'on se figure, à la suite de la guerre de 1870, l'empereur d'Allemagne donnant sa sœur à Napoléon III en échange de trois belles provinces, et on concevra quels sentiments inspiraient aux patriotes cette lourde Flamande qui incarnait la défaite et qui fut l'espionne de son frère et l'ennemie intime de la France[5]. Le mariage, célébré le 4 juillet 1530, se borna à un prologue, mais d'un caractère si rabelaisien qu'il vaut mieux renvoyer le lecteur au chapitre du *Pantagruel* (IV, 44)[6]. « Comment petites pluies abattent les grands vents ». Dégoûté de son épouse, François Ier se consacra à Anne de Pisseleu, qu'il fit duchesse d'Étampes. À ce moment, quatre femmes fomentent toute l'intrigue de la cour de France: la sœur de Charles Quint, la Pisseleu, Diane de Poitiers et Catherine de Médicis. Ce quatuor ne bornait pas ses soins à de petits ouvrages: on jouait les destinées du catholicisme et de la latinité. Anne tenait déjà pour la Réforme ; Diane conspirait en faveur de Henri VIII ; Éléonore protégea Catherine alors très impopulaire et fit accepter les décisions du concile de Trente[7].

La ressemblance avec Charles Quint n'échappera à aucun lecteur[8]. De même, la planche XXII nous donne la fameuse Diane sous les traits d'une marmite. Mais un bras porte l'écumoire ; l'autre ganté, tient une flèche[9]. En outre ce dessin nous révèle, à la manière des rébus, la vie privée de la dame. Un fil part du sol et rejoint un béret : ce qui signifie Philibert (fil lie ber). Or, nous savons qu'à cette époque l'abbé architecte Philibert Delorme était l'amant de la duchesse de Valentinois. Le fameux artiste lyonnais fut présenté par le cardinal Du Bellay, l'année même où Diane devint la favorite du Dauphin, qui devait être Henri II. Il travailla aussitôt à Anet, avec le Primatice. Des esprits sérieux hésitent à accepter une interprétation de rébus appliquée aux plus graves faits historiques. Cependant, lorsque Rabelais parle de Niphleseth, il faut bien reconnaître la flèche d'Anet (ne fléchit).

Songes drolatiques, planche LI.

Songes drolatiques, planche XLVI.

Nous voyons un François Ier à tête d'éléphant avec une trompe à roulette, nous le reverrons encapuchonné tenant douloureusement une de ses jambes, figurant ainsi l'embarras de ses affaires[10].

Si la ressemblance de ces figures avec les physionomies traditionnelles ne laisse aucun doute sur les personnes, nul n'a découvert le véritable sujet des *Songes drolatiques*. Une planche nous découvre ce secret, celle où le roi en grand manteau, portant le collier de Saint-Michel et la face toujours ramenée à celle de l'éléphant, donne son pied à un diablotin qui présente des deux mains une lourde pantoufle. Visiblement cette chaussure n'est pas à son pied, ni à son gré.

Voici maintenant une femme de qualité qui a une pantoufle au bas du visage et dont la jupe forme cloche. Cette pantoufle qui imite la mentonnière très exagérée d'un casque rappelle la célèbre Autrichienne, et la forme de la robe équivaut au surnom donné à la sœur de Charles Quint, *austricaille* (huistre écaille)[11].

Si on ne connaît que l'histoire des manuels, ces figures deviennent

Songes drolatiques, planche LXXV.

insaisissables : il faut écouter les plus beaux commérages de l'époque, les calomnies même, pour saisir les allusions alors parlantes du crayon.

La reine Éléonore, rousse, épaisse, grande mangeuse, gourmande surtout de homard et affectée d'une disgrâce intime reprochée à Marion Delorme[12], disgrâce accidentelle, mais qui éloigna le roi à tout jamais, ne montra aucune dignité, restant à la cour, malgré la demande en divorce de son époux, pour y servir les intérêts espagnols. On l'accusait, et il semble injustement, d'inceste avec Charles Quint. En lisant que la dame parisienne dont Panurge est amoureux porte une robe de satin cramoisi et une cotte de velours blanc, on voit les couleurs autrichiennes : *gueules et argent*. On désignerait encore de nos jours la même maison impériale d'identique sorte. La couleur manque aux *Songes drolatiques* et il y a lieu de le regretter, car elle éclaircirait beaucoup ce grimoire. Nous n'attribuons plus aux émaux aucun sens symbolique ; les jours d'émeute le peuple promène l'oriflamme de la monarchie, comme la Révolution se coiffe de la corne dogale de Venise. L'imprimerie occasionna une décadence du symbolisme et comme les mouvements politiques se choisissent toujours des couleurs, nous avons vu Henri V, aussi ignorant que la démocratie, s'envelopper dans le drapeau blanc, qui fut à travers les âges l'étendard du peuple. Au temps de Rabelais, l'habitude de s'exprimer par rébus, c'est-à-dire de rendre les idées par des objets formant à peu près le même mot ou une connaissance voisine, se maintenait encore pour des raisons de sécurité. Ce que nous appelons la liberté de la presse existait sous condition que le vulgaire ne comprendrait pas l'estampe satirique dessinée en cryptographie. Bien souvent un rébus qui aujourd'hui nous amuse comme une fantaisie eut le même rôle qu'un violent article de journal. Prenons la dame de Paris dont Panurge saisit les patenôtres ; indiquons par des traits verticaux le ton de sa robe et par un semis de points celui de sa cotte, et mettons-lui aux mains un chapelet en citronnier. Toute la cour et les corporations maçonniques liront ceci : « La sœur de Charles Quint fut incestueuse avec son frère » car patenôtre en cestrin (ancestrin) servait déjà à blasonner l'inceste, sous le pinceau des artistes italiens et en particulier celui du Titien.

Les *Songes* ne forment pas le journal d'un parti, mais bien la collection d'une polémique entre les quatre dames de la cour de France et Rabelais, représentant des corporations. À mesure que l'on feuillette, on voit le vent satirique changer de sens ; souvent une planche réplique à l'autre. La maçonnerie hésita longtemps entre le catholicisme et le protestan-tisme : le premier finit par l'emporter par l'or que la reine fournit à Catherine et par l'appui des compagnons de métiers.

Éléonore en guenon ouvre une énorme bourse pleine de pièces d'or. La Dauphine vivait assez maigrement en son château d'Auteuil, sur l'emplacement actuel du Trocadéro. Âgée de quatorze ans et mariée à un autre enfant de son âge, elle apporta en France cette perversité italienne qui n'était bonne qu'à des aventures sans lendemain, à des luttes de petits princes et qui ne valait rien dans le mouvement normal et grandiose de la race française.

On ne comprend pas la violence des écrivains protestants contre la sénéchale. Ils semblent ignorer sa connivence avec le parti anglais et féodal. La physionomie de Diane a été ridiculement gâtée par Victor

Hugo[13]. La sénéchale de Normandie ne vint jamais supplier le roi pour son père. Ce fut Maulévrier qui obtint des lettres de grâce : la peine capitale fut commuée en prison perpétuelle à la demande du beau-père. À trente et un ans, Diane n'avait point eu d'amant ; on ne lui attribuait que Clément Marot, le successeur d'Alain Chartier en laideur[14] ; elle ne brigua point de supplanter la duchesse d'Étampes et porta toutes ses vues sur le Dauphin. L'armure dite Henri II, au Louvre, porte deux potets, et cela suffit à la désigner comme un cadeau de Diane à son royal amant.

Qu'on se figure François Ier accablé par la vengeance de l'avocat Féron (1538)[15], le futur Henri II vivant à Anet avec le Primatice et Philibert Delorme, enfin Catherine tout à fait liée avec une autre dédaignée, Éléonore, et on verra quel réseau d'intrigues enserrait ces trois cours. Catherine s'entourait des hommes les plus conformes à son esprit italien d'aventurière sans scrupule, et la sœur de Charles Quint attirait Charles de Guise, évêque de Reims à dix-sept ans, qui fut toujours

Songes drolatiques, planche LXXIX.

Songes drolatiques, planche XLVIII.

inféodé au parti espagnol, sous couleur de religion. Le voici qui jette un livre dans un puits dont il porte le couvercle comme chapeau ; et ce livre sort de cette même bourse que nous avons vue pleine d'or et tenue par Éléonore.

S'il restait quelques doutes sur le sens de la pantoufle désignant le mariage forcé du roi de France, ils seraient dissipés par cette figure d'homme à la gueule de poisson qui avale une pantoufle et la main gauche en élève une autre au bout d'une tige, tandis qu'une quenouille lui tient lieu de sceptre. Les malheurs de la France venaient tous d'Espagne : sans la présence d'Éléonore à la cour, la famille des Guise n'aurait pas accompli un rôle néfaste[16], et Catherine de Médicis, livrée à ses propres ressources, eût été vaincue par Diane de Poitiers.

Dans les monarchies, les affaires intimes dominent la chose publique et le roman commande à l'histoire : les républiques paraissent plus pures parce qu'elles se manifestent par des groupes au lieu de personnalités. L'historien ne saurait être dupe de cette illusion. Au temps qui nous

Songes drolatiques, planche XXVIII.

occupe, les corporations, extrêmement puissantes à l'intérieur, se montraient fort sages, cantonnées sur le terrain économique, voulant le bien positif du pays, sans croire aux promesses d'aucun intéressé. Elles hésitèrent longtemps entre le parti anglais, le parti espagnol et celui des Valois et du catholicisme. Ces hésitations, la succession des pour et des contre, les *Songes drolatiques* nous les racontent en estampes, qui forment un dossier de cette affaire où chaque pièce déshonore son personnage.

Filant une quenouille qu'un couteau vient frapper, Éléonore hideuse, mais reconnaissable à la lèvre inférieure démesurée, et à son escarcelle si lourde qu'elle pose à terre, trame les intérêts fraternels, auprès de ce roi qui a voulu la répudier et qui envoya Saulx-Tavannes à Rome pour plaider un divorce qu'il n'obtint pas. Il semble qu'elle eût dû fièrement quitter la cour de France ; mais, satisfaite des bienséances que gardait le roi chevalier, elle se plut à l'intrigue et à la gastronomie, et partagea son temps entra la table et la compagnie plus que gaie que Catherine réunissait à Auteuil.

Songes drolatiques, planche XLI.

Certainement les figures des *Songes* circulèrent isolément, estampes ou dessins, au cours des évènements de 1530 à 1562 et peut-être plus tard. Épigrammes sanglantes, avertissements menaçants, révélations féroces, défis hautains, insinuations venimeuses, ces grotesques, propres à nous dérider et qui nous font rire, firent pâlir des gens d'une ferme trempe. Ce sont des dessins de combat, ce sont les articles d'une polémique, à l'époque où il n'y avait pas de presse. Admirable effet de la valeur artistique, ces *diatribes*, ces *étreintements* sont venus jusqu'à nous comme des curiosités, tandis que nos campagnes du journalisme ne seront plus lues et à peine consultées par l'érudit comme un dossier d'affaires. Ici le document emprunte à la fantaisie une saveur qui survit à l'actualité.

Charles Quint à la mâchoire démesurée engloutissant le liquide qui sort d'un flacon, et les jambes ouvertes comme pour justifier son caractère d'ogre et de sinistre maniaque, offre un aspect repoussant. Habitués que nous sommes à l'histoire académique, à des phrases d'Institut, creuses

Songes drolatiques, planche XCI.

et décevantes, nous voyons ce déséquilibré sur la foi de Montesquieu :
«C'était l'homme pour lequel le monde s'étendit.» Fils d'une folle, sans
foi ni loi, fanatique et astucieux, il dut son succès à ses intrigues et à
l'implacabilité[17]. Trente ans il tint la France en péril, et lui fit la pire
insulte, en imposant à François Ier vaincu d'épouser Éléonore. L'honneur
de Diane de Poitiers fut sa haine de Charles Quint. Qu'elle ait trompé
son royal amant avec l'architecte Philibert Delorme, cela paraît incontestable, mais il faut rendre à cette femme étonnante une justice : le plus
pur style français s'appelle l'Henri II, quoique le fils de Claude n'ait
régné que douze années. Sa mort ou plutôt son assassinat officiel par le
comte de Montgomery, capitaine de la garde écossaise, reste un problème
où la connivence de Catherine apparaît et qui se relie au fameux duel
de Jarnac et de la Châtaigneraie[18]. De l'instant où on ne se contente plus
du fait brutal, qu'on veut expliquer les mobiles, toujours cachés dans le
tempérament des personnages et au plus bas de leurs susceptibilités et
ambitions, les annales se hérissent d'interrogations incessantes !

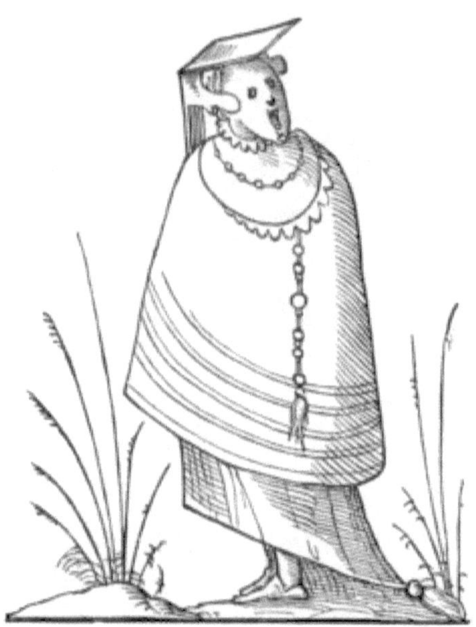

Songes drolatiques, planche LXXII.

La coiffure napolitaine, les trois rangs autour du cou indiquant l'origine pontificale de la puissance et la pendeloque faite de tourtels ou pilules du blason des Médicis ne laissent aucun doute sur cette figure, qui représente la Dauphine. La forme de cloche, de la mante et de la robe, l'associe à la sœur de Charles Quint. L'histoire ne parle pas de l'alliance formée entre Éléonore et Catherine, tandis qu'elle commente la fausse rivalité de la sénéchale et d'Anne de Pisseleu.

Cependant, la veuve de Maulévrier ne chercha jamais l'amour de François Ier, tandis que la dame d'Auteuil et l'Autrichienne, toutes deux délaissées par leurs époux, éprouvaient un sort assez semblable. La volonté de Charles Quint trouvait dans la Médicis une alliée précieuse. Il faut attribuer à l'influence espagnole les massacres de Mérindol et les sévérités du parlement d'Aix[19]. Les condottieri italiens, admirables personnages de drame, furent vite dépaysés dans une période vaste et nationale : Catherine apporta en France une politique de principauté, excellente peut-être à Urbino, à Rimini, à Milan même, mais déplorable

Songes drolatiques, planche CX.

dans un grand pays d'une unité aussi nette que celle de la France d'alors ; et les Guise eux-mêmes se classent parmi les aventuriers inférieurs à leur théâtre et aux grands intérêts collectifs qu'ils contrariaient de leur égoïste ambition.

Ici on ne voit pas le visage ; mais un pendentif épiscopal révèle l'évêque de Reims, Charles de Guise. Le triple soufflet à crémaillère qui précède la figure, caractérise le conspirateur et l'ambitieux caché sous cette cape fermée, et ce chapeau, si fortement rabattu et qu'assaillent les frelons, précise leur sens par la fumée qui en sort ; la pantoufle mise en évidence au pied droit représente toujours le parti espagnol.

Une autre figure de prélat, d'une ressemblance difficile à identifier, s'avance en tenant au poing comme un faucon, un oiselet coiffé en folie : les pattes félines et fortement griffues, le mouvement obséquieux de la démarche expriment sans doute les négociations pour faire accepter les décisions de Trente.

Comme je tente de le faire voir par le choix des dessins, les *Songes*

Songes drolatiques, planche IX.

ne forment pas un pamphlet, expression violente et systématique d'un parti ; ils réunissent les attaques et les ripostes d'Éléonore, de Diane, de Catherine, et, par instants, Rabelais lui-même s'exprime au nom des corporations ; mais fidèle à l'obscénité qui lui sert de masque dans *Pantagruel*, il rend son croquis impossible à copier, sans le retoucher, ce qui lui ôterait beaucoup de son étrange caractère.

Cette chatte au grand chapeau qui enseigne le solfège à un oiselet si frêle au sommet d'un épi, indique le rôle de Diane auprès de Henri II.

François Ier lui donna le Dauphin à déniaiser : le déniaisement ne profita pas à la Dauphine. La sénéchale mit tout son pouvoir à empêcher un rapprochement du jeune ménage, moins par jalousie que par conception politique ; on est forcé de lui attribuer les douze ans de stérilité de Catherine.

Diane tenait pour la branche des Bourbons et pour Henri VIII, sans qu'on ait encore bien démêlé ses raisons. Elle n'apprit pas seulement l'amour au fils de la reine Claude, d'un pauvre tempérament et d'une

Songes drolatiques, planche LIV.

tendance débonnaire, elle lui enseigna l'art de gouverner ou gouverna elle-même et d'une façon remarquable. Le règne de Henri II fut habile : on y répara plusieurs des fautes de François Ier, et la veuve de Louis de Maulévrier mérite une place parmi les femmes d'État. Son amour des arts et son sens des affaires l'élèvent au rang des plus remarquables princesses de la Renaissance. Sans l'opposition d'Éléonore d'Autriche, la châtelaine d'Anet aurait triomphé de Catherine et la France n'aurait pas été embarrassée par les aventuriers de Lorraine qui ne furent que des condottieri, sous des dehors de fanatisme.

Ce marmot étayé de deux tuteurs tient un papeguay ou perroquet : c'est François II, né après onze ans de mariage d'un rapprochement opéré par un *guay* ou gault, Philibert Delorme, qui trahit la sénéchale en cette occasion et passa du reste d'Anet au Louvre, où il resta désormais attaché à Catherine. Le *papeguay* ou perroquet, symbole des maçons, explique qu'un d'entre eux eut grande part à cette naissance.

Avertie par ses onze années de viduité matérielle que le dessein de

Songes drolatiques, planche LXXXIV.

Diane était l'extinction de la race des Valois, la Médicis s'ingénia, avec la complicité de Philibert et de l'évêque de Reims, pour isoler un soir le Dauphin et le griser. Une longue brouille entre Diane et Henri en résulta, et certains commentateurs veulent en voir le récit dans la guerre des Andouilles. Car il existe une étrange connexité entre les deux derniers livres de *Pantagruel* et les *Songes,* au point que ceux-ci semblent par instants l'illustration de ceux-là. La recherche en ce sens donnerait des résultats, si on la conduisait avec une extrême minutie. Dans cet art de dissimulation où la composition doit passer à l'état fantasmagorique sous les yeux des profanes et ne se laisser entendre que d'un petit nombre, l'accessoire donne la clé. Le jouet du bébé nous a appris qu'un gault ou maçon avait tout fait pour sa légitimité et peut-être pour sa naissance.

Longtemps on a enseigné l'histoire comme on l'écrirait de nos jours d'après le *Journal officiel,* et on continuera sans doute. Car les enfants seuls l'apprennent, et comment leur livrer les romans scabreux

Songes drolatiques, planche XCVII.

qui la composent en réalité et qui scandaliseraient leurs jeunes imaginations? Ce jeu des passions privées qui forme la trame des affaires
publiques, ces intérêts industriels qui entraînent la destinée d'une
race, ces coups de théâtre changeant la face du monde et qui naissent
d'un changement d'humeur, tous ces grands effets, prenant leur source
aux plus petites causes, constituent un spectacle dépravant. La façon
bossuétique qui découvre partout une économie providentielle et assu-
jettit l'histoire à une légalité, apparaît une des plus dignes applications
de la morale : ainsi les époques lointaines présentent toujours de nobles
lignes, si on les regarde d'un point culminant. Mais le face à face avec
les évènements ne produit pas ce bel effet de noblesse dans les desseins
et de conviction dans les idées. Les planches attribuables à Rabelais
affectent un scepticisme profond, assez bien traduit par cette harpie
humaine qui soulève le couvercle du pot pour lécher la cuiller. Les
intérêts des métiers n'étaient pas que tel ou tel triomphât, mais que
les artistes et artisans trouvassent à vivre, littéralement quelque chose

Songes drolatiques, planche LXIII.

à « licher », dans la marmite sociale où se cuisinent les ambitions diverses.

En attribuant au curé de Meudon ou à un seul auteur les cent vingt figures, on a manqué de critique : pour qui a l'habitude du dessin, quatre mains bien différentes se remarquent. De plus, l'idée d'un seul auteur rend l'ouvrage incompréhensible : le plus souvent, les répliques se succèdent comme pour un dialogue ; et si nous ne donnons pas d'exemple de cette suite rigoureuse, la faute en revient aux bienséances. Très souvent les personnages défient la reproduction par certaine brutalité comique. D'autres résistent à toute interprétation. Tel ce pénitent en cagoule qui tient des épis d'une main et un pot de l'autre.

Celui qui relira les mémoires du temps et aura présents à l'esprit les portraits de la cour française sous François Ier découvrira Charles d'Orléans, Gaspard de Saulx-Tavannes le connétable, Anne de Pisseleu, la reine de Navarre et plusieurs autres.

Montrer l'importance de cet album et signaler l'intérêt de son déchiffrement suffit à une étude qui n'irait plus avant qu'au prix d'un peu
de pédantisme, puisqu'il faudrait donner les règles du lanternois, assez
voisines de ce que nous appelons communément le rébus, c'est-à-dire
la représentation des idées par des objets dont le mot usuel forme
calembour. Ces règles se trouvent dans le *Songe de Poliphile*. Ce serait
une véritable lacune de ne pas rappeler ici cet ouvrage très recherché
des bibliophiles et que Claudius Popelin traduisit et réédita[20] :
l'*Hypnérotomachie* est évidemment le prototype des *Songes drolatiques*.
Mais l'ouvrage de Francesco Colonna, aux gravures magnifiques, représente plutôt une méthode transcendentale du rébus, une grammaire
cryptographique qu'une œuvre polémique. Que le lecteur rapproche
cet essai des amours maçonniques de Poliphile avec Polia.

Le professeur de théologie qui, dans ses loisirs de Padoue, a
composé ce singulier volume en général mal traduit, eut le bonheur
d'être redessiné admirablement par l'école des Goujon, des Cousin
et des Delorme et survécut. Les fêtes rustiques et les apothéoses de
la fin s'élèvent au plus noble style, et livrent le secret des métiers à
la Renaissance, constituant un incomparable répertoire pour les arts
décoratifs. Quant à nos songes pantagruéliques, ils contiennent de
précieuses révélations sur notre histoire de 1530 à 1550, période où
se jouèrent le sort de la maison de France et de la religion romaine.
Ils permettent d'assister aux efforts des partis pour se concilier l'appoint considérable de la maçonnerie, et prouvent que la Réforme
incarna plus d'intérêts que de thèses et reçut sa force de la politique
et non de l'esprit religieux. Quelle illusion d'attribuer aux personnages
historiques des enthousiasmes de doctrine ! La reine Éléonore servit
son frère plus que l'Église : Diane qui passe pour païenne, fut surtout
une alliée d'Henri VIII, et Catherine de Médicis se souciait de l'orthodoxie comme d'un patin usé ! Le fanatisme cache d'ordinaire les
calculs du plus simple intérêt ; la fille des marchands florentins eût
régné volontiers avec les protestants ; et le schisme d'Angleterre bien
étudié se réduit à une petite question de divorce refusé par le pape.

Une physionomie se détache parmi les *Songes*, singulièrement

Songes drolatiques, planche LXXVI.

sympathique, incarnant les qualités et les défauts français : François Ier,
nature si généreuse, si supérieure moralement à un Charles Quint.

Peut-on mettre une légende sous chacune des cent vingt estampes
de ce recueil maçonnique ? La Société des Études rabelaisiennes[21],
fondée depuis quelques mois, réunira des gens de loisir et d'étude. Ils
rendront à notre compréhension ces figures depuis des siècles devenues
énigmatiques et trouveront ce que signifie cet homme à la grande barbe
qui serre un balai sur son cœur avec tant d'effroi.

Considérés comme des révélations historiques, les *Songes drolatiques*
fourniront une contribution intéressante aux dessous d'une époque
troublée. À un autre titre ils sollicitent l'attention. Le lecteur qui aura
bien voulu suivre cet essai, admettra, ce semble, que ces grotesques
expriment autre chose que la fantaisie d'un buveur qui s'évertue à
croquer les puissants du jour et qu'il y a matière à réflexion dans cette
série de rébus politiques.

Pour opérer une conviction entière, il faudrait d'abord dénoncer le sens très sérieux du *Pantagruel* et ses perpétuelles allusions aux affaires du temps. Au moins accordera-t-on à cette suite son caractère de polémique, la plus ancienne de l'art français.

Lorsque Philippon, devant le tribunal, dessinait trois poires successives pour montrer que ce fruit devenant infailliblement, sous un crayon, le type du roi Louis-Philippe[22], il aurait pu invoquer les *Songes* de Maître Alcofribas Nasier, qui fut un grand patriote et le premier en date des journalistes français.

Notes

1. Giovanni Battista Rosso est mort au plus tard en 1541. S'il est plausible qu'il ait dessiné quelques croquis de *Songes*, ce ne peut en être qu'une minime partie (NDLE).
2. Charles Esmangart et Éloi Johanneau ont publié en 1823 une édition complète de Rabelais, la première qui se voulait exhaustive et critique. Malgré de nombreuses erreurs, elle reste un document intéressant pour la recherche (NDLE).
3. Cornelius Agrippa, dit de Nettesheim (1486-1535), le Herr Trippa du *Tiers Livre* (chapitre XXV), érudit et occultiste célèbre jusqu'à nos jours, puisqu'il a donné son nom à un personnage de *Harry Potter* (NDLE).
4. Péladan s'est inspiré en général de l'édition Esmangart-Johanneau, qui assigne des identités complètement conjecturales à chaque dessin (totalement muets dans l'édition originale), toutes des personnages imaginés par Rabelais, hormis le pape Jules II, qui apparaît dans pas moins de 15 % des gravures! Or Jules II est mort en 1513, vingt ans avant la parution de *Pantagruel* et plus d'un demi-siècle avant l'édition des *Songes*. Huit papes, ni plus ni moins sujets à caricature, lui avaient succédé entre-temps, peut-on imaginer qu'aucun n'aurait fait l'objet de la moindre satire? Cela prouve bien l'inanité de cette sélection.
Tout en rectifiant quelques attributions qui lui paraissaient erronées, Péladan tombe dans le même travers. En fait, seuls cinq dessins peuvent à coup sûr figurer François Ier, les numéros 8, 46, 70, 75 et 118; il semble que l'auteur le confonde plusieurs fois avec le cardinal de Châtillon, barbu comme lui (no 75, 76, 119, sous réserve, NDLE).
5. Voici un premier passage prouvant que Péladan a fait plus que démarquer Grasset d'Orcet (cf. *Rabelais et les quatre premiers livres de Pantagruel*, p. 68. Nous laissons le lecteur découvrir les autres (NDLE).
6. Comprendre qu'il s'agit du *Quart Livre* (NDLE).
7. En réalité, le concile de Trente à ses débuts ne prit que des décisions hostiles à la

Réforme. Charles Quint, pris entre sa foi catholique et la nécessité d'apaiser les nombreuses principautés protestantes de son empire, en fut fort chagrin. Il dut reprendre la guerre en 1547 contre elles et en 1552 contre la France. Il abdiqua en 1555 après avoir dû accepter très à contrecœur le principe *Cujus regio, ejus religio*, et Éléonore mourut trois ans plus tard. On ne sache pas que Catherine de Médicis, femme très opportuniste et déjà reine, ait eu besoin des conseils de la sœur de l'empereur pour définir sa propre politique (NDLE).

8. Cette phrase n'a aucun sens dans le contexte. On a dû oublier de la supprimer ou de la compléter dans l'édition princeps, qui a été respectée du mieux possible (NDLE).

9. Voir cette planche dans *Rabelais et les quatre premiers livres de Pantagruel*, p. 97 (NDLE).

10. Interprétation très douteuse, encore une fois Péladan s'inspire de l'édition Esmangart-Johanneau : à l'inverse des autres dessins présentant François Ier, assez ressemblants pour être identifiés, celui-ci ne porte ni son visage ni aucun attribut royal. La planche VIII des *Songes* est reproduite dans *Rabelais et les quatre premiers livres de Pantagruel*, p. 91, voir la note 87 (NDLE).

11. Planche visible dans *Rabelais et les quatre premiers livres de Pantagruel*, p. 72 (NDLE).

12. Courtisane recherchée au temps de Louis XIII, rendue célèbre par la pièce homonyme de V. Hugo (NDLE).

13. Dans *Le Roi s'amuse* (1832, NDLE).

14. Poète du XVe siècle dont on disait que «sa laideur seule était aussi rare que son génie» (NDLE).

15. Sur ce point, voir *Rabelais et les quatre premiers livres de Pantagruel*, note 83 (NDLE).

16. Encore une observation discutable, mais reconnaissons que Péladan, n'étant pas historien, se contente de retranscrire ce qu'il a lu. Claude de Lorraine, présent à Marignan et dans toutes les grandes batailles de François Ier, nommé duc de Guise en 1528, fut toujours un vassal fidèle. Son fils François servit Henri II, c'est après la mort de ce dernier que les Guise prirent une influence prépondérante. Le rôle de la reine Éléonore semble insignifiant dans ces épisodes (NDLE).

17. Il semble que Jeanne de Castille, même si elle avait peu d'aptitudes pour régner, était moins malade que sa famille ne l'affirmait. On ignore par ailleurs pourquoi l'auteur juge si impitoyablement Charles Quint (NDLE).

18. Le seigneur de Jarnac était le beau-frère d'Anne de Pisseleu. Il avait été offensé par des médisances répandues par l'entourage du Dauphin, futur Henri II, qui fut représenté dans le duel par La Châtaigneraie, bretteur réputé. On n'a pas manqué d'accuser Diane de Poitiers d'avoir fomenté l'affaire (NDLE).

19. En 1545, le baron d'Oppède, premier président du parlement d'Aix fit exterminer une colonie de Vaudois, considérés comme hérétiques, à Mérindol et dans les villages voisins (NDLE).

20. En 1883 (NDLE).

21. Fondée par Abel Lefranc en 1903 (NDLE).

22. Charles Philippon, caricaturiste fondateur du *Charivari*, poursuivi pour ses dessins anti-orléanistes, osa en plein prétoire croquer quatre dessins métamorphosant le visage de Louis-Philippe en poire (1831, NDLE).

LA CLÉ DE RABELAIS

Sainte-Beuve se range à l'avis de Montaigne, il met le *Gargantua* et le *Pantagruel* parmi les livres *simplement plaisants* ; Il pense avec Niceron[1] qu'il n'y faut rien chercher de suivi, que c'est un artiste, un poète qui songe à s'amuser ; il cite enfin l'abbé Galiani[2], qui juge cette obscénité « naïve », et après avoir évoqué le petit roi d'Yvetot[3], il réduit à coups d'épithètes l'œuvre du Chinonais à une ripaille bourgeoise, à un réveillon de Noël, à une longue chanson à boire. Depuis l'auteur de *Volupté*, la critique n'a pas sensiblement modifié son jugement : ce qui prouve que le masque pédant est indispensable pour inspirer du respect et qu'on ne prend au sérieux que la robe et le bonnet carré.

Pourquoi, de Montaigne à Sainte-Beuve, la critique s'est-elle trompée sur Rabelais ? Parce qu'elle fut littéraire. Le littérateur ne jure et ne juge que par la chose imprimée, oubliant que le Moyen Âge se servit du dessin plus que du langage pour exprimer sa secrète pensée, sans peur ni risque, et que beaucoup d'œuvres de la Renaissance s'expliquent par les arts et métiers. Il faut savoir l'architecture et surtout l'héraldique pour comprendre Rabelais.

M. Paul Rosières[4] s'en aperçut le premier ; mais il se trompa en comparant l'œuvre de Maître Alcofribas Nasier à une cathédrale. Vers 1532, l'ère des cathédrales était close, la période des châteaux battait son plein. Les figures licencieuses du chapiteau et du portail analogues aux grotesques de Gargantua causèrent cette méprise.

On se figure le Moyen Âge comme une colossale moinerie parfois truande, plus souvent mystique, et on attribue aux sculpteurs des cathédrales une piété à la Fra Angelico, sans réfléchir que l'homme d'art, de tout temps, a vu la religion dans son propre effort créateur, et même croyant au dogme n'a jamais beaucoup vénéré le clergé. Le *mestre* d'œuvre en outre, méprisait profondément le noble. Le VIᵉ livre de *Pantagruel*, en son chapitre LVII[5], nous donnera la profession de foi anti-féodale la plus positive qui jamais ait été écrite. Aucune page n'égale celle que je vais citer comme puissance prophétique : le lecteur verra en marge comme de tragiques illustrations les évènements du dernier siècle. C'est vraiment la charte du socialisme et le texte littéral de ses revendications, dans ce qu'elles ont de légitime et d'irréfutable. Malgré l'évocation platonicienne qui commence ce morceau, il s'inspire de la seule expérience, sans mots sonores, sans prétentieuses considérations.

« En icelluy jour, Pantagruel descendit en une isle admirable entre toutes, tant à cause de l'assiette que du gouverneur d'icelle… Messere Gaster, premier maistre ès art de ce monde. Avec icelluy pacifiquement résidait la bonne dame Pénia, autrement dit Souffreté, mère de neuf Muses, de laquelle jadis en compagnie de Poros seigneur de Abondance, nous naquit Amour le noble enfant médiateur du Ciel et de la terre, comme atteste Platon…

À ce chevaleureux roy force nous fut faite de faire révérence, jurer obéissance et honneur porter. Car il est impérieux, rigoureux, rond, dur, difficile, inflectible. À lui, on ne peut rien faire croire, rien remontrer, rien persuader. Gaster ne oyt point, estant sans oreilles. Il ne parle que par signes. Mais à ses signes tout le monde obéit plus soudain que aux édits des prœteurs et mandements des roys ; en ses sommations délai aucun et demeure aucune il n'admet. Vous dites que au rugissement du lion toutes bêtes, loin à l'entour, frémissent… Je vous certifie que au mandement de Messere Gaster, tout le ciel tremble, toute la terre branle. Son mandement est nommé, faire le faut sans délai, ou mourir! En quelque compagnie qu'il soit discepter ne faut de supériorité et préférence; Gaster toujours va devant, y fûssent roys, empereurs, voire certes papes! Il fait ce bien au monde qu'il lui invente tous arts, toutes machines, tous mestiers, tous engins et subtilités. Et tout pour la tripe!... Quand Penia sa régente se met en voie, la part qu'elle va, tous parlements sont clous, tous édits muets, toutes ordonnances vaines. À loy aucune n'est sujecte, de toutes est exempte. Chacun la refuyt en tous endroits, plutôt s'exposant ès naufrage de mer, plutôt eslisans par feu, par mons, par gouffres passer, que d'icelle être appréhendés!»

Les révolutions et les communes ont terriblement commenté ce texte qui nous montre, du même coup, le rationalisme de Platon qu'on ne soupçonne guère et la libre-pensée, en France, précédant de beaucoup d'années les évènements politiques. On éprouve quelque embarras à voir le Ventre marié à la mythique Penia, mais il faut s'y résigner. Rabelais entendait Platon beaucoup mieux que M. Cousin[6]. Du reste, cette théorie du *primo vivere* a pour elle le mérite indiscutable de l'expérience. Le ventre est bien le premier maître ès arts du monde, et l'effort humain n'a qu'un mobile: la tripe. L'un laboure la terre, l'autre enseigne la métaphysique; celui-ci fait des vilenies et celui-là des chefs-d'œuvre: et tout pour la tripe! La lutte pour la vie n'est pas une formule moderne: mais jusqu'ici on avait caché le redoutable arcane. Les francs-maçons d'aujourd'hui écrivent encore un B majuscule avec un j en coulée de chaque côté d'un niveau et ils appellent cela les deux colonnes du temple: Iakin et Bohas. Eh! bonnes gens, laissez la kabbale judaïque, vos colonnes signifient le Boire et le Manger! Le Grand Arcane, c'est la Tripe. Une pareille affirmation clairement exprimée, au seizième siècle, eût mené son proférateur à l'in-pace et au bûcher.

En Chaldée, la femme du Soleil (Samas) se nomme Goula, et, en argot, un goualeur est un chanteur: on connaît la Goualeuse dans *Les Mystères de Paris* d'Eugène Süe, romancier de grande envergure, et tout le monde entend encore le mot de gouaillerie. Si on veut une autre racine, il suffit de remarquer que Got s'écrivait Gault, au temps de Rabelais, et que jadis un *pape gaut* ou *pape guay* était un perroquet. Beaucoup de psittacins se voient dans l'ornementation romane : mais dès le treizième siècle, le coq, animal gaulois, semble devenir le blason des gouliards, ils l'ont mis sur la croix de fer des églises, dès le retour des croisades, et il y est encore, en l'honneur de saint Gaut, saint Gall ou saint Coq, un saint très cher aux initiés. Abusivement on écrit francs-maçons d'après la formule de Cromwell ; il faut dire fourmaçons (de *fornix*, four) ; car le four fut l'embryon de la voûte, de la coupole et de l'abside ; selon le proverbe des Limousins, « à faire la gueule d'un four, trois pierres sont nécessaires », les piles et l'architrave du dolmen. Pile correspond au *pylé* des Grecs. Pour expliquer Rabelais il faut poser en règle qu'il exprimait sa pensée véritable en termes de métier et de four-maçons, ce qui s'entend de toute la coterie du bâtiment.

Il y avait droits degrés d'affiliation : le carpal ou crapaud, nom encore donné aux manœuvres sur les chantiers du midi, le trépelé, qui eut sa dernière synonymie sous l'Empire, dans l'expression « brave à trois poils ». Deux piles signifiaient la haute maîtrise : on disait aussi maître pourple. Celui-là était enlumineur, peintre ou architecte, il enca-drait de pourpre ses compositions et il pouvait être aussi escribouille (écrit bulle), c'est-à-dire scribe, secrétaire, homme de lettres. Rabelais est le plus illustre des escribouilles gouliards. Il nous a conservé la profession de foi si positiviste. Mais ne soyons pas dupes des super-positions historiques qui semblent faire de Joachim de Flore un précur-seur de Luther et ne jugeons pas le socialisme de 1552, d'après nos contemporains[7]. Les gouliards n'ont été ni des anarchistes, ni des sans-patrie, ni des républicains : ils voulaient l'égalité devant la loi et l'ex-termination de la noblesse ; mais ils aimaient la France et la monarchie : c'étaient des catholiques anti-cléricaux et des royalistes anti-féodaux. Ils ne prétendaient pas, comme les théoriciens de la Révolution, refaire l'homme selon une conception et refonder la société de leur temps. Point de thèses stupides à la Jean-Jacques ; aucun rêve d'Arcadie ni de phalanstère. Ils permettaient au monde de tourner, au pape de bénir, au roi de régner, pourvu qu'ils eussent du travail rémunéré. Ils furent de vrais libres-penseurs, ils gardèrent la neutralité toutes les fois qu'on ne toucha pas aux colonnes du Temple, au boire et au manger. Leurs ancêtres spirituels avaient rêvé une Jérusalem nouvelle avec Godefroy de Bouillon et tenté, avec les Templiers, la conquête du monde par l'habile maniement de l'or. Livrés par la papauté au bûcher de la monarchie, ils abandonnèrent le rêve sublime que reflètent nos chansons de geste, le rêve de Montsalvat que Wagner a formulé dans *Parsifal*[8] au sens mystique et qui reproduit, si on y prend garde, la pensée majeure de Dante. Le grand drame d'Occitanie, qui se dénoua sous saint Louis par l'extermination[9], l'épopée de Montségur dont Savonarole fut le dernier écho, représentant l'agonie du mysticisme politique.

En France, l'infériorité intellectuelle de la noblesse s'étend jusqu'à la première campagne d'Italie et même un peu après. Des cloîtres de Charlemagne sortirent maçons et escribouilles, architectes et calligraphes, les ancêtres des grands constructeurs, des émailleurs et verriers. Ils se jetèrent dans toutes les aventures : croisades, sociétés secrètes, utopies idéalistes. Mais, au temps de Rabelais, après cinq siècles d'expériences douloureuses, ils renoncèrent aux mirages de la morale et de la justice, comme l'individu arrivé à l'âge mûr, ayant épuisé sa générosité, ne pense plus qu'à assurer la suite de sa vie. Ils bannirent donc de leurs dogmes la métaphysique et ne formèrent plus qu'un syndicat d'intérêts pratiques. Leurs mots de passe ne laissent aucun doute sur ce point : « Lanterne si el ? Bouteille » ce qu'il faut lire « Loin terre est ciel ? – Boute œil ! » En langage moins bref : « Quels sont les rapports entre la terre et le ciel ? Que faut-il penser de Dieu, de l'âme ? » Réponse : « *Vas-y voir !* » Le royaume de Goula ou des gueules était ce monde et ses nécessités seules faisaient loi. Certes, la liberté de pensée ne saura jamais mieux promulguée. Aujourd'hui cette épithète désigne une secte très fanatique, d'un prosélytisme ardent, analogue à « Sois mon frère ou je te tue ». Alors, les dévots de la lanterne, qui devint la potence en 93 (on connaît le cri « les aristocrates à la lanterne »), étaient monarchistes et prirent partout le parti de Rome contre la Réforme, en vertu de leurs besoins mêmes. Pour eux, le protestantisme, c'était la ruine. Messere Gaster, premier maître ès arts du monde, architecte, sculpteur et peintre verrier, n'avait plus rien à faire dans le temple protestant; il lui déclara une guerre économique.

Nous sommes ici dans les cryptes de l'histoire, et chaque assertion demanderait un chapitre de preuves. Il faut se borner à prouver l'ésotérisme de Rabelais et à en déterminer la nature. Lorsque Pantagruel (François Ier) et Panurge (type du Gouliard) délibèrent de visiter l'oracle de la dive bouteille, ils passent par le pays de Lanternoys, pour y prendre quelque docte et utile lanterne qui leur serait pour ce voyage ce que fut la Sibylle à Æneas. Carpalim (Diane de Poitiers) s'écria: «Panurge, ho!… prends Milord Debitis à Calais, car il est good fallot, et n'oublie debitoribus, ce sont lanternes.»[10]

Debitoribus doit se lire *débiter des rébus*, c'est-à-dire employer une écriture figurée qu'on forme avec des objets réels et qu'on lit phonétiquement.

François Ier s'inquiète de ne parler bon lanternois. «Je le parlerai pour vous tous, dit Panurge, je l'entends comme le maternel.»

Les quatre vers qui suivent doivent se déchiffrer à la sémitique sans tenir compte des voyelles: i, j, x, u, v se confondent[11].

«Comment M. Panurge fit quinauld l'Anglais qui arguait par signes» contient tous les attouchements, signes et frappements des quatre degrés de la maçonnerie d'alors[12]. Il faudrait dessiner les gestes pour en bien comprendre la succession. «Les matières sont tant ardues [dangereuses] que les paroles humaines ne seraient suffisantes [celles permises] à les expliquer à son plaisir[13].» On promet de rédiger par écrit ce que lui et Panurge ont dit et résolu, pour que ce soit imprimé. Quand Panurge baillant forme le Tau avec le pouce de sa main droite, Naz de Cabre lève la main gauche en l'air et tient les doigts clos en son poing excepté le pouce et l'index, «desquels il accoupla mollement les deux ongles ensemble»[14]. Or, ces signes se font encore tels quels. Est-il nécessaire d'avertir que l'Anglais en question n'est pas un fils d'Albion, mais un pair peintre anglé, un initié à la confrérie de l'Angle, un affilié de la corporation du bâtiment. J'attire l'attention des chercheurs sur le chapitre où Pantagruel trouve des mots de *gueules*, des mots de gouliards.

«C'était langage barbare! Et on vit des paroles bien piquantes, des paroles sanglantes, lesquelles le pilote nous disait quelquefois retourner au lieu duquel étaient proférées, mais c'était la gorge coupée[15].» Ces paroles, qu'on n'entend pas, mais qu'on voit, sont des dessins coloriés, dérivés de l'héraldique, mais piquants et sanglants, c'est-à-dire blasonnant des personnages contemporains. Dans les monarchies absolues, la vie politique prend une intensité prodigieuse, j'entends la vie des intérêts; on joue sa sécurité et sa tête à chaque coup, tandis que, de nos jours, le plus grand risque se borne à passer du premier plan au second; on ne perd que sa place.

À la fin de cette scène, Panurge s'écrie: «Plût à dieu que ici, sans plus avant procéder, j'eusse le mot de la dive bouteille!» En approchant du temple, ils virent, en la face de l'arc, ces deux vers inscrits:

> Passant icy cette poterne,
> Garny toy de bonne lanterne!

«À cela, dit Pantagruel, avons-nous pourvu, car en toute la région de Lanternois, n'y a pas meilleure et plus divine lanterne que la nôtre.»[16]

«La façon dont Bacbuc accoustra Panurge»[17] pour être mitré est le plus ancien prototype d'une réception maçonnique.

«Quand de la sacrée bouteille issit un bruit tel que fait un guarot desbandants l'arbaleste. Lors fut ouï: *Trinch!*»[18]. Trinquer! serait donc le mot de l'initiation: il pourrait être celui des repas maçonniques; mais il faut rechercher ici les acceptions les plus populaires, l'ouvrier parisien dit: «Il a trinqué!» dans le sens d'écoper ou de participer, de payer sa part de casse et de responsabilité. De toute façon il faut séparer chaque lettre T, R, I, N, C, H, et lire: Tripe Règne Ire; Nul Ciel Homme. *La Tripe règne par colère du ventre; nul ciel pour l'homme.*

Il eût été fort dangereux d'écrire cela en langue vulgaire. Panurge estime que si la dive bouteille a laissé partir ce mot, c'est qu'elle perd. «Elle est, par la vertu Dieu, rompue ou fêlée; ainsi les bouteilles cristallines de nos pays, quand elles, près du feu, éclatent.»[19]

Trinch est un nom panomphée (international)… « Roy sous le ciel tout puissant n'est qui puisse se passer d'autrui [des métiers]! pauvre n'est tant arrogant qui passer se puisse du riche [capital – solidarité maçonnique]. » [20]

Rabelais, après avoir donné telle quelle la profession de foi si terriblement négative des Lanternois qui ne s'éclairent qu'à la nécessité, ajoute pour son compte :

« Allez, amis, en protection de cette sphère intellectuale de laquelle en tous lieux est le centre et n'a en lieu aucune circonférence que nous appelons Dieu. Et venus en votre monde [dans la vie sociale], portez témoignage que sous terre sont les grands trésors et choses admirables [doctrines de l'initiation]... Ce que du ciel vous apparaît et appelez phénomène, ce que la terre vous exhibe, n'est comparable à ce qui est caché en terre... Quand les anciens philosophes... suppliaient l'Abscond, le Mussé, le Caché, à eux se manifester et descouvrir, leur eslargissant connaissance de soi et de ses créatures, estaient aussi conduits de bonne Lanterne, estimant deux choses nécessaires, guide de Dieu et compagnie d'homme... Allez, de par Dieu, prenant pour guide votre illustre Dame Lanterne. » [21]

La *donna della mente* [22], la Béatrice devient Dame Lanterne, parmi les contemporains de Rabelais ; mais le principe gibelin demeure aussi puissant. Celui qui étudie la sculpture ecclésiale du dixième au seizième siècle, constate avec effarement que le ciseau des tailleurs de figure dépasse en audace tout ce que l'imprimerie a mis en circulation. Toutefois cette satire pour une égratignure au clergé frappe mille coups sur le baron, qui a été la bête noire du clerc et de l'artiste en tout temps. Au reste, la liberté de pensée, que l'on confond avec celle de parler, fut toujours tolérée par l'Église, qui ne confondit jamais les libertins et les hérétiques. Elle a toléré les uns, tandis qu'elle exterminait les autres ; et aujourd'hui encore un cardinal italien ou un simple curé français ne manifestera aucune acrimonie contre le libre-penseur : au contraire il fulminera contre un saint, si ce saint s'écarte un peu du catéchisme. Cet esprit de métier survit même à la foi, le catholicisme refuse impitoyablement le concours de quiconque tend à modifier la littéralité romaine, quitte à s'allier avec l'athéisme qui, lui, n'élève point église contre église. Les Gouliards et les Lanternois n'étaient pas des hérétiques, mais seulement gastrolâtres, et eussent répondu à l'inquisition, comme Polyphème : « Je ne sacrifie que à moy (aux dieux poinct) et a cestuy ventre, le plus grand de tous les dieux. [23] » Avec un pareil credo, on ne fait point de prosélytes, mais on fait la Révolution, et on s'ensevelit étourdiment sous les ruines de l'édifice social.

Rabelais lui-même nous avertit que la lecture de son livre « nous révèlera de très hauts sacrements et mystères horrifiques tant en ce qui concerne notre religion que aussi l'état politique et vie économique » [24]. L'historien de Thou l'avait bien compris [25]. Je doute fort que la Société des Études rabelaisiennes s'aventure à déchiffrer gravement le rébus qui contient les secrets du grand fourmaçon, mais je signale au chapitre IX de Gargantua, livre I : les couleurs et livrées de Gargantua. Elles sont blanc et bleu. Le bleu assombri touche au noir et cela nous donne le beaucéant des Templiers. L'auteur parle d'un Blason des couleurs, livre trépelu (œuvre d'un initié du troisième degré, très inférieur puisqu'il n'a que le carpal au-dessous de lui, et que le compagnon trespelu, sorte d'adjudant, n'arrivait jamais à la maîtrise). « Il a trouvé quelque reste de niais du temps des hauts bonnets, lesquels ont eu foy à ses écrits ; et selon ceux, ont *taillé leurs apophtegmes et dits*, en ont enchevestré leurs mules, vestu leurs pages, écartelé leurs chausses, brodé leurs gants, frangé leurs lits, peint leurs enseignes, composé chansons. »

Ainsi, les broderies, les harnachements, tout ce qui est art décoratif était susceptible d'exprimer des dits et apophtegmes, et cette représentation par symbole se lisait phonétiquement puisque le blason servait à composer des chansons. Maître Alcofribas Nasier ne se borne pas là : il fournit des exemples de cette écriture héraldique et, d'après eux, on pourra commencer le déchiffrement.

« En pareilles ténèbres sont compris ces glorieux de cour, et *transporteurs de noms* lesquels voulant en leurs devises signifier *espoir* font portroire une *sphère* (spès) : des pennes d'oiseau pour peines et des forces (tenailles) se lisent : force peines.

– De l'*ancholie* pour *mélancolie* ; *la lune bicorne* pour vivre en *croissant* ;

un banc rompu pour *banc route*; *non* et *un halcret* pour *non durhabit*; un lit *sans ciel* pour *licencié*...»

Par mêmes raisons, ferais-je peindre un panier, dénotant qu'on me fait pener. Et un pot à moutarde, que c'est mon cœur à qui moult tarde...»

Les rébus des journaux illustrés font une suite puérile «à la façon de devises» par les seules peintures dont parle le Seigneur des Accords et Richelet[26] disant: «En rébus de Picardie, une faux, une estrille, un veau fait "estrille Fauveau"». Le rébus se mêle au calembour dont l'étymologie pourrait être palan-hourd.

Le palan se compose d'une poulie fixe et d'une poulie folle et le hourd est la béquille qui soutient un bateau à sec: la béquille du palan serait donc l'aide du couple maçonnique, avec deux lettres de prononciation changées. Rabelais nous avertit sous couleur d'érudition que la matière est d'importance:

«Bien autrement faisaient en temps jadis les sages de l'Égypte, quand ils écrivaient par lettres qu'ils appelaient hiéroglyphes lesquelles nul n'entendait qu'il n'entendit, et un chacun entendait qui entendit la vertu, propriété et nature des choses par icelles figurées desquelles Orus Apollon a en grec composé deux livres et Polyphile au songe d'Amour en a davantage exposé.

Mais plus outre ne fera voile mon esquif entre ces gouffres et gués mal plaisants... Bien ai-je espoir d'en écrire quelque jour plus amplement et montrer quelles et quentes couleurs sont en la nature et quoi par chascune peut être désigné.»

Ainsi averti, on doit commencer par le déchiffrement des noms propres. Gargantua (Louis XII) se lit «guère gain tu as». Pantagruel (François Ier): «Paix t'a guère été». Il s'agit de la paix des Asturies[27]. Panurge (peint rouge), c'est le maître pourpre, l'escribouille, haut dignitaire de la maçonnerie, mais beaucoup des traits du héros sont pris du maréchal de Tavannes. C'est celui qui déroba les patenôtres de la reine Éléonore et qui plaida contre elle en cour de Rome. Si le lecteur se souvient que l'apprenti se nommait alors Carpal, il lira Carpalim (carpal aime) et reconnaîtra Diane de Poitiers qui aima un homme du bâtiment, Philibert Delorme. Xénomane (qui se nomme Anne) cache Anne de Pisseleu. Jusqu'ici les commentateurs ont pris Carpalim et Xénomane pour des hommes, comme ils ont vu l'Église romaine dans l'île Sonnante qui allégorise la fourmaçonnerie. Les Engastrimythes ne sont nullement des prélats, mais des divinateurs, chanteurs, amuseurs du simple peuple : sorciers, bateleurs, qui, sortis de la corporation, vivaient, non d'un art, mais de la badauderie et de la superstition contemporaine.

Les Gastrolâtres[28], ce sont les Gouliards du parti féodal, les dissidents, pour ainsi dire. En approfondissant Rabelais, on découvrira qu'il était, en qualité de Gouliard, partisan du catholicisme. Parpaillot a été donné à tort comme épithète protestante : parpaillot vient de parpaille ; farfaille, c'est l'antique papillon de Psyché.

Le Grand Orient, en France, ne se doute guère de la vraie signification du sépulcre de Gaufre, ce sépulcre que le maçon construit depuis des siècles et que, sur la foi anglaise, on appelle le tombeau d'Hiram ! Comme le moule du bonnet est la tête, le sépulcre des gaufres est le ventre ! Ainsi les pompeuses traditions se résolvent en sinistres réalités. La nécessité est une muse autrement inspiratrice que la piété séculaire envers un architecte prêté par la Phénicie à Salomon, et le sépulcre à gaufres absorbe fort bien la chair humaine, comme la guillotine nous l'a montré. Tuer pour manger, voilà en sa concision extrême, le dernier mot des gueules : mais à aucune époque on ne mourut de faim aussi nombreusement que lors de la grande *ire* de Messere Gaster : car il n'a pas d'oreilles et n'entend aucune raison, même favorable. *Tripe règne ire* : la question de tripe une fois soulevée, tout devient inutile, même la religion qui cependant a pour objet d'humaniser le riche et de faire patienter le pauvre.

Qu'on ne cherche pas, chez Rabelais, de la magie, de l'ésotérisme au sens d'aujourd'hui : son œuvre est politique : il n'y est question que du sort de la France, soit extérieur, soit économique et sa doctrine se résumerait aisément à un socialisme monarchique. Il a pour grande préoccupation de diriger au mieux la famille Gouliarde que le mouvement de la Réforme désorganisait. Comme grand dignitaire lanternois, il se trouve également sollicité par Diane et par Catherine, chacune voulant mettre les corporations de son bord. À la naissance de Catherine les astrologues avaient déclaré qu'elle ferait le malheur du pays où elle irait par mariage ; on ignore si Éléonore d'Autriche eut même présage à son berceau, mais ces deux femmes furent néfastes à la France. Rabelais ne cesse de les attaquer, d'une façon héraldique. On sait que les tourtels ou pilules désignent les Médicis par leur blason et que la sœur de Charles Quint est reconnaissable dans « huistre, écaille, *austricaille* ».

Les tours de Castille désignent aussi Éléonore ; « Anguille aime », Angoulême, se rapporte forcément à François Ier. On devrait donc, pour expliquer Pantagruel, réunir d'abord sous ses yeux les blasons des personnages de son époque et faire attention aux figures que donnent les noms propres. Ainsi, pour appliquer ce système à notre époque, un petit chien à la queue en trompette, un loubet, désignerait le président de la République[29].

Le calembour figuratif, si clair pour les contemporains, s'obscurcit d'une génération à l'autre. Pour Rabelais le général Boulanger eût été un mitron ; M. Waldeck-Rousseau[30], de Bois Roux ; Chamberlain[31], le Chambrier ; Doumer[32], Dominique ; Méline[33], la noisette ; Zola[34], le gazon ; Sardou[35], le prêtre ; Jaurès, Jeoffrin. Cette façon, qui semble bien puérile aujourd'hui où on crie n'importe quoi à la face de n'importe qui impunément, était précieuse au temps où la langue trop hardie sortait tout à fait de la bouche, sous l'étreinte du chanvre, pour n'y plus rentrer.

Lorsque Epistemon revient de chez les morts, il raconte ce qu'il a vu : les plus illustres défunts réduits aux plus bas métiers : Romule, saulnier ; Numa, cloutier ; Cyre, vacher ; Themistocles, verrier ; Démosthènes, vigneron ; Artaxerces, cordier ; Ulysse, faucheur ; Nestor, orpailleur ; Trajan, pêcheur de grenouilles ; Cambyses, muletier ; Néron, vielleux[36]. Ces métiers posthumes ne sont pas distribués au hasard et, par l'étymologie argotique ou autre, tous se justifient. Dans ces indications forcément cursives, je dois cependant préciser la vraie matière de *Pantagruel*.

Très attaché à la maison de Valois et grand patriote, Rabelais détestait de tout son cœur Charles Quint, cet illustre maniaque, qui fut inceste, peut-être, avec cette même sœur offerte, en 1530, contre la Bourgogne et l'Artois. Ce qui se passa dès la première nuit entre le roi chevalier et la Flamande est tellement gaulois qu'il vaut mieux renvoyer au plaidoyer du sire de Humesveine contre le sire de B.-C. [37].

Après l'action en divorce tentée à Rome, sans succès, par le roi chevalier, la sœur de Charles Quint aurait dû, il semble, quitter la cour ; elle resta comme agent politique ; elle protégea à la fois le Concile de Trente et Catherine de Médicis. Cette néfaste Flamande prend les traits du pourceau Mardi-Gras [38] et de la sibylle de Panzoust [39]. Aucun roman ne présente la curiosité intense de la lutte entre l'Autrichienne, l'Italienne et la Française ; l'appui de l'Autrichienne permit à Catherine de l'emporter sur Diane, en donnant l'or qui lui manquait. La Sénéchale pensait à rénover les droits d'Henri VIII à la couronne de France. Entre le parti espagnol et le parti anglais, la fourmaçonnerie tint habilement la balance, mais finit par s'affirmer pour Rome et les Valois. Ce qui rend le *Pantagruel* difficile à interpréter, c'est que certains épisodes semblent favoriser, tour à tour, l'une ou l'autre secte. Dans ce réseau d'intrigues, les *maîtres pourples*, tenaient un rôle prépondérant : Philibert Delorme, amant de Diane, puis de Catherine, le Rosso, le Primatice, Jean Goujon. Sur les murs d'Anet et sur ceux du Louvre des emblèmes relatifs à la rivalité de la Médicis et de Diane se découvrent. Dans un passage que j'ai cité, Carpalim, l'amante du fourmaçon, dit : « Panurge, ho ! prends Milord Debitis à Calais, car il est good fallot, et n'oublie debitoribus, ce sont lanternes. Ainsi aura et fallot et lanternes ! » Au plan de la dame d'Anet, Milord, c'est Henri VIII. Il s'agit donc de l'extinction des Valois : mais la reine Léonore suggéra sans doute à Catherine un conseil hardi. Grâce à la complicité de Philibert Delorme, un rapprochement eut lieu entre le roi et sa femme.

« Rébus ce sont lanternes. » Voilà ce qu'il faut retenir si on veut juger Rabelais autrement que ne l'a fait l'érudition antérieure. Et d'abord qu'on abandonne l'idée que l'auteur de Pantagruel est anti-catholique. Il rendit du reste un service signalé à l'Église en apportant au parti orthodoxe le formidable appoint des corporations dont il était, sinon le grand maître, l'un des grands maîtres. La critique officielle éprouve une répugnance invincible à admettre un sens caché aux textes et aux images. Ceux qui ont en main les complets matériaux de semblables recherches ne peuvent se départir des habitudes contemporaines, et, citoyens d'un pays où tout peut s'écrire impunément et où le scandale lui-même n'éveille aucun écho, ils oublient qu'au seizième siècle les choses en allaient autrement. Le libre parler date d'une trentaine d'années et la moindre des audaces de Rabelais exprimée en langue vulgaire, comme la première nuit de François Ier et de Léonore, comme l'intrigue qui rapprocha un beau soir Henri II et Catherine de Médicis eût entraîné la question capitale ; il y eût joué sa tête doublement : si le pouvoir eût fait grâce, le pays de lanternois aurait puni aussi durement – les gouliards ou goualeurs étaient *trop portés sur leurs gueules* pour laisser compromettre la sécurité de l'ordre par l'indiscipline et l'indiscrétion d'un membre – et n'aurait pas permis de révéler aux frelons le secret de la naissance de François II.

La mort de Jean Goujon, comme la mort d'Henri II, un jour s'expliquera par des raisons extra-historiques, puisées dans l'histoire des Gaults, ou des coqs, ou des rouges, ou des parpaillots dont Rabelais fut un moment le chef, morigénant les fractions dissidentes, Engastrimythes et Gastrolâtres. En disant que les fils de Goula furent les ancêtres du socialisme, je dois observer qu'ils formaient une oligarchie démocratique, une élite des arts et métiers, et qu'ils ne défendaient rien autre que leur place dans l'État, avec une excellente raison puisqu'ils représentaient la civilisation véritable, celle qui survit à la cité et à la race. Bien leur a pris d'élire pour Maître l'escribouille François Rabelais, qui les sauve de l'oubli. Non, le curé de Meudon n'est pas un truand de génie et l'Héraclite des lettres françaises : derrière son masque d'ivrogne, se cache un homme d'État de la plus grande envergure. Il dirigea longtemps les corporations avec une lucidité de premier ministre dans une époque troublée et encore obscure à nos yeux. Sa cryptographie mérite qu'on l'étudie : du même coup on éclaircira bien des points de l'histoire et de l'art. Les paroles gelées s'échaufferont aux mains attentives : et l'argot des peintres émailleurs livrera ses secrets. Il faudra bien qu'on s'aperçoive que la tour dans le rondeau que Panurge (Tavannes) adresse à la dame de Paris indique les tours de Castille du blason de la reine Éléonore ; que les tourteaux désignent Catherine, et Buzançay (besans six) Diane de Poitiers ; que les patenôtres sont le monogramme de l'inceste, que le « daim andouillé » se lit « dame en deuil » et qu'enfin le drame auquel Rabelais a pris une part considérable aurait pu avoir pour dénouement l'extinction des Valois et faire passer la couronne de France à Henri VIII. La guerre des Andouilles qui se termina par le rapprochement d'Henri II et de Catherine, grâce à Philibert Delorme, est le dernier acte de la grande lutte entre notre pays et l'Angleterre.

Sans Rabelais, nous ne saurions pas à quelles étonnantes intrigues la France d'alors dut la conservation de son autonomie.

Notes

1. Auteur au XVIIIe siècle d'une compilation en 43 volumes sur les grands écrivains (NDLE).
2. Érudit napolitain du XVIIIe siècle, connu pour son bel esprit (NDLE).
3. Chanson de Béranger (1813), portée à l'opéra par Adolphe Adam (1842), puis Frédéric Barbier (1859). Sans rabaisser le talent de leurs auteurs, ces oeuvrettes sont bien minces pour soutenir la comparaison avec les écrits de Rabelais (NDLE).
4. Il s'agit de Raoul Rosières, cité dans *Rabelais et les quatre premiers livres de Pantagruel*, note 9 (NDLE).
5. Lire le IVe, sans doute une coquille. Mais on doit noter que le VIe existait dans les éditions anciennes, le *Cinquième Livre* étant divisé en deux après le 17e chapitre (NDLE).
6. Le philosophe Victor Cousin (1792-1867) traduisit les œuvres de Platon dans les années 1830. Ce travail, à vrai dire fort médiocre, était le seul accessible au XIXe siècle aux étudiants francophones. Au point que Grasset d'Orcet dut retraduire personnellement – et avec beaucoup plus de talent – des passages entiers du *Banquet* pour son article *De l'Androgyne dans l'art ancien et moderne* (1875, cf. ses *Souvenirs*, NDLE).
7. Joachim de Flore, moine cistercien visionnaire du XIIe siècle, qui entrevoyait l'instauration d'un « Évangile éternel ». Sa pensée a influencé de nombreux intellectuels

du XIXe siècle, comme Michelet, Huysmans ou Léon Bloy. La date de 1552 est celle de l'édition du *Quart Livre* (NDLE).

8. Le dernier opéra de Wagner, dont Péladan était un grand admirateur (1882, NDLE).

9. Sous-entendu : des derniers Cathares (NDLE).

10. *Tiers Livre*, chapitre XLVII. Dans toutes les citations de Rabelais de ces deux articles, nous avons suivi l'orthographe adoptée par Péladan (NDLE).

11. Remarque exacte, mais insuffisante : la surabondance de consonnes rares interdit de le considérer comme du lanternois. Il faut soit supprimer lesdites consonnes, soit employer une clé de substitution, soit découvrir encore une autre méthode. Voir *Rabelais et les quatre premiers livres de Pantagruel*, note 108 (NDLE).

12. *Pantagruel*, chapitre XIX (NDLE).

13. *Ibid.*, chapitre XVIII (NDLE).

14. *Tiers Livre*, chapitre XX (NDLE).

15. *Quart Livre*, chapitre LVI (NDLE).

16. *Cinquième Livre*, chapitre XXXIV (NDLE).

17. *Cinquième Livre*, chapitre XLIII (NDLE).

18. *Cinquième Livre*, chapitre XLIV (NDLE).

19. *Ibid.* (NDLE).

20. *Cinquième Livre*, chapitre XLV (NDLE).

21. *Cinquième Livre*, chapitre XLVII (et ultime). L'auteur a sérieusement remanié le texte original, tiré d'une version en usage au XIXe siècle, mais complétée depuis, qui s'achève par : « Vous aultres en auez autant faict, prenans pour guide vostre *illustre dame Lanterne. Or allez, de par Dieu qui vous conduye* ». En fait, Péladan a modifié ces phrases finales pour amener le début du paragraphe suivant (NDLE).

22. « La dame de (ses) pensées », dans la *Vita Nuova* de Dante. En fait, Péladan a puisé l'expression dans un ouvrage d'Eugène Aroux, *Dante hérétique, révolutionnaire et socialiste* (1854, NDLE).

23. *Quart Livre*, chapitre LVIII (NDLE).

24. *Gargantua*, Prologue (NDLE).

25. Jacques de Thou (1553-1617), érudit auteur d'une *Histoire universelle*, qualifie l'œuvre de Rabelais d'« écrit extrêmement ingénieux » et d'une haute portée politique et religieuse. Il a écrit aussi sur lui un poème débutant ainsi :

> « J'ai passé tout mon temps à rire ;
> Mes écrits libres en font foi.
> Ils sont si plaisants qu'à les lire
> On rira même malgré soi »… (NDLE).

26. L'original porte bien « parle » et non « parlent ». Étienne Tabourot, dit des Accords, auteur des *Bigarrures* (1572) et grand spécialiste des acrobaties poétiques. César-Pierre Richelet (1626-1698), auteur du premier *Dictionnaire français* (NDLE).

27. Voilà une preuve irréfragable que Péladan a servilement copié Grasset d'Orcet, puisqu'il reproduit la même erreur. Cette imaginaire paix des Asturies apparaît dans *Rabelais et les quatre premiers livres de Pantagruel*, voir la note 60 (NDLE).

28. Engastrimythes et Gastrolâtres apparaissent au *Quart Livre*, chapitres LVIII à LX (NDLE).

29. Émile Loubet, président de la République de 1899 à 1906 (NDLE).

30. Mort l'année précédant la parution du livre de Péladan (NDLE).
31. Soit Joseph, ministre britannique des Colonies, soit son fils Austen, alors chancelier de l'Échiquier (NDLE).
32. Paul Doumer, alors président de la Chambre des députés (NDLE).
33. Jules Méline, adversaire malheureux de Loubet à la présidence (NDLE)
34. En italien, *zolla* désigne plutôt une motte de terre (NDLE).
35. Victorien Sardou, auteur dramatique alors au plus haut de sa renommée (NDLE).
36. *Pantagruel*, chapitre XXX. Péladan assemble des fragments épars du texte (NDLE).
37. *Pantagruel*, chapitres X à XIII (NDLE).
38. *Quart Livre*, chapitres XLI/XLII (NDLE).
39. *Tiers Livre*, chapitres XVI à XVIII (NDLE).

TABLE DES MATIÈRES

Maquette Claude Chauvry

Les Éditions de l'Œil du Sphinx
36.42 rue de la Villette
75019 Paris
Tél. 09 75 32 33 55
Fax 01 42 01 05 38
Email ods@oeildusphinx.com
Web www.oeildusphinx.com